Führungsstile: Prominenten und Persönlichkeiten
über die Schulter geschaut

EBOOK INSIDE

Die Zugangsinformationen zum eBook inside finden Sie am Ende des Buchs.

Rolf van Dick •
Louisa Fink

Führungsstile: Prominenten und Persönlichkeiten über die Schulter geschaut

Rolf van Dick
Institut für Psychologie
Goethe Universität Frankfurt
Frankfurt
Deutschland

Louisa Fink
GUP GmbH
Wertach
Deutschland

ISBN 978-3-662-53320-8   ISBN 978-3-662-53321-5 (eBook)
https://doi.org/10.1007/978-3-662-53321-5

Die Deutsche Nationalbibliothek verzeichnet diese Publikation in der Deutschen Nationalbibliografie; detaillierte bibliografische Daten sind im Internet über http://dnb.d-nb.de abrufbar.

© Springer-Verlag GmbH Deutschland, ein Teil von Springer Nature 2019
Das Werk einschließlich aller seiner Teile ist urheberrechtlich geschützt. Jede Verwertung, die nicht ausdrücklich vom Urheberrechtsgesetz zugelassen ist, bedarf der vorherigen Zustimmung des Verlags. Das gilt insbesondere für Vervielfältigungen, Bearbeitungen, Übersetzungen, Mikroverfilmungen und die Einspeicherung und Verarbeitung in elektronischen Systemen.
Die Wiedergabe von Gebrauchsnamen, Handelsnamen, Warenbezeichnungen usw. in diesem Werk berechtigt auch ohne besondere Kennzeichnung nicht zu der Annahme, dass solche Namen im Sinne der Warenzeichen- und Markenschutz-Gesetzgebung als frei zu betrachten wären und daher von jedermann benutzt werden dürften.
Der Verlag, die Autoren und die Herausgeber gehen davon aus, dass die Angaben und Informationen in diesem Werk zum Zeitpunkt der Veröffentlichung vollständig und korrekt sind. Weder der Verlag, noch die Autoren oder die Herausgeber übernehmen, ausdrücklich oder implizit, Gewähr für den Inhalt des Werkes, etwaige Fehler oder Äußerungen.

Fotonachweis Umschlag: © 8213erika, Getty Images (Symbolbild mit Fotomodellen), iStock
Umschlaggestaltung: deblik, Berlin

Springer ist ein Imprint der eingetragenen Gesellschaft Springer-Verlag GmbH, DE und ist ein Teil von Springer Nature.
Die Anschrift der Gesellschaft ist: Heidelberger Platz 3, 14197 Berlin, Germany

Vorwort

Im Jahr 2010 startete am Center for Leadership and Behavior in Organizations an der Goethe Universität in Frankfurt eine Gesprächsreihe, bei denen interessante Personen des öffentlichen Lebens zum Thema Führung interviewt wurden. Die Gesprächspartner kommen aus der Wirtschaft (zum Beispiel Rolf Breuer, Götz Werner, Hilmar Kopper oder Edzard Reuter), der Politik (zum Beispiel Sara Wagenknecht, Roman Herzog oder Tarek Al-Wazir), der Kultur (zum Beispiel Günter Grass, Andres Orozco-Estrada, Ulrich Wickert oder Wolfgang Niedecken), der Kirche (zum Beispiel der Dalai Lama, Johannes zu Eltz oder Bruder Paulus), dem Sport (zum Beispiel Birgit Prinz oder Michael Groß) oder auch aus dem Militär (zum Beispiel Wolfgang Schneiderhahn) und der Wissenschaft (unter anderem Alice Eagly). In allen Gesprächen ging es um die gleichen Fragen: „Brauchen wir Führung?", „Was ist gute Führung?", „Wie führen Sie persönlich?" oder „Kann man Führung lernen?".

In diesem Buch möchten wir die interessantesten Aspekte der Gespräche zusammenfassen. In jedem Kapitel wird ein Interview in Auszügen und mit wörtlichen Zitaten präsentiert. Wir gehen auch auf die Gesprächssituation und Atmosphäre ein, sodass der Leser sich ein Bild davon machen kann, wie wir uns begegnet sind. Dabei werden wir die Leser dann auch etwas durchs „Schlüsselloch" schauen lassen und Ihnen etwas darüber erzählen, wie leicht (oder schwer) es war, mit dem einen oder der anderen einen Termin zu bekommen, wie wir von Tarek Al-Wazir eine Stadtführung durch Offenbach bekamen oder wie es kam, dass der Interviewer vom Dalai Lama „geschlagen" wurde. Außerdem enthält jedes Kapitel auch eine kurze Biographie des Gesprächspartners.

VI   Vorwort

Vor allem werden wir die Aussagen der prominenten Gesprächspartner interpretieren und einordnen in die klassischen und aktuellen Theorien der Führung, wie sie an Hochschulen gelehrt und erforscht werden.

Dabei zeigt sich, dass manche Menschen, mit denen wir gesprochen haben, genau die Art der Führung selbst vorleben oder für effektiv halten, die wir auch in Lehrbüchern als gute Führung aus wissenschaftlicher Sicht unseren Studierenden vermitteln. Manche Gesprächspartner benutzen dafür interessante Begriffe und Metaphern (zum Beispiel Stephan Reimelt, der von Führung als einer Werkzeugkiste spricht) und sie geben Beispiele aus ihrer eigenen Führung, die die wissenschaftlichen Theorien in der Praxis erlebbar machen. Andere Gesprächspartner lehnen Führung für sich geradewegs ab (wie der Künstler Wolfgang Niedecken). Wieder andere führen selbst auf eine Art und Weise, die in der Wissenschaft nicht unbedingt als effektiv gilt, aber in der einen oder anderen Situation offensichtlich doch funktioniert. Es zeigen sich durchaus auch Unterschiede in der Art, wie zum Beispiel Politikerinnen und Politiker einerseits und Gesprächspartner aus der Wirtschaft andererseits über das Thema sprechen. Interessant ist auch, welche Themen aufkommen – die Fragen sind immer die gleichen, aber natürlich spricht jeder über die Sphäre, in der er oder sie sich auskennt. Für uns und unsere Studierenden und Mitarbeiter war dies eine Reise, die uns über fünf Jahre an viele Orte Deutschlands und manche Gesprächspartner nach Frankfurt gebracht hat. Über manche Dinge, die gesagt wurden, nachdem die Kamera aus war, möchten wir lieber Stillschweigen bewahren (zum Beispiel was Wolfgang Schneiderhahn über die sogenannte Kundus-Affäre und Ex-Minister Karl-Theodor zu Guttenberg sagte oder als Roman Herzog… aber halt, das wollten wir ja nicht sagen). Aber das, was in die laufende Kamera gesagt wurde, ist spannend genug und bietet reichhaltige Einblicke.

Das Buch beginnt mit einem kurzen Überblick über die Führungstheorien, wie sie sich über die letzten ca. 100 Jahre der Forschung entwickelt haben. Dieser Überblick ist für das Verständnis der einzelnen Kapitel nicht unbedingt notwendig, kann aber andererseits auch separat gelesen und verstanden werden. In jedem einzelnen Kapitel beschreiben wir dann die jeweils zum Gespräch passenden Theorien zum Teil noch einmal mit anderen Worten oder präsentieren Forschungsbefunde, die zum Gespräch und den Theorien passen. Jedes Interview ist so für sich lesbar.

Bei der Auswahl der Gesprächsinhalte haben wir einerseits versucht, eine möglichst große Vielfalt an Verhaltensweisen aufzuzeigen, die Führung ausmachen. Manche Themen kommen aber auch immer wieder und einige Theorien lassen sich in mehreren Gesprächen anwenden. Dies zeigt nicht zuletzt, dass die Wissenschaft letztlich gar nicht so weit von der Praxis entfernt ist.

Offensichtlich diskutieren wir in Universitäten und auf Konferenzen Dinge, die Führung tatsächlich auch ausmachen – auch wenn die Wissenschaft nicht immer die Sprache findet, die das verständlich ausdrückt. Dieses Buch soll deshalb auch ein Stück weit dabei helfen, Theorie und Praxis einander etwas näher zu bringen.

Frankfurt am Main Rolf van Dick und Louisa Fink
im Juli 2018

Danksagung

Ich bin vielen Personen zum Dank verpflichtet. Die Idee für die Interviewreihe stammt von Günter Grass und seiner Sekretärin Hilke Ohsoling, die ich beide seit über 20 Jahren kenne. Im Zusammenhang mit der Gründung des Center for Leadership and Behavior in Organizations (CLBO) an der Goethe Universität in Frankfurt fragte ich Günter Grass, ob er dieses Center unterstützen könnte. Ein finanzielles Engagement oder eine Beiratsfunktion schloss er aus, aber er schlug vor, dass wir doch einmal ein Gespräch führen könnten, was ich dann veröffentlichen könne, um dem neuen Center etwas Aufmerksamkeit zu geben. Günter Grass gebührt daher mein Dank – auch wenn dieser posthum geäußert wird. Danken möchte ich auch meinen Kodirektoren im CLBO; das sind: die Soziologin Heather Hofmeister, die Ökonomen Guido Friebel und Michael Kosfeld und der Organisationspsychologe Dieter Zapf. Die vier griffen die Idee sofort auf und schlugen die Serie vor. Sie meinten: „Wenn wir das machen, dann machen wir es richtig", und so formulierten wir gemeinsam die Serie von Fragen, die ich danach über mehrere Jahre hinweg fast 50 Gesprächspartnern stelle.

Natürlich gebührt mein Dank neben Günter Grass auch allen weiteren Gesprächspartnern. Auch wenn es in einigen Fällen nicht einfach war, eine Zusage zu bekommen und dann auch einen Termin zu finden, waren die Gesprächspartner durchweg unkompliziert, offen und in vielen Fällen auch gute Gastgeber, wenn wir sie zuhause oder in ihren Büros aufsuchten.

Schließlich möchte ich meinem Team an der Goethe Universität in Frankfurt danken. Dazu gehört meine Sekretärin Rita Friedrich, die bei vielen der Termine die Koordination übernommen und die Texte Korrekturgelesen hat. Dazu gehört außerdem ein gutes Dutzend (teils ehemaliger) Doktoranden, Mitarbeiter sowie studentischer Hilfskräfte und Praktikanten,

X   Danksagung

die mit mir durch halb Deutschland gefahren sind, unermüdlich Kameras auf- und abgebaut haben, Rohmaterial geschnitten und transkribiert haben. Jeder und jedem einzelnen von Euch bin ich tatsächlich überaus dankbar: Tanja Baumeister, Janine Becker, Marieke Born, Dunja Balouch, Stephan Braun, Eva Leoni Brust, Marina Cherniak, Denis Day, Frank Drzensky, Anna Lisa Ewers, Tina Hamilton, Fabian Holz, Kaja ter Horst, Sarah Hermann, Wiebke Herrmann, Sophie Karpf, Esma Kes, Alexander Kirchner, Miriam Krüger, Stella May Lochner, Lia Meißner, Katharina Müller, Kyra Neuwirth, Katharina Nitsche, Pauline Roehn, Kelly Schaunsland, Jana Schneider, Felix Schopmann, Saskia Seel, Moritz Sirowatka, Katharina Stock, Miriam Summ, Saskia Theune, Katharina Thümer, Valia Pernidaki, Johannes Ullrich, Vanessa Ullrich, Tayfun Terzi, Fanny Zang, und Clara Zwettler.

Wir haben zusammen viel erlebt und gemeinsam die „nervösen Minuten" direkt vor den Interviews durchgestanden – „Haben wir nichts vergessen?", „Funktioniert die Kamera?", „Halten die Batterien?". Wir haben aber auch viel Spaß gehabt auf stundenlangen Autofahrten, zum Beispiel zur Burg Roman Herzogs bei Heilbronn, und nach den Interviews bei dem einen oder anderen Gläschen (zum Beispiel Kölsch nach dem Gespräch mit Wolfgang Niedecken), wenn wir auf den Zug zurück nach Frankfurt warteten.

Danken möchte ich Cliff Lehnen und Erwin Stickling von der Zeitschrift für Personalwirtschaft, die einen (kleinen) Teil der Gespräche als Blogserie online veröffentlichten und mir dadurch überhaupt den Anstoß gaben, dieses Buch anzugehen. Und mein Dank gebührt Marion Krämer, Kerstin Barton und Martina Mechler für die gute Betreuung von Seiten des Springer Verlags sowie unserer Lektorin Sirka Nitschmann!

Besonderer Dank gilt meiner Koautorin. Louisa Fink ist spät zu diesem Projekt gestoßen, nämlich erst nachdem bereits alle Interviews „im Kasten" waren. Sie hat sich mit viel Energie und Herzblut auf die Videos und Transkripte gestürzt und mehr als zwei Drittel der Gespräche so aufbereitet, dass das Wesentliche in ihnen deutlich wird. Dabei hat sie ihren Blick als Psychologin kombiniert mit ihrer Erfahrung in internationalen Kontexten und der Unternehmensberatung und so die wissenschaftliche mit der praktischen Perspektive vereint. Da ich alle Gespräche geführt habe, haben wir den Text durchgängig im „Ich"-Stil geschrieben. Louisa Fink hat aber an der Auswertung und Fertigstellung dieses Buches ebenso großen Anteil wie ich.

Frankfurt im Juli 2018   Rolf van Dick

Inhaltsverzeichnis

Sektion I   Führung aus der Sicht der Wissenschaft   1

1   Ein sehr kurzer Überblick der wichtigsten theoretischen Zugänge zur Führung   3
   1.1   Great Man Approach   4
   1.2   Verhaltenstheorien   6
   1.3   Kontingenztheorien   6
   1.4   Transaktionale und transformationale Führung   8
   1.5   Partizipative Führung   10
   1.6   Charisma   11
   1.7   Authentische Führung   12
   1.8   Servant Leadership   13
   1.9   Macht und Einfluss   14
   1.10 Führung als Beziehung zwischen Personen: Die LMX-Theorie   16
   1.11 Führung als Gruppenprozess: Das Social Identity Model of Leadership   17
   1.12 Führung in internationalen Kontexten: Die GLOBE-Studie   18

Sektion II   Führung aus der Sicht der Praxis   21

2   Kultur und Journalismus   23
   2.1   Günter Grass – Schriftsteller und bildender Künstler   23

XII Inhaltsverzeichnis

2.2	Wolfgang Niedecken – Musiker und bildender Künstler	29
2.3	Ulrich Wickert – Journalist	32
2.4	Max Hollein – Museumsdirektor und Kurator	37
2.5	Hilmar Hoffmann – ehemaliger Kulturdezernent Frankfurt a.M.	41
2.6	Bernd Loebe – Intendant der Oper Frankfurt a.M.	48
2.7	Dario Fo – Nobelpreisträger, Schriftsteller, Regisseur und bildender Künstler	52
2.8	Ottmar Hörl – bildender Künstler	55
2.9	Andrés Orozco-Estrada - Dirigent	60
2.10	Prinz Asfa-Wossen Asserate – Politischer Analyst und Unternehmensberater	64

3 Kirche und Religion   69

3.1	Dalai Lama – geistliches Oberhaupt der Tibeter	69
3.2	Johannes zu Eltz – Stadtdekan in Frankfurt a. M.	73
3.3	Salomon Korn – Vorsitzender der Jüdischen Gemeinde Frankfurt a. M. und ehem. Vizepräsident des Zentralrats der Juden in Deutschland	78
3.4	Bruder Paulus Terwitte – Guardian des Kapuzinerklosters Liebfrauen, Frankfurt a. M.	82

4 Sport   87

4.1	Birgit Prinz – ehemalige Profifußballspielerin	87
4.2	Michael Groß – ehemaliger Olympiasieger und Schwimmweltmeister, Unternehmensberater	91
4.3	Sylvia Schenk – ehemalige Leichtathletin und Olympiateilnehmerin, Anwältin	96
4.4	Holger Geschwindner – ehemaliger Basketballnationalspieler und Berater von Dirk Nowitzki	103

5 Politik   109

5.1	Norbert Blüm – Bundesminister für Arbeit und Soziales a.D.	109
5.2	Roman Herzog – ehemaliger Präsident der Bundesrepublik Deutschland	114
5.3	Petra Roth – ehemalige Oberbürgermeisterin, Frankfurt a.M.	120
5.4	Kai Klose – MdL, Landesvorsitzender der GRÜNEN in Hessen	124

Inhaltsverzeichnis   **XIII**

5.5	Tarek Al-Wazir - MdL, Minister für Wirtschaft, Energie, Verkehr und Landesentwicklung	129
5.6	Daniel Cohn-Bendit – ehem. MdEP und Fraktionsvorsitzender der GRÜNEN im europäischen Parlament	133
5.7	Sahra Wagenknecht – MdB, Fraktionsvorsitzende DIE LINKE	137
5.8	Ulrike Lunacek – ehemalige Delegationsleiterin der österreichischen Grünen und ehemalige Vizepräsidentin des Europäischen Parlaments	143
5.9	Boris Rhein – Hessischer Minister für Wissenschaft und Kunst	149

6 Militär und United Nations 155

6.1	Wolfgang Schneiderhan – Generalinspektor der Bundeswehr a.D.	155
6.2	Heather Landon – Director, United Nations Documentation Division	161

7 Wirtschaft 167

7.1	Albert Speer (jr.) – Stadt- und Landschaftsplaner	168
7.2	Jan Rinnert – Vorstandsvorsitzender der Heraeus Holding GmbH	172
7.3	Rolf-Ernst Breuer – ehemaliger Vorstandssprecher der Deutschen Bank	178
7.4	Patrick D. Cowden – ehemaliger General Manager Hitachi Data Systems Deutschland GmbH	184
7.5	Hilmar Kopper – ehemaliger Vorsitzender des Vorstands der Deutschen Bank	190
7.6	Gabriele Eick – Unternehmensberaterin	195
7.7	Andreas Leonhardt – ehemaliger Vorstand der Bankhaus Main AG	201
7.8	Jürgen Heraeus – Aufsichtsratsvorsitzender der Heraeus Holding GmbH	208
7.9	Götz W. Werner – Gründer und Aufsichtsratsvorsitzender der dm-drogerie markt GmbH	212
7.10	Edzard Reuter – ehemaliger Vorstandsvorsitzender Daimler-Benz AG	218

XIV Inhaltsverzeichnis

7.11 Jürgen Fitschen – ehemaliger Vorsitzender des Vorstands der Deutschen Bank ... 223

7.12 Sabine Schmittroth – Bereichsvorstand Comm\erzbank AG ... 227

7.13 Stephan Reimelt – CEO, General Electric Power Conversion ... 235

8 Wissenschaft ... 241

8.1 Frederick P. Morgeson – Professor für Management an der Michigan State University, USA ... 241

8.2 Michael West – Professor für Arbeits- und Organisationspsychologie an der Lancaster University, England ... 247

8.3 Alice Eagly – Professor für Arbeits- und Organisationspsychologie an der Northwestern University, USA ... 253

8.4 Roy Baumeister – Professor für Sozialpsychologie an der University of Queensland, USA ... 257

Anhang ... 263

Literaturempfehlungen ... 273

Sektion I

Führung aus der Sicht der Wissenschaft

1

Ein sehr kurzer Überblick der wichtigsten theoretischen Zugänge zur Führung

Inhaltsverzeichnis

1.1 Great Man Approach 4
1.2 Verhaltenstheorien 6
1.3 Kontingenztheorien 6
1.4 Transaktionale und transformationale Führung 8
1.5 Partizipative Führung 10
1.6 Charisma 11
1.7 Authentische Führung 12
1.8 Servant Leadership 13
1.9 Macht und Einfluss 14
1.10 Führung als Beziehung zwischen Personen: Die LMX-Theorie 16
1.11 Führung als Gruppenprozess: Das Social Identity Model of Leadership 17
1.12 Führung in internationalen Kontexten: Die GLOBE-Studie 18

> In diesem Abschnitt möchte ich in ganz groben Zügen die Führungsforschung der letzten ca. 100 Jahre zusammenfassen. Alles Begann mit dem Fokus auf „wie Führungskräfte sind", entwickelte sich zu einem „was Führungskräfte tun" und einem „es kommt auf die Situation an", hin zu modernen Ansätzen, die Führung als Gruppenprozess ansehen, Führung im internationalen Kontext untersuchen und Führung anhand von globalen Krisen und Skandalen mehr und mehr auch unter einem ethischen Blickwinkel betrachten. In den jeweiligen Gesprächen werde ich auf viele dieser Theorien zurückkommen und sie teilweise noch einmal ausführlicher darstellen. Hier sollen die großen Strömungen vorgestellt werden, viele andere Modelle und Theorien oder auch einzelne Forschungsbefunde, werden in den einzelnen Gesprächen ergänzt. Dabei gibt es zwischen einzelnen Theorien auch – zumindest in der Praxis – durchaus Überschneidungen.

© Springer-Verlag GmbH Deutschland, ein Teil von Springer Nature 2019
R. van Dick, L. Fink, *Führungsstile: Prominenten und Persönlichkeiten über die Schulter geschaut,*
https://doi.org/10.1007/978-3-662-53321-5_1

1.1 Great Man Approach

Zu Beginn der Führungskräfteforschung versuchte man herauszufinden, welche Eigenschaften die „großen Männer" in Politik, Wirtschaft und Militär von anderen unterschieden. Von Frauen war dabei fast nie die Rede, daher hat sich dieser Ansatz als Great Man Approach in der frühen Literatur eingebürgert. Heutzutage wird er teilweise auch als Great Person Approach bezeichnet. Gemäß diesem Ansatz wird man entweder mit den Eigenschaften der Führungskraft geboren oder eben nicht. Die Forschung hat sich zum Teil mit körperlichen Eigenschaften befasst und gefunden, dass erfolgreiche Führungskräfte häufiger größer sind als Menschen ohne Führungsverantwortung. Auch eine tiefe Stimme ist charakteristisch für Führungskräfte. Außerdem besitzen Menschen mit Führungsverantwortung eher eine hohe Intelligenz, sie sind physisch attraktiv und gesünder als Nichtführungskräfte. Von allen diesen Merkmalen gibt es allerdings auch immer wieder Ausnahmen – so war Napoleon bekanntermaßen eher klein.

Psychologische Studien vom Anfang des letzten Jahrhunderts bis in die 1940er Jahre hinein haben sich vor allem Persönlichkeitseigenschaften angesehen, die Menschen zu (erfolgreichen) Führungskräften machen. Dabei wurden sehr viele verschiedene Persönlichkeitsfacetten (unter anderem hohes Selbstbewusstsein, Durchsetzungsfähigkeit, Geselligkeit, Dominanz, Gesprächigkeit) untersucht. Diese wurden in einigen Studien als wichtig für erfolgreiche Führung identifiziert, zeigten aber in anderen Studien keine Effekte – sodass man nach 50-jähriger Forschung ziemlich ratlos war und die Forschung dann irgendwann eingestellt wurde. Aufbauend auf vielen vorangegangenen Arbeiten entwickelten McCrae und Costa (1996) einen psychometrischen Test, mit dem sich die Persönlichkeit jedes Menschen anhand von fünf Facetten beschreiben lässt. Dieser Test wurde in vielen Studien und Kulturen eingesetzt und bestätigte die fünf Dimensionen, die als „die großen Fünf", oder das BIG-5-Model der Persönlichkeit bezeichnet werden:

- **Offenheit für Erfahrungen**
  Menschen mit einer hohen Offenheit für Erfahrungen mögen Kunst und Design, sie mögen das Abenteuer, haben oft ungewöhnliche Ideen und sie sind neugierig. Sie bevorzugen Aufgaben, in denen sie ständig Neues erleben, gegenüber Routinetätigkeiten. Menschen mit einer geringeren Offenheit für Erfahrungen sind pragmatisch und können sich mehr auf eine Sache konzentrieren, während hoch offene Menschen häufig wenig fokussiert und schlecht einschätzbar sind.

- **Gewissenhaftigkeit**
Menschen mit hoher Gewissenhaftigkeit sind sehr zuverlässig, gut organisiert und in der Regel sehr effizient. Menschen mit geringer Gewissenhaftigkeit sind leichtfertiger, haben weniger Disziplin und sie bevorzugen spontanes Verhalten gegenüber durchgeplanten Aktivitäten.
- **Extraversion**
Extravertierte Menschen sind voller Energie, sie gehen gerne aus sich heraus, sie sind gesprächig und suchen nach Aufmerksamkeit. Introvertierte Menschen sind zurückhaltender, zurückgezogen und sie denken häufig über sich selbst nach.
- **Verträglichkeit**
Menschen mit hohen Werten in Verträglichkeit sind mitfühlend, nicht misstrauisch und sie kooperieren gerne. Sie vertrauen anderen Menschen und sind hilfsbereit.
- **Neurotizismus**
Neurotische Menschen erleben häufig unangenehme Emotionen wie Ärger und Furcht, sie sind öfter niedergeschlagen und machen sich viele Sorgen. Menschen mit der gegenteiligen Ausprägung – man spricht hier von „emotionaler Stabilität" – sind in ihren Emotionen positiver, haben weniger Stimmungsschwankungen und sind generell weniger ängstlich.

Judge, Bono, Ilies und Gerhardt (2002) haben die Literatur in einer metaanalytischen Übersicht mit über fast 80 Studien anhand der Big-5 Persönlichkeitsfaktoren strukturiert. Metaanalysen beinhalten keine eigene Studie, in dem zum Beispiel Führungskräfte und/oder deren Mitarbeiter befragt werden, sondern sie fassen die Ergebnisse vieler vorangegangener Studien zusammen. Gibt es dann einen Effekt weiß man, dass dieser nicht auf dem Zufall beruht, sondern eben typisch für den zu untersuchenden Gegenstand ist. Judge und Kollegen kommen zu dem Ergebnis, dass Extraversion konsistent und am stärksten positiv mit Führung korreliert. Gewissenhaftigkeit und Offenheit für Erfahrung sagen Führung ebenfalls vorher, wenn auch etwas schwächer. Mit den Dimensionen Neurotizismus und Verträglichkeit scheint es dagegen keine Zusammenhänge zu geben. Das heißt, Personen, die gerne unter Menschen sind und aus sich herausgehen, die zuverlässig und diszipliniert sind und die flexibel und offen auf neue Situationen reagieren, werden mit größerer Wahrscheinlichkeit Führungsverantwortung übernehmen – ob sie aber effektivere Führungskräfte sind, hängt eher davon ab, wie sie ihre Persönlichkeit in Handeln umsetzen.

1.2 Verhaltenstheorien

Dieses Handeln hat sich dann die nächste Generation von Forschern angesehen. Sie untersuchten tatsächlich die Frage, was Führungskräfte eigentlich tun. Dieser Ansatz wird daher als verhaltenstheoretischer Ansatz bezeichnet. In den USA der 1950er Jahre fand diese Forschung an zwei Universitäten parallel statt. An der Ohio State University (Schriesheim, Cogliser und Neider, 1995) wurden aus einer Reihe von Beobachtungen, Sekundäranalysen und Interviews zwei Hauptfaktoren extrahiert, mit denen man das Handeln von Führungskräften sehr gut beschreiben kann: „**initiating structure**", d.h. ein Fokus auf die Aufgaben und „**consideration**", d. h. ein Fokus auf dem Mitarbeiter.

Gleichzeitig entwickelten Forscher der Michigan University ein sehr ähnliches Modell – sie bezeichneten die zwei Dimensionen mit den Begriffen „**employee-orientation**" (Mitarbeiterorientierung) und „**production-orientation**" (Aufgabenorientierung; Katz und Kahn, 1952).

Basierend auf den Ergebnissen dieser Studien kann eine Führungskraft sich in ihrem Verhalten auf die Strukturierung und Erreichung der Aufgabe („initiating structure" bzw. „production-orientation") konzentrieren, und/oder sie kann sich auf die Bedürfnisse und Entwicklung der Mitarbeitenden fokussieren („consideration" bzw. „employee-orientation"). Die Forschungsergebnisse lassen sich gut zusammenfassen: Mitarbeitende von Führungskräften mit einer hohen Mitarbeiterorientierung sind zufriedener und motivierter und haben mehr Respekt vor ihren Führungskräften. Führungskräfte mit einer hohen Aufgabenorientierung scheinen dagegen vor allem hinsichtlich Leistung und Produktivität von Teams und Organisationen gute Ergebnisse zu erzielen.

Diese beiden Verhaltensweisen wurden dann in der Führungsforschung lange Zeit vernachlässigt. In einer Metaanalyse von rund 160 Studien fanden Judge, Piccolo und Ilies (2004) jedoch recht starke Zusammenhänge zwischen beiden Verhaltensweisen und dem Erfolg von Führungskräften. Obwohl beide Verhaltensweisen unterschiedliche Erfolgsmaße unterschiedlich beeinflussten, ist in der Zusammenschau deutlich, dass erfolgreiche Führung beides braucht: Aufgaben- **und** Mitarbeiterorientierung!

1.3 Kontingenztheorien

Ob allerdings in jeder Situation beide Faktoren gleich wichtig sind, steht auf einem anderen Blatt. Mit dieser und ähnlichen Fragen beschäftigen sich die sogenannten Kontingenztheorien. Die wohl am besten empirisch, wissenschaftlich fundierte Kontingenztheorie stammt von Fred Fiedler (1967), der sich vor allem auf den Zusammenhang zwischen der Mitarbeiterorientierung und der Gruppenleistung konzentrierte. Zur Messung des Führungsstils entwickelte Fiedler den LPC-Fragebogen. LPC bedeutet „Least Preferred Coworker", d. h. die Führungskraft soll sich einen Mitarbeitenden vorstellen, mit dem sie am wenigsten gerne zusammen arbeitet.

Dann soll sie diesen Mitarbeitenden auf insgesamt 16 Adjektivpaaren einschätzen (zum Beispiel unterstützend-feindselig oder effizient-ineffizient). Anschließend werden die Punkte für die positiven vs. negativen Begriffe gezählt und der LPC-Wert bestimmt. Ein hoher Wert sagt aus, dass die Führungskraft selbst den von ihr am wenigsten geschätzten Mitarbeiter noch relativ positiv beurteilt, was nach Fiedler eine hohe Mitarbeiterorientierung ausdrückt. Ein geringer LPC-Wert dagegen bedeutet eine hohe Aufgabenorientierung. Ob eine hohe Mitarbeiterorientierung oder Aufgabenorientierung für die Gruppenleistung positiv ist, hängt von drei Faktoren ab, d. h. der Zusammenhang zwischen Mitarbeiterorientierung und Leistung ist „kontingent" oder abhängig von diesen Faktoren, daher der Name der Theorie:

- **Führungskraft-Geführte-Beziehung**
  Diese kann gut oder schlecht ausgeprägt sein, wobei eine gute Ausprägung bedeutet, dass sich die Mitarbeitenden und ihre Führungskraft in der Regel gut verstehen und sie sich gegenseitig vertrauen und respektieren.
- **Aufgabenstruktur**
  Die Aufgabenstruktur ist hoch ausgeprägt, wenn die Aufgabe selbst sehr klar strukturiert ist.
- **Positionsmacht.**
  Die Positionsmacht beschreibt, ob die Führungskraft viele oder wenig Möglichkeiten hat, für die Mitarbeitenden wichtige Faktoren zu beeinflussen (zum Beispiel Gehalt, Beförderungen usw.). Eine Führungskraft in einem profitorientierten Unternehmen oder im Militär hat in der Regel eine sehr hohe Positionsmacht, während eine Führungskraft in einer Freiwilligenorganisation über eher geringe Positionsmacht verfügt.

Diese drei Faktoren kann man zu insgesamt acht Kombinationen der Situationskontrolle anordnen. Nach Fiedler sollte eine hohe Mitarbeiterorientierung besonders dann zu höherer Leistung führen, wenn die Situationskontrolle im mittleren Bereich liegt. Wenn die Situationskontrolle sehr gering ist (wenig Positionsmacht, unklare Aufgaben, schlechte Beziehungen) oder sehr hoch ist (klare Aufgaben, gute Beziehungen, hohe Positionsmacht), sollte eher ein aufgabenorientierter Führungsstil erfolgreich sein.

Peters, Hartke und Pohlmann (1985) führten eine Metaanalyse durch, die die Vorhersagen Fiedlers im Wesentlichen bestätigten, allerdings deutlicher für Studien, die im Labor durchgeführt wurden, als für Feldstudien (auch Schriesheim, Tepper und Tetrault, 1994). Die Theorie wurde durchaus auch kritisiert, zum Beispiel weil die LPC-Skala keine stabilen Ergebnisse aufweist und viele Führungskräfte einen mittleren LPC-Wert erreichen, also weder einen hohen noch einen niedrigen LPC-Wert, für die dann das Modell keine Aussage machen kann.

1.4 Transaktionale und transformationale Führung

Seit etwa 30 Jahren werden zwei wichtige Führungsstile unterschieden und diese Unterscheidung wird sowohl in Forschung wie in Praxis viel beachtet, nämliche die transaktionale Führung und die transformationale Führung (Bass, 1990), welche zusammen mit der Laissez-Faire-Führung das Full-Range-Model of Leadership ergeben. Betrachtet man innerhalb des Modells auch die Unterdimensionen, wird deutlich, dass sie vieles, was bereits früher diskutiert wurde, umfassen.

Bei der **Laissez-Faire-Führung** kümmert sich die Führungskraft um gar nichts und vermeidet, Entscheidungen zu treffen. Diese Führungsverhaltensweise ist also durch Nichtführung gekennzeichnet und kann als sehr passiv und sehr ineffizient bewertet werden.

Die **transaktionale Führung** besteht aus den folgenden drei Unterdimensionen:

- **Management-by-Exception (passiv)**
  Die Führungskraft verhält sich wie zuvor aber greift ein, wenn die Ziele nicht erreicht werden. Diese Führungsverhaltensweise kann als weitgehend passiv und ineffizient bewertet werden.
- **Management-by-Exception (aktiv)**
  Die Führungskraft verhält sich wie zuvor, aber überwacht aktiv den Grad der Zielerreichung und die Abweichung von Normen und greift ein, wenn sie Probleme sieht. Diese Führungsverhaltensweise ist eher passiv und ineffizient.
- **Contingent Reward (bedingte Belohnung)**
  Die Führungskraft setzt aktiv Ziele und verspricht Belohnungen für die Zielerreichung, die sie auch kontingent zu gutem Verhalten einlöst. Diese Führungsverhaltensweise ist die einzige Subdimension der transaktionalen

Führung, welche effektiv ist und positive Zusammenhänge zu verschiedenen Mitarbeitervariablen aufweist. Im Hinblick auf Aktivität steht dieses Führungsverhalten an der Grenze zwischen aktivem und passivem Verhalten

In vielen alltäglichen Situationen ist bedingte Belohnung völlig ausreichend, um gute Ergebnisse zu erzielen. In Situationen, in denen Krisen gemeistert werden müssen und von den Mitarbeitenden besondere Anstrengungen erwartet werden, reicht es jedoch oft nicht aus, nur (materielle) bedingte Belohnungen zu geben. Hier greift die **transformationale Führung**, die aus vier Aspekten besteht, den sogenannten vier „I":

- **Individual Consideration**
  Die Führungskraft geht individuell auf jeden Mitarbeitenden entsprechend der jeweiligen Fähigkeiten und Bedürfnisse ein, gibt Ratschläge und agiert als Coach, um die Mitarbeitenden weiter zu entwickeln.
- **Intellectual Stimulation**
  Die Führungskraft regt die Kreativität der Mitarbeitenden an und ermuntert sie zu eigenständigem Problemlösen und zum kritischen Denken und Diskutieren.
- **Inspirational Motivation**
  Die Führungskraft motiviert und inspiriert ihre Mitarbeitenden, indem sie anspruchsvolle und herausfordernde Ziele setzt, Sinn bei der Arbeit und Zuversicht vermittelt und für eine positive Teamatmosphäre sorgt.
- **Idealized Influence**
  Die Führungskraft wird von den Mitarbeitenden respektiert und bewundert und nimmt eine Vorbildrolle ein. Die Mitarbeitenden vertrauen der Führungskraft und sehen sie als moralisch integer an.

Die Forschung zeigt ganz eindeutig in zwei Metaanalysen, dass transformationale Führung effektiv und effektiver als Laissez-Faire- oder Management-by-exception-Führungsverhalten ist (Judge und Piccolo, 2004; Wang, Oh, Courtright, und Colbert, 2011). Transformationale Führungskräfte stärken das „commitment" und Vertrauen der Mitarbeitenden und dadurch ihre Motivation, sie regen die Kreativität an und schaffen so Innovation (Gong, Huang und Farh, 2009) und sie fördern die Leistung – der einzelnen Mitarbeitenden, der Teams und der ganzen Organisation, wie Wang und Kollegen (2011) in ihrer Metaanalyse über fast 120 Studien zeigen.

In einer weiteren Metaanalyse haben Eagly, Johannesen-Schmidt und van Engen (2003) untersucht, welche Geschlechtsunterschiede es hinsichtlich dieser Verhaltensweisen gibt. Sie fanden, dass Frauen bei den transformationalen Verhaltensweisen im Vorteil sind und auch mehr bedingte Belohnung zeigen als Männer. Männer zeigen dagegen mehr Laissez-Faire-Verhalten und mehr der beiden Management-by-exception-Verhaltensweisen. Die Unterschiede sind zwar nicht sehr groß, aber sie sind konsistent, signifikant und widersprechen in jedem Fall etwaigen Argumentationen, Frauen seien deshalb nicht so häufig in Führungspositionen, weil sie es nicht „könnten" (auch Hernandez Bark, Escartin und van Dick, 2014).

1.5 Partizipative Führung

Die partizipative Führung verknüpft den demokratischen mit dem Laissez-Faire-Führungsstil, in dem sie die (positive) Zurückhaltung der Führungskraft und die Mitbestimmung der Mitarbeiter kombiniert. Eine partizipative Führungskraft befähigt ihre Mitarbeiter bei Entscheidungsprozessen mitzuwirken. Sie ermutigt dazu, eigene Lösungsvorschläge und Ideen im Unternehmen einzubringen. Das erfordert einen hohen Grad an Verantwortung, worauf die Führungskraft ihre Mitarbeiter vorbereiten sollte.

Das Konzept der partizipativen Führung tritt in der Wissenschaft erstmals in den 1970ern auf, als die Organisationspsychologen Robert House und Terence Mitchell (1975) die Auswirkung eines Führungsstils untersuchten, bei der die Führungskraft sich von ihren Mitarbeitern beraten ließ, um sie dadurch auf Augenhöhe in die einzelnen Schritte und Entscheidungsprozesse der Führung einzuweihen. Studienergebnisse deuten darauf hin, dass partizipative Führung den Mitarbeitern Klarheit gibt und ein Verständnis von den ganzheitlichen Prozessen im Unternehmen fördert. In dem sie mitten im Entscheidungsprozess stehen, meint House und Mitchell (1975), setzen die Mitarbeiter sich konkret mit den Konsequenzen bestimmter Situationen auseinander und lernen Verantwortung zu übernehmen. Ebenso wird von Mitarbeitern, die eine partizipative Führung unterstützen, erwartet, dass sie mit der Führungskraft gemeinsam Ziele vereinbaren, für deren Erreichung sie persönlich motiviert sind. Ein hoher Grad an Autonomie trägt dazu bei, dass die Leistung und das Wohlbefinden des einzelnen Mitarbeiters am Arbeitsplatz maßgeblich verbessert werden kann (Spector, 1986). Durch den offenen Austausch von Informationen und Meinungen können Mitarbeiter ein starkes Vertrauen mit der Führungskraft aufbauen, was dazu führt, dass sie ihre Arbeit zufriedener und sinnerfüllter erleben (Dirks und Ferrin, 2002; Huang, Liu und Gong, 2010).

Die partizipative Führung ist besonders in Unternehmen geeignet, in denen Führungskräfte nur geringfügige Kompetenzen im Entscheidungsbereich haben (zum Beispiel technische Kompetenzen) und sich ohnehin von ihren hochqualifizierten Mitarbeitern beraten lassen (müssen).

Dorfman, Javidan, Hanges, Dastmalchian und House (2012) weisen darauf hin, dass auch kulturelle Rahmenbedingungen in Unternehmen die Ausprägung eines partizipativen Führungsstils beeinflussen können. So zeigen sie in einer Studie, dass dieser Führungsstil in Deutschland und in den USA besonders ausgeprägt ist.

1.6 Charisma

Viele Studien haben untersucht, ob charismatischere Menschen erfolgreichere Führungskräfte sind. Charisma ist ein Teilaspekt transformationaler Führung und beschreibt Personen, die starke Visionen haben und diese gut kommunizieren können. Jemand, der Charisma besitzt, wird aber noch stärker mit ganz außergewöhnlichen persönlichen Eigenschaften assoziiert. Max Weber, der berühmte Soziologe, der Charisma als Erster definierte, beschrieb Charisma als den Besitz von fast übernatürlichen Kräften und außergewöhnlicher Fähigkeiten. Dazu kommt nach Robert House, der den Begriff in die psychologische Literatur einführte, dass charismatische Führungskräfte durch unkonventionelles Verhalten auffallen und bereit sind, persönliche Risiken einzugehen. Wir denken dabei automatisch an Menschen wie Nelson Mandela oder Martin Luther King. Die Literatur zeigt eindeutig, dass Führungskräfte, die als charismatisch beschrieben werden, erfolgreicher sind. Ihre Mitarbeiter sind motivierter und leisten mehr. Dass diese Motivation auch in die falsche Richtung gehen kann, zeigt die Geschichte mit berüchtigten politischen Anführern wie Hitler oder Idi Amin.

Studien konnten zeigen, dass Charisma durchaus auch gelernt und trainiert werden kann (Conger und Kanungo, 1988; Howell und Frost, 1989). Wir selbst konnten darüber hinaus zeigen, dass Charisma nicht unbedingt eine feste Eigenschaft der Person ist, sondern zu einem großen Teil eben auch eine Zuschreibung der Umwelt darstellt (Steffens et al., 2017). Dazu analysierten wir 2,5 Millionen Zeitungsartikel über 48 Staats- und Regierungschefs, die während ihrer Amtszeit verstorben waren. Unsere Analysen zeigen, dass nach dem Tod mehr als doppelt so häufig Worte in den Berichten vorkommen, die mit Charisma verbunden sind als vor dem Tod. Da sich die Personen offensichtlich nach ihrem Tod nicht mehr charismatischer verhalten können, handelt es sich um eine veränderte Wahrnehmung. In einer zusätzlichen, experimentellen Studie, konnten wir außerdem zeigen, dass der Effekt vor allem darauf beruht, dass Führungskräfte nach ihrem Tod stärker mit ihrem Land assoziiert werden.

1.7 Authentische Führung

Authentische Führung ist ein weiterer, relativ neuer Führungsansatz (Avolio und Gardner, 2005; Walumbwa, Gardner, Wernsing und Peterson, 2008). Eine authentische Führungskraft ist sich ihrer Stärken und Schwächen, ihres Auftretens, ihrer Wirkung und ihres Einflusses auf andere bewusst. Sie bringt durch Offenheit ihre Mitarbeitenden voran, hält hohe moralische Ansichten oder Prinzipien ein und berücksichtigt bei wichtigen Entscheidungen die Meinungen und Sichtweisen ihrer Mitarbeitenden. Authentische Führung besteht aus vier Dimensionen:

- **Selbsterkenntnis** (Self-Awareness)
  Die Führungskraft ist sich ihrer Werte, Ziele, Stärken und Schwächen bewusst, weiß, wie sie gesehen und wahrgenommen wird und holt sich diesbezüglich Rückmeldungen von anderen ein.
- **Transparente Beziehungsgestaltung** (Relational Transparency)
  Die Führungskraft ist offen und ehrlich in Interaktionen und bringt echte Gedanken und Gefühle zum Ausdruck.
- **Moralische Werthaltung** (Internalized Moral Perspective)
  Die Führungskraft besitzt hohe Standards für übergeordnete, moralische und ethische Prinzipien und richtet ihr Verhalten entlang dieser Prinzipien aus.
- **Ausgeglichene Informationsverarbeitung** (Balanced Processing)
  Die Führungskraft holt umfassend Meinungen und Sichtweisen von anderen vor wichtigen Entscheidungen ein. Dabei werden ausreichend Quellen berücksichtigt, diese ausgewogen analysiert und zudem Informationen entgegen der eigenen Haltung in Betracht gezogen.

Authentische Führung zählt zu den effektiven Führungsstilen und weist konsistent positive Beziehungen zu verschiedensten Mitarbeitervariablen wie Arbeitszufriedenheit oder Arbeitsengagement auf (Azanza, Moriano und Molero, 2013; Walumbwa, Wang, Wang, Schaubroeck und Avolio, 2010).

1.8 Servant Leadership

Der Begriff „Servant Leadership" stammt von Robert K. Greenleaf, der im Jahre 1977 in der modernen Gesellschaft eine Art der Führung in Bewegung setzte, die sich dadurch auszeichnet, anderen zu dienen. Die Bedeutung des „Servant Leadership" ist von der Reihenfolge der Prioritäten geprägt zuerst zu dienen, dann zu führen (Greenleaf, 1977). Die Führungskraft orientiert sich dabei zu allererst an den Bedürfnissen ihrer Geführten, versetzt sich in ihre Lage und unterstützt sie dabei, berufliche und persönliche Ziele zu erreichen.

Greenleaf (1997) weist darauf hin, dass dieser Führungsstil von tugendhaften Eigenschaften geprägt ist, die die Führungsperson gleichzeitig als vorbildliche Figur für moralisches Handeln anerkennt. So ergänzt das Konzept des Servant Leadership beispielsweise auch andere Führungsstile wie die transformationale Führung, in dem sie moralische und altruistische Eigenschaften in der Führung als wichtig benennt (Patterson, 2003). Gemäß Larry C. Spears (2010), dem ehemaligen Präsidenten des Robert K. Greenleaf Center for Servant Leadership, zeichnet sich Servant Leadership an folgenden Charakteristiken aus:

1. **Zuhören**
   Aufmerksamkeit und Engagement im Gespräch und der Körpersprache zeigen.
2. **Empathie**
   Einfühlvermögen beweisen.
3. **Erholung**
   Unterstützung für das psychische und körperliche Wohlbefinden der Mitmenschen leisten.
4. **Achtsamkeit**
   Selbsterkenntnis im Hinblick auf das eigene Verhalten im Umgang mit anderen zeigen.
5. **Überzeugung**
   Entscheidungen ermutigen anstatt Autorität zu beweisen.
6. **Konzeptualisierung**
   Vorstellungen und Visionen klar kommunizieren.
7. **Voraussicht**
   Vorrausschauend handeln, mit Hinblick auf potenzielle Konsequenzen.
8. **Verwaltung**
   Achtsam mit Verantwortung im Team umgehen.
9. **Engagement für die Potenzialentfaltung der Mitglieder**
   Sich für die berufliche und persönliche Entwicklung der Mitmenschen zu verpflichten.

10. **Gemeinschaftssinn**

Gemeinschaftliches Handeln und Kooperation in der Gruppe zu fördern.

Zielsetzung der dienenden Führung im Unternehmen ist die Kernfrage: „Wozu diene ich (und nicht wozu herrsche ich)?" (Hinterhuber, Pircher-Friedrich, Reinhardt und Schnorrenberg, 2007). Die Grundlage der dienenden Führung basiert hiermit auf einem ganzheitlichen Menschen- und Weltbild von Führung durch einen moralischen Kompass, der sich am Wohl der Mitarbeiter orientiert.

1.9 Macht und Einfluss

Führungspersonen haben aufgrund ihrer offiziellen Funktion oder Position Einfluss auf die von ihnen Geführten. Diese Quelle von Macht und Einfluss über andere Menschen wird als legitime Machtbasis bezeichnet und ist eine der formalen Quellen von Macht. Sie ist vielleicht am deutlichsten in der Armee oder in der Wirtschaft, wo Führungskräfte Personalverantwortung über die von ihnen Geführten haben, weil sie legitim in ihrer Position sind, also der Unteroffizier Einfluss auf die Gefreiten hat oder die Abteilungsleiterin Einfluss auf die Mitarbeitenden in ihrer Abteilung. Dies ist aber nur eine Basis der Macht. Die beiden anderen formalen Quellen sind die Macht zu Belohnen und die Macht zu Bestrafen. Diese drei Quellen sind manchmal in einer Person (oder der Position, in der die Person ist) vereint, manchmal sind es aber auch unterschiedliche Positionen. So hat zum Beispiel der Dekan eines universitären Fachbereichs zwar aufgrund seiner Position legitimen Einfluss und Personalverantwortung – er kann aber nur sehr eingeschränkt belohnen oder bestrafen, weil es anders als zum Beispiel in der Wirtschaft kaum Bonierungssysteme für Mitarbeiter gibt und weil Bestrafungen in der Wissenschaft kaum toleriert würden. Dies ist wiederum anders im Militär, wo der Offizier die Soldaten bei Fehlverhalten durchaus mit Urlaubssperre oder ähnlichem bestrafen kann.

Neben diesen formalen Quellen der Macht gibt es noch zwei weitere Quellen, die in der Person liegen. Einmal ist das die Expertenmacht. Auch wenn ein Teammitglied, wie die IT-Spezialistin oder die Sekretärin, formal keine Führungsrolle haben, können sie trotzdem Macht über die anderen Teammitglieder haben, weil sie über Informationen und Expertise verfügen. Alle sind besonders nett zur IT-Spezialistin oder der Sekretärin, weil sie von diesen abhängig sind, wenn es das nächste Problem mit dem Computer oder mit der Reisekostenabrechnung gibt. Schließlich ist die Macht durch Vorbild (engl. „reference power"), die wohl einflussreichste Quelle der Macht. Hierbei hat jemand Einfluss über andere, weil er oder sie als Vorbild anerkannt wird und sich die anderen mit ihm oder ihr identifizieren.

Diese Klassifikation in drei formale und zwei persönliche Quellen von Macht und Einfluss wurden von French und Raven (1959) entwickelt. Die Forschung hat gezeigt, dass die personalen Quellen von Macht eher mit Zufriedenheit, Commitment und Leistung der Mitarbeitenden zusammenhängen, während es für Belohnungsmacht und legitime Macht keine Zusammenhänge zu solchen Faktoren gibt. Und wenn jemand versucht, andere zu beeinflussen, indem er seine Macht zu Bestrafen betont, erzeugt dies in der Regel eher gegenteilige Effekte, d. h. geringe Zufriedenheit und auf Dauer auch Leistung.

Aber wie werden diese Quellen tatsächlich in die Praxis umgesetzt, d. h. wie funktioniert die Beeinflussung konkret? Hierzu werden neun Machttaktiken unterschieden, mit denen man Einfluss auf andere Menschen nehmen kann. Diese sind:

- **Legitimität**
  Man verweist auf seine rechtmäßigen Befugnisse, die sich aus der Stellung als Führungskraft ergeben.
- **Druck**
  Man droht mit negativen Konsequenzen, wenn sich die Mitarbeiterin nicht so verhält, wie man das möchte.
- **Rationale Überzeugung**
  Man erklärt den Mitarbeitern, warum ein bestimmtes Ziel wichtig ist und warum der Mitarbeiter mit seinem Verhalten zur Zielerreichung beitragen kann.
- **Koalitionen**
  Man versucht andere Mitarbeiter einzubinden, sodass diese Druck auf die Mitarbeiterin ausüben.
- **Inspirierende Appelle**
  Man appelliert an die allgemeinen Werte und Bedürfnisse der Mitarbeiterin.
- **Persönliche Apelle**
  Man bittet den Mitarbeiter etwas aufgrund von Loyalität und Freundschaft zu tun.
- **Konsultation**

Man sichert sich die Kooperation der Mitarbeiterin, indem man sie zu einer Verbündeten macht.

- **Austausch**
  Man verspricht Belohnungen und Vorteile, wenn sich der Mitarbeiter wie gewünscht verhält.
- **Schmeicheln**
  Man ist besonders freundlich, macht Komplimente und lobt den Mitarbeiter.

Die Forschung hat gezeigt, dass es am besten ist, die Mitarbeiter rational davon zu überzeugen, dass das gewünschte Verhalten notwendig ist. Auch inspirierende Appelle und Konsultation können geeignete Methoden der Einflussnahme sein. Am wenigsten erfolgreich hat sich Druck erwiesen – wenn man mit Drohungen und Druck versucht, Mitarbeiter zu etwas zu bewegen, kann das sogar gegenteilige Effekte haben.

1.10 Führung als Beziehung zwischen Personen: Die LMX-Theorie

Der Führungsprozess ist immer auch gekennzeichnet als Beziehung zwischen den Personen der Führungskraft und des Geführten (Graen und Uhl-Bien, 1995). Aufgrund von Zeitknappheit ist es selten so, dass die Führungsperson zu allen Mitarbeitenden ein gleich gutes und intensives Verhältnis hat. Im Gegenteil, in vielen Teams gibt es nach der sogenannten Leader-Member-Exchange (LMX)-Theorie einen inneren Kreis von Mitarbeitern, die eine besonders gute Beziehung zur Führungskraft haben und andere Mitarbeiter, die nicht zu diesem inneren Kreis gehören. Häufig bildet sich der innere Kreis unbewusst aufgrund von ähnlichen Eigenschaften zwischen Führungsperson und Mitarbeitern, zum Beispiel weil diese eine ähnliche Persönlichkeit haben oder den gleichen Arbeitsrhythmus. Mit den Mitarbeitern des inneren Zirkels tauscht sich die Führungsperson häufiger und intensiver aus, so sind zum Beispiel die Emails länger, man spricht auch einmal über private Dinge und hat Vertrauen zueinander. Daher werden den Mitarbeitern mit einer guten Beziehung auch die interessanteren Aufgaben übertragen und sie werden häufig auch besser in ihrer Leistung bewertet, wie Robin Martin und Kollegen (2016) kürzlich in einer großen Metaanalyse zeigen konnten. Zu den anderen Mitarbeitern gibt es eher eine formale Beziehung, die Kommunikation ist knapper und bezieht sich nur auf die Arbeit und die Mitarbeiter bekommen eher die Routineaufgaben und weniger Privilegien.

Wir konnten in eigenen Studien in China zeigen, dass innovative Mitarbeiter nur dann für ihre Kreativität belohnt werden, wenn sie in einer guten Beziehung zur Führungskraft stehen – während die Führungskraft das gleiche innovative Verhalten der Mitarbeiter, zu denen sie eine weniger gute Beziehung haben, eher als den Ablauf störend empfinden (Schuh et al., 2018).

1.11 Führung als Gruppenprozess: Das Social Identity Model of Leadership

Ein weiteres aktuelles Führungsmodell hat in den letzten 10 Jahren viel Aufmerksamkeit in der Forschung erlangt: Das „Social Identity Model of Leadership" (SIMOL; Hogg und van Knippenberg, 2003). Dieses Modell sagt, dass Führung nicht in einem „sozialen" Vakuum stattfindet, sondern betont, dass Führungskräfte immer auch Teil der Gruppe oder Organisation sind, die sie führen. Nach dem SIMOL haben Führungskräfte umso größeren Einfluss auf die von ihnen geführten Gruppenmitglieder, je mehr sie für die Gruppe prototypisch sind. Prototypikalität kann sich zum Beispiel durch besonders charakteristische physische Merkmale, durch zentrale objektive Merkmale oder auch durch typische Einstellungen und Meinungen äußern. So wurde in einer Studie (Ulrich, Christ und Van Dick, 2009) Sympathisanten der Partei „Die Grünen" ein Szenario vorgegeben, in dem ein regionaler Parteiführer entweder als prototypisch (Soziologiestudium, Geschäftsführung in einem Jugendzentrum) oder nicht prototypisch (BWL-Studium, Geschäftsführer eines Unternehmens) beschrieben wurde. Dem prototypischen Parteiführer wurde dabei mehr verziehen, wenn er die Mitglieder nicht an Entscheidungen beteiligte – und dies insbesondere von den hochidentifizierten Sympathisanten.

Dieses Muster konnte auch in einer Befragung an Mitarbeiterinnen und Mitarbeitern finden. Das SIMOL konnte sowohl im Feld als auch im Labor in Dutzenden von Studien bestätigt werden: Prototypische Führungskräfte haben mehr Einfluss, werden mehr gemocht, ihnen werden Fehler oder Misserfolge eher verziehen, zum Beispiel wenn sie Ressourcen weniger fair verteilen oder weniger partizipativ führen, als Führungskräften, die nicht prototypisch sind (Hogg, van Knippenberg und Rast, 2012).

Nun ist es allerdings so, dass Prototypikalität nicht starr an zum Beispiel eine Persönlichkeit oder bestimmte demographische Merkmale gebunden ist, sondern sich je nach Kontext verändern kann. Es bildet immer die Person den Prototypen, die die Unterschiede innerhalb der eigenen Gruppe möglichst minimiert, aber gleichzeitig die Unterschiede zu anderen Gruppen maximiert. Während des Wahlkampfs würde zum Beispiel in der SPD in der Auseinandersetzung mit der CDU ein eher linker Politiker als prototypisch für das, wofür die SPD steht, wahrgenommen werden, während in einer Debatte mit der Partei DIE LINKE ein eher konservativer SPD-Politiker als prototypisch wahrgenommen würde (Haslam, 2004). Entsprechend ist auch die Prototypikalität einer Führungskraft variabel.

Hinzu kommt, dass die neueste Literatur zum SIMOL Führungskräfte als Gestalter der Gruppenidentität beschreibt. Haslam, Reicher und Platow (2011) haben neben der Prototypikalität („Being one of us") drei weitere Merkmale herausgearbeitet, mit denen Führungskräfte die Identität von Gruppen gestalten und dadurch mehr Einfluss gewinnen können (auch Kerschreiter und van Dick, 2017); Dies sind:

- Identity Advancement („Doing it for us"),
- Identity Entrepreneurship („Crafting a sense of us") und
- Identity Impressarioship („Making us matter").

1.12 Führung in internationalen Kontexten: Die GLOBE-Studie

Neben den beispielsweise in Fiedlers Modell diskutierten Faktoren spielen auch kulturelle Unterschiede eine Rolle für die Effektivität von Führung. In den 1990er und 2000er Jahren versuchte eine Gruppe von über 150 Wissenschaftlern aus 62 verschiedenen Ländern, die Frage der Kulturspezifität von Führung zu untersuchen. In dieser GLOBE (für Global Leadership and Organisational Behavior Effectiveness)-Studie wurden fast 17.000 Personen des mittleren Managements aus 62 Ländern und jeweils in den drei Branchen Finanzen, Telekommunikation und Nahrungsmittel befragt (Chokar, Brodbeck und House, 2007; House, Hanges, Javidan, Dorfman und Gupta, 2004). Sie sollten in den Fragebögen jeweils Aussagen zur Situation in der Gesellschaft und in der Organisation machen. Die Aussagen fragten jeweils nach den Verhältnissen, wie sie wahrgenommen wurden („Ist") und wie sie nach Meinung der Teilnehmenden sein sollten („Soll"). Dabei stellten sich einige Dimensionen als universell heraus, d. h. am Menschen orientierte Führung (teamorientiert, ehrlich, gerecht usw.) werden überall auf der Welt als Eigenschaften für gute Führungskräfte angesehen. Andere Dimensionen sind dagegen kulturell sehr unterschiedlich ausgeprägt. So ist die Zustimmung zu der Aussage „Manager müssen auf jede Frage ihrer

Mitarbeitenden eine präzise Antwort haben" sehr unterschiedlich und hängt offensichtlich stark von der Kultur des Landes ab. In den USA und Schweden stimmen nur 13% der Befragten zu, in den Niederlanden sind es 18%, in Dänemark, Großbritannien, Deutschland und der Schweiz ca. 30–40%, in Frankreich, Italien und Indonesien ca. 60% und in Japan stimmt mit 77% mehr als drei Viertel der Aussage zu.

Für Deutschland haben Brodbeck, Frese und Javidan (2002) herausgefunden, dass deutsche Führungskräfte vor allem auf der Dimension der Leistungsorientierung sehr hoch eingeschätzt werden, aber im internationalen Vergleich nur gering in den mitarbeiterbezogenen Dimensionen wie zum Beispiel Teamorientierung oder Mitgefühl. Nach Brodbeck et al. (2002) war diese Orientierung „hart in der Sache, hart zu den Mitarbeitenden" ein Teil des Erfolgsrezepts der deutschen Industrie – in sehr viel stärker auf Service ausgerichteten Unternehmen, die global agieren, scheint zunehmend eher eine „hart in der Sache, weich zu den Mitarbeitenden"-Ausrichtung erfolgversprechend.

Sektion II

Führung aus der Sicht der Praxis

2

Kultur und Journalismus

Inhaltsverzeichnis

2.1 Günter Grass – Schriftsteller und bildender Künstler.......................... 23
2.2 Wolfgang Niedecken – Musiker und bildender Künstler................ 29
2.3 Ulrich Wickert – Journalist.. 32
2.4 Max Hollein – Museumsdirektor und Kurator................................ 37
2.5 Hilmar Hoffmann – ehemaliger Kulturdezernent Frankfurt a.M. 41
2.6 Bernd Loebe – Intendant der Oper Frankfurt a.M........................ 48
2.7 Dario Fo – Nobelpreisträger, Schriftsteller, Regisseur und bildender Künstler 52
2.8 Ottmar Hörl – bildender Künstler.. 55
2.9 Andrés Orozco-Estrada - Dirigent.. 60
2.10 Prinz Asfa-Wossen Asserate – Politischer Analyst und Unternehmensberater 64

2.1 Günter Grass – Schriftsteller und bildender Künstler

» Ich habe Willy Brandt beigebracht, *ich* zu sagen!

© Springer-Verlag GmbH Deutschland, ein Teil von Springer Nature 2019
R. van Dick, L. Fink, *Führungsstile: Prominenten und Persönlichkeiten über die Schulter geschaut*,
https://doi.org/10.1007/978-3-662-53321-5_2

> In diesem Gespräch spricht Günter Grass über seine Erfahrungen als junger Mann, der Führung von seinen Lehrern kennenlernte und auch brauchte. Er beschreibt, wie Otto Pankok seine Studierenden einerseits einfach „machen ließ", ohne viel zu intervenieren – was wir wissenschaftlich als Laissez-Faire-Führung bezeichnen und eher für wenig effektiv halten. Andererseits war Pankok aber auch als Persönlichkeit ein Vorbild für die Studierenden und hatte dadurch Einfluss auf sie (wissenschaftlich: „referent power"). Günter Grass beschreibt seine Erfahrungen mit Willy Brandt, dem er lange verbunden war, zum Teil als aktiver Wahlkampfhelfer und Redenschreiber, dem er eine persönlichere, authentische Sprache beibrachte. Schließlich räumt Günter Grass sein Scheitern als Präsident der Akademie der Künste ein, weil er sich dieser Funktion nicht gewachsen sah angesichts des bürokratischen Verwaltungsapparats.

2.1.1 Biographie in Kürze

Günter Grass wurde am 16.10.1927 in Danzig geboren. Nach einer Lehre zum Steinmetz studierte er von 1948 bis 1956 in Düsseldorf und Berlin Grafik und Bildhauerei, unter anderem bei Otto Pankok. Neben ersten Ausstellungen von Plastiken und Graphiken in Stuttgart und Berlin begann Günter Grass in den Jahren 1956 schriftstellerisch tätig zu werden und publizierte zunächst Gedichte. Den internationalen Durchbruch schaffte er 1959 mit seinem ersten Roman „Die Blechtrommel". Günter Grass war seit 1957 Mitglied der Gruppe 47 und von 1963 bis 1989 Mitglied der Berliner Akademie der Künste. 1999 erhielt er den Nobelpreis für Literatur. Günter Grass starb am 13.04.2015. In seiner 60-jährigen Tätigkeit hat er sich immer wieder in die Politik eingemischt, sich zu gesellschaftlichen Themen geäußert und sich vielfach engagiert, zum Beispiel mit Stiftungen zugunsten von Slumbewohnern in Kalkutta oder für die Sinti und Roma. In 2006 beschrieb er in seinem autobiografischen Werk „Beim Häuten der Zwiebel", dass er als 17-Jähriger im Herbst 1944 in eine Division der Waffen-SS eingezogen worden war, worauf eine große öffentliche Diskussion entbrannte. Günter Grass selbst betonte immer wieder, dass er keinen Schuss abgegeben hätte und an keinen Kriegsverbrechen beteiligt war. Er habe die Mitgliedschaft in der Waffen-SS aus Scham erst spät öffentlich gemacht.

2.1.2 Interview

Mit Günter Grass verband mich die 20-jährige Beziehung eines faszinierten Lesers zu seinem Lieblingsautor. Während des Studiums las ich die Blechtrommel und dann alles, was ich an alten und neuen Büchern von ihm in die Finger bekam.

Aus Anlass einer Konferenz in Berlin habe ich ihn dann Zuhause besucht, später schlossen sich Besuche in seinem Büro in Lübeck an. Immer wieder begegnete ich ihm auf Lesungen, Ausstellungen seiner Bilder und Skulpturen und fast jährlich traf ich ihn auf der Frankfurter Buchmesse, zuletzt ein Jahr vor seinem Tod. Wie ich bereits in der Danksagung erwähnte, beruht die Idee für diese Interviewreihe auf dem Vorschlag von Günter Grass, unser neu gegründetes Center durch ein Gespräch mit mir zu unterstützen. Obwohl es aus Termingründen dann nicht das allererste Gespräch war, das wir führten (diese Ehre gebührte uns durch den Besuch von Birgit Prinz), möchte ich das Buch mit diesem Gespräch einleiten – vielleicht auch gerade deshalb, weil der Leser den Namen Günter Grass nicht unbedingt mit dem Thema Führung in Verbindung bringt. Das es aber durchaus Anknüpfungspunkte gibt, wird sich im Folgenden zeigen. Günter Grass war unter anderem einer bedeutenden Führungspersönlichkeit – Willy Brandt – lange Jahre sehr nahe als Wahlkampfhelfer und Redenschreiber, er war Präsident der Berliner Akademie der Künste und das Thema Führung spielt auch in seinen Romanen durchaus eine Rolle.

Günter Grass und seine Frau empfingen uns an einem Samstagnachmittag in ihrem Haus in Behlendorf bei Lübeck. Wir wurden nett begrüßt und erst einmal besichtigten wir Günter Grass' Arbeitsräume und bauten unsere Kameras auf. Obwohl Günter Grass in der Woche zuvor erkrankt war und sich erkennbar nicht sehr wohl fühlte, nahm er sich Zeit für uns. Nach dem Gespräch nahm er uns mit in den ersten Stock in sein Atelier, wo er mir und den beiden Studierenden erklärte, wie er die Radierungen für die Jubiläumsausgabe der „Hundejahre" anfertigte. Auf dem Boden verstreut lagen die frischen Probedrucke, die wir geduldig erklärt bekamen. Auf der Rückfahrt sagten die Studierenden übereinstimmend: „Der war ja so nett! Das sich ein Nobelpreisträger so viel Zeit für uns nimmt ist der Wahnsinn!"

Zu Beginn des Gesprächs antwortet Günter Grass auf die Frage, ob man Führung braucht, dass er als „gebranntes Kind" nach Kriegsende Orientierung gebraucht habe. Die habe er zuerst in seinem Lehrmeister bei der Ausbildung zum Steinmetz gefunden und später dann bei Otto Pankok an der Düsseldorfer Kunstakademie fortgesetzt. Über Pankok sagt er: „Er war eigentlich, im akademisch überlieferten Sinne, kein ‚guter' Lehrer. Der ließ uns machen und gab nur ganz sparsam Anweisungen. Aber als Person war er prägend. Allein schon deshalb, weil er während der Nazizeit Malverbot hatte – weil sein Hauptmotiv Zigeuner, wie man damals sagte, waren und er auch mit ihnen gelebt hat. Diese Haltung hat mich, der in all diesen Dingen wie unbeleckt war, nachhaltig geprägt. Das wirkt im Grunde bis heutzutage nach."

In der Führung von Pankok finden sich zwei wissenschaftliche Theorien wieder. Auf der einen Seite agiert er mit dem sogenannten Laissez-Fair-Stil, also als Führungskraft, der weder autoritär Anweisungen gibt und belohnt oder bestraft noch demokratisch die Mitarbeiter in Diskussionen und Entscheidungen einbindet. In der Forschung hat sich dieser Stil als am wenigsten effektiv erwiesen. Mitarbeiter von Laissez-Faire-Führungskräften sind unzufriedener und leisten auch weniger als Mitarbeiter von demokratischen Führungskräften, während Mitarbeiter autoritärer Führungskräfte durchaus auch leistungsfähig sind, aber ihre Leistung häufig absinkt, wenn die Führungskräfte nicht hinsehen. Pankok zeigte also aus dieser Perspektive keinen effektiven Führungsstil. Möglicherweise ist es für Kunststudierende aber auch nicht wichtig oder sinnvoll, genaue Anweisungen zu bekommen. Durch die Zulassung zum Akademiestudium ist vermutlich sichergestellt, dass ein gewisses Talent vorhanden ist, das sich dann unter Lehrern, die wenige Vorgaben machen, am besten entfalten kann. Dies bezeichnet man in der Wissenschaft als Kontingenz. So hat Fred Fiedler in seiner Kontingenztheorie vorhergesagt und auch empirisch belegen können, dass ein mitarbeiterorientierter Führungsstil – im Gegensatz zu aufgabenorientierter Führung – dann erfolgreicher ist, wenn eine gute Beziehung zwischen Führungskräften und Mitarbeitern besteht und gleichzeitig die Aufgaben nicht immer ganz klar sind (wie das in der Kunst wahrscheinlich der Fall ist) und die Führungskräfte relativ wenig legitime Macht über die Mitarbeiter haben, wie dies bis heute in der Beziehung zwischen Hochschullehrer und Studierenden der Fall ist.

Dazu kommt, dass Pankok durch seine „Haltung" beeindruckt hat. Führungskräfte können nach French und Raven aus ganz unterschiedlichen Gründen Macht und Einfluss über ihre Mitarbeiter haben, zum Beispiel weil sie in der legitimen Position der Führungskraft sind oder weil sie belohnen und bestrafen können – dies bezeichnet man als die formalen Grundlagen der Macht, die sich aufgrund der Position in der Organisation ergeben. Darüber hinaus gibt es die persönliche Basis der Macht, beispielsweise weil die Führungskraft über mehr Informationen und Expertise verfügt als die Mitarbeiter oder, und diese Form ist in der Regel sehr effektiv, die Macht durch Vorbild. Sie basiert darauf, dass der Mitarbeiter die Führungskraft als Vorbild ansieht und zu ihr aufschaut. Dies kann zum Beispiel aufgrund besonderer Persönlichkeitseigenschaften der Fall sein, und führt dazu, dass der Mitarbeiter sich mit der Führungskraft identifiziert und ihr vertraut.

Wir kamen dann auf Günter Grass' Verhältnis zu dem ehemaligen deutschen Bundeskanzler Willy Brandt zu sprechen. Günter Grass war lange Jahre Mitglied der SPD und unterstützte die Partei aktiv in mehreren Wahlkämpfen durch viele öffentliche Auftritte. Mit Brandt kam er immer wieder zusammen, begleitete ihn auf Wahlkampf- und Auslandsreisen und lieferte Ideen für seine Reden. Unter anderem brachte er ihm bei, anstelle des unpersönlichen „man"

2 Kultur und Journalismus

häufiger „ich" zu sagen. Er sagt über seine Beziehung zu Brandt: „Ich, auch von meinem politischen Standpunkt aus als Sozialdemokrat, war natürlich bereit und in der Lage in bestimmten Situationen auch helfend mitzuwirken: In Wahlkämpfen, an Reden mitarbeiten. Das hat sich dann im Laufe der Jahre vom ‚Sie' zu einem ‚Du' entwickelt und wurde zu einer Freundschaft, trotz ganz unterschiedlichem Charakter."

Er sagt weiter: „Willy Brandt gehörte zu der seltenen Spezies von Politikern, die bereit und in der Lage waren zuzuhören. Das trifft auf die meisten nicht zu, die wissen alles schon vorher, sind ungeduldig und unterbrechen, während Willy Brandt davon ausging, dass jemand, der als Schriftsteller von Beruf seine Erfahrungen mit der Gesellschaft gemacht hat, auch etwas geben kann. Er führte also nicht nur Dinge aus, die den Belangen seiner politischen Richtung und Partei nützlich sind, sondern ließ auch Einspruch und Korrektur zu. Das betraf nicht nur mich, sondern auch andere. Wir haben zumeist in einem größeren Kreis gesessen und es ist für mich sehr erinnerlich, wie er sich kritische Einwürfe von allen Seiten genau anhörte und auf alle diese Einwürfe eingegangen ist und manches bereit und in der Lage war, aufzunehmen. Anderem musste er widersprechen. Da habe ich im Laufe der Jahre auch etwas von ihm gelernt, seine pragmatische Erfahrung in Sachen Politik: was ist wünschbar und was ist machbar aufgrund vorhandener oder nicht vorhandener Mehrheitsverhältnisse, aus der Oppositionsrolle heraus, später aus der Position des Regierenden. Das sind Dinge für jemanden, der aus einem freien Beruf heraus kam, wie ich, und der in seiner Arbeit einer ganz anderen Gesetzmäßigkeit folgt, nämlich ästhetischen Gesetzen, der war auf einmal in einem Bereich als Bürger, wo es um politische Entscheidungen geht und in einer Demokratie sind die meisten Entscheidungen, die getroffen werden, von Kompromissen begleitet. Diese Kompromissfähigkeit musste mir vermittelt werden – die gibt es im künstlerischen Bereich nicht. Abstimmungen über künstlerische Produkte führen immer zu einer Förderung des Mittelmaßes, wahrscheinlich weil die Kunst oder die Künste selbst vordemokratisch in ihrem Charakter sind. In der Politik ist das anders."

Hier beschreibt Günter Grass zwei Dinge – zum einen beschreibt er die Art von Willy Brandt zu führen, zum anderen beschreibt er das, was wir in der Wissenschaft Kontingenz nennen. Willy Brandt führt dadurch, dass er zunächst zuhört und dabei den Mitarbeitern (oder in diesem Fall engagierten Schriftstellern und Bürgern) Raum gibt, sich mit ihren jeweiligen Stärken einzubringen. Dabei lässt er auch Dissenz zu und fördert Widerspruch. Wissenschaftlich gesehen sind dies ideale Eigenschaften, sie beziehen sich auf das, was wir partizipative Führung nennen und sie verhindern das sogenannte Gruppendenken. Partizipative Führung heißt, die Mitarbeitenden in Entscheidungen einzubinden und sie um Rat zu fragen. Wenn diese Mitarbeiterbeteiligung von den Führungskräften ehrlich gemeint ist und die Mitarbeitenden dort, wo sie mitreden sollen, auch über Kompetenzen verfügen, erhöht partizipative Führung die Zufriedenheit und die Bindung der Mitarbeiter und letztlich auch die Leistung.

Das Gruppendenken wurde von Irvin Jannis (1972) anhand seiner Analysen der desaströsen Fehlentscheidung der Kennedy-Administration, eine Invasion in Kuba zu unterstützen, erstmals aufgegriffen. Später wurde das Phänomen des Gruppendenkens bei den Unglücken der Raumfähren Challenger und Columbus und dem Verhalten der verantwortlichen Ingenieure bei der Katastrophe des Atomreaktors in Tschernobyl beobachtet. Es bedeutet, dass Menschen in Teams oder Gruppen sehr schlechte Entscheidungen treffen, wenn sie stark zusammenhalten, unter viel Stress stehen und eine sehr starke Führungskraft haben. In diesen Fällen ist das Bedürfnis nach Einigkeit und Zusammenhalt höher als der Wunsch, die beste Entscheidung zu treffen. Dies führt dazu, dass abweichende Meinungen nicht oder nur sehr zögerlich geäußert werden und eine einmal getroffene Präferenz auch durchgezogen wird – selbst wenn es aus der Umwelt Anzeichen gibt, die dagegen sprechen. Das Gruppendenken kann vermieden werden, wenn die Führungskraft zunächst neutral bleibt und sie abweichende Meinungen fördert und ermuntert. Genau dies scheint Brandt getan zu haben.

Das andere Element, das Günter Grass hier recht gut beschreibt, sind die sogenannten Kontingenzen. Dies bedeutet, dass eine bestimmte Art zu führen, in unterschiedlichen Situationen mal erfolgreich, mal weniger erfolgreich sein kann. Günter Grass unterscheidet zwischen den beiden Feldern der Kunst und der Politik. In der Kunst dürfe es, nach Günter Grass, keine Kompromisse geben, weil diese zu mittelmäßigen Produkten führten. In der Politik sei dies ganz anders, hier muss immer geschaut werden, was machbar sei und nur mit Kompromissen könne zumindest ein Teil des Wünschbaren erreicht und umgesetzt werden.

Schließlich kam ich auf die Akademie der Künste zu sprechen, deren Präsident Günter Grass 1983 bis 1986 war und fragte ihn nach seinen Erfahrungen. Für mich sehr überraschend gab er unumwunden zu, dass er dieser Rolle nicht gewachsen war. Er sagt: „Das war eine schwierige Erfahrung. Ich möchte fast sagen, dass ich damit gescheitert bin. Es war für mich ungewohnt. Die Akademie besteht aus Mitgliedern, die sich ein- bis zweimal im Jahr treffen, und einen festen Mitarbeiterstab, der damals so etwas 40 bis 45 Personen umfasste, die den einzelnen Abteilungen zugeordnet sind, als Abteilungssekretär etc. Und nur die sind ständig da. Ich hatte mit den Mitgliedern eigentlich nur zweimal im Jahr zu tun, aber ständig mit diesen Mitarbeitern, und die gefielen sich darin, miteinander und gegeneinander zu intrigieren. Diese Intrigengeschichte, die dort innerbetrieblich herrschte, war etwas, womit ich nicht zu Rande kam. Das hat mich angewidert, es hielt von der Arbeit ab. Es gab ein zu starkes Innenleben in diesen Abteilungen, den einzelnen Sparten, sei es nun die bildende Kunst, die Musik oder die Literatur oder die Architektur. Dort stand jeweils das eigene Interesse im Vordergrund, und das, was ich vorhatte, dass die Abteilungen zusammenwirken, dass man Ausstellungen macht, an denen möglichst viele Abteilungen beteiligt sind, das hat sich nur ansatzweise verwirklichen lassen."

Günter Grass beschreibt hier etwas, mit dem auch Unternehmen häufig zu tun haben, das sogenannte Silodenken innerhalb von Abteilungsgrenzen. Klassisch sind die Konflikte zwischen Vertrieb oder Marketing oder zwischen Produktion und Verwaltung. Wir haben in unserer eigenen Forschung zeigen können (Richter, van Dick, West und Dawson, 2006), dass Teams, deren Mitglieder sich nur mit dem Team, nicht aber mit der Organisation als Ganzes identifizieren, mit anderen Teams häufiger Konflikte haben. Erst, wenn man sich sowohl mit dem eigenen Team als auch mit dem größeren Ganzen identifiziert, lässt sich über Abteilungsgrenzen produktiv zusammen arbeiten. Günter Grass hat das versucht, zum Beispiel durch abteilungsübergreifende Ausstellungen, ist aber offensichtlich am Widerstand der Mitarbeiter gescheitert.

2.2 Wolfgang Niedecken – Musiker und bildender Künstler

»Demokratie in der Kunst geht überhaupt nicht!

In diesem Gespräch geht es darum, dass Führung in der Kunst schwierig ist, dass Kunst aber auch nicht nach demokratischen Prinzipien von Abstimmung und Mehrheitsmeinung funktioniert. Die Arbeit von BAP funktioniert durch geteilte Führung und echtes Teamwork.

2.2.1 Biographie in Kürze

Wolfgang Niedecken wurde am 30.03.1951 in Köln geboren. Als Schüler gründete er die Schülerband „The Troop". Er studierte freie Malerei an den Kölner Werkschulen/FH Köln und arbeitete zunächst als bildender Künstler.

1976 gründete er die erfolgreichste deutsche Rockband „BAP". Er ist das einzige noch verbliebene Gründungsmitglied und als Sänger und Texter auch zentrales Mitglied der Band. 2011 veröffentlichte er seine Autobiografie „Für ne Moment". Im Laufe seines Lebens nahm er an verschiedenen interessanten Projekten gegen Rassismus teil. Er hat Joseph Beuys und Heinrich Böll getroffen und mit vielen Großen der Rockmusik, wie beispielsweise Bob Dylan oder Bruce Springsteen Konzerte gegeben. Wolfgang Niedecken hat von Bundespräsident Herzog das Bundesverdienstkreuz für sein Engagement gegen Rechtsextremismus erhalten, war mit Bundespräsident Köhler auf Reisen in Afrika, wo er sich in Projekten gegen Kindersoldaten engagiert. Ende 2011 erlitt Wolfgang Niedecken einen Schlaganfall, von dem er sich schnell erholte und seither weitere Platten einspielte und auf Tourneen ging. Der Schlaganfall war auch Thema in seinem jüngsten Buch „Zugabe – Die Geschichte einer Rückkehr". In 2016 erschien das 18. Studioalbum von BAP und die Band ging anlässlich ihres 40-jährigen Bestehens auf Jubiläumstour. Wolfgang Niedecken hat mit BAP über 30 Alben produziert und mehr als 6 Millionen Platten verkauft, zudem veröffentliche er vier Soloalben.

Wolfgang Niedeckens BAP war eine meiner Jugendidole. Als 15-Jähriger hörte ich die Musik rauf und runter und besuchte mehrere Konzerte der Band. Aufmerksam wurde ich dann erst wieder auf BAP als anlässlich seines 60. Geburtstags Wolfgang Niedeckens Autobiografie erschien. Ich fragte per Brief höflich nach einem Gesprächstermin und erhielt sofort eine Zusage. Damit hatte ich nicht gerechnet. Ich fuhr dann mit einem Kollegen und einer Studentin nach Köln in sein Büro. Er war ganz locker, hatte Zeit für uns und signierte anschließend fleißig mitgebrachte Bücher und CDs. Das Gespräch fand ein halbes Jahr nach seinem 60. Geburtstag im August 2011 statt. Sehr häufig angesehen wurde das Interview im Netz allerdings erst ein paar Monate später als die schockierende Nachricht von Wolfgang Niedeckens Schlaganfall durch die Presse ging.

2.2.2 Interview

Zuerst fragte ich Wolfgang Niedecken, ob er als Künstler nicht ein Beispiel dafür sei, dass man morgens aufstehen kann, ohne jemanden zu haben, der einem sagt, wie und wo es lang geht. Dies bejahte er und sagte: „Ich persönlich kann sehr gut morgens aufstehen, ohne das mir einer sagt, wo es lang geht, weil das ist so der erste Gedanke für mich: Was mache ich heute? Was steht an? Und das wäre furchtbar, wenn mir das einer sagen würde. Ich glaube

2 Kultur und Journalismus 31

aber, dass nicht jeder so tickt, insofern braucht man Führung. Ich habe ein sehr außergewöhnliches Leben in dieser Zeit geführt. Ich bin immer nach dem gegangen, was mich wirklich interessiert."

Für sich selbst braucht er also keine Führung, weil er sich selbst motivieren kann und nur Dinge tut, die ihm Spaß machen. Für andere sieht er das etwas anders und findet Führung durchaus notwendig. Psychologisch nennen wir das intrinsische Motivation – wenn wir von „innen heraus" motiviert sind, brauchen wir keine zusätzlichen Belohnungen oder jemanden, der uns kontrolliert. Wir tun das, was wir tun, weil wir es gerne machen und es selbst wichtig finden.

Wolfgang Niedecken beschreibt aber auch das Gegenteil, also etwas nicht zu tun, weil es einen nicht interessiert. Über seine Zeit als Schüler sagt er: „Ich habe von früh an eine merkwürdige Fähigkeit oder Unart gehabt: Wenn mich etwas nicht interessiert, schalte ich auf Durchzug. Das ist eine Katastrophe, weil es gibt auch Schulfächer, wo man sich trotzdem mit zu befassen hat, auch wenn sie einen nicht interessieren. Aber bei mir ist das automatisch und das hat sich bis heute nicht geändert. Was mich nicht interessiert, das höre ich gar nicht. Also das grenzt an Ignoranz und das finde ich nicht besonders toll. Ich bilde mir darauf nichts ein." Ich fragte ihn dann nach seiner Zeit als Student an der Kunsthochschule und er meinte, dort habe ihn einfach alles interessiert. Über seine Professoren sagte er: „Der Professor Dieter Kremer war überhaupt keiner, der sich da hingestellt hat und gesagt hat: ‚Jetzt pass mal auf, das geht so und so.' Der hat uns zusammengebracht, er hat es geschafft uns untereinander in Kontakt zu bringen und voneinander zu lernen. Er hat ganz selten mal was zu einem Bild gesagt. Wir haben wirklich wunderbar zusammengearbeitet. ... Wir haben geguckt: Wie macht der das? Wie macht der das? Man hatte dann auch Zugang zu älteren Semestern, die einem auch etwas zeigen konnten."

Hier beschreibt Wolfgang Niedecken also Führung in Reinform, so wie es Psychologen definieren würden, nämlich das Beeinflussen von Gruppen. Sein Kunstprofessor hat es geschafft, eine Anzahl junger Studierender so zu einer Gruppe zusammenzubringen, dass jeder vom anderen lernt – ohne dass er selbst genaue Anweisungen gibt oder zeigen muss, dass er es besser weiß.

Dieses Prinzip hat Wolfgang Niedecken selbst dann später auch auf die Band BAP übertragen und sagt: „Das hat mir natürlich viel genutzt, weil ich in meinem späteren Beruf das alles Verwirken konnte, auch wie man untereinander umgeht. Ich habe in der Band nie versucht, mich zum Chef aufzuspielen oder zu sagen, es geht da lang. Die Kompetenzen, die ergeben sich in so einer Gruppe. Ich würde niemals unserem Trommler sagen: ‚Das geht so', ‚mach das so oder so' Das würde ich keinem von denen sagen. Ich würde die zuerst mal machen lassen und liege damit auch 99 Prozent richtig. Dann kommt das raus, was ich auch wirklich gut finde. Jeder kann sich einbringen und jeder ist in seinem Ehrgeiz und in seiner Kompetenz in der Lage das Optimum abzuliefern und das alles zusammen kann dann eben das neue BAP-Produkt sein, ob es ein Album ist oder ob es eine Tournee ist."

Gefragt ist also, gerade in der Musik, echtes Teamwork und vielleicht etwas, das wir wissenschaftlich als „shared leadership" oder geteilte Führung bezeichnen. Jeder bringt seine spezifischen Kompetenzen ein und führt da, wo er jeweils am besten Bescheid weiß. Und daraus entstehen dann ganz wunderbare Produkte, die einer allein bei noch so viel Planung nicht erschaffen könnte.

Das Zulassen der Meinungen anderer ist also wichtig und es ertragen können, dass bei bestimmten Fragen jemand anders entscheidet, ist die Grundlage des Erfolgs. Das hat auch nicht unbedingt etwas mit demokratischen Abstimmungsprozessen zu tun. Hier sagt Wolfgang Niedecken ganz klar: „Demokratie in der Kunst geht überhaupt nicht! Dass wir uns da nicht missverstehen. Demokratie in der Kunst, das war ein absoluter Fehlschritt das über lange Zeit so hoch zu halten, weil der Mensch ist, nun mal so, dass er da auch seinen Vorteil sucht und wenn nicht alle in der Band, na wie sage ich's dezent, wenn da nicht alle diesem Ideal nachstreben, das Optimum zusammenzumachen, wenn sich da Einzelne nach vorne drücken wollen, dann nützt das alles nichts mehr, der beschafft sich Mehrheiten und dann wird das gemacht was er, was das Mittelmaß durchsetzten will. Da muss man ganz höllisch aufpassen. Irgendwann war der Groschen gefallen, irgendwann habe ich gemerkt, man kann nicht über Kunst abstimmen, das geht nicht." Hier beschreibt Wolfgang Niedecken, wie die Band in den späten 1980er Jahren fast auseinandergebrochen wäre, weil es starke Konflikte über die Ausrichtung der Band gab. Er setzte sich am Ende durch und der Erfolg gibt ihm Recht.

2.3 Ulrich Wickert – Journalist

》Der Markt muss total frei sein und regelt alles durch die Vernunft – Das ist totaler Quatsch!

In diesem Gespräch geht es zunächst um das Thema der Motivation – insbesondere die intrinsische und extrinsische Motivation. Dann geht es darum, Mitarbeitern Autonomie zu geben und sie dadurch für ihr Handeln auch verantwortlich zu machen. Wickert ist der Überzeugung, dass man gute Führung lernen kann und wir sprechen darüber, dass Werte für alle Bereiche der Gesellschaft wichtig sind und verpflichtend sein müssen – auch für die Wirtschaft!

2.3.1 Biographie in Kürze

Ulrich Wickert wurde am 02.12.1942 in Tokio geboren, wo sein Vater Rundfunkattaché der Deutschen Botschaft war. Ulrich Wickert studierte Politikwissenschaft und Jura an der Rheinischen Friedrich-Wilhelms-Universität in Bonn. Zunächst war er freier Hörfunkautor und dann Redakteur der Sendung Monitor. Er war für die ARD als Korrespondent in Washington und in Paris tätig und arbeitete von 1991 bis 2006 als erster Sprecher der Tagesthemen. Seit 2004 ist Ulrich Wickert Honorarprofessor im Studiengang Journalistik und Medienmanagement an der Universität Magdeburg. Darüber hinaus hat er über 20 Bücher geschrieben, neben Kriminalromanen auch mehrere Bücher über Werte. Im September 2011 erschien sein Buch „Redet Geld, schweigt die Welt: Was uns Werte wert sein müssen".

2.3.2 Interview

„Wir brauchen Führung, um Handlungsabläufe organisieren zu können", sagt er als allererstes. Er selbst hat diese Steuerung aber offensichtlich nicht nötig, denn er sagt: „Nein, ich brauche keine Führung, um mich zu motivieren. Ich schreibe nur Bücher, die ich schreiben möchte. Das kommt aus mir selbst heraus, dass ich sage ‚ja', ein Thema interessiert mich so sehr, dass es mich sozusagen drängt es zu schreiben."

Damit beschreibt er das, was wir intrinsische Motivation nennen. Wenn zum Beispiel ein Student meine Vorlesung besucht, weil er sich wirklich für das Thema interessiert und darüber etwas Neues lernen möchte, dann ist er intrinsisch motiviert. In der Regel führt diese Art der Motivation zu besseren Leistungen. Wenn der Student meine Vorlesung dagegen nur besucht, weil es im Studienplan so vorgesehen ist und er sich vom Besuch verspricht, von mir wahrgenommen zu werden und anschließend in der Prüfung leichtere Fragen zu bekommen, dann ist er extrinsisch motiviert. Wenn dies die ausschließliche

Quelle der Motivation ist, wird er vermutlich auch jede Gelegenheit nutzen, um der Vorlesung fernzubleiben, zum Beispiel wenn der Bus zu spät kommt. Der intrinsisch motivierte Student wird dagegen auch Hürden überwinden, um zur Vorlesung zu gehen. Die Forschung hat gezeigt, dass ein zu starker Fokus auf extrinsischen Faktoren, wie zum Beispiel einem Bonus, die intrinsische Motivation sogar unterminieren kann. So wurden in einer Studie von Lepper, Greene und Nisbett (1973) Kleinkinder entweder dafür belohnt, dass sie Bilder malten oder nicht. Die Gruppe, die belohnt wurde, hatte einige Wochen später deutlich weniger Lust am Malen. Wenn ein Arbeiter mit einem Bonus für gute Arbeit „geködert" wird, wird er über kurz oder lang die Arbeit vor allem wegen des Bonus tun, aber weniger, weil er Spaß daran hat. Dies bedeutet natürlich nicht, dass Manager ihren Angestellten weniger Geld zahlen sollen. In der realen Welt ist Motivation vermutlich immer aus beiden Faktoren zusammengesetzt. Man geht zur Arbeit natürlich auch deshalb, weil man damit sein Geld verdient – aber man tut die Arbeit vor allem dann gut, wenn man sie für sinnvoll hält und in ihr seine Fähigkeiten entfalten kann. Neuere Metaanalysen über Hunderte von Studien hinweg zeigen, dass die intrinsische Motivation vor allem dann unterminiert wird, wenn es Belohnungen gibt, die erwartet werden und die nicht an besondere Leistungen gekoppelt sind.

Auf die Frage, wie er selbst, zum Beispiel als Leiter der Büros in Washington oder Paris, geführt habe, sagt Ulrich Wickert: „Für mich ist zuallererst wichtig gewesen, jeden der bei mir arbeitet zu respektieren und zu sagen: ‚Er weiß in seinem Bereich mehr als ich es weiß'. Das zweite Prinzip war, dass ich Jedem Verantwortung gegeben habe. Wenn die Buchhalterin zu mir kam und fragte: ‚Wie sollen wir das und jenes verbuchen?', habe ich gesagt: ‚Machen Sie mir einen Vorschlag'. Und wenn jemand kam und sagte: ‚Ich habe ein Problem' und bittet um eine Mitentscheidung, dann habe ich immer gesagt: ‚Komm mit einem Lösungsvorschlag.' Als ich gegangen bin, sagte mir eine Cutterin: ‚Du warst anstrengend.' Ich fragte: ‚Warum war ich anstrengend?'. Sie antwortete: ‚Weil du uns so viel Verantwortung gegeben hast'. Aber ich glaube, der Einzelne wird besser, wenn er in seinem Bereich Verantwortung hat."

Ulrich Wickert spricht hier zwei Themen an, nämlich einmal Respekt und zum anderen Autonomie. Respektiert zu werden ist sicherlich ein ganz wesentliches Bedürfnis aller Mitarbeiter und Respekt zu zeigen daher auch ein entscheidendes Führungsverhalten. Als Voraussetzung dafür, muss die Führungskraft aber auch wahrnehmen, dass Menschen Kompetenzen haben, im besten Fall so wie Ulrich Wickert es beschreibt, größere Kompetenzen, als die Führungskraft selbst. Dann kann sie dem Mitarbeiter Freiräume und Autonomie geben und sie selbst entscheiden lassen oder – in einigen Dingen liegt die Entscheidungsgewalt nun einmal bei der Führungskraft – zumindest um Mitwirkung bei der Entscheidung bitten und die Mitarbeiter dabei einbeziehen, indem nach Lösungsvorschlägen gefragt wird. Autonomie ist eines der Kernmerkmale motivierender Arbeit. Dies haben schon Richard Hackman und Greg Oldham (1980) vor 40 Jahren in ihrer „Job Characteristics Theory" erkannt. Zu den fünf Kernmerkmalen anregender Arbeit gehört, dass die Tätigkeit an sich als bedeutsam, vielfältig und ganzheitlich wahrgenommen wird und dass sie dem Ausführenden auch eine Rückmeldung darüber gibt, ob er seine Arbeit gut oder schlecht gemacht hat. Dazu kommt dann die Autonomie: Nur wenn ich selbst entscheiden darf, was, wann oder wie ich etwas tue, fühle ich mich auch verantwortlich für das, was am Ende herauskommt – wenn mir alles bis ins letzte Detail vorgegeben wird, wie zum Beispiel bei einem Mitarbeiter im Callcenter, der ganze Sätze exakt nach Anleitung zu sagen hat, fehlt dieses Gefühl der Verantwortlichkeit. Je mehr Verantwortung man erlebt, umso mehr ist man auch motiviert, seine Sache gut zu machen. Diese Theorie wurde in vielen Untersuchungen bestätigt und dient als Ausgangspunkt für gute Arbeitsgestaltung. Allerdings unterscheiden sich Menschen im Grad ihres Bedürfnisses nach solcher anregender Arbeit. Manche Menschen bevorzugen einfache, repetitive Arbeit, bei der sie nicht viel nachdenken müssen und ihr Geld dafür bekommen, dass sie die klaren Regeln möglichst genau einhalten. Viele Menschen wünschen sich aber mehr, nämlich die im obigen Sinne anregende Arbeit, bei der man selbst (mit)entscheiden darf. Führungskräfte müssen erkennen, welchen Typ Mitarbeiter sie führen und was sie ihnen zumuten können. Dazu gehört auch genau zu überlegen, ob die zusätzliche Verantwortung überhaupt in den Bereich des Mitarbeiters fällt. So kann man der Buchhalterin durchaus Autonomie in Budgetfragen geben, würde sie aber nicht alleine über technische oder kreative Aspekte des Filmbeitrags entscheiden lassen. Umgekehrt wäre es für die Cutterin vermutlich zu viel Verantwortung, wenn sie das Budget verwalten sollte.

Lange hat man in der wissenschaftlichen Forschung nach der Führungspersönlichkeit oder anderen Eigenschaften gesucht – eben dem „great man" oder der „great person". Die Eigenschaften, die dann tatsächlich gefunden wurden, wie der Persönlichkeitszug der Extraversion oder schlicht die Körpergröße haben aber den Nachteil, dass Menschen sie nicht oder nur eingeschränkt ändern könne. Daher haben die nachfolgenden Theorien vor allem das Führungsverhalten untersucht und angenommen, dass sich Verhalten auch ändern lässt. Ich habe Ulrich Wickert gefragt, ob Führung angeboren sei oder ob man es lernen könne. Hier sagt er eindeutig: „Nein, das ist etwas das man lernen kann. Wenn man anfängt eine Leitungsposition zu haben, ist es gut, wenn man Hilfe bekommt, wenn man Beratung bekommt und gesagt bekommt: ‚Das kannst du so lösen und das kannst du so lösen.'

Ich glaube, dass es bis hin zu Topmanagern wichtig ist, dass die auch Berater haben, und zwar Berater, die von außerhalb des Unternehmens kommen. Ein Vorstandsvorsitzender wird sich zwar in einem Fall gerne mit einem Vorstand oder einem Hauptabteilungsleiter unterhalten, aber die haben möglicherweise auch gewisse Hemmungen, offen zu reden. Ein Berater von außen kann in der Kommunikation sehr helfen, aus dem einfachen Grund dass er einfach sagt: ‚Guck mal, das kann man so und so lösen.'" Führung kann man also lernen und sollte es nach Ulrich Wickert auch tun und zwar vom Moment, wo man zum ersten Mal in Führungsverantwortung kommt bis hin zum Vorstand. Führung kann man nach Ulrich Wickert also lernen, allerdings antwortet er auf meine Frage, warum es so oft schlechte Führung gebe wieder mit dem Argument der stabilen Persönlichkeit und drückt es so aus: „Das liegt an dem Charakter der Leute, nehme ich an."

Zum Schluss kommen wir noch auf die Themen Werte und Ethik zu sprechen. Ulrich Wickert sagt dazu: „Auf der einen Seite bin ich der Meinung, es gibt ein relativ großes Bewusstsein für Werte in der Gesellschaft. Das Problem ist, dass es manche Bereiche gibt, die sich versuchen aus der Wertegemeinschaft heraus zu stehlen. Das ist der Bereich der Wirtschaft und der Finanzen. Und er stiehlt sich deshalb heraus, weil es auch sehr renommierte Wissenschaftler gibt, Ökonomen zum Beispiel wie Milton Friedman, der hat einen Nobelpreis bekommen für Ökonomie, die beziehen sich dann auf Adam Smith und sagen: ‚Der Markt muss total frei sein und der regelt alles durch die Vernunft.' Und dann gibt es Leute, die das akzeptieren und es gut finden, weil es auch für ihr eigenes Handeln gut ist. Es ist aber totaler Quatsch! Die Wirtschaft ist ein wesentlicher Teil jeder Gesellschaft, nur die Wirtschaft kann nicht sagen: ‚Dies ist ein Teil der Gesellschaft, in dem die gesellschaftlichen Regeln nicht gelten.' Gesellschaftliche Regeln gelten überall."

Ulrich Wickert spricht hier ein Thema an, dass in der Führungsforschung in den letzten Jahren vor allem unter dem Begriff der authentischen Führung zunehmend an Bedeutung gewonnen hat. Zur authentischen Führung gehört, dass die Führungskraft ihr Verhalten an klaren Werten ausrichtet. Für Wirtschaftsunternehmen, aber auch die Politik und andere Lebensbereiche ist es wichtig, solche Werte zu haben und eben mehr zu wollen, als nur Profit. Unternehmensskandale wie der Betrug von Enron-Managern, die Abgasaffäre bei Volkswagen oder auch allgemein gesprochen die Finanzkrise, die durch faule Kredite ausgelöst wurde, machen die Notwendigkeit ethischen Handelns zunehmend deutlich. Dem tragen zum Beispiel Universitäten und Business Schools auch Rechnung, indem in Lehrbüchern und der Ausbildung von Betriebswirten und Managern Kurse zur Wirtschaftsethik mehr und mehr zum Pflichtprogramm gehören.

2.4 Max Hollein – Museumsdirektor und Kurator

> **》Gute Kunst entsteht jenseits von Führung!**

In diesem Gespräch geht es um die Abhängigkeit des richtigen Führungsstils vom Kontext, wie der nationalen Kultur (Kontingenz). Max Hollein erklärt gute Führung anhand von Begriffen, die wissenschaftlich als transformationale Führung bezeichnet wird und er sagt, wie wichtig es ist, Erfolge gemeinsam zu feiern.

2.4.1 Biographie in Kürze

Max Hollein wurde am 07.07.1969 in Wien geboren. In seinem Elternhaus des Architekten Hans Hollein, gingen berühmte Künstler wie Claes Oldenburg oder Joseph Beuys ein und aus. Max Hollein studierte an der Wirtschaftsuniversität Wien Betriebswirtschaft und Kunstgeschichte an der Universität Wien. Nach Ende seiner beiden Studien war er 1995 bis 2000 in New York am Guggenheim Museum tätig, unter anderem als Chief of Staff. Max Hollein hat verschiedene wichtige Ausstellungen kuratiert, zum Beispiel war er Kurator des amerikanischen Pavillons auf der Architekturbiennale in Venedig 2000 und Kurator des österreichischen Pavillons auf der Kunstbiennale Venedig 2005. Auch in Frankfurt hat Max Hollein durch seine sehr geschickte Verbindung von Kunst mit der Wirtschaft sehr viel erreicht. Ab 2001 war er Direktor der Schirn-Kunsthalle und wurde später auch Direktor des Städel-Museums und der Liebighaus Skulpturensammlung in Frankfurt. Im Juni 2016 ist er nach San Franzisco gewechselt und hat dort die Leitung des Fine Arts Museums übernommen. Anfang Sommer 2018 übernahm Max Hollein in New York City die Leitung des Metropolitan Museum of Art.

2.4.2 Interview

Das Gespräch fand im Büro Holleins im Frankfurter Städel-Museum statt. Max Hollein gewährte uns sehr schnell einen Termin, war aber dann – wie immer – sehr beschäftigt und völlig durchgetaktet. Wir bauten unser Equipment auf, während er noch in Gesprächen war und gleich nach dem

Interview musste er uns verlassen, um einer Gruppe von Stiftern eine exklusive Führung durch das Städel zu geben – eine Aufgabe, die Max Hollein in Frankfurt von Beginn an gerne übernommen hatte, um so eine enge Verbindung zu potenten potenziellen Spendern aufzubauen. Max Hollein hat als Kunsthistoriker und Betriebswirt immer beide Perspektiven im Auge gehabt und diese für Frankfurt sehr fruchtbar einsetzen können.

Eine Frage, mit der ich fast alle Interviews beginne, ist, ob der jeweilige Gesprächspartner selbst (noch) Führung brauche. Oft konnte ich mit Personen sprechen, die hohe und höchste Ämter und Funktionen innehatten – sei es als Vorstands- oder Aufsichtsratsvorsitzender, Oberbürgermeisterin oder Bundespräsident. Ich habe mich dabei immer gefragt, wer denn diesen Personen noch Führung im Sinne von Halt, Ratschlag, oder auch konstruktiver Kritik bieten kann – und ob das überhaupt gewünscht war. Daher habe ich fast alle Gespräche mit der etwas provokanten Frage „Brauchen Sie selbst Führung?" begonnen. Die Antworten darauf waren im Wesentlichen zweigeteilt: Die meisten Gesprächspartner, vor allem die aus Wirtschaft und Politik antworteten mit einem klaren „Ja" und nannten dann andere Menschen oder Gremien (zum Beispiel die CEOs, den Aufsichtsrat, die Politiker, die Parlamente oder ähnliches). Anders war es bei den Gesprächspartnern aus Kunst und Kultur. Von Günter Grass, Wolfgang Niedecken oder Ulrich Wickert wurde es zum Teil vehement abgelehnt, dass man selbst geführt werden müsse. Meist wurde etwas gesagt wie: „Ich selbst brauche keine Führung, aber andere Menschen schon .... ".

So war es auch bei Max Hollein. Ich werde an anderen Stellen dieses Buches noch genauer auf die zum Teil etwas unterschiedlichen Begründungen eingehen. Hier möchte ich aber kurz ein allgemeines Prinzip vorstellen, an dem sich die wissenschaftliche Theorie mit der Praxis offensichtlich ganz gut deckt. Dieses Prinzip heißt „Kontingenz". Die erste Kontingenztheorie wurde von Fred Fiedler in den 1960er Jahren entwickelt. Zuvor hatte man vor allem die Eigenschaften der Führungskräfte (die Persönlichkeits- oder Eigenschaftstheorien) oder ihr Verhalten (die Verhaltenstheorien) untersucht und wollte herausfinden, welche Eigenschaften oder welches Verhalten denn erfolgreiche von weniger erfolgreichen Führungspersonen unterscheidet. Fred Fiedler sagte erstmals, dass es so einfach nicht ist, sondern es auch auf die Umstände ankommt. Er unterschied wie die Verhaltenstheorien auch zwischen zwei grundsätzlichen Führungsstilen: der personenorientierten und der aufgabenorientierten Führung. Die personenorientierte Führungskraft kümmert sich vor allem um die Bedürfnisse der Mitarbeiter und darum, dass es im Team harmonisch zugeht. Dem aufgabenorientierten Vorgesetzten sind solche Dinge weniger wichtig – er kümmert sich darum, dass die Aufgaben

2 Kultur und Journalismus   39

erledigt werden, indem ganz klare Ziele gesetzt werden und die Zielerreichung kontrolliert wird. Nach Fiedler ist weder der eine noch der andere Stil per se besser, sondern es kommt es die Situation an.

Wenn eine Führungskraft eine hohe Positionsmacht hat, er also belohnen und bestrafen kann wie im Militär oder in Unternehmen, wenn die Aufgabe ganz klar ist, wie am Fließband, und wenn die Beziehungen zwischen der Führungskraft und den Mitarbeitern allgemein gut sind, spricht Fiedler von hoher Situationskontrolle. Wenn die Aufgaben unklar sind, die Beziehungen nicht so gut und die Führungskraft nur über geringe Positionsmacht verfügt, beispielsweise in Wahlgremien oder Freiwilligenorganisationen, ist die Situationskontrolle gering. Fiedler sagte vorher, dass es in Situationen mit sehr hoher oder sehr niedriger Situationskontrolle erfolgversprechender ist, wenn sich die Führungsperson auf die Aufgaben und weniger auf die Mitarbeiter konzentriert. Umgekehrt ist es unter Umständen mit mittlerer Situationskontrolle besser, wenn die Führungskraft sich um die Mitarbeiter kümmert. Eine ganze Reihe von Studien konnten diese Vorhersagung auch belegen.

Als ich Max Hollein also fragte, ob er überhaupt Führung brauche, sagte er: „Ich glaube, da führen wir uns (er meint hier sich selbst) selber am besten. Wir sind motiviert durch etwas, wir wollen etwas erreichen – gemeinsam auch mit Anderen. Aber ich bin natürlich auch in einem Bereich, gerade im Kunstbereich, in dem … viele Leute … vollkommen ohne Führung leben oder agieren können. Gerade gute Kunst entsteht in der Regel jenseits jeglicher Führung." Er sagt also, für sich selbst brauche er in dem Bereich, in dem er tätig ist, keine Führung. Dann kommt er zu den Mitarbeitern und sagt: „Auf der anderen Seite bedürfen große Projekte, wo es um das Zusammenwirken vieler Kräfte geht – nicht nur um Mitarbeiter, sondern auch Dinge weit außerhalb des Betriebs – das müssen Sie schon stark führen. Und zwar nicht nur Personen sondern auch Prozesse. Ich glaube, dass das sehr notwendig ist."

Interessant hier ist nun weniger, dass Max Hollein meint, er selber brauche keine Führung, die Mitarbeiter aber schon, sondern, dass es auf die Situation ankommt. Mit dem ersten Teil der Aussage beschreibt er künstlerische Prozesse, die ohne Führungskräfte auskommen, mit dem zweiten die Koordinierungsfunktionen, die eine Führungskraft bei großen Projekten übernehmen muss. Es ist nun gar nicht nötig, diese Situationen genau anhand des Schemas von Fiedler zu analysieren. Wichtig hier ist, dass Max Hollein im Prinzip eine Kontingenztheorie vertritt – in manchen Bereichen sei Führung, und er meint hier wohl die aufgabenorientierte Führung, unerlässlich, in anderen könne völlig auf sie verzichtet werden.

Auf die nächste Frage, wie er gute Führung definieren würde, beschreibt Max Hollein ebenfalls recht schön zwei unterschiedliche Theorien, nämlich die transaktionale und die transformationale Führung. Er sagt, gute Führung sei einerseits, dass „Sie klare Ziele vorgeben, dass Sie etwas gemeinsam erreichen wollen und das auch definieren können." Transaktionale Führungskräfte führen sehr stark dadurch, dass sie ein Ziel vorgeben, die Erreichung der Ziele überwachen und dann die Mitarbeiter belohnen oder bestrafen, je nachdem, ob die Ziele erreicht sind oder nicht. Diese Art der Führung macht vermutlich den Großteil von Führung aus und in der Regel ist es auch genau das, was Mitarbeiterinnen und Mitarbeiter erwarten und was in normalen Zeiten und alltäglichen Situationen ausreicht.

Max Hollein sagt dann aber weiter, und damit beschreibt er zumindest Teilaspekte der transformationalen Führung, dass „Sie Begeisterung und Engagement hervorrufen können." Transformationale Führung, die von MacGregor Burns erstmals beschrieben wurde, besteht aus vier Elementen (die sogenannten vier „I"):

- dem idealisierten Einfluss durch das Vorbild der Führungsperson,
- der inspirierenden Motivation durch das Entwickeln und Vermitteln einer Vision,
- der intellektuellen Anregung der kreativen Fähigkeiten der Mitarbeiter und
- der individuellen Unterstützung der Mitarbeiter mit ihren unterschiedlichen Bedürfnissen.

Max Hollein meint vor allem das zweite „I", das Mitnehmen der Mitarbeiter, indem man sie für ein großes Projekt begeistert. Er begründet es dann auch wieder damit, dass man mit der rein transaktionalen Führung im Kunstbetrieb nicht immer besonders weit komme, weil man es dort mit einem „Personal zu tun hat, das weniger aufgrund von monetären Anreizen hier ist, sondern, weil es inhaltlich etwas erreichen möchte, weil es etwas gemeinsam voranbringen möchte." Transformationale Führung ist also vor allem dort gefragt, wo Mitarbeiterinnen und Mitarbeiter inhaltlich und weniger durch Belohnung und Bestrafung zu erreichen sind.

Eine weitere „Kontingenz", also ein Umstand, von dem abhängt, welche Art der Führung effektiv ist, ist sicherlich auch die Kultur. Ich habe Max Hollein, der ja auch ein Wanderer zwischen der amerikanischen und der deutschen Kultur ist, gefragt, ob er in den USA Unterschiede wahrgenommen hat. Er sagt: „Ja natürlich. Für mich waren die sechs Jahre in New York extrem prägend. Dazu gehörte besonders die Herangehensweise an Themen, das „Do not take ,no' for an answer". Das hat auch etwas mit Selbstbewusstsein zu tun. Also auf eine Frage eine negative Antwort zu bekommen und diese nicht zu akzeptieren, sondern die Frage umzuformulieren und es dann noch einmal und noch einmal zu versuchen."

Wir sprachen auch über große Projekte, zum Beispiel eine damals bevorstehende (und dann sehr erfolgreiche) Jeff-Koons-Ausstellung, die von drei Kuratoren und über 50 Mitarbeitern jahrelang geplant wird. Ich fragte ihn zum Schluss, ob es nach einer solchen Ausstellung auch einmal einen Tag frei für alle Mitarbeiter gebe oder gemeinsam gefeiert würde. Max Hollein lachte und sagte: „Nein, einen freien Tag gebe es nicht, aber wir feiern sehr gerne. Das was wir tun, ist immer wieder mit fröhlichen und fröhlichsten Feiern verbunden. Jede Ausstellung wird oft bis früh morgens auch mit den Künstlern gefeiert."

Vielleicht ist das ja etwas, das Führungskräfte in anderen Bereichen aus der Kunst und Kultur lernen können, das heißt nicht nur mit materiellen Anreizen (oder zusätzlichen Urlaubstagen) zu motivieren, sondern Erfolge auch regelmäßig zu feiern – und zwar richtig! Es hat auch etwas mit dem Aufbau von Identität zu tun: Teams bilden eher ein Gefühl des Zusammenhaltes, wenn gemeinsame Erfolge auch gefeiert werden und wenn es überhaupt regelmäßige Gelegenheiten gibt, sich auszutauschen. In der Forschung gibt es unterschiedliche Strategien, mit denen Führungskräfte ein Identitätsmanagement betreiben können und dazu gehören gemeinsame Rituale oder auch regelmäßige „retreats", bei denen sich das Team für einige Stunden oder ganze Tage zurückzieht und darüber spricht, wie man künftig zusammenarbeiten möchte, was die Ziele und Regeln sind usw.

2.5 Hilmar Hoffmann – ehemaliger Kulturdezernent Frankfurt a.M.

» Hoffmann, Sie können mich jederzeit anrufen. (Zitat Altbundeskanzler Helmut Kohl)

In diesem Gespräch wird der Persönlichkeitsansatz der Führung an verschiedenen Stellen deutlich. Nach Hilmar Hoffmann sind es besondere Eigenschaften und vor allem Charisma, das Führungskräfte erfolgreich macht. Er erzählt von seinen Begegnungen mit Petra Roth, Helmut Kohl und verschiedenen Bundespräsidenten und darüber, dass Führungskräfte auch zugeben müssen, wenn sie in bestimmten Bereichen nicht gut sind.

2.5.1 Biographie in Kürze

Hilmar Hoffmann wurde am 25.08.1925 in Bremen geboren. In Oberhausen gründete er mit erst 26 Jahren die erste städtische Volkshochschule und rief dort 1954 das erste internationale Kurzfilmfestival ins Leben. Ab 1970 war er 20 Jahre lang Kulturdezernent in Frankfurt und hat sich dort um Einrichtungen wie das kommunale Kino, Stadtteilbibliotheken oder die Mitbestimmung am Frankfurter Schauspiel gekümmert. Auch bundesweit wurde er bekannt mit seinem Slogan und seinem Programm „Kultur für alle". Hilmar Hoffmann war Initiator des Frankfurter Museumsufers und lehrte Filmtheorie und Kulturpolitik an den Universitäten Bochum, Frankfurt, Marburg, Jerusalem und Tel Aviv. Bis 2001, fast 10 Jahre lang, war er Präsident der Goethe Universität in Frankfurt, leitete fünf Jahre lang die Stiftung Lesen in Mainz und war bis 2011 Vorsitzender des Verwaltungsrats im Deutschen Filminstitut/Deutschen Filmmuseum sowie Vorsitzender des Programmbeirats von RTL und Hit Radio FFH. Er wurde mit vielen Ehrungen ausgezeichnet, unter anderem dem Bundesverdienstkreuz und dem Hessischen Verdienstorden sowie mehreren Ehrendoktorwürden. Auch verfasste er unzählige Bücher, unter anderem über große Frankfurter Persönlichkeiten, über Frankfurts starke Frauen oder die Frankfurter Oberbürgermeister. 2018 verstarb Hilmar Hoffman im Alter von 92 Jahren.

2.5.2 Interview

Hilmar Hoffmann war im Frankfurter Kulturleben eine Größe und auch mit über 90 Jahren noch auf Eröffnungen und Empfängen zu sehen. Wir besuchten ihn im Juli 2012 zu dritt in seinem Haus in Frankfurt Oberrad – von der Universität war dies nur eine kurze Fahrt mit der Straßenbahn, in der wir gleich auch die Anmoderation für das Gespräch aufnahmen. Er empfing uns am Nachmittag in seinem Arbeitszimmer. Dort schrieb er jeden Tag an seinen Büchern – ständig beobachtet von seinem Dackel, der auch uns kritisch beäugte.

Auf meine Frage, ob er jemanden brauche, der ihn führe oder beim Schreiben seiner Bücher anleite, lacht er und sagt: „Nein, das brauche ich nicht. Ich bin Hanseat und von Jugend auf gewohnt, Disziplin zu üben. Ich stehe morgens früh auf, fange um neun an zu schreiben bis ein Uhr und dann um drei Uhr bis sechs. Wie ein Beamter sitze ich dann entweder an meinem Schreibtisch oder draußen im Garten. Ich brauche niemanden, der mich anstößt. Nicht einmal den Verleger."

Hilmar Hoffmann führt seinen Erfolg also auf angeborene Fähigkeiten und Eigenschaften, vor allem auf seine Disziplin zurück. Als Hanseat habe er diese Disziplin von klein auf gelernt und beibehalten. Damit vertritt Hilmar Hoffmann den sogenannten Persönlichkeitsansatz der Führung. Nach diesem Ansatz haben Wissenschaftler vor allem in der ersten Hälfte des vergangenen Jahrhunderts versucht, Führungserfolg mit Persönlichkeitsunterschieden zu erklären. In Hunderten von Studien wurden dabei ebenso viele Eigenschaften untersucht – mit uneindeutigen Ergebnissen. Einige Studien fanden, dass Führungskräfte sich in bestimmten Eigenschaften von Menschen ohne Führungsverantwortung unterschieden, andere Studien verglichen erfolgreiche mit weniger erfolgreichen Führungskräften und kamen zu anderen Ergebnissen und wieder andere Studien konnten keine Zusammenhänge zwischen der Persönlichkeit eines Menschen und seinem Erfolg als Führungskraft finden.

Die neuere Forschung hat die vielen unterschiedlichen Befunde zusammengefasst und kommt zu dem Ergebnis, dass der Persönlichkeitszug der Extraversion besonders hilfreich ist, um eine Führungskraft zu werden. Und die Persönlichkeitseigenschaften der Gewissenhaftigkeit und der Offenheit für Erfahrung scheinen Führungskräfte erfolgreicher zu machen. Um eine gute Führungskraft zu werden und zu sein, ist es also gut, wenn man gerne auf andere Menschen zugeht, wenn man kreativ und flexibel und zugleich diszipliniert und zuverlässig ist. Dazu muss ich allerdings sagen, dass jede dieser Eigenschaften durchaus auch erlernen kann und sie nicht unbedingt schon als Kind besitzen muss. Auch wenn die Persönlichkeit zu einem großen Teil schon von Geburt an durch die Gene der Eltern definiert ist, lässt sie sich durch einschneidende Erlebnisse oder auch hartes Training durchaus ändern.

Interessant ist nun, dass Hilmar Hoffmann auf meine Nachfrage, ob das bei jedem so sei und Führung daher vielleicht gar nicht wichtig wäre, sagt: „Führung braucht derjenige mehr, der weniger gebildet ist. Es ist ja immer eine Frage auch der Bildung und der Allgemeinbildung, aber auch der beruflichen Bildung, ob man jemanden braucht, der einem sagt, was man machen muss, oder ob man genügend eigene Kompetenz erworben hat, um selber zu entscheiden, was wichtig ist." Das heißt, er sieht Führung dann als wichtig an, wenn man selbst nicht die nötige Begabung besitzt, um selbst entscheiden zu können. Dazu passt auch, dass er auf meine Frage, ob man denn lernen könne, eine gute Führungskraft tu werden, sagt: „Naja, das sind auch Begabungen, die man nicht erlernen kann. Ich nenne jetzt einmal das Beispiel Petra Roth als Oberbürgermeisterin. Sie hat natürlich viel mit Charme gemacht, mit ihrer Fraulichkeit, mit ihrer Art, auf die Menschen zuzugehen und sie zu überzeugen. Ich habe das beobachtet und schreibe gerade ein Buch über Petra Roth, wo ich das als ihre besondere Qualität herausstelle."

Wieder ist Hilmar Hoffmanns Begriff von Führung stark persönlichkeitsorientiert. Führung sei eine Frage der Begabung oder Intelligenz und von Eigenschaften, die jemand hat. Das, was Hilmar Hoffmann bei Petra Roth als Charme bezeichnet, wird allgemein unter dem Begriff des Charismas erforscht und beschrieben. Charisma ist eine Persönlichkeitseigenschaft, bei der man an Personen wie Nelson Mandela, Martin Luther King, John F. Kennedy oder Steve Jobs denkt. Diese Menschen haben starke Visionen von der Zukunft und es gelingt ihnen durch überzeugendes Auftreten, andere von diesen Visionen zu überzeugen und sie mitzureißen. Max Weber, der berühmte Soziologe, der Charisma als Erster definierte, beschrieb Charisma als den Besitz von fast übernatürlichen Kräften und außergewöhnlicher Fähigkeiten. Dazu kommt nach Robert House, der den Begriff in die psychologische Literatur einführte, dass charismatische Führungskräfte durch unkonventionelles Verhalten auffallen und bereit sind, persönliche Risiken einzugehen. Die Literatur zeigt eindeutig, dass Führungskräfte, die als charismatisch beschrieben werden, erfolgreicher sind. Ihre Mitarbeiter sind motivierter und leisten mehr. Dass diese Motivation auch in die falsche Richtung gehen kann, zeigt die Geschichte mit berüchtigten politischen Anführern wie Hitler oder Idi Amin.

Auch auf die Frage, wer ihn denn beeinflusst habe, verweist Hilmar Hoffmann auf die Eigenschaft des Charismas. Er sagt: „Für mich ist Willy Brandt ein Vorbild. Natürlich auch weil ich die Politik von Willy Brandt verfolgt und befolgt habe und der mich höchst selbst in die Partei aufgenommen hat, als ich einmal im Ruhrgebiet Wahlkampf für ihn gemacht habe. Aber der hatte eine Art, einem Dinge zu erklären, wo man das Gefühl hat, da kann man nur zustimmen – weil Sie vorhin von Charisma gesprochen hatten – hier stimmt der Begriff bei Willy Brandt."

Hilmar Hoffmann erzählt außerdem, dass er in seiner Zeit als Präsident der Goethe Institute mit mehreren Bundespräsidenten und Bundeskanzlern zu tun gehabt hätte und mehrfach mit ihnen auf Reisen gewesen sei. Dabei habe ihm imponiert, wenn sie „normal" geblieben waren. So sagt er über Roman Herzog, dass dieser seinen Mitbewerber um das Bundespräsidentenamt, Richard Schröder, auf eine gemeinsame Dienstreise mitgenommen habe und „ihn behandelt hat wie jemanden, der auch eigentlich Bundespräsident hätte sein können. Dass er ihn überhaupt mitgenommen hat, fand ich schon großartig und wie er auch mit den Journalisten oder mit der Entourage umgegangen ist, das war schon beeindruckend." Ganz anders empfand er die Art von Richard von Weizsäcker, über den er sagt, dass dieser „den Bundespräsidenten schon durch seinen Habitus herausgekehrt habe."

2 Kultur und Journalismus   45

Auch mit Helmut Kohl hat er mehrfach Reisen unternommen. Hilmar Hoffmann erzählt dabei über den schwierigen Beginn seiner Beziehung zu Kohl: „Ich hatte deswegen meine Schwierigkeiten mit Helmut Kohl, weil er mich eigentlich auf diesem Posten nicht haben wollte. Und als ich meinen Antrittsbesuch bei ihm gemacht habe, hat er sich nach zwei Stunden verabschiedet und gesagt: ‚Sie sind zwar aus der falschen Partei, aber Sie sind ein Freund meines Freundes Walter Wallmann, CDU, und dessen Freunde sind auch meine.' Und dann bin ich eigentlich mit Helmut Kohl zwar auf einer bestimmten Distanzebene aber ganz gut zu Recht gekommen, bis dann ein Erlebnis passierte: er hatte mich zusammen mit seinem früheren Schulfreund, dem Kultursprecher im Auswärtigen Amt, Lothar Littmann, zu einem Sechs-Augen-Gespräch in seine Kabine gebeten oder geordert. Und dann hat er gesagt: ‚Bevor wir jetzt über die Sachen reden, Lothar, bitte ein paar Takte Hölderlin' – und dieser Lothar war Studienrat im Fach Deutsch und hatte Hölderlin auswendig gelernt. Und da ich ja in der Gefangenschaft nur zwei Lektüren hatte, nämlich Faust und einen Band Hölderlin, habe ich mangels anderer Literatur beides auswendig gelernt. Und als er dann anfing, Hölderlin zu zitieren, habe ich die zweite Stimme dazu gegeben. Jedes Gedicht, das er vorgetragen hat, konnte ich auch. Und das hat Helmut Kohl so beeindruckt, dass er gesagt hat: ‚Hoffmann Sie können mich jederzeit anrufen.', wovon ich Gebrauch gemacht habe – morgens um acht durfte ich ihn anrufen, wenn der Weigel, der Finanzminister, uns wieder die Daumenschrauben ansetzen und uns den Etat kürzen wollte, habe ich meinen Freund Kohl angerufen und er hat dann stereotyp gesagt: ‚Also wenn Sie bis zwölf nichts von mir hören, dann geht das klar.' Und irgendwann hat mich der Weigel angerufen und gesagt: ‚Also Hilmar Hoffmann, das ist ja furchtbar, dass ich immer vom Bundeskanzler ihretwegen Ärger habe. Rufen Sie mich gefälligst künftig doch selber an!'"

Hilmar Hoffmann fährt fort: „Da Sie eben davon gesprochen haben, dass der Oberbürgermeister die Richtung vorgibt, so stimmt das so nicht ganz, weil die hessische Gemeindeordnung dem Oberbürgermeister nur die Möglichkeit gibt, als erster unter Gleichen zu agieren. Der Oberbürgermeister ist nicht der Vorgesetzte der Dezernenten. Deswegen habe ich mich damals, als ich wählen konnte zwischen Köln und Frankfurt, für Frankfurt entschieden, weil in Köln der Oberbürgermeister sagen kann, wo es lang geht. Ich nenne ein Beispiel: Als Fassbinders Stück ‚Der Müll, die Stadt und der Tod' von Günther Rühle im Schauspiel aufgeführt wurde, hat Walter Wallmann mich empört angerufen – empört über den Intendanten, dass er ein antisemitisches Stück, wie er das nannte, auf den Spielplan gesetzt hat – und ich musste ihm dann sagen, dass er mir keine Anweisungen geben kann, denn die hessische Gemeindeordnung lässt das nicht zu. Und dann haben wir uns geeinigt auf Art. 5 Abs. 3 des Grundgesetzes ‚eine Zensur findet nicht statt'. Also hatte er auch nicht die rechtlichen Möglichkeiten, das zu verhindern. Etwas anderes ist, wenn er als primus inter pares, der Oberbürgermeister einen bittet, etwas zu tun, was man eigentlich nicht gerne möchte. Und solange das Gewissen mitgeht, dann tut man das. Sonst muss der Oberbürgermeister versuchen, über eine Mehrheit im Magistrat den jeweiligen ungehorsamen Dezernenten zur Raison zu bringen, wenn er da eine Mehrheit kriegt, und das hängt natürlich auch wiederum von den Führungsqualitäten des Oberbürgermeisters ab. Also Wallmann war einer, der den Magistrat geführt hat, aber Kraft Kompetenz – juristischer Kompetenz, menschlicher Kompetenz. Und weil er auch immer ein entgegenkommender Oberbürgermeister war, sodass auch diejenigen ihm gefolgt sind, die nicht seiner Partei angehörten."

Hier spricht Hofmann zwei interessante Themen an, nämlich einmal die Positionsmacht einer Führungskraft, zum anderen das Thema der Einflussnahme aufgrund von menschlicher und anderer Kompetenzen. Die Positionsmacht ist ein ganz wichtiger Faktor in der Kontingenztheorie von Fiedler. Kurz gesagt bedeutet es, dass Führungskräfte, die über eine hohe Positionsmacht verfügen – wie zum Beispiel Vorgesetzte in stark hierarchischen Unternehmen oder Offiziere im Militär – sich auf das Geben von Anweisungen im Sinne der Aufgabenerledigung konzentrieren können. Wenn aber eine Führungskraft diese Positionsmacht über die Mitarbeiter nicht hat und keine direkten Anweisungen erteilen kann – wie es offensichtlich bei hessischen Oberbürgermeistern der Fall ist, dann ist mitarbeiterorientierte Führung erfolgversprechender, das heißt man kümmert sich um die Interessen der Mitarbeiter, sorgt für eine gute Beziehung usw.

Das zweite Thema ist das der Einflussnahme. Führungskräfte haben dazu verschiedene Möglichkeiten, zum Beispiel können sie Andere mit dem Versprechen von Belohnung oder der Androhung von Bestrafung dazu bringen, etwas zu tun. Am wirksamsten ist es aber, wenn Andere etwas für einen tun, weil sie sich mit der Führungskraft identifizieren. Dies ist häufig bei außergewöhnlichen Menschen der Fall, die Prominenten- oder Kultstatus haben. Und es ist bei denen der Fall, die durch ihre Art und ihre Kompetenzen akzeptiert, teilweise vielleicht auch bewundert werden. Offensichtlich hatte Walter Wallmann in den Augen Hilmar Hoffmanns beides: Eine entgegenkommende, einnehmende Art und gleichzeitig die fachliche Kompetenz, die es ihm ermöglichte, Einfluss auszuüben – selbst auf diejenigen im Magistrat, die nicht zur CDU gehörten.

2 Kultur und Journalismus 47

Nach Hilmar Hoffmann ist es also wichtig, Kompetenzen zu haben aufgrund derer man respektiert wird. Er meint sogar: „Sie müssen immer besser sein, als die, die ihnen folgen sollen." Dann schränkt er dies aber noch ein und sagt: „Oder Sie müssen sich für die Schwachstellen, die ja jeder hat – meine Schwachstelle war immer die Verwaltung – die besten Leute holen, die ihre eigenen Defizite abdecken. Das ist auch eine Führungsqualität, sich überhaupt selbst einzugestehen, dass man bestimmte Sachen nicht oder nicht gut kann und sich dann andere holt … und das zeichnet Petra Roth aus, dass sie gerade in ihren Anfängen, in den ersten ein, zwei Jahren auch gesagt hat: ‚Das weiß ich nicht. Das habe ich nicht gelernt. Das muss ich mir jetzt noch einmal ausführlich zu Gemüte führen' – sie hat also immer eingestanden, etwas nicht zu wissen."

Ich glaube, es ist für erfolgreiche Führung tatsächlich enorm wichtig, Nichtwissen zugeben zu können. Traditionell machen Menschen in Deutschland häufig Führungskarriere, nachdem sie in der Fachkarriere erfolgreich gewesen sind. Dies ist von Vorteil, weil sie dadurch auch ihren Mitarbeitern fachlich Vorbild sind und ihnen konkreten Rat geben können. Gleichzeitig ist die Führungsaufgabe aber etwas grundsätzlich anderes als die Fortsetzung der Fachkarriere mit etwas erweiterter Verantwortung. Eine Führungskraft hat in erster Linie die Aufgabe, zu führen und nicht mehr selbst operativ tätig zu sein. Dies hat Keith Murnighan in seinem Buch „Do nothing" ganz schön beschrieben. Für ihn sind die Führungskräfte am erfolgreichsten, die sich nicht mehr in das Tagesgeschäft ihrer Mitarbeiter einmischen und die sich ganz auf die Führungsaufgabe konzentrieren, die ihre Zeit zu 100 Prozent damit verbringen, dem Team eine Identität zu geben, Visionen zu entwickeln und zu kommunizieren und für das Team von außen die nötigen Ressourcen einzuholen. Es gehört dann auch dazu, dass man erkennt – und mit zunehmender Dauer der Führungstätigkeit wird dies unweigerlich immer häufiger der Fall sein – dass die Mitarbeiter einem operativ-fachlich überlegen sind und die Antworten auf Probleme häufig selbst am besten wissen. Als Führungskraft muss man daher nicht auf alles eine Antwort haben, sondern die Teammitglieder ermuntern, selber Lösungen zu suchen und zu versuchen.

Ich sage zum Beispiel meinen Doktoranden immer schon nach recht kurzer Zeit, dass sie fachlich immer weitaus größere Experten für ihr jeweiliges Thema sind, als ich es sein kann. Ich kann also ruhig zugeben, dass Doktoranden viele Dinge besser wissen oder auch bestimmte, neue Methoden besser beherrschen als ich. Aber meine Aufgabe ist es zum Beispiel, Ressourcen für das Team zu beschaffen, damit alle die nötigen Arbeitsmittel haben, auf Konferenzen fahren können usw.

2.6 Bernd Loebe – Intendant der Oper Frankfurt a.M.

» Die Oper ist eine ganze Welt.

In diesem Gespräch geht es um das Thema „management-by-objection", den Einsatz von Führung nur dann wenn es Probleme gibt. Dieser Ansatz ist üblicherweise nicht sehr effektiv – aber vielleicht funktioniert er ja in der Oper. Es geht außerdem um die Identifikation des Künstlers mit dem Projekt und um das Thema der kulturellen Vielfalt.

2.6.1 Biographie in Kürze

Bernd Loebe wurde am 15.12.1952 in Frankfurt geboren. An der Goethe Universität Frankfurt studierte er Jura und arbeitete von 1975 bis 1980 in verschiedenen Musikredaktionen (unter anderem bei der FAZ und der Opernwelt) und war freier Mitarbeiter beim Hessischen Rundfunk, wo er später auch die Opernredaktion übernahm. In dieser Funktion war er unter anderem verantwortlich für die Berichterstattung von den Salzburger oder Bayreuther Festspielen. 1990 wurde er künstlerischer Direktor der Oper in Brüssel. Mehrfach war er Berater und Mitarbeiter bei Inszenierungen, wie zum Beispiel bei der Bayreuther Produktion des Lohengrin 1999 und er wirkt in verschiedenen Gesangswettbewerbern als Juror mit. Seit 2002 ist er Intendant an der Frankfurter Oper. Schon nach seiner ersten Spielzeit wurde die Frankfurter Oper zum Opernhaus des Jahres gewählt. Bernd Loebes Vertrag wurde mehrfach verlängert und läuft derzeit bis 2023.

2.6.2 Interview

Das Gespräch kam nach einer Anfrage mit seinem Büro schnell zustande und zur Oper war es für uns ein kurzer Weg. Bei der Frage, wer mich zu den Gesprächen begleitet und die Kameras bedient, geht es bei den studentischen Mitarbeiterinnen und Mitarbeitern oft auch um persönliche Vorlieben. Diesmal begleiteten mich zwei Musikliebhaberinnen, die eine auch aktive

2 Kultur und Journalismus 49

Balletttänzerin. Die Atmosphäre in der Oper war für sie gleich etwas Besonderes. Bernd Loebe empfing uns ganz unprätentiös im Pulli in seinem Büro im Obergeschoss der Oper, das mit zwei großen Fensterfronten einen tollen Blick auf Frankfurt bot (was allerdings der Kamerafrau wieder Einiges abverlangte, da die Lichtverhältnisse nicht gerade ideal für die Aufnahmen waren).

Zum Einstieg fragte ich ihn, ob er sich eher als Künstler oder eher als Manager sehen würde. Darauf antwortet er: „Wir sind hier ja nicht nur Intendant – Künstler oder Intendant – sondern auch Geschäftsführer, das heißt wir müssen das Geld kontrollieren, mit dem wir auskommen müssen, das uns die Stadt zur Verfügung stellt, plus Einnahmen, die wir generieren. Ich fühle mich schon zu 50% als Künstler. Nicht einer, der tatsächlich auf der Bühne steht und singt oder im Orchestergraben sitzt und ein Instrument spielt – sondern einer, der in sehr großer Voraussicht Spielpläne entwirft, überlegt, zu welcher Oper welcher Regisseur passt, der die Sänger engagiert, der sehr viel herumfährt …. Insofern – ich würde es nie laut sagen – aber ich denke schon, da gibt es ein gewisses künstlerisches Potenzial." Man beachte den pluralis majestatis, mit dem er beginnt. Es scheint ihm fast unangenehm zu sein, von sich selbst als Künstler zu sprechen und daher dauert es etwas, bevor er zum „ich" wechselt.

Auf meine Frage, ob die Arbeit mit den Künstlern schwierig sei, sagt er: „Es gibt den Intendanten, der nach außen wirkt, und denjenigen, der nach innen wirkt. Also wir haben hier Festangestellte, die ich überwiegend auswähle und wir haben Gäste, die wir engagieren. Wir werden beurteilt von der Presse, aber ich werde auch hier im Haus beurteilt von Mitarbeitern, das ist ganz klar. Es ist die große erotische Qualität oder erotische Lust, die einen da überkommt, zu überlegen: ‚Wer passt zu wem?' und ‚Mit welchem kann ich welche Oper machen?' Es gibt Regisseure, die bereit sind, sich sehr zu öffnen, die ein etwaiges Konzept mit mir beratschlagen, ebenso Bühnenbildner, Kostümbildner. Es gibt andere, die lassen sich sehr spät in die Karten schauen, die empfinden jeden Kommentar schon als Einflussnahme auf eine frei-künstlerische Leistung. Ich glaube, man muss eine freundschaftliche Beziehung aufbauen zu den Künstlern, die in diesem Hause arbeiten, die es dann ermöglicht, offen, frei und durchaus kritisch über Projekte zu sprechen."

Bernd Loebe spricht hier ein ganz wesentliches Merkmal von Führung an. Im öffentlichen Bereich – sei es die Kultur oder die Politik – aber auch in Wirtschaftsunternehmen wirken Führungskräfte immer sowohl nach innen als auch nach außen. Einerseits führt man natürlich vor allem nach innen, also die direkten Mitarbeiter im Team oder der Abteilung oder als CEO das ganze Unternehmen. Andererseits muss man aber die Einheit, die man leitet, auch nach außen repräsentieren, gegenüber anderen Teams oder der Unternehmensführung oder der Öffentlichkeit darstellen und seine Interessen verteidigen.

Auf die Frage, was gute Führung in seinem Bereich kennzeichnen würde, sagt er lapidar: „Ich glaube, gute Führung ist die, die man nicht spürt." Und er beschreibt dann gleich weiter, wie er sich selbst sieht: „Ich bin jemand, der Dinge lange ‚treiben‘ lässt, der aber dann, wenn er spürt, es geht in die falsche Richtung, auch sehr schnell die Zügel wieder anziehen kann."

Bernd Loebe beschreibt hier einen eher weniger effektiven Führungsstil, nämlich das sogenannte „management-by-objection". Management-by-objection ist zunächst ganz ähnlich wie die sehr ineffektive Laissez-Faire-Führung. Auch hier hält sich die Führungskraft sehr zurück, beeinflusst die Mitarbeiter gar nicht, gibt wenig Rückmeldung, keine Anweisungen usw. Anders als bei einem reinen Laissez-Fair-Führungsstil, wird aber zumindest dann interveniert, wenn etwas schief läuft. Im Vergleich zur transaktionalen und transformationalen Führung ist dieser Stil suboptimal. Aber vielleicht kann Bernd Loebe sich diese Art der Führung in seinem Bereich ja leisten.

Er sagt weiter: „Ich lebe ein bisschen in der Illusion, dass Klugheit und Lebensweisheit der Mitarbeiter dazu führt, dass sich Lösungen selbstverständlich dann einstellen. Dabei sind die Liebe zum Haus und die Identität im Haus ganz wichtig. Das ist nicht immer der Fall. Und wenn es sein muss, muss ich den autoritären Hansel spielen, was immer mal sein muss. Es ist aber verhältnismäßig selten, weil ein Gespräch unter vier Augen, das dann zu führen ist, die Situation oft ganz schnell bereinigt."

Bernd Loebe vertraut also darauf, dass sich die Mitarbeiter mit der Oper identifizieren. Meine eigene Forschung unterstreicht, dass Identifikation tatsächlich sehr stark mit der Motivation zusammenhängt. Mitarbeiterinnen und Mitarbeiter, die sich mit ihren Teams oder ihrem Unternehmen identifizieren, sind motivierter, sie leisten mehr, sind hilfsbereiter gegenüber Kollegen, kreativer und kundenorientierter. Der Wirtschaftsnobelpreisträger George Akerlof hat diese Ergebnisse der psychologischen Forschung aufgegriffen und unter dem Begriff „Identity Economics" in den letzten Jahren auch in den Wirtschaftswissenschaften populär gemacht. Er sagt, dass das Standardmodell des Management, nämlich den Mitarbeiter zu kontrollieren und dann für das Geleistete zu bezahlen, nicht nur teuer ist – weil Kontrolle zusätzliche Technik (beispielsweise Stempelkarten oder Videoüberwachung, wie es wohl bei Schlecker vorkam) oder Führungsebenen erfordert – sondern auch deshalb ineffektiv ist, weil sie den Mitarbeitern signalisiert, dass das Management ihnen

2 Kultur und Journalismus 51

misstraut. Und dies wirkt nicht motivationsfördernd. Im Gegensatz dazu muss ein Mitarbeiter, der sich mit dem Unternehmen identifiziert, nicht kontrolliert werden, weil die Ziele des Unternehmens automatisch zu den eigenen Zielen werden. Dies kann man sich in der Kunst tatsächlich gut vorstellen. Ein Cellist im Orchester wird nicht deshalb üben und im Konzert sein Bestes geben, weil der Dirigent oder das Publikum ihn beobachtet und „kontrolliert". Sondern er wird immer versuchen, alles aus sich und seinem Instrument herauszuholen, weil er die Musik liebt.

Bernd Loebe spricht dann an, dass die Oper ein Ort der kulturellen Begegnungen und der Vielfalt sei. Er sagt: „Ich sage manchmal auch im Kreise von Politikern, wir haben hier die Chance, zu demonstrieren, wie die Welt funktionieren könnte. Wir haben hier alle Nationalitäten, also wirklich eine ganz offene Gesellschaft, ich glaube in unserem Sängerensemble von ca. 35 Festangestellten sind gerade mal vier Deutsche, das heißt, die Künstler kommen aus allen Teilen der Welt. Das betrifft auch die ganzen Assistenten, musikalische Assistenten, Dirigenten, Regisseure – also das ist ein Multi-Kulti-Haus und manchmal sage ich, ich bin so etwas wie der Bundeskanzler und mein Chefdirigent ist vielleicht der Außenminister und so kann man eigentlich die ganze Regierung hier abbilden. Wir sind aber nicht so groß wie die ganze Welt, sondern mit 500 bis 600 Mitarbeitern noch überschaubar. Wir haben die Chance zu zeigen, dass ‚schwul oder nicht schwul', dass die Hautfarbe oder die Religion egal sind." Wichtig sei „die Leidenschaft, zusammen etwas zu machen, natürlich für einen selbst, aber in erster Linie für ein Publikum. Und das versuche ich immer mal wieder ins Bewusstsein zu rufen und ich glaube den meisten Mitarbeitern ist das auch klar."

Zum Thema Diversität gibt es mittlerweile eine fast unüberschaubare Menge an wissenschaftlichen Studien. Leider zeigen die zusammenfassenden Metaanalysen, dass Diversität an sich nicht unbedingt positiv ist, sondern dass Unterschiede auch zu Missverständnissen und Konflikten führen können. Grundsätzlich bevorzugen es Menschen nämlich, unter Gleichgesinnten und einander ähnlichen Menschen zu sein. Für manche Aufgaben ist Diversität allerdings hilfreich oder unerlässlich – wenn zum Beispiel eine Vielzahl von unterschiedlichen Perspektiven benötigt wird, um kreativ komplexe Probleme zu lösen. Die Aufführung einer Oper gehört sicherlich zu solchen Projekten, die von Vielfalt unter den Künstlern profitiert. Allerdings muss man dies den Mitarbeitern auch vermitteln, damit diese mit einem positiven Glauben an die Diversität – wir sprechen von Diversitätsüberzeugungen – an die Arbeit gehen. Dies ist eine Führungsaufgabe und Bernd Loebe scheint sich ihrer bewusst zu sein und sie gut zu meistern.

2.7 Dario Fo – Nobelpreisträger, Schriftsteller, Regisseur und bildender Künstler

» Ich will nicht irgendwo in einem Kommandozimmer sitzen.

> In diesem Gespräch geht es um die Eindrücke von Führung in der Kunst, die Dario Fo vom Leben des berühmten Künstlers und Naturphilosophen Leonardo Da Vinci gewonnen hat. In seiner Rolle als Theaterregisseur hat er gelernt, dass es für den Erfolg in der Führung fundamental ist, eine Beziehung zum Publikum aufzubauen.

2.7.1 Biographie in Kürze

Dario Fo wurde am 24.03.1926 in San Giano am Lago Maggiore in Italien geboren. Er studierte Malerei und Architektur und war als Schauspieler tätig, Bühnenbildner, Regisseur und Komponist. Als Schauspieler hatte er sein Debüt 1952 in Mailand und spielte in einer Theatergruppe politisch-satirische Revuen. 1954 heiratete er die Schauspielerin und politische Aktivistin Franca Rame. Gemeinsam schrieben sie fast 60 Jahre lang Theaterstücke und führten diese mit der gegründeten Theatergruppe „La Compagnia Fo-Rame" auf. Er publizierte über 70 Theaterstücke und wurde 1997 mit dem Nobelpreis für Literatur ausgezeichnet. Dario Fo war ein politisch äußerst aktiver und engagierter Mensch. Sein Stück „Bezahlt wird nicht" wirkt auch über 40 Jahre nach seiner Entstehung hochaktuell. Er kandidierte für den Posten des Bürgermeisters von Mailand und bekam ein Viertel der Stimmen. Mehrfach war er im Gespräch für das Amt des italienischen Staatspräsidenten und engagierte sich in Wahlkämpfen für die Fünf-Sterne-Bewegung von Beppe Grillo. 2016 verstarb Dario Fo mit über 90 Jahren.

2.7.2 Interview

Wenige Tage vor unserem Gespräch war Franca Rame, seine Frau gestorben – dennoch ließ Dario Fo es sich nicht nehmen, nach Frankfurt zu kommen, um eine Ausstellung mit seinen Bildern zu eröffnen und an der Goethe Universität

2 Kultur und Journalismus   53

in Frankfurt mit mir und mit vielen Studierenden zu diskutieren. „Sie sind Theaterautor, Bühnenkünstler, Schauspieler und Regisseur einer Vielzahl berühmter Stücke", beginne ich das Gespräch mit Dario Fo: „Wie wichtig ist Führung für einen Künstler?" Darauf antwortet er mir mit einem unglaublich lebendigen Monolog – eine Herausforderung für die Übersetzerin, der es kaum gelang, ihn zu kurzen Pausen zu bewegen. Er sagte: „Als ich jung war, hegte ich eine geradezu fanatische Bewunderung für Leonardo da Vinci. Die wichtigsten Werke Leonardos sind in Mailand aufbewahrt. Mailand war zu seiner Stadt geworden, aber natürlich nicht von ihm ganz alleine. Es ist nicht so wie Romantiker das gerne sehen, dass es einen großen Einzelnen gibt, der alles alleine machen will und auch erreicht." In seinen fesselnden Ausführungen von dem Leben des Leonardo Da Vinci, erzählt Dario Fo, dass selbst die talentiertesten Künstler ihre Werke ausschließlich durch das Volk in der Gesellschaft nach außen tragen können. So, fährt er fort, führte Leonardo Da Vinci „hunderte von Leuten, die mit ihm an einem Strang zogen."

Dario Fo greift dabei eine spezifische Philosophie in der Führung auf, nach dem Motto: „Ohne die gesellschaftliche Unterstützung der Leute, kann es auch keine Führung geben." In der Organisationspsychologie ist dieser Ansatz von Wissenschaftlern weit verbreitet die begründen, dass Geführte sowohl die Augen und Ohren, als auch der Geist und das Herzstück erfolgreicher Führung sind (Hansen, 1987). Keith Grint, Professor für öffentliche Führung an der Warwick University, England, zeigt am Beispiel einer Metapher auf, wie wichtig die Beziehung zwischen der Führungskraft und den Mitarbeitern ist. Er vergleicht das englische Wort für Führung, „Leadership", mit einem Schiff, das in die See sticht. Der Rumpf des Schiffes verkörpert die Mitarbeiter, die das Momentum in der Führung vorgeben und der „Leader", der Kapitän. So, erklärt Grint (2005), gelingt es einer erfolgreichen Führungskraft, ihre „Kraft" für die Führung aus dem Rumpf des Schiffes – den Mitarbeitern – zu gewinnen. Diese bildliche Vorstellung von Führung dient heute als ein Appell an Führungskräfte, aus den Reihen der Mitarbeiter zu führen.

Darüber hinaus, erzählt Dario Fo an Hand einer weiteren Metapher, dass sowohl ein Künstler, als auch eine Führungsperson zum Meisterdieb werden sollte, um an die große Macht des Wissens zu kommen. „Leonardo Da Vinci sagte von sich selbst, er sei ein Dieb. Alles was er wisse, sagte er, habe er nicht zufällig herausgefunden, sondern gestohlen." Dario Fo fährt fort: „Ich habe meinerseits auch gelernt zu stehlen, ich glaube von diesem Jahrhundert bin ich der größte Dieb hier im Umfeld!" Sowohl in der Kunst, als auch in der Führung, meint er, könnten durch das Zusammenführen von historischem „gestohlenen Wissen", neue Einblicke entstehen. Am Beispiel des berühmten Leonardo Da Vinci erzählt er: „Als er nach Mailand kam, wohin der Herzog von Mailand ihn gerufen hatte, besaß er damals nichts außer seine Weisheit und sein Wissen." Bewundernd fährt er fort: „Er war in zehn Berufen ausgebildet. In der Werkstatt hatte man ihm davor Geometrie, Mathematik und die perspektivische Projektion beigebracht und natürlich auch alle möglichen Techniken in der Kunst der Malerei." Leonardo Da Vinci war nicht der einzige Künstler, der seinen Beruf so erlernte, erklärt Dario Fo ausführlich. „Alle Meister dieser Zeit, die in Werkstätten in Genua, Florenz, Neapel arbeiteten und heranwuchsen, haben so gelernt. Sie lernten die wesentlichen Grundlagen eines Berufs und dann alle möglichen Variationen davon. Diese Erkenntnisse versetzten einen ausdrucksstarken, expressiven Menschen in die Lage, etwas zu machen – etwas Großes zu erschaffen!" „Von Leonardo Da Vinci können wir lernen", fährt er fort, „dass nicht nur die Kunst, sondern auch die Führung zu Erfolg kommt, wenn sie in einer Vielfältigkeit von unterschiedlichen Disziplinen unterrichtet und gelebt wird."

„Das Lernen", so Dario Fo, „ist ein Schlüsselpunkt in der Entwicklung des Künstlers." „Leonardo Da Vinci lernte gerne", sagte er und erklärte am Beispiel seiner damaligen Erfindung der Flugmaschine, dass es in der Kunst und in der Erfindung der Führung bedürfe, sein eigenes Werk der Gesellschaft vorzutragen. „Man braucht aber auch", fährt er fort, „,Mut zur Lücke', um den Sprung von einer Vision zur praktischen Umsetzung zu schaffen." „Sein Flugzeug ist tatsächlich eine kleine Strecke geflogen", erzählt er schmunzelnd. „Als Künstler", fährt Dario Fo fort, „war Leonardo Da Vinci eine bewundernswerte Person, die sowohl von der Natur, als auch der Gesellschaft lernte und mit anderen zusammen, seine Visionen verwirklichte. Leonardo Da Vinci hat mit anderen aus der Gegend zusammengearbeitet, um beispielsweise herauszufinden, wie man ein Flussbett versetzten konnte, um eine stärkere Strömung zu erreichen, die Wasser mit einem stärkeren Druck in die Stadt trieb." Er sei ein vorbildliches Beispiel dafür, meint Dario Fo, dass erfolgreiche Führungspersonen von gegenseitigem Lernen und kooperative Erfahrungen in der Gesellschaft heranwachsen.

In meiner nächsten Frage, komme ich auf die ganz persönlichen Erfahrungen von Dario Fo in der Kunst, nämlich dem Theater, zu sprechen: „Haben Sie selber in Theatergruppen schwierige Situationen in der Führung erlebt?" Eine wesentliche Herausforderung, erklärt er, sei es, eine Verbindung mit dem Publikum aufzubauen. Dario Fo schildert mir seine Erfahrung im Publikum, als er in China eine Ein-Mann-Theatervorstellung besuchte. „Neben mir saß mein Übersetzer, aber der sprach leider den chinesischen Dialekt des Schauspielers nicht. Ich brauchte also noch einen Übersetzer", erzählt er und fährt fort: „Während der Vorstellung sprach also der erste Übersetzer zum zweiten und der erklärte es dann mir. Wir haben den ganzen Rhythmus durcheinander gebracht." Es war die Körpersprache und die Ausstrahlung des Schauspielers, erklärte er anschließend, die die Botschaften in seinem Werk verstehen ließ.

Zum Schluss, erzählt Dario Fo von seinem Publikum aus der Politik, das er mit seiner kürzlich verstorbenen Frau, Franca Rame, teile. „Wir haben ein Beziehung zum Publikum und noch immer Glaubwürdigkeit, weil wir uns nie den kleinen Spielchen der Politik zugewandt haben." Er fährt fort: „Vor ein paar Tagen hat Francas Begräbnis stattgefunden. In Mailand hat der Leichenzug von Picollo Theatro seinen Ausgang genommen. Es gab zehntausend Leute und eine unglaubliche Anzahl von Frauen, die rot gekleidet waren. Franca hat vor vielen Jahren gesagt, dass sie an ihrem Begräbnis Frauen sehen wollte, mit denen sie gemeinsam gekämpft hat. Diese sollten zum Zeichen etwas Rotes tragen. Das haben die dann auch tatsächlich gemacht. Der Saal war so voll, dass wir in das nächste Theater ziehen mussten. Es waren so viele Leute, dass ich die Menge gar nicht überblicken konnte. Es war ein Meer von Leuten." Die Anwesenheit und Dankbarkeit einer derartigen großen Menschenmenge, habe ihn überwältigt und gezeigt, wie wichtig die Beziehung mit dem Publikum sei. Führungspersonen in der Politik, meint er, müssten vor Ort sein, um mit ihrem Publikum eine Verbindung eingehen zu können. Das hieße auch, fährt Dario Fo fort: „Die Verzweiflung der Leute miterleben und unmittelbar agieren. Ich will nicht irgendwo in einem Kommandozimmer sitzen." In seiner eigenen Führung, sagt er: „Möchte ich lieber basisnah bleiben – bei den Menschen" und fügt in Gedanken an seine Frau fort: „Und so machen wir weiter."

2.8 Ottmar Hörl – bildender Künstler

» Ich will keine kleinen Hörls schaffen!

> In diesem Gespräch geht es darum, wie Führung die Vielfalt in der Kunst fördern kann, in dem sie sich bei der Ausbildung der Studenten auf die Identität des einzelnen Künstlers einlässt. Ottmar Hörl sieht sich als Mentor in der Akademie der Bildenden Künste in Nürnberg, indem er die Einzigartigkeit seiner Studenten herausarbeitet. Dabei geht es ihm in der Führung nicht um Macht, sondern um Gestaltung.

2.8.1 Biographie in Kürze

Ottmar Hörl wurde 1950 in Nauheim geboren und arbeitete zunächst als Maschinenbauingenieur in der Automobilindustrie. Von 1975 bis 1979 studierte er an der Städelschule in Frankfurt und von 1979 bis 1981 an der Hochschule für Bildende Künste in Düsseldorf. Seit über 30 Jahren ist Ottmar Hörl Künstler mit vielen Werken im öffentlichen Raum, darunter vor allem seine seriellen Arbeiten wie 10.000 Berliner Bären, die er unter den Linden aufmarschieren ließ, 10.000 Eulen, die er zu den olympischen Spielen nach Athen trug oder den 7.000 Hasen, die er zu Ehren von Albrecht Dürer auf dem Nürnberger Marktplatz installierte. Seit 1999 ist Otmar Hörl Professor für Bildhauerei und Konzeptkunst an der Akademie der Bildenden Künste in Nürnberg und war von 2005 bis 2017 Präsident der Akademie.

2.8.2 Interview

Ich begrüße Ottmar Hörl auf dem Rasen vor dem Hauptgebäude der Goethe Universität in Frankfurt, wo er zum Anlass des 100-jährigen Jubiläums der Universität 400 Kunstfiguren ausstellt – Johann Wolfgang von Goethe in blau, lila, grün und gelb.

Interessant ist nun, was Ottmar Hörl mir über Führung in der Kunst erzählt. Was seinen Beruf als Künstler ausmacht, erklärt er mir, ist die Selbstbestimmung und die Freiheit, Entscheidungen eigenständig treffen zu können, unverzichtbar. „Ich brauche also keine Führung durch andere Menschen", sagt er und deutet darauf hin, dass Erfolg in der Kunst besonders von der inneren Führung, der sogenannten Selbstführung (Müller, 2005), abhängen würde. Das eigenverantwortliche Handeln um persönliche Ziele zu erreichen, ist für Ottmar Hörl daher ein ganz selbstverständliches Streben in seinem täglichen Beruf.

Dagegen sei Führung innerhalb der Ausbildung eines Künstlers, fährt er fort, sehr maßgebend. Ottmar Hörl berichtet über seine Erfahrungen als Präsident der Akademie der Bildenden Künste in Nürnberg, dass Führung in der Kunst am besten gelänge, wenn die Führungsperson ihren Auszubildenden ein Vorbild sei. Wer Ideen habe, Systeme zu entwickeln, spricht er, müsse ein Vorbild sein. „Das heißt, nicht nur reden, sondern auch handeln." Ottmar Hörl zeigt am Beispiel der von ihm selbst praktizierten Führung auf, wie er diese Überzeugung schon zu Beginn seiner Lehrtätigkeit vor 15 Jahren versucht habe, umzusetzen. „Ich habe sofort die erste große Einzelausstellung in einem Museum mit meinen Studenten geplant, damit sie die Fähigkeit zu Interventionen entwickeln: Wie sind diese Menschen in einem Ausstellungshaus? Auf was muss ich achten? Wo überschreite ich die Grenzen?" Er versuche inzwischen solche Projekte, zusätzlich zu seinen sieben Ausstellungen pro Jahr, zweimal im Jahr in Kunstvereinen, Museen und Galerien zu initiieren. Ottmar Hörl fährt fort, dass die Fähigkeit seine Zeit effektiv einzuteilen, einen wesentlichen Bestandteil der Ausübung vorbildlicher Führung darstelle. „Da sagen Manche: ‚Da kommt man doch gar nicht mehr zur Forschung und ins Atelier.' Das stimmt alles gar nicht. Das ist eine Frage des Zeitmanagements." Dabei sei wichtig, betont er, dass die Führungskraft sich nicht nur Zeit nähme für vorbildliches Handeln, sondern auch für die Persönlichkeitsentwicklung der Studenten. „Ich habe große Ausstellungen organisiert, um meine Studenten in ganz Mitteleuropa mitzunehmen. Reisen ist wichtig – von einem pädagogischen Prinzip her – andere Länder kennenzulernen. Das gehört genauso gut zu der Führungsaufgabe." So wird der Mensch als ganze Person gefördert und nicht nur auf bestimmte Aspekte in seiner künstlerischen Ausbildung reduziert. Der partnerschaftliche Umgang mit den Studenten, so Ottmar Hörl, habe sich dadurch „ganz normal" und selbstverständlich entwickelt.

Auf das pädagogische Element in der Führung kommt er dann noch einmal etwas genauer zu sprechen. Eine Führungsfigur in der Kunstszene solle eine partnerschaftliche, gesunde Schüler-Lehrer-Beziehung aufbauen, meint Ottmar Hörl. Er erklärt, dass Schüler ihre Kompetenzen vor allem dann auszubauen vermögen, wenn eine vertraute, offene und gemeinschaftliche Beziehung zwischen ihnen und der Führungsperson bestünde. Durch einen derartigen Fokus in seiner Führungsarbeit, bereitet Ottmar Hörl seine Schüler auf eine künstlerische Karriere vor, in dem er einerseits ihr Bewusstsein für die eigenen Kompetenzen stärkt und andererseits ihre Unabhängigkeit fördert – damit sie später auf eigenen Beinen stehen können. Das pädagogische Kalkül sei deshalb innerhalb der Ausbildung extrem wichtig, begründet er, denn so minimiere er die Distanz zwischen Führungsperson und Lernendem. „Ich bin mit meinen Studenten immer auf Augenhöhe. Das heißt, wir duzen uns alle", sagt er und betont: „Die Führung fängt eigentlich in der persönlichen Arbeit an. … Die Fragen ‚Wie menschlich gehe ich mit jemandem um? Wie persönlich ist der Kontakt?' sind nicht nur im privaten Alltag, sondern auch in der Führung der Auszubildenden von größter Bedeutung."

Nach Ottmar Hörl wird das das Lernen am Modell des Vorbilds (Bandura, 1961) in einer partnerschaftlichen Führung optimiert, in dem sie über die Grenzen der Institution hinauswächst. Sie fordere Schüler nicht nur auf, sich ein Vorbild zu nehmen, sondern lädt sie auch ein, Beratung bei ihrem Vorbild einzuholen. So bietet Ottmar Hörl seinen Schülern beispielsweise Beratung im Hinblick auf ihre Entwicklung in der Zeit nach der Universität an. „Die Idee der erweiterten Führung ist, dass die Schüler mich anrufen können und fragen: ,Ich habe hier von einem Galleristen einen Vertrag vorgelegt bekommen. Kannst du dir den mal anschauen – was rätst du mir dazu? Was ist im Moment im Kunstmarkt los?'" Für die Führung der Weiterbildung von Studenten, sieht er einen großen Bedarf, denn „nach dem Studium gibt es keine ,institutionellen' Führungsmöglichkeiten mehr. Das heißt, die Studenten müssen selbstständig auf ihre Potenziale zurückgreifen, die sie während der Ausbildung entwickelt haben." Dazu käme, fährt er fort, dass in diesem Geschäft die Konkurrenz das partnerschaftliche Lernen erschwere. „Nach dem Studium hast du als bildender Künstler nur noch Konkurrenten." Auf die Frage nach einer Wertegrundlage für die Ausbildung von Führungskräften in der Lehrtätigkeit, antwortet mir Ottmar Hörl, dass es leider keinen „Automatismus" an der Akademie der Bildenden Künste gäbe, um den von ihm etablierten Führungsstil weiter zuführen.

Diese Art der Führung zu erlernen, erfordere Erfahrung und eine besondere Einstellung den Studenten gegenüber, meint Ottmar Hörl. Eine gute Führung in der Rolle eines Kunstprofessors zeichne sich darin aus, dass sie eine Vielfalt anstrebe und jeden Studenten, egal welcher Glaubensrichtung oder philosophischen Grundschule er angehöre, individuell fördere. Das verlange von einer Führungsfigur, dass sie sich ungeachtet der eigenen Überzeugungen, auf die Einzigartigkeit des Studenten einließe und den Schwerpunkt seiner Ausbildung daraufhin gestalte. „Das größte Erfolgserlebnis habe ich als Lehrer, wenn ich meine Studenten beobachte, wie sie im Kern sein können und mit ihnen daran arbeite, was ihrer Persönlichkeit, ihren Visionen und Stärken entspricht, und nicht meiner." Scherzend fügt er hinzu: „Ich will ja keine kleinen Hörls schaffen, sondern möchte, dass jeder Mensch sich ganz eigenständig für sich selbst entwickelt und etwas findet, was nur er finden kann, weil es diese Person nur einmal gibt. Und das ist natürlich ein pädagogisches Kalkül, Menschen anzunehmen und sie erstmal zu beobachten: Was kann diese Person gut? Was kann sie nicht so gut?"

Ottmar Hörl ist es in der Führung wichtig, keine Abhängigkeit zu schaffen, sondern die Individualität des Einzelnen hervorzuheben. „Wenn ich als Professor Künstler heranziehe, die so ähnlich denken oder so ähnlich sind wie ich", meint er stirnrunzelnd, „dann habe ich etwas in meiner Führung falsch gemacht." Das erfordert ein gewisses Maß an Einfühlungsvermögen, fährt er fort und greift dabei fundamentale Prinzipien der beziehungsorientierten Führung auf (Goleman, 2013; Uhl-Bien, 2006). In der Ausbildung zum Künstler, bestätigt Ottmar Hörl, kann gute Führung nicht aus Lehrbüchern erlernt werden, sondern von vielfältigen praktischen Erfahrungen mit den Studenten: „Da gibt es sehr unterschiedliche Persönlichkeitsstrukturen - und künstlerische Menschen haben oft eine extreme Persönlichkeitsstruktur – und als Führungsfigur muss man Entscheidungen treffen, wie man den Einzelnen in seiner Art fördert, ein radikaler Revolutionär seiner Gesellschaft zu werden." Diese Akzente setze er in seiner Führung, um seine Studenten zur Selbstführung anzuregen, die später für sie in der Kunstszene existenziell wichtig sei.

Ein weiterer Kernbestandteil seiner pädagogischen Führung in der Kunst, sagt Ottmar Hörl, sei der werteorientierte Umgang mit den Studenten. „Ich gehe mit Menschen so um, wie ich gerne möchte, dass man mit mir umgeht." In seiner Rolle als Präsident der Akademie der Bildenden Künste, möchte er dieses Führungsverständnis auch bei seinen Mitarbeitern umsetzen. „Ich versuche, die Verwaltung mit minimalistischen Strukturen zu belegen. Das heißt, ich versuche eigentlich eher, Verwaltung herauszunehmen und das System zu ‚entschlacken'." Die Führungsaufgabe ist eigentlich ein politisches Amt. Angestellte sollten merken, dass die Führungsfigur Verantwortung übernimmt: „Da steht jemand hinter uns und hat unser Problem verstanden und kämpft dafür, dass dieses Problem minimiert wird." Er fährt fort: „Mit einer Führung, die das Wohl des Einzelnen und wertschätzende Beziehungen zu den Menschen anstrebt, merken Sie als Führungskraft irgendwann einmal, dass Menschen etwas freiwillig machen." Eine Führung, die einen derartigen Ansatz intrinsischer Motivation bei Mitarbeitern anstrebe, so Ottmar Hörl, mache in der Regel auch positive Erfahrungen mit dem gemeinschaftlichen Umgang von Konflikten (Ryan und Deci, 1975). „Mir geht es in der Führung nicht um Macht, sondern um Gestaltung", sagt er und zeigt dabei auf, dass er als Führungskraft zwar seinen Mitarbeitern und seinen Schülern bestimmte Richtlinien setzt, es ihm aber am Wichtigsten sei, ihnen Freiraum und neue Möglichkeiten zu schaffen, in denen sie sich entfalten könnten.

Die Führungsfigur, die Ottmar Hörl beschreibt, ist die eines Mentors. Er ermöglicht seinen Schülern den „Sprung" von ihrem aktuellen zu einem fortgeschrittenen Entwicklungstand, der durch die Expertise und die gemeinschaftliche Problemlösung mit dem Mentor entsteht. Dieser „soziokulturelle" Ansatz wurde von dem Psychologen Vygotski im Jahre 1978 entwickelt, um das Lernpotenzial des Einzelnen an dem momentanen Status seiner Entwicklung und der Beteiligung eines Mentors zu messen. Dabei reiche es nicht, so Ottmar Hörl, dass ein erfolgreicher Künstler seine Expertise den Studenten in Vorlesungen vermittle, es müssten vielmehr die Rahmenbedingungen für das gemeinschaftliche Lernen geschaffen werden. „Meine Studenten lade ich zweimal im Jahr zum Essen ein, oder wir kochen zusammen und machen

Ausstellungen zusammen." Er achte in seiner Führung auf gruppendynamische Prozesse, indem er Rahmenbedingungen gestalte, um sich gegenseitig kennenzulernen, einen Stil zu entwickeln, wie miteinander umgegangen werden solle und gemeinsam aus Erfahrungen gelernt werden könne.

Das Gespräch mit Ottmar Hörl verleiht mir den Eindruck einer Metapher über Führung von gelungener Bildhauerei. Er überträgt seinen Ansatz in der Kunst auf die Führung seiner Studenten an der Akademie der Bildenden Künste, in dem er das Beste aus jedem seiner jungen Künstler, wie einen Rohling, herausarbeitet.

2.9 Andrés Orozco-Estrada - Dirigent

» Die Partitur ist die erste Führung.

> In diesem Gespräch geht es um den Einfluss der Musik auf die Selbstführung des Dirigenten und die Führung des Orchesters. Andrés Orozco-Estrada zeigt auf, dass der Erfolg seiner Führung in technischer Perfektion und dem respektvollen Umgang mit dem Orchester zum Ausdruck kommt.

2.9.1 Biographie in Kürze

Andrés Orozco-Estrada wurde am 14.12.1977 in Kolumbien geboren. Er genoss seine musikalische Ausbildung in Wien. International machte er 2004 auf sich aufmerksam, als er im Wiener Musikverein beim Tonkünstlerorchester Niederösterreich einsprang. Die Presse feierte ihn danach als „Wunder von Wien". 2009 wurde er Chefdirigent des Tonkünstlerorchesters, wo er bis zur Spielzeit 2014/15 blieb. Von 2009 bis 2013 war Andrés Orozco-Estrada außerdem Chefdirigent des Baskischen Nationalorchesters. Andrés Orozco-Estrada arbeitete mit Orchestern wie den Wiener Philharmonikern, den Münchner Philharmonikern, dem Gewandhausorchester Leipzig oder des London Symphony Orchestra. Zu Beginn der Saison 2014/15 übernahm er die Positionen des Chefdirigenten beim hr-Sinfonieorchester Frankfurt und des Music Director beim Houston Symphony Orchestra. Außerdem ist er seit 2015 erster Gastdirigent des London Philharmonie Orchestra. In seiner Spielzeit 2017/2018 war er mit zwei Konzerten bei den Osterfestspielen

2.9.2 Interview

Zum Einstieg meines Interviews mit Andrés Orozco-Estrada, erhielt ich eine Kostprobe seiner Führungsrolle als Dirigent während einer Orchesterprobe im Konzertsaal des hessischen Rundfunks. Im Gespräch komme ich darauf zurück: „Das war ein ganz tolles Erlebnis und hat auch gezeigt, dass Sie als Dirigent natürlich eine Führungskraft par excellence sind. Da stellt sich mir die Frage, ob Sie überhaupt selbst Führung brauchen?" Andrés Orozco-Estrada zögert nicht lange mit seiner Antwort: „Ich brauche Führung, auf jeden Fall!" Er spricht dabei von Selbstführung als der Königsdisziplin der Führung. Führung durch Selbstführung umfasst konzeptionelle Besonderheiten und Strategien, die zu den neueren Ansätzen der Führungsforschung in der Psychologie gehören (Manz, 1992; Wegge, 2004). Diese enthalten beispielsweise Strategien zur Selbstbeobachtung, die innere Transparenz schaffen (Müller, 2003) oder Strategien zum „Chancen-denken", die ein proaktives Denkverhalten in Bezug auf Herausforderungen fördern (Manz und Neck, 1996). In der Wissenschaft ist bekannt, dass die Anwendung der intuitiven Selbstführungskompetenz unmittelbar die Selbstwirksamkeit steigert (Prussia, Anderson und Manz; Manz, 1986). Dies ist für eine Führungsperson, wie Andrés Orozco-Estrada von Bedeutung, da er nicht nur nach Orientierung für sich selbst sondern auch für andere strebt. Als Dirigent schöpft Andrés Orozco-Estrada Inspiration für die Selbstführung aus der Musik: „Führung in der Musik beginnt mit der Partitur." Was das bedeute, erklärt er mir an folgendem Beispiel. Musik wirke sich nicht nur unterschiedlich auf die Wahrnehmung des Publikums aus, sondern auch auf die eines Dirigenten und des Komponisten selbst, soweit er anwesend sei. „Der Komponist und der Dirigent haben beide eine klare Vorstellung des Stücks im Kopf, dennoch muss sie nicht die Gleiche sein." Für Andrés Orozco-Estrada ist die Musik eine Quelle der Inspiration und Ambiguität, die ihm einen Ankerpunkt für Ziele und Vorstellungen seines Schaffens gibt. Er müsse beispielsweise Entscheidungen treffen, wie er die Bedeutung eines musikalischen Stückes mit der Vorstellung des Komponisten in Einklang bringen könne. „Es muss der entscheidende Moment in der Führung kommen, gemeinsam an diesem Ziel zu arbeiten", sagt Andrés Orozco-Estrada. Als Dirigent sei er somit auch Künstler, der selbst entscheide, wie er seine Führungsrolle am besten ausüben könne, um die Musik auf dem Papier in einen „Klangkörper" zu verwandeln.

Meine nächste Frage bezieht sich auf das musikalische Zusammenspiel zwischen seiner Rolle als Dirigent und dem Orchester. „Ich bin ja nicht der Experte für jedes einzelne Instrument", gibt Andrés Orozco-Estrada mit einem Lächeln zu. „Ich lasse mich also manchmal von ihnen [den Musikern] führen. Am Ende ist es wirklich das Gemeinsame, was zählt." Das partizipative Verständnis seiner Führungsrolle als Dirigent demonstriert er in seinem Streben nach Variation und vielfältiger Interpretation der Musik. Einen erfolgreichen Dirigenten, erklärt Andrés Orozco-Estrada, mache besonders seine ausgeprägte Achtsamkeit aus, neue Perspektiven eines Musikstücks aufzugreifen. „Die Musiker machen ihre eigenen Erfahrungen, haben ihre eigenen Ideen und eine eigene musikalische Intuition. Es ist deshalb wichtig, sich gegenseitig aufmerksam zuzuhören." Andrés Orozco-Estrada versucht den Musikern während seinen Orchesterproben genügend Spielraum zu geben, sodass diese ihre Meinungen frei äußern können. „Ich lasse die Musiker erst mal kommen", erklärt er, „bevor ich an meine Arbeit gehe und Entscheidungen treffe." Das ermöglicht es ihm, sich in die Lage seiner Musiker zu versetzen und konstruktiv auf diverse Interpretationen eines musikalischen Stücks zuzugreifen. Dieser Ansatz der gemeinsamen Gestaltung eines Werks wird auch in der Wirtschaft vertreten. In den Führungsetagen von Unternehmen findet beispielsweise das Modell des Organisationstheoretikers Ikujiro Nonaka Gehör. Dieser legt Wert darauf, eine Sozialisierung gemeinsamer Erfahrungen und Gedanken zu schaffen, um stillschweigendes Wissen in ein öffentliches Bewusstsein am Arbeitsplatz umzuwandeln (Nonaka, Toyama und Konno, 2005). In der Musik ist dieser gemeinsame Prozess jedoch weniger von der Auffassung ungeschriebener Normen (von „richtigem" oder „falschem" Verhalten) geprägt, sondern stärker von der subjektiven Wahrnehmung der Harmonie.

„Dieser gemeinsame Prozess ist manchmal schwierig", erklärt Andrés Orozco-Estrada, „denn ich darf natürlich meine Autorität als Dirigent nicht verlieren." Letztendlich liegt es an ihm, fundamentale Entscheidungen zu treffen – zum Beispiel, welche Interpretation dem musikalischen Stück am meisten Kraft und Ausdruck verleiht. Andrés Orozco-Estrada ist davon überzeugt, dass ein ehrlicher Umgang mit den Musikern ausschlaggebend sei, um seine Entscheidung verständlich und mit Respekt kommunizieren zu können. Er greift auf den in der Literatur bekannten authentischen Führungsstil zurück, in dem er seine Rolle als Dirigent mit Selbstausdruck und transparenter Handlungsorientierung ausübt (Avolio und Gardner, 2012). „Ich komme dem Menschen ein bisschen näher dadurch", erklärt er und fährt fort: „Diesen gemeinsamen Prozess ehrlich anzugehen, ist ein entscheidender Faktor in der Musik und macht den richtigen Unterschied zwischen einem aktiven Spieler und einem, der nur technisch die Noten spielt – ohne Gefühl, ohne Seele, ohne Herz."

2 Kultur und Journalismus 63

Im Folgenden, frage ich ihn, ob man diese Art von Führung lernen könne. „Natürlich haben Sie ihre technische Ausbildung zum Dirigenten in Wien absolviert, aber haben Sie auch gelernt, wie man diese Führungseigenschaften umsetzt?" Seine Antwort: „Ich bin grundsätzlich der Meinung, dass Führungseigenschaften von der Persönlichkeit geprägt sind. Dennoch reicht es nicht, diese Führungseigenschaften nur zu besitzen – erfolgreiche Führung benötigt viel Übung." Als Dirigent habe er die technischen Elemente der Führung gelernt, doch dieses Können alleine unterstütze ihn wenig in der Führungsrolle. Andrés Orozco-Estrada erzählt mir, dass er durch das Beobachten anderer Dirigenten und das Ausprobieren des Dirigierens in Studentenorchestern eine Fähigkeit als Führungsperson entwickeln konnte. „Man muss sich für diese Erfahrungen Zeit nehmen – nur so lernt man." Sein Ansatz spiegelt das in der Sozialpsychologie bekannte „Modellernen", dass der Psychologe Albert Bandura im Jahre 1977 als eine Bezeichnung für den kognitiven Lernprozess einführte. Durch die Aufmerksamkeit und Identifizierung des Lernenden (Beobachter) mit dem Leitbild (Modell), wird der Gedächtnisprozess angeregt. Die Handlungen und das Verhalten des Leitbilds stellen einen wesentlichen Hinweisreiz für zukünftige Nachahmungsreaktionen dar. So lernte Andrés Orozco-Estrada seine Beobachtungen guter Dirigenten unmittelbar in seiner Führungsrolle im Orchester umzusetzen – und das mit Erfolg!

Für Andrés Orozco-Estrada ist Kritik ein weiterer, wichtiger Bestandteil für die Entwicklung seiner Führungsrolle als Dirigent. „Ich bin immer sehr selbstkritisch, weil es mir wichtig ist, mich zu verbessern – ich will das Beste erreichen", erzählt er mir und fährt fort: „Für mich ist Kritik ein Teil des Lernprozesses, um weiterzukommen." Andrés Orozco-Estrada erklärt mir, dass er aus diesem Grund der Kritik mehr Aufmerksamkeit und Bedeutung schenke als dem Lob, das er zu hören bekomme. Er spricht dabei ein wichtiges Thema in der Führung an, nämlich die Fähigkeit einer erfolgreichen Führungskraft eine Strategie zu entwickeln um von Kritik und Feedback zu profitieren. Um dies in seinem Arbeitsfeld zu meistern, trenne er beide Welten klar von einander – sein Beruf als Dirigent und sein Leben außerhalb der Arbeit. „Ich pflege keine engen persönlichen Beziehungen zu den Musikern, weil ich es dann als schwierig empfinde, Kritik zu äußern oder anzunehmen und mit Konflikten umzugehen."

Führung muss für ihn „organisch" sein und natürlich in der Zusammenarbeit mit seinen Musikern entstehen. Um das zu erreichen, strebe er eine Führung an, die neben der technischen Perfektion, vor allem die Werte Geduld, Respekt und Dankbarkeit im Umgang miteinander vereine. Das bedeutet für ihn, dass man dann als Dirigent nicht nur erfolgreich, sondern auch glücklich ist. Andrés Orozco-Estrada lebt seine Führungsrolle aus, in dem er sich emotional dem Orchester und der Musik öffnet und seinen Körper voll zum Einsatz bringt.

Diese körperbetonte, lebendige Art der Kommunikation spüre ich auch im Interview und lasse mich anstecken.

2.10 Prinz Asfa-Wossen Asserate – Politischer Analyst und Unternehmensberater

>> Heute geht es nur noch um Existenz – da spielt der Ellenbogen eine ganz große Rolle.

In diesem Gespräch geht es um die Einblicke und Erfahrungen des Prinzen Asfa-Wossen Asserate von der kaiserlichen Führung in Äthiopien und seiner Vorstellung von einer erfolgreichen Führung in der heutigen Politik und der Wirtschaft. Er erzählt von den moralischen Problemen wirtschaftlichen Wachstums und fordert die Führung im 21. Jahrhundert auf, zu einem Handeln mit „wirtschaftlichen Manieren", bei der die Führung respektvoll und fair einen gemeinsamen Erfolg anstrebt.

2.10.1 Biographie in Kürze

Prinz Asfa-Wossen Asserate wurde am 31.10.1948 in Addis Abeba als Großneffe des letzten äthiopischen Kaisers geboren. Er kam 1970 zum Studium nach Deutschland, wo er auf Grund der politischen Entwicklung in seinem Heimatland blieb. Er studierte in Tübingen, Cambridge und an der Goethe Universität in Frankfurt. Prinz Asfa-Wossen Asserate verfasste mehrere Bücher, unter anderem über seinen Großonkel Haile Selassie I, aber auch über deutsche Eigentümlichkeiten und Manieren. Er erhielt 2015 den Jacob-Grimm-Preis für Deutsche Sprache und ist ebenso bekannt als politischer Analyst und als Unternehmensberater bei Projekten in Afrika und dem Mittleren Osten.

2.10.2 Interview

„Als Großneffe des letzten äthiopischen Kaisers, Sohn des Präsidenten des kaiserlichen Rates und Urenkel des Kaisers von Äthiopien, Haile Selassie I, würde ich gerne mit der Frage beginnen, wie Sie in Ihren jungen Jahren die Führung am Kaiserhof erlebt haben." Prinz Asfa-Wossen Asserate lehnt sich vielversprechend zu mir herüber: „Wissen Sie, nach der äthiopischen Verfassung 1955 war Äthiopien eine konstitutionelle Monarchie, aber im Grunde war es nichts anderes als das letzte absolute Reich auf Gottes Erden." Bedächtig erklärt er mir, dass der Kaiser das Zentrum von allem gewesen sei. „Wir hatten zwar ein Parlament und ein Kabinett, aber das politische Leben, das spielte sich im Palast ab – dem Zentrum der äthiopischen Führung." Er war Mitglied des erweiterten Familienstamms und erlebte die Führung des Kaisers im näheren Kreis der politischen Berater. „Der Kaiser war immer sehr offen für Ratschläge", erzählt er mir und fährt mit einem Schmunzeln fort: „Ob er diese dann auch befolgte oder nicht, ist eine andere Sache." Prinz Asfa-Wossen Asserate erzählt, dass der Kaiser trotz seiner Offenheit für neue Ratschläge, seine Autorität nie anzweifeln ließe. Sein Vater habe als Wortführer dem Kaiser damals vorgeschlagen, eine konstitutionelle Veränderung und eine Landreform in Äthiopien durchzuführen. „Wenn wir das damals geschafft hätten durchzusetzen, wäre der Kaiser nur noch ein Symbol der äthiopischen Souveränität und der Einheit gewesen. Und wäre die Regierungsführung einem parlamentarisch gewählten Ministerpräsidenten und einem Kabinett überlassen worden, dann wäre Äthiopien noch bis zum heutigen Tage eine konstitutionelle Monarchie", erläutert Prinz Asfa-Wossen Asserate und fährt in einem ernsten Tonfall fort: „Aber der Kaiser blieb bis zu Letzt an der Macht und war nicht bereit, ein bisschen davon abzugeben. Daran liegt die Tragödie dieses ansonsten großen Mannes."

Prinz Asfa-Wossen Asserate zieht mich in den Bann mit seinen Erzählungen vom Kaiser. „Sie müssen sich vorstellen, dass dieser Mann über 60 Jahre lang Äthiopien als Regent und als Kaiser geführt hat", erzählt er mir. „Als er 1916 an die Macht kam, herrschten in Europa noch Kaiser Wilhelm II, Kaiser Nicholas II und Kaiser Franz Joseph I. Das war sein Bild von der Welt, die seine Gedanken und seine Politik beeinflussten." Ich erfahre, dass Kaiser Haile Selassie I von Äthiopien während seinem Regiment Modernisierungspläne anstrebte, um Schulen zu bauen und 1931 die erste Verfassung und ein Parlament erstellte. „So war das Land das Sprachrohr für die gesamte afrikanische Welt – für die schwarze Welt, die es damals gab", erzählt Prinz Asfa-Wossen Asserate und betont: „Insofern hat er Großartiges geleistet!" Mit Ausnahme einer fünfjährigen italienischen Besatzungszeit war Äthiopien das einzige afrikanische Land, das historisch immer unabhängig war. Ihn inspiriert die jahrelange Führung des Kaisers im Besonderen, weil er durch seine vielen Taten und Bestrebungen es schaffte, „Äthiopien vom tiefsten Mittelalter wenigstens ins 20. Jahrhundert zu katapultieren." In seinem Buch „Der letzte Kaiser von Afrika: Triumph und Tragödie des Haile Selassie I" gibt er einen guten Einblick in die Führung des Kaisers, begleitet von der Geschichte seines Heimatlandes und dem gesellschaftlichen Wandel.

Ein Beispiel an großartiger Führung nimmt sich Prinz Asfa-Wossen Asserate nicht nur am Kaiser, sondern von Kindesbeinen an seinem Vater Prinz Asserate Kassa. Über viele Jahre hatte dieser mehrere Führungsrollen inne, einschließlich die des Gouverneurs von Arsi und Shewa und dem Vizekönig von Eritrea. Von Kaiser Haile Selassie I wurde er 1971 zum Präsidenten des Kronrats ernannt. Prinz Asfa-Wossen Asserate erzählt mir von seinem vertrauten Verhältnis zu seinem Vater während er als Parlamentspräsident tätig war. „Ich hatte eine sehr offene Beziehung zu ihm. Aus diesem Grund habe ich auch sehr viel von ihm gelernt. Wenn er frustriert war, hat er mir erzählt, warum alles nicht so nach vorne ging, wie er wollte." Sein Vater habe ihm damals von moralischen Konflikten berichtet, an denen er sich ein Beispiel genommen habe, wie sein Vater damit umgegangen sei. Prinz Asfa-Wossen Asserate beschreibt hier den Ansatz der sozialkognitiven Lerntheorie, die von dem Psychologen Albert Bandura und Richard H. Walters im Jahre 1977 aufgestellt wurde. Sein Lernen hinsichtlich Führung wurde durch Beobachtungen und Erlebnisse mit der vorbildlichen Führung seines Vaters geprägt. So lernte er am Modell seines Vaters, wie dieser mit den Herausforderungen in der Führung umging. Die vertraute Beziehung mit seinem Vater ermöglichte ihm beispielsweise Erfahrungen der Führung in Krisensituationen zu sammeln. „Es war in seiner Zeit nicht leicht", erzählt er mir: „Es gab damals die ersten Kämpfe mit der eritreischen Bewahrungsfront."

„Wenn Sie an Ihren eigenen Führungsstil denken als Sie damaliger Pressesprecher der Düsseldorfer Messegesellschaft waren", frage ich ihn: „Worauf haben Sie persönlich Wert gelegt?" Entschlossen antwortet er mir: „Da denke ich an einen kollegialen Führungsstil. Ich habe stets versucht, ein gutes Verhältnis und den respektvollen und kooperativen Umgang mit den Mitarbeitern zu pflegen. Ich habe beispielsweise niemandem in der Abteilung erlaubt, einen anderen Mitarbeiter zu kritisieren. Ich habe gesagt: ‚Wenn Sie ein Problem haben, kommen sie zu mir und ich werde das arrangieren.'" Asfa-Wossen Aserate beschreibt seinen Führungsstil als zuvorkommend und beschützend und erklärt mir, dass es ihm trotzdem wichtig sei, seine Verantwortung als Führungskraft den Mitarbeitern klar zu kommunizieren. „Wenn es um die Verantwortung ging, sollte keiner der Mitarbeiter den geringsten Zweifel haben, dass ich sie trage." Die Mitarbeiter zu schützen und ihre Meinungen in seiner Führung zu vertreten, stehe für ihn an erster Stelle als Führungsperson.

Interessant ist nun, an welche weiteren Eigenschaften Prinz Asfa-Wossen Aserate eine erfolgreiche Führung knüpft. „Die ehrbaren, deutschen Hansemänner gaben damals vorbildlich die Eigenschaften einer guten Führung wieder. Natürlich waren diese Kaufleute um ihre Zinsen und ihren

Vorteil bedacht, doch war ihr Vorteil aber immer mit dem der Gesellschaft eins. Sie waren an die Stadt gebunden, die sie führten." Eine gute Führung zeichnet sich seiner Meinung nach an „wirtschaftlichen Manieren" aus, bei der die Führung respektvoll und fair den gemeinsamen Erfolg anstrebe. In ernstem Ton fährt er fort, dass sich dieser anständige und faire Umgang in der modernen Welt fundamental zurück entwickelt habe. „Heute geht es nur noch um Existenz", spricht er vorwurfsvoll: „Da spielt der Ellenbogen eine ganz große Rolle. Einem jungen Mann wird heute gelehrt, dass er als Erstes durch die Ziellinie gehen muss um weiter zu kommen – es geht dabei nie um den Kollegen in der parallelen Bahn – nur um ihn selbst." Er lehnt sich zu mir vor und gestikuliert eindringlich: „Willst du erfolgreich sein – dann must du dieses und jenes machen. Die anderen spielen keine Rolle."

Im Folgenden greift er das Wort „Wachstum" auf, um mir an einem weiteren Beispiel zu erklären, welche Auswirkung andauernde Konkurrenz und die Globalisierung auf die Führung im 21. Jahrhundert habe. „Das Wort Wachstum kommt aus der Natur und ist nichts anderes als ein Naturgesetz des Überlebens. Trotzdem wird es immer mehr zu unserem Nachteil, weil wir in der Gesellschaft dadurch den Umgang mit Menschen immer mehr vernachlässigen." So, meint Prinz Asfa-Wossen Asserate, vernachlässige die heutige Führung überwiegend das Wohl und den Erfolg des Mitstreiters, was von Kernbedeutung für eine erfolgreiche Führung sei. Auch in der Wissenschaft, zeigt Edwin Hollander beispielsweise auf, dass die Leistungen einer Führungskraft wesentlich durch kooperative Zusammenarbeit und effektive Beziehungen mit Mitstreitern gesteigert wird (Hollander, 2013). Der amerikanische Autor Robert Kelley teilt diesen Gedanken, in dem er aufzeigt, welche Macht Anhänger haben, den Erfolg ihrer Führungskraft zu beeinflussen (Kelley, 1992). Asfa-Wossen Asserate betont, dass die Führung ohne Einbeziehung der Mitmenschen sich unvermeidlich gravierend auf die Kultur einer Organisation auswirke. „Jedes große Unternehmen hat ein Leitbild und Werte, die in der Regel in Hochglanz Broschüren für Mitarbeiter ausgelegt werden. Trotzdem gehen diese Werte häufig verloren. Man muss sie in die Tat umsetzen. Wir müssen es schaffen, dass sich sowohl die Mitarbeiter, also auch die Kunden, weniger wie eine Nummer als viel mehr wie ein Mensch fühlen." Asfa-Wossen Asserate schlägt vor: „Wir müssen uns die Frage stellen, wie wir diesen menschlichen Aspekt mehr in die Führung einbringen können."

Prinz Asfa-Wossen Asserate kommt von den Werten Gerechtigkeit und Integrität in der Wirtschaft zu denen in der politischen Landschaft zu sprechen. „Ich werbe dafür, dass wir endlich eine gemeinsame europäische Afrikapolitik zustande bringen." Was das bedeutet, erklärt er: „Die Politik, die seit über 30 Jahren gegenüber Afrika eingesetzt wird, ist die sogenannte

Realpolitik. Die Realpolitik grenzt sich von einer werteorientierten Politik ab und bedeutet, dass man der größte Gauner auf Gottes Erden sein kann, solange man an der Macht ist." In einer gemeinsamen europäischen Afrikapolitik, spricht er: „Wollen wir (Afrikaner), dass Europa die Institutionen, für die sie unterschrieben hat, freiwillig akzeptiert. Das ist zum Beispiel die Charta der Vereinigten Nationen, die Menschenrechts Deklaration von 1948. Das ist das Einzige, was von diesen Ländern verlangt wird." Prinz Asfa-Wossen Asserate sagt voraus, dass Millionen nach Europa immigrieren würden, wenn weiterhin Regime mit europäischen Steuergeldern alimentiert würden, die dem eigenen Volk ein menschenwürdiges Dasein erschweren würden.

Auf die Verbundenheit des Prinzen mit Afrika und Deutschland komme ich zu sprechen, als mir auffällt, dass Prinz Asfa-Wossen Asserate zwar seit 1981 deutscher Staatsbürger ist, aber im Gespräch über Äthiopien und seinen Bürger von „uns" sprach. „Sagen Sie auch uns, wenn Sie von Deutschland sprechen?", will ich wissen. Lächelnd beteuert er: „Aber selbstverständlich! Meine Heimat ist Deutschland und Äthiopien ist mein Vaterland." Er sei ein Mensch der zwischen zwei Welten reist, meint er: „Auf der einen Seite kann ich ohne die deutsche Sprache und die deutsche Kultur nicht existieren. Auf der anderen Seite kann ich ohne meine äthiopischen Wurzeln, meine äthiopische Geschichte und meine ethnische Identität nicht leben."

3

Kirche und Religion

Inhaltsverzeichnis

3.1 Dalai Lama – geistliches Oberhaupt der Tibeter 69
3.2 Johannes zu Eltz – Stadtdekan in Frankfurt a. M. 73
3.3 Salomon Korn – Vorsitzender der Jüdischen Gemeinde
Frankfurt a. M. und ehem. Vizepräsident des Zentralrats der
Juden in Deutschland 78
3.4 Bruder Paulus Terwitte – Guardian des Kapuzinerklosters
Liebfrauen, Frankfurt a. M. 82

3.1 Dalai Lama – geistliches Oberhaupt der Tibeter

>> Die Welt gehört der Menschheit – nicht Königen.

> Mit dem Dalai Lama habe ich über die Vorzüge der Demokratie gesprochen –
> etwas, das schon Kurt Lewin vor 80 Jahren in seiner Forschung zur Effektivität
> demokratischer, autokratischer und Laissez-Faire-Führung bestätigt hat.
> Außerdem sprachen wir über die wichtige Rolle von Optimismus und Humor in
> der Führung.

© Springer-Verlag GmbH Deutschland, ein Teil von Springer Nature 2019
R. van Dick, L. Fink, *Führungsstile: Prominenten und Persönlichkeiten über die Schulter geschaut*,
https://doi.org/10.1007/978-3-662-53321-5_3

3.1.1 Biographie in Kürze

Nach buddhistischer Tradition wurde Tendzin Gyatso am 06.07.1935 im Alter von zwei Jahren als Wiedergeburt des verstorbenen 13. Dalai Lama identifiziert. Er entstammt einer einfachen Bauernfamilie aus einem kleinen Dorf im Nordosten Tibets und wurde nach zehnjähriger klösterlicher Ausbildung im Alter von 15 Jahren als 14. Dalai Lama inthronisiert. 1959 floh er ins indische Exil, von wo aus er Tibet als geistlicher und politischer Führer regierte. 2011 betrieb er seine eigene Abwahl als politischer Kopf der Exilregierung und wurde durch einen gewählten Premierminister ersetzt. Der Dalai Lama erhielt viele Auszeichnungen und Preise, unter anderem in 1989 den Friedensnobelpreis. Er gilt als eine der weltweit einflussreichsten Persönlichkeiten.

3.1.2 Interview

Das Gespräch wurde im August 2011 geführt. Ich hatte von dem bevorstehenden Besuch des Dalai Lama in Deutschland lange vorher erfahren und bei seinem Büro in Indien angefragt, ob es eine Möglichkeit für ein kurzes Interview gäbe. Dies wurde mangels eines dichten Zeitplans abgelehnt. Doch dann kam mir der Zufall zu Hilfe. Der damalige Leiter der Staatskanzlei in Wiesbaden, der den Aufenthalt des Dalai Lama in Hessen koordinierte, fand es sei eine gute Idee, den Dalai Lama auch in der größten Universität des Bundeslandes auftreten zu lassen und fragte bei der Kommunikationsabteilung der Goethe Universität in Frankfurt an, ob diese eine Veranstaltung koordinieren könne. Und die Kollegen dort fragten dann wiederum mich, ob ich die Veranstaltung moderieren wollte. Und ob ich wollte! Ich war dann in die Planungen von Beginn an einbezogen und wir verabredeten, dass ich den Dalai Lama kurz einführen sollte und er seine Rede halten würde. Anschließend nahmen wir beide Platz und ich begann ein Gespräch mit den Fragen meiner Interviewreihe und moderierte anschließend weitere Fragen aus dem Publikum. Während des Gesprächs war der Dalai Lama sehr locker und so humorvoll, wie man ihn aus dem Fernsehen kennt. Mehrfach tätschelte er mich am Arm und lachte dabei sein charakteristisches „Dalai-Lama-Lachen". An einige kleinere Dinge werde ich mich wohl immer erinnern: Zuerst an die extremen Sicherheitsvorkehrungen. Bereits am frühen Morgen vor der mittags beginnenden Veranstaltung war eine halbe Hundertschaft Polizei auf dem Universitätsgelände und suchte das Gebäude und alle Grünanlagen nach möglichen Bombenfunden ab. Auch die Aula wurde von Sprengstoffhunden durchsucht und durfte danach nicht mehr mit größeren Taschen betreten werden. Im Publikum mussten wir Plätze für die aus 12 Shaolinmönchen bestehende private Leibgarde reservieren. Ich weiß auch noch sehr gut, dass wir beide nach dem Gespräch aus unseren Sesseln aufstanden und der Dalai Lama sein Funkmikrophon ablegte und sich dann seine Robe zurecht schüttelte – dabei traf er mich mit seinem Arm mitten ins Gesicht. Er sagte dann mehrfach „sorry, sorry" und legte mir einen weißen Schal um (wie auch den Ehrengästen aus Unipräsidium und Politik). Vermutlich bin ich der einzige Mensch, der jemals vom Dalai Lama „geschlagen" wurde – natürlich völlig aus Versehen! Und schließlich gingen der Dalai Lama, der hessische Ministerpräsident Bouffier und ich gemeinsam aus dem Gebäude zu den wartenden Dienstwagen. Ich wollte mir noch schnell ein Buch signieren lassen und Volker Bouffier machte kurzerhand seinen Rücken krumm, sodass der Dalai Lama ihn als Unterlage benutzen konnte – wenn das kein Service der Politik ist!

Zuerst fragte ich den Dalai Lama, ob man überhaupt Führung brauche, oder ob man sie nicht einfach abschaffen könne, weil die Menschen ohnehin intrinsisch motiviert seien zu arbeiten und richtig zu handeln. Er bezog diese Frage sofort auf die Politik und sagte, man könne die Regierung nicht abschaffen.

Eine der frühesten systematischen Studien zur Führung wurde in den 1939 von Kurt Lewin und seinen Kollegen in den USA durchgeführt. Lewin (1890–1947) ist ein berühmter Psychologe, der häufig als Vater der Sozialpsychologie bezeichnet wird. In dieser Studie wurden 10- bis 11-jährige Jungen nach der Schule in Gruppen unterwiesen, zum Beispiel im Gestalten von Wänden, dem Basteln von Theatermasken oder der Konstruktion von Modellflugzeugen. Sie wurden dabei von Gruppenleitern angeleitet, die von Lewin und Kollegen in drei verschiedenen Führungsstilen unterrichtet wurden. Jede der Gruppen wurde reihum von jedem Leiter betreut, die Leiter wiederum wechselten in jeder Gruppe ihren Führungsstil, sodass ausgeschlossen werden konnte, dass Unterschiede auf die Persönlichkeit oder die Beziehung zwischen Leiter und Gruppe zurückging. Die drei Führungsstile waren autoritär, demokratisch und Laissez-Faire. Autoritäre Leiter trafen alle Entscheidungen selbst und sagten den Jungen genau, was sie wie zu tun hatten. Sie baten die Jungen nicht um ihre Meinung und sie erwarteten strengen Gehorsam. Demokratische Anleiter fragten die Jungen nach ihrer Meinung und beteiligten sie an Entscheidungen. Sie übernahmen aber auch Verantwortung und gaben Anleitung. Die Betreuer in der Laissez-Faire-Bedingung dagegen waren gar nicht aktiv. Sie überließen alle Entscheidungen den Jungen, die weitgehend allein gelassen wurden. Die Ergebnisse zeigten:

Unter autoritären und demokratischen Betreuern waren die Jungen wesentlich produktiver als in der Laissze-Faire-Gruppe. Sobald die autoritären Betreuer allerdings den Raum verließen, sank die Produktivität und die Jungen waren unzufrieden und beschwerten sich häufiger. In der demokratischen Gruppe waren die Jungen zufriedener als in den anderen beiden Bedingungen und die Produktivität blieb auch dann hoch, wenn die Leiter nicht im Raum anwesend waren.

Der Dalai Lama zeigte sich ebenfalls als Verfechter eines demokratischen Systems. Er sagte weiter: „Führung ist notwendig und es muss immer so etwas wie Anführer geben. Dabei glaube ich, dass das demokratische System am besten ist. Warum? Die Welt gehört der Menschheit. Nicht Königen oder religiösen Anführern, sondern den Menschen. Deutschland zum Beispiel gehört dem deutschen Volk. Am besten ist es, die Menschen durch die Menschen zu führen und das ist die Demokratie. Und die besten politischen Führungskräfte sind nicht diejenigen, die ohne ethische Standards eine bestimmte Gruppe vertreten, sondern diejenigen, die aus der Mitte der Gesellschaft kommen."

Ein Merkmal guter Führung, so hat es in den letzten Jahren die Forschung aus dem Bereich der positiven Psychologie zeigen können, ist Optimismus. Der Dalai Lama ist ein Beispiel für eine stets optimistische Sicht auf die Dinge, die Menschen ermuntert und ihnen Halt gibt. Im Gespräch sagte er: „Ich sage immer zu den Menschen meiner Generation der über 60- oder 70-Jährigen: Wir sind die Generation der Vergangenheit. Das einundzwanzigste Jahrhundert hat gerade begonnen und dauert noch 90 Jahre. Meine Generation kann nun ‚Auf Wiedersehen' sagen und die Welt abgeben an die heute 20-Jährigen. Euch gehört die Welt. Und ihr seid eine Generation der Menschlichkeit, die eine neue Welt erschaffen kann. Eine friedliche Welt ohne Konflikte mit einem Sinn für und der Sorge um das Wohlergehen anderer Menschen. Eine Welt des Mitgefühls."

Neben dem Optimismus ist eine weitere wichtige Eigenschaft von Führung Humor. Dass der Dalai Lama ein sehr humorvoller Mensch ist, ist bekannt und zeigte sich auch in Bezug auf eine Frage, die ich in allen Gesprächen stell. Ich frage immer nach Vorbildern, die einem in der Art und Weise zu führen, Orientierung geboten haben. Einige Gesprächspartner erwähnten dabei den Dalai Lama und dann sitzt man dieser Person gegenüber. Wer hat wohl den Dalai Lama selbst beeinflusst? Er sagte zunächst, dass er keine einzelne Person nennen wolle, das sei „schwierig und gefährlich". Außerdem gäbe es in jedem Menschen immer mindestens einen wunderbaren Anteil und daher sei in gewisser Weise jeder sein eigenes Vorbild. Aber dann nannte er doch einige konkrete Personen: „Natürlich, Mahatma Gandhi – ich bewundere ihn, obwohl ich ihn nie persönlich getroffen habe. Dann Nelson Mandela – der ist sehr nett! Und dann Bishop Tutu. Wenn wir zusammen sind, veralbern wir uns immer. Er nennt mich dann den spitzbübischen Dalai Lama und dann sage ich, er ist der spitzbübische Erzbischof. In Europa verehre ich Heinrich Harrer [Anmerkung: Im Alter von 11 Jahren begegnete der Dalai Lama dem 2006 gestorbenen österreichischem Bergsteiger, der eine Art Erzieherrolle übernahm und ihn über die Welt außerhalb Tibets unterrichtete]. Außerhalb Europas möchte ich den früheren Präsidenten Bush nennen. Ich liebe ihn. Er war politisch natürlich eine Katastrophe – aber menschlich ein ganz feiner Kerl."

3.2 Johannes zu Eltz – Stadtdekan in Frankfurt a. M.

»Giovanni, nimm dich nicht so wichtig.

In diesem Gespräch geht es darum, sich in der Führung auf Normalität und Bescheidenheit zu besinnen. Johannes zu Eltz erklärt die Wichtigkeit dieses Anspruchs am Beispiel von Papst Johanes XXIII. (Giovanni) und stellt einen aktuellen Bezug zur Bedeutung der Offenheit für Rückmeldung in oberen Führungsetagen in der Kirche dar.

3.2.1 Biographie in Kürze

Johannes zu Eltz wurde am 02.10.1957 in Eltville geboren und wuchs im Rheingau auf. Nach Abschluss seines Jurastudiums mit Promotion an der Universität Mainz studierte er Philosophie und Theologie an den Hochschulen St. Georgen in Frankfurt und am Athenaeum Sant' Anselmo in Rom. 1991 wurde er zum Priester geweiht. Von 1999 bis 2010 war zu Eltz Leiter des kirchlichen Gerichts. Er war vier Jahre Stadtdekan von Wiesbaden und ist seit August 2010 Stadtdekan von Frankfurt am Main. Er ist damit für rund 145.000 Frankfurter Katholiken zuständig. Johannes zu Eltz ist außerdem Pfarrer der Domgemeinde St. Bartholomäus und der Pfarreien St. Bernhard im Nordend und Allerheiligen im Ostend. Darüber hinaus ist er Vorsitzender des Caritasverbandes Frankfurt e.V.

3.2.2 Interview

Das Gespräch beginne ich mit der Frage nach den vielfältigen Erfahrungen von Johannes zu Eltz in der Führung: „Sie sind zuständig für fast 150.000 Katholiken in Frankfurt, fast 70 Gemeinden, davon über 20 muttersprachliche Gemeinden. Mich interessiert, ob Sie überhaupt noch selbst Führung brauchen?" Im Rahmen seiner Führungsrolle im Christentum, frage ich: „Brauchen wir einen anderen Menschen, der uns führt, wenn wir die Bibel und das göttliche Wort haben?" Johannes zu Eltz antwortet mir: „Wenn wir schon im Himmel angekommen sind, brauchen wir keine Führung mehr. Dann bedarf es überhaupt keiner Sicherung von Prozessen und Ergebnissen mehr, sondern da geht alles im besten Sinne von selbst. Weil wir aber erst auf dem Weg dorthin sind", fährt er fort, „ist Führung erforderlich und wird auch, wenn sie gut geleistet ist, aktiv nachgefragt." Zu Eltz definiert Führung hiermit als eine Art und Weise den Mitmenschen zu dienen und greift dabei das Konstrukt des „Servant Leadership" auf, das der Wissenschaftler Robert Greenleaf 1977 entwickelte. Dieser Führungsstil ist besonders von einem moralischen Handeln der Führungsperson geprägt, welche das Wohlbefinden und die Bedürfnisse ihrer Geführten an erste Stelle setzt.

Für Johannes zu Eltz zeichnet sich eine gute Führung darin aus, dass sie den Mitmenschen Orientierung gibt. „Ich kann ihnen helfen, ihren kirchlichen Alltag besser zu bewältigen, zur Erkenntnis und zum Einsatz ihrer Gaben zu kommen und sich mit anderen zu vergesellschaften, die ähnliche Ziele verfolgen." In meiner nächsten Frage, will ich wissen, wie Johannes zu Eltz das in seiner Führungsrolle versucht, auszuüben. Johannes zu Eltz befasst sich dabei intensiv mit dem Außenkontakt der Kirche, um den Leuten christliche Inspiration zu schenken und die Werte der Kirche zu vertreten. „Man kann sich in meinem Beruf den ganzen Tag mit Internem beschäftigen, ohne jemals Außenkontakt zu haben. Das nicht zu tun, bemühe ich mich seit ich in Frankfurt bin. Ich habe das Gefühl, dass die Bedingungen für unser Leben und das Überleben in einer sich säkularisierenden Gesellschaft nicht innerhalb, sondern außerhalb der Gemeinde definiert werden. Ich definiere Arbeitsbedingungen oder Daseinsbedingungen für Christen in Frankfurt und versuche sie zu verbessern", erklärt er und fährt fort: „Allerdings muss ich zwischen meiner Führungsrolle hier im Hause am Dom und im Caritasverband unterscheiden." Im Hause am Dom habe er eine kleine Stabstelle mit wenig, dafür hoch versierten Mitarbeitern, „denen ich grobe Linien zeichne, die aber im Stande sind selbständig zu arbeiten, sich im Team gegenseitig zu korrigieren und Ziele umzusetzen." Er fährt fort: „Den Caritasverband mit geschätzten 2.000 Mitarbeitern und einem hohen, zweistelligen Millionenumsatz

3 Kirche und Religion   75

kann ich überhaupt nicht selbst leitend führen." Als Vorstandsvorsitzender wird von ihm erwartet, dass er hilfreiche Impulse in den Verband hineinbringt. „Das Geschäft und die Geschäftsführung des Verbands obliegen dem Direktor", meint er „dem ich in seinem Tagesgeschäft überhaupt nicht dreinrede." Johannes zu Eltz zeigt auf, dass eine Führungskraft sich dem Kontext und den Rahmenbedingungen anpassen solle. So legt er in seiner Führung einmal Wert auf Orientierung und Zielsetzung und ein anderes Mal auf die Fähigkeit, seine Mitmenschen auf ihrem Weg zu inspirieren. In der Literatur ist ein Führungsstil, der sich den Rahmenbedingungen anpasst als „situationsbedingte Führung" bekannt, die von den Wissenschaftlern Hersey, Blanchard und Johnson in den 1970er Jahren entwickelt wurde. Das fundamentale Prinzip dieses Führungsstils ist, dass es keinen alleinstehenden „besten" Führungsstil gibt. Eine erfolgreiche Führung wird daran festgelegt, dass sie im Stande ist, sich beispielsweise der Aufgabe und der Leistungsbereitschaft der Anhänger anzupassen.

„Kann man diese Art der Führung erlernen?", frage ich Johannes zu Eltz zunächst und greife dabei seine Ausbildung in Sant' Anselmo und St. Georgen auf. Er erzählt mir, dass ihm die Führung, so wie er sie heute praktiziert, damals in seiner Ausbildung nicht beigebracht worden sei. Johannes zu Eltz ist auch der Meinung, dass Hochschulen gut beraten seien, Theologie und keine Leitungskurse anzubieten, denn die würden von den jungen Auszubildenden möglicherweise nur schwer begriffen werden. „Mir scheint, dass wir eher ein Theoriedefizit als ein Praxisdefizit haben", fährt er fort. „Wir brauchen gute theologische Theorien – Weltanschauungen im besten Sinne – die wir verinnerlichen und über die wir ins Gespräch kommen können." In seiner christlichen Führungsrolle erwarten die Gläubigen von ihm, dass er ihnen eine Weltdeutung anbieten kann. Seine heutige Fähigkeit Menschen zu führen, sieht er in seinen Erfahrungen in verschiedenen Führungsrollen begründet. „Das war ‚learning by doing' … weil ich nicht nur im Gericht geleitet habe, sondern auch der Pfarrer einer Arbeitspfarrei im Westerwald war und mich schon davor in Oberursel und in Herborn in der Diaspora umgetan hatte, wo ich es mit vielen Psychiatriepatienten zu tun hatte. Ich war also in vielen verschiedenen Verwendungsstellen, wo ich unterschiedliche Kontexte kennengelernt habe. Da habe ich für die Führung am meisten gelernt."

Der pädagogische Fachausdruck „learning by doing" (Lernen durch Handeln, Lernen durch Tun) beschreibt ein Lernkonzept, bei dem der Lernende sich an seinen praktischen Erfahrungen orientiert, diese reflektiert und schließlich verinnerlicht oder verbessert. John Dewey verwendete diesen Begriff erstmals in der Wissenschaft im Jahre 1915, doch das

Konzept datiert weit zurück zu den philosophischen Werken des Aristoteles, der damals schon schrieb: „Was man lernen muss, um es zu tun, das lernt man, indem man es tut." Ich frage nun Johannes zu Eltz, ob es in der kirchlichen Organisation Strukturen gäbe, wie beispielsweise Rückmeldungen vom Bischof, Mitarbeitergespräche und Zielvereinbarungen, die diesen Lernprozess unterstützen. „Das gibt es für die unteren und mittleren Ebenen des Personals. Es wird auch immer mehr eingefordert, dass man die normalen Mittel der Personalführung, wie sie in der Wirtschaft und in der Verwaltung entwickelt wurden, auch in die Kirche implementiert", antwortet er. „Ob es mit mir gemacht wird, das ist eine andere Frage", spricht Johannes zu Eltz und weist darauf hin, dass er die Leitung von Leitenden in seinem Beruf eher als eine „Schwachstelle" betrachtet. „Bei mir heißt das epigrammatisch ‚Väter brauchen Väter'. Ich brauche auch jemanden, der sich in einer organisierten Form für meine Erfolge und Misserfolge interessiert und daraus auch Schlussfolgerungen zieht." Johannes zu Eltz erzählt, dass man in seinem Beruf weniger konstruktive Kritik von anderen erhalten würde, desto höher man in der Hierarchie des Leitungsamts aufgestiegen sei. Geistliche Ämter, wie sie beispielsweise der Papst, Kardinäle oder der Bischof innehätten, seien „unantastbar" und würden berufslebenslänglich fast nie mit der Rückmeldung über ihre Entscheidungen oder ihr Verhalten konfrontiert.

Meine nächste Frage bezieht sich auf den Ausdruck „Väter brauchen Väter", mit dem Johannes zu Eltz von der Führung im oberen Leitungsamt erzählt. „Fehlen in der katholischen Kirche manchmal nicht auch die weiblichen Anteile der Führung, wie beispielsweise die Kommunikation und das Kümmern um Mitarbeiter?" Johannes zu Eltz antwortet: „Wir haben ein habituelles Problem, was die Integration von weiblichen Fähigkeiten in das kirchliche Amt betrifft, weil wir keine Frauen zu Priesterinnen weihen. Aber, dass Frauen – qualifizierte, beruflich erfahrene Frauen, die kommunikative Gaben haben – nötig sind, um selbst Leitungstätigkeiten auszuüben und um priesterliche Leitung zu beraten und zu korrigieren, das wird mehr." Er spricht dabei von einem Umbruch in der kirchlichen Organisation, in der die Leitung der Kirche immer stärker von Frauen unterstützt wird. In der Politik und der Wirtschaft ist dieser Umbruch ebenso durch neue Gesetzregelungen und das Schaffen von Führungspositionen für Frauen eindeutig zu spüren.

Anschließend frage ich Johannes zu Eltz, wer ihn in seiner bisherigen Karriere als Führungsperson beeindruckt habe. „Der Altbischof Franz Kamphaus, der in Aulhausen im Rheingaugebirge unter geistig Behinderten lebt und dort seinen Ruhestand verbringt, ist mir ein Vorbild", spricht er und erzählt von dessen bemerkenswerter positiver Einstellung zum Leben und Ausstrahlung als Mensch. „Dass ein über achtzigjähriger Mann so fröhlich, so lebendig, so bescheiden und so à jour mit allen kirchlichen Entwicklungen sein kann, ohne sich ins Tagesgeschäft einzumischen, das ist bewundernswert." Einer seiner lobenswerten Führungseigenschaften, erzählt Johannes zu Eltz, sei die Art und Weise gewesen, wie er früher mit Schülern und Mitarbeitern umgegangen ist. Schon damals habe er großen Wert darauf gelegt, mit Seminaristen auf gleicher Augenhöhe zu sprechen und ihnen ein Gefühl des Respekts und der Wertschätzung zu geben. Eine weitere Führungskompetenz, die seinen vorbildlichen Führungsstil prägte, war sein Umgang mit Abweichlern und Andersdenkenden. „Er war im Stande, Leute, die manchmal sogar das Gegenteil von dem wollten, was er anstrebte, im System nach oben kommen zu lassen. Er hat sich systematisch mit Leuten umgeben, die nicht nur seiner, sondern auch anderer Meinung waren. Das habe ich stark gefunden." In der Wissenschaft wird die Zulassung und Integration verschiedener Perspektiven und Haltungen im diversen Führungsstil angesprochen. Dieser Führungsstil hat den Vorteil, die Leistung und den Lernprozess einer Gruppe kontinuierlich zu verbessern (Hopkins und Hopkins, 1999; Chen und Velsor, 1996).

Im Folgenden komme ich darauf zu sprechen, ob das fehlende Zulassen von Meinungsvielfalt ein Grund sei, warum Führung oft nicht funktioniere. Johannes zu Eltz antwortet daraufhin spontan: „Ja, eindeutig. Das ist ein Grund, warum Menschen im oberen Leitungsamt der Kirche dazu neigen, weniger Kritik annehmen zu können." Hierauf gibt er mir ein Beispiel: „In der Kirche ist bei den höheren Ämtern die Leitungszuständigkeit in einer Institution, also zum Beispiel die Dienstgebermacht oder Arbeitgebermacht, mit dem Nimbus des Geweihten verbunden." Er fordert Führungskräfte in der kirchlichen Organisation auf, durch dauernde Bemühungen um Normalität und Bescheidenheit diesen Schwachpunkt in der Führung zu verbessern. Johannes zu Eltz fährt fort: „Johannes XXIII., der Bauer auf dem Papstthron, der hat sich sicher nicht nur einmal gesagt: ‚Giovanni, nimm dich nicht so wichtig.'" Johannes XXIII wurde im Jahre 1958 von der römisch-katholischen Kirche zum Papst gewählt und wurde zu einem der größten Kirchenreformer, der in seiner Führung neue theologische, soziale und politische Wegweiser für die Kirche setzte.

Einen solchen auf Bescheidenheit ruhenden Führungsstil strebt auch Johannes zu Eltz in seinem beruflichen Alltag an. „Und deswegen liegt mir alles daran, Menschen mit Wertschätzung zu begegnen und meine Glaubenssicht so anzubieten, dass sie es interessant finden könnten."

3.3 Salomon Korn – Vorsitzender der Jüdischen Gemeinde Frankfurt a. M. und ehem. Vizepräsident des Zentralrats der Juden in Deutschland

» Liebe Deinen Nächsten, denn er ist wie Du.

> In diesem Gespräch weist Salomon Korn auf die Dualität in der Führung von Menschen hin, nämlich einerseits den Austausch in der Gemeinschaft und andererseits das individuelle Imitieren von Vorbildern. In seinem Appell fordert er heutige Führungskräfte auf, durch Humor und Empathie das Mitmenschliche in der Führung stets zu beherzigen.

3.3.1 Biografie in Kürze

Salomon Korn wurde am 04.06.1943 in Lublin, Polen, geboren. Er studierte Architektur mit Nebenfach Soziologe in Darmstadt und in Berlin und promovierte 1976 über die Reform des Strafvollzugs. Mit seinen Entwürfen wirkte er bei der Erbauung des Jüdischen Gemeindezentrums in Frankfurt am Main mit. Seit 1999 ist Salomon Korn Vorstandsvorsitzender der Jüdischen Gemeinde Frankfurt am Main. Von 2003 bis 2014 wurde er zum Vizepräsidenten des Zentralrats der Juden in Deutschland ernannt. Salamon Korn ist Vorstandsmitglied der Ludwig-Börne-Stiftung, Mitglied des Senats der Deutschen Nationalstiftung und mehrerer anderer Stiftungen. 2005 erhielt er den Cicero-Rednerpreis für seine besonderen rednerischen Leistungen in der Politik. Das Land Hessen verlieh ihm außerdem 2006 für seine Verdienste zum Thema „Erinnerung" den Ehrentitel Professor. Salomon Korn ist seit 2006 Ehrensenator und seit 2008 Mitglied des Universitätsrats der Ruprecht-Karls-Universität in Heidelberg zudem erhielt er 2009 den Hessischen Kulturpreis.

3.3.2 Interview

Im Gespräch mit Salomon Korn, der seit fast 20 Jahren Vorstandsvorsitzender der Jüdischen Gemeinde Frankfurt am Main ist, bin ich gespannt, was er mir von seinen persönlichen Führungserfahrungen erzählt. „Brauchen Sie als Vorstandsvorsitzender noch Führung? Brauchen Sie jemanden der Ihnen sagt, wie man Sitzungen zu leiten hat oder Dinge anstoßen sollte?" „In den verschiedenen Lebensphasen", erzählt Korn, „braucht man jemanden als Vorbild, wie man Dinge tut. Nach dem Motto ‚tu was ich sage, nicht was ich tue' funktioniert sowohl Erziehung, als auch Führung nicht. Vom Sagen alleine ändert sich wenig." Salamon Korn beschreibt die Führung hier als eine Art Selbsterziehung, in der man sich das Verhalten erfolgreicher Führungspersonen als Vorbild für die eigene Führung zu Herzen nimmt. Durch das Imitieren von Vorbildern, erklärt er, „werden Führungsqualitäten, wie zum Beispiel Kompetenz und Autorität, intuitiv erfasst." Seiner Meinung nach ist das Lernen an Vorbildern ein Schwerpunkt in der Entwicklung von Führung jeder Art, die nicht durch das passive Lernen von Instruktion ersetzt werden könne. „Ich glaube, es ist schwer, Autorität über Kurse zu erlernen, denn Autorität ist ein Teil der Führungspersönlichkeit, die sich im Laufe der Zeit bildet." Das Lernen an Vorbildern bezeichnete der Psychologe Albert Bandura als Modelllernen. Im Jahre 1961 führte er die Bobo-Doll-Studie durch, in der das Verhalten von 96 Kindern beobachtet wurde. Das Experiment zeigte, dass Kinder das Verhalten erwachsener Vorbilder imitierten, die entweder aggressiv oder neutral mit einer Bobo-Doll-Puppe spielten. Albert Bandura schloss daraus, dass das Vorbild-Nachahmen von Kindern ein allgemeines Phänomen in der Pädagogik ist. Auch in der Betrachtung der Führungspsychologie wurde beobachtet, dass das Vorbildverhalten ebenso bei Erwachsenen, nämlich in der Beziehung zwischen Vorgesetzten und Mitarbeitern im Unternehmen, praktiziert wird (Franken, 2010; Decker, 1986).

„Des Weiteren ist auch die soziale Kompetenz ein wichtiger Teil für die Entwicklung der Führungspersönlichkeit", fährt Salomon Korn fort. „In meiner Führung versuche ich deshalb erst mal eine Beziehung herzustellen, indem ich kurz eine Anekdote erzähle, oder von meinem Tag berichte", erläutert er und fügt lächelnd hinzu, „es ist immer Zeit für eine kleine Geschichte oder für einen Witz." Dabei ist Spontaneität im sozialen Umgang wichtig, meint er, um als Führungskraft authentisch und glaubwürdig zu erscheinen. Diese bildliche Kommunikation mit Metaphern, so Salomon Korn, lenke Aufmerksamkeit auf die Führungsperson und wecke das Vertrauen der Mitarbeiter. Die Wirkung von Geschichten und der Austausch von Erlebnissen fördere nicht nur eine gesunde Beziehung zwischen der Führungskraft und ihren Mitarbeitern, sondern auch die Bereitschaft, bei Veränderungen mitzugestalten (Denning, 2012). Der Organisationswissenschaftler Stephen Denning erklärt, dass Geschichten einen mentalen „Sprung" im Verständnis ihrer Zuhörer schaffen, die sich dadurch leichter an neue Regelungen und Strukturen im Unternehmen anpassen können. Der „Sprung" findet dabei zwischen dem Inhalt der Geschichte und dem Arbeitskontext statt, der dem Mitarbeiter ermöglicht, sich an neue Rahmenbedingungen anzupassen.

„Eine Führungskraft, die mit einer gewissen sozialen Kompetenz führt und weiß, wie man mit Menschen umzugehen hat", fährt Salomon Korn fort, „verfügt letztendlich über viel mehr Autorität als eine, die es nötig hat, ihre Autorität nach außen zu tragen." Mitarbeiter erfassen intuitiv, erklärt er, wann Führung nicht authentisch und eingeübt oder gespielt sei. Seiner Meinung nach verkörpere erfolgreiche Führung eine integrative Persönlichkeit, „die in der Art und Weise wie sie mit Erfahrungen und Emotionen im Alltag umgeht, abgestimmt ist." Die natürliche Vielfalt in der Führung schaffe Glaubwürdigkeit, sagt Korn und unterstützt gestisch mit den Händen, „weil sie sozusagen rund und authentisch ist." Der Politikwissenschaftler und Philosoph Charles Taylor (1992) vertieft diesen Ansatz der Führung. Die Authentizität, erklärt er, entsteht aus der persönlichen Selbstverwirklichung des Menschen und verlangt von ihm, dass er seine eigene Natur entdeckt und hervorbringt.

„Kann man diesen wichtigen Bestandteil erfolgreicher Führung - die soziale Kompetenz – ebenso am Vorbild erlernen, oder wird man dazu geboren?", frage ich Salomon Korn. „Ich glaube nicht, dass man dazu geboren ist", antwortet er. Das soziale Umfeld und die Menschen, mit denen man sich umgäbe, erklärt er, spielten eine wichtige Rolle in der Entwicklung von Führungskompetenzen. „Man braucht jemanden in seinem Leben, der sich unbewusst und aus dem eigenen Gefühl heraus, richtig verhält und einem ein Vorbild ist für bestimmte Rollenmuster." Salomon Korn erzählt am folgenden Beispiel, dass Führungskräfte soziale Kompetenz nicht selbstverständlich durch technische Führungserfahrung erreichen: „Ich kenne Menschen, die eine hervorragende Sachkompetenz besitzen, aber nie gelernt haben, eine gewisse Ausstrahlung in ihrer Führung zu vermitteln." Auf der anderen Seite sagt er, gebe „es Führungskräfte, die inhaltlich wenig bringen, aber dafür in ihrer Persönlichkeit als Führungskraft überzeugen." Er schließt daraus, dass „man letztendlich in der Führung nicht alle Dinge auf einen Nenner bringen und alles durch Imitationsverhalten lernen" könne.

Ich frage ihn dann: „Wer war Ihnen persönlich ein Vorbild in der Führung?" Er nennt mir Ignatz Bubis, den ehemaligen Vorsitzenden des Zentralrats der Juden in Deutschland. „Ignatz Bubis war ein Mann, der ohne dass er jemals ein Gymnasium oder eine höhere Schule besucht hatte, rundherum eine einzigartige Persönlichkeit war, die überzeugt hat. Egal ob das in seinem zwischenmenschlichen Verhalten, in seinen Reden oder in der Art und Weise war, wie er aufgetreten ist und Witze erzählt hat. Der Mann war eine Persönlichkeit, wie ich sie in meinem Leben sonst in dieser Konstellation nicht mehr angetroffen habe." Darüber hinaus, fährt er fort: „Gab es natürlich auch Lehrer, die ich als Schüler verehrt habe, weil sie ihren Unterrichtsstoff leicht vermittelt haben und Humor hatten." Die Persönlichkeiten dieser wunderbaren Menschen, so Korn, seien unvergesslich geblieben und prägten seinen Führungsstil noch heute.

In meiner nächsten Frage beziehe ich mich auf weniger erfolgreiche Beispiele in der Führung. „In allen Bereichen der Gesellschaft sehen wir Probleme, die wir Wissenschaftler auf Führungsprobleme zurückführen. Warum funktioniert Führung Ihrer Meinung nach so häufig nicht? Wo sehen Sie die Kernprobleme?" Salomon Korn antwortet: „Es kommt natürlich auf die Art der Position an, in der man spezifische Führungsqualitäten zeigen muss. Es ist beispielsweise etwas anderes, ob man auf der Ebene der Bundesregierung Führungsqualitäten zeigen muss, oder auf der Ebene eines Restaurants." Er fährt fort: „Trotzdem glaube ich nach wie vor, besteht eine wesentliche Herausforderung, als Führungskraft nicht nur sachlich unterrichtet und kompetent zu sein, sondern auch soziales Verhalten zu zeigen. Das sind zwei Dinge, die nicht unbedingt miteinander kompatibel sind." Er erklärt, dass die zunehmend komplexer werdende Welt das Gleichgewicht zwischen beiden Kompetenzen erschwere. „Darüber hinaus muss die Führungskraft auf dem letzten Stand der Dinge sein. Das ist heute, wo sich die Welt sehr schnell entwickelt und das Wissen explosionsartig anwächst, nicht ganz einfach." Sein Appell an derzeitige Führungskräfte lautet: „Sie müssen immer auf dem aktuellsten Stand in Bezug auf Informationen und Inhalte sein, was Ihren Bereich betrifft. Gleichzeitig dürfen Sie dabei aber nicht Ihren Glauben an das Gute im Menschen und das Einfühlungsvermögen anderen gegenüber verlieren. Das ist nicht einfach in dieser Welt, in der die Dinge immer weiter versachlicht werden und kontrollierbar sein sollen."

Dann kommen wir auf die Rolle von gesellschaftlichen Werten in der Führung zu sprechen. „Es gibt einen Wert, der meiner Meinung nach immer gültig war und immer gültig sein wird. Das ist das biblische Gebot ‚Liebe Deinen Nächsten, denn er ist wie Du.'" Salomon Korn weist daraufhin: „Wenn man den Nächsten so achtet und schätzt, wie man sich selbst schätzt oder einschätzt, lernt man ihn zumindest als gleichwertiges, wichtiges Wesen mit all seinen Stärken und Schwächen zu achten. Dann liebt man den Nächsten wie sich selbst mit allen Defiziten, die man sich selbst gegenüber oft gar nicht eingestehen möchte, um ein Idealbild seiner eigenen Persönlichkeit nicht zu gefährden." In der Führung ist diese Einstellung besonders für eine objektive Beurteilung der eigenen Stärken und Schwächen und denen der anderen, von Bedeutung. Für Korn steht diese Werthaltung an erster Stelle in unserer Gesellschaft. „Wenn diese Werthaltung gelebt und befolgt wird, dann funktioniert eine Gemeinschaft sowohl auf der Ebene der Kleinfamilie als auch im größeren Verbund in der Gesellschaft."

3.4 Bruder Paulus Terwitte – Guardian des Kapuzinerklosters Liebfrauen, Frankfurt a. M.

» Führung ist eigentlich eine gemeinsame Leistung.

> In diesem Gespräch erzählt mir Bruder Paulus Terwitte, wie er im Kloster die Werte des Kapuzinerordens und die Gemeinschaft in seiner Führung vorlebt. Auch im Gespräch lädt er mich durch seine herzliche und frohe Art ein, Führung mit dieser Weltanschauung gemeinsam zu durchdenken.

3.4.1 Biographie in Kürze

Bruder Paulus Terwitte wurde am 22.07.1959 in Stadtlohn im Münsterland geboren und trat kurz nach dem Abitur in den Kapuzinerorden ein. Er studierte in Münster und Graz Philosophie und Katholische Theologie. 1984 wurde er zum Diakon und 1985 zum Priester geweiht. Ab 1989 leitete Bruder Paulus das Kloster zum Mitleben in Stühlingen und war danach einige Jahre in Gera in der Krankenhausseelsorge tätig. 1998 berief die Ordensleitung der Kapuziner Paulus Terwitte als Guardian in das Kapuzinerkloster Liebfrauen in Frankfurt am Main, wo er neben der Tätigkeit als Gesprächsseelsorger durch die katholische Fernseharbeit bekannt wurde. Von 2006 bis 2009 leitete Bruder Paulus Terwitte das Kapuzinerkloster Dieburg bei Darmstadt und war danach bis 2010 Beauftragter für das Berufungspastoral der Kapuziner im Kapuzinerkloster und für die Gewinnung von Nachwuchsmitgliedern des Ordens zuständig. Seit November 2010 ist er wieder Guardian des Kapuzinerklosters Liebfrauen in Frankfurt am Main. Im Jahre 2004 sendetet das ZDF im Rahmen der Reportage „Die Manager Gottes" einen Beitrag über das Leben von Bruder Paulus Terwitte als Großstadtseelsorger. Als Gast tritt er regelmäßig in Talkshows bei Anne Will, Maybrit Illner, oder Frank Plassberg auf. Auf HR4 moderiert er eine Radiosendung und hat außerdem

3 Kirche und Religion   83

eine eigene Fernsehsendung auf Sat1. Außerdem hat Bruder Paulus eine Reihe von Büchern geschrieben, in denen er den Menschen Anleitungen und damit Führung gibt.

3.4.2 Interview

Zum Einstieg stelle ich Bruder Paulus Terwitte die Frage, die ich all meinen Gästen im Interview gespannt stelle: „Brauchen Sie selbst Führung?" Auf seinen Beruf in der Kirche blickend, frage ich ihn: „Brauchen Sie Menschen, die Sie führen oder bekommen Sie Ihre Führung ausschließlich aus dem Wort Gottes?" Daraufhin antwortet er mir: „Ich glaube, dass jeder Mensch Führung braucht, weil der Mensch natürlich viele Möglichkeiten hat – er kann dies und jenes tun oder lassen – darum braucht er eine innere Führung." Diese Art der Selbstführung sei von höchster Bedeutung für den Menschen, damit er sich seinem Sinn im Leben bewusst wird. „Diese Selbstführung spiegelt", so Bruder Paulus Terwitte, „die Werte, die im Herzen des Menschen grundgelegt sind, die ihm deuten: ‚Was soll ich tun? Was soll ich lassen? Wozu bin ich verpflichtet?'" Für ihn ist die Selbstführung gleich zu setzen mit der Selbstverwirklichung des Menschen, die auf einer inneren Gehorsamkeit beruhe, seine Werthaltungen beruflich, so wie auch privat, zu leben. „Führung ist eigentlich eine herzliche Angelegenheit: Man muss Herzen berühren und selber im Herzen berührbar sein", fährt er fort: „Führung ist aber auch Visionen entwickeln und sie mit anderen gemeinsam anzustreben und zu verwirklichen." Bruder Paulus Terwitte spricht dabei die Rolle der Empathie in der Führung an, die David Goleman in seinen Arbeiten zu Emotionaler Intelligenz als eine Kunst der Führung beschreibt (Goleman, 2013). Dieser Ansatz der Führung ruft in Erinnerung, dass Führung auf einem menschlichen Gerüst ruht. So erklärt Bruder Paulus, dass eine erfolgreiche Führung nach außen, also gegenüber anderen Menschen, durch eine zuvorkommende, innere und werteorientierte Führung gefördert würde.

„Diese Art der [empathischen und werteorientierten] Führung funktioniert in dem Bereich, in dem ich tätig bin, besonders leicht", bekennt Bruder Paulus Terwitte, „weil hier natürlich Männer zusammenleben, die die gleiche Grundhaltung haben [wie zum Beispiel] auf Eigentum zu verzichten, in keuscher Ehelosigkeit und in Gehorsam zu leben." Die Vision, die sie alle vereinigt, sei gesellschaftlich Gutes zu tun. „Und das tun wir dann auch mit Freude", sagt er. Interessant ist nun, dass Bruder Paulus Terwitte auch die Beispiele von einer weniger guten Führung in der Kirche mit diesem Ansatz der innerlichen Werthaltung erklärt. „Im Unterschied zu den Bischöfen und den Priestern, die nicht besitzlos leben und auch ihren eigenen Lebensstil haben, sind wir durch unsere Profess [das Ordensgelübde] in die franziskanische Gemeinschaft hineinverpflichtet und leben hier eine Vision der Führung als gemeinschaftlich und machtlos." Daraufhin kommt er auf die Führung der Kirche im Allgemeinen zu sprechen: „Wenn wir auf die katholische Kirche als Ganzes schauen, sehen wir ganz unterschiedliche Führungsfiguren." So erklärt mir Bruder Paulus, dass er in seinem kirchlichen Beruf zwei unterschiedliche Führungsstile erlebe. „Die einen sagen, dass das Herz das Zentrum von Führung ist – das heißt, von Herzen führen – lassen aber die Organisation außer Acht und rufen dadurch ein Chaos hervor. Die anderen streben danach, die Kirche als ideale Institution aufzubauen, vergessen dabei aber das Herzliche am Führen." Diese zwei Führungsstile sollten sich in der Mitte treffen, rät er, sodass eine Führung entstehen könne, die nicht nur am Herzen, sondern auch an den kirchlichen Zielen emporwachsen würde. „Wir wollen charismatische Führungsfiguren", fährt Bruder Paulus Terwitte fort, die „dem Volk bestimmte Werte vorleben", an denen es sich orientieren kann.

Aus diesem Grund ist das aufrichtige Vorleben der Werte und des christlichen Glaubens für Bruder Paulus tief mit der Ausführung seines Berufs und seiner Führungsrolle am Kapuzinerkloster Liebfrauen in Frankfurt am Main verankert. „Ich lasse mich gerne kündigen und ich gehe auch gerne wieder in die Armut, aber ich gebe für die Wahrheit Zeugnis!" Der Erfolg einer solchen Führung, sagt er: „Liegt aber nicht nur am Menschen, sondern auch am System." Bruder Paulus weist darauf hin: „Wenn Sie Führung übernehmen und in Ihrem Gewissen Entscheidungen treffen, können diese trotzdem verkehrt sein! Es braucht also Systeme, in denen die Führung oft genug von einem zum anderen Menschen rotiert. In meinem Orden wählen wir alle drei Jahre unsere Oberen neu – darum heißt es immer: ‚Sei nett zu Deinem Mitbruder, er könnte Dein nächster Oberer werden!'" Eine solche partizipative Führung, die einen Wandel von neuen Perspektiven und Ideen anderer Mitarbeiter für die Gestaltung einer werteorientierten Führung zulässt, wünscht sich Bruder Paulus Terwitte auch für die Unternehmen in der heutigen Gesellschaft.

Diese gemeinschaftliche Zielsetzung von Führung in der Kirche „ist die Überlebenskraft der Kirche", fährt Bruder Paulus nachdrücklich fort: „Was diese an sich ‚starre Institution' Kirche heute noch am Leben erhält, ist ihre Anpassungsfähigkeit." Das gelänge nur durch eine starke Gemeinschaft, erklärt er mir, und nennt mir ein Beispiel. „Der heilige Franziskus sagt, je nach Ort, Zeit und kalten Gegenden, müssen wir uns anpassen an die Gegebenheiten. Es gibt Klöster, da stehen die Brüder um halb sechs auf und beten schon um halb sieben, weil um sieben Uhr schon die Frühmessen losgehen. Hier bei uns haben wir abends viel zu tun und beten erst um acht zum ersten Mal zusammen. Das ist eine andere Lebensweise, die man anpassen muss, um den Werten, die einem wichtig sind, Ehre zu verleihen." Steife, universale Regeln der Führung in der Organisation von Abläufen, so Bruder Paulus, machen in der kirchlichen Führung keinen Sinn.

Als nächstes interessiert mich wie er diesen Führungsstil, der den jeweiligen situativen Anforderungen entsprechen will, im täglichen Leben tatsächlich ausübt. „Wenn Sie morgens beim Frühgebet vielleicht das erste Mal Ihren Mitbrüdern begegnen, wie führen Sie?", frage ich ihn. „Indem ich nachfrage, wie es ihnen geht. Indem ich freundlich ‚Guten Morgen' sage. Indem ich die Aufgaben verteile und schaue, ob jemand krank oder unpässlich ist. Und indem ich versuche, sie ins Gespräch zu bringen, so gut es geht." Durch solch ein aufgeschlossenes Verhalten, führt Bruder Paulus die regelmäßige Fürsorge in seiner Gemeinde ein, die eine starke Verbundenheit im Kloster hervorruft. Weiterhin ist er für die zeitliche Regulierung der Tätigkeiten im Kloster verantwortlich. In seiner Führung strebt er allerdings auch an, dass seine Mitmenschen den Mut haben, Verantwortung anzunehmen und zu einer freien Gestaltung der Führung im Kloster beizutragen. „Ich führe regelmäßig das Gebet und natürlich auch den Gottesdienst … aber mir ist es wichtig, dass wir uns eine Stunde Zeit nehmen, um über das Evangelium zu sprechen, um uns zu fragen, welchen Beitrag wir der Gesellschaft mit unserem Glauben bringen können." Bruder Paulus fährt fort: „Das ist wichtig, um fremden Ideen einen Raum zu öffnen, in denen das System – und die Führung – sich gut weiterentwickeln kann."

Ich frage ihn, ob man eine solch erfolgreiche Führung im Amt erlernen kann. „Führung wird einem nur wenig in der Priesterausbildung beigebracht", antwortet er und behauptet, dass Führungskompetenzen von Kind auf von den elterlichen Vorbildern geprägt seien. Sein Vater habe ihn damals mit seiner Redegewandtheit beeindruckt, die er auf seine jetzige Führung im Kloster übertragen würde. Bruder Paulus weist darauf hin, dass die regelmäßige Anwendung der Selbstreflexion ihm bei der Entwicklung seiner kommunikativen Fähigkeiten in der Führung weiterhelfen würde. „Ich habe auch Kurse in Psychotherapie besucht, um besser verstehen zu können, was man von mir als geistlicher Führungsperson erwartet. Selbstreflexion in meiner Arbeit hat mir erst einmal ermöglicht „feedback-fähig" zu werden. Wichtig ist dabei, dass man im ständigen Austausch mit seinen Mitmenschen bleibt." So lernt er beispielsweise, wie er als Führungsperson achtsam mit Informationen im Kloster umzugehen habe. „Das musste ich erst lernen … und war für mich eigentlich die größte Herausforderung. Als Führungsfigur muss man sich genau überlegen, ob und wie bestimmte Informationen von den Mitmenschen verarbeitet werden können. Das halte ich in meiner Führung auch für eine Fürsorgepflicht."

Wir kommen dann auf die weiblichen Elemente in der Führung zu sprechen, die das empathische und fürsorgliche Verhalten verkörpern (Alimo-Metcalfe, 1995). Für Bruder Paulus benötigt Führung eine ganzheitliche Betrachtung, die neben den erwähnten weiblichen Aspekten auch männliche Elemente, wie zum Beispiel Struktur- und Zielorientierung beinhaltet. Besinnend auf diese Eigenschaften fügt er nachdenklich hinzu: „Ich glaube, dass das Leiden vieler Frauen und Männer darin besteht, dass sie glauben als Führungsfigur sein zu müssen, wie andere sie gerne sehen würden und dabei gar nicht mehr sie selbst sind." Sie leiden unter „falschen Bildern", so Bruder Paulus Terwitte, die dazu beitrügen, dass sie sich nicht mehr authentisch verhalten würden. Er zählt die Authentizität als Grundprinzip für den erfolgreichen Umgang mit Menschen und die innere Zufriedenheit mit der eigenen Führung. Bruder Paulus Terwitte ist deshalb der Meinung, dass der Führungsstil nicht nur den Umständen entsprechend angepasst werde sollte, sondern auch der Identität der jeweiligen Person.

Zum Schluss frage ich ihn: „Gab es Menschen, die Sie persönlich, neben ihrem Vater, bei der Entwicklung ihres Führungsverständnisses begeistert haben?" Er nennt mir drei Beispiele: Johannes Paul II, Papst Benedikt und Franz von Assisi. „Es gibt aber auch Mitbrüder, die einem eine ganze Welt erschlossen haben und von denen man sich gerne hat anleiten lassen, ein paar Schritte nach vorne zu gehen." Man solle also nicht den Wert am täglichen Austausch mit seinen Mitmenschen übersehen, mahnt er. Den Führungskräften in der Wirtschaft rät er: „Setzt Euch doch mal zusammen und lasst Eure Mitarbeiter auf einer Tafel mitteilen, was sie glücklich an Eurer Führung macht, und was sie sich an Verbesserungen wünschen. So schaffen Sie ein Klima, in dem Menschen gerne arbeiten. Das sollten Führungskräfte vor allem tun. Sie sollten auch ganz klar vermitteln, dass sie mit anderen zusammenarbeiten und dass Führung eigentlich eine gemeinsame Leistung ist." Er hofft, dass er sowohl Führungskräfte in der Kirche, also auch in der Politik und der Wirtschaft, für seine an der Gemeinschaft orientierten Führung gewinnen kann.

4

Sport

Inhaltsverzeichnis

4.1 Birgit Prinz – ehemalige Profifußballspielerin 87
4.2 Michael Groß – ehemaliger Olympiasieger und
Schwimmweltmeister, Unternehmensberater 91
4.3 Sylvia Schenk – ehemalige Leichtathletin und
Olympiateilnehmerin, Anwältin 96
4.4 Holger Geschwindner – ehemaliger Basketballnationalspieler und
Berater von Dirk Nowitzki 103

4.1 Birgit Prinz – ehemalige Profifußballspielerin

» Als Führungskraft muss man es ertragen, nicht von
allen geliebt zu werden.

> In diesem Gespräch geht es um Führung, wie sie von Birgit Prinz, ehemalige
> Spielführerin der deutschen Frauenfußballnationalmannschaft sowohl auf dem
> Spielfeld, als auch außerhalb der weißen Spielfeldmarkierung erlebt wurde. Birgit
> Prinz zeigt am Beispiel ihres werteorientierten Führungsstils im Frauenfußball

© Springer-Verlag GmbH Deutschland, ein Teil von Springer Nature 2019
R. van Dick, L. Fink, *Führungsstile: Prominenten und Persönlichkeiten über die Schulter geschaut*,
https://doi.org/10.1007/978-3-662-53321-5_4

auf, dass man als Führungskraft die eigenen Werte authentisch vorleben sollte. Diese Herausforderung in der Führung, erzählt sie, mag unsichtbar für die Zuschauer am Spielfeldrand sein, für die Mannschaft ist es aber die Quelle erfolgreicher Führung. Manchmal, erzählt sie, kann man als Führungskraft nicht alle Interessen gleich vertreten und muss deshalb in der Führung auch ertragen, wenn man nicht von allen geliebt wird.

4.1.1 Biographie in Kürze

Birgit Prinz wurde am 25.10.1977 in Frankfurt am Main geboren. Von 1992 bis 1998 spielte sie beim FSV Frankfurt, anschließend beim 1. FFC Frankfurt im Angriff. Ihr erstes Länderspiel bestritt sie 1994 mit 16 Jahren gegen Kanada. 1995 stand sie als bisher jüngste Spielerin in einem Fußball-WM-Finale. Seit November 2003 war sie Spielführerin der Nationalmannschaft. Sie nahm insgesamt an 214 Länderspielen teil und ist, mit 128 Länderspieltoren, die erfolgreichste Torschützin des DFB. Birgit Prinz ist Weltfußballerin der Jahre 2003, 2004 und 2005 und Torschützenkönigin der Fußball-WM 2003. Außerdem wurde sie acht Mal, zuletzt 2008, zur Fußballerin des Jahres ernannt. Am 12.08.2011 erklärte Prinz das Ende ihrer Karriere im Profifußball.

4.1.2 Interview

„Heute bin ich gespannt, was Sie mir über das Thema Führung ganz allgemein und natürlich auch in Bezug auf Ihre konkreten Erfahrungen im Fußball erzählen", beginne ich das Gespräch mit Birgit Prinz und stelle meine erste Frage: „Wie wichtig ist Führung im Fußball?" Birgit Prinz antwortet mir mit einem selbstverständlichen Nicken: „Sicherlich braucht man Führung. Jede Gruppe muss koordiniert werden und dafür benötigt es Führung." Ich gehe auf ihre Antwort genauer ein: „Ist nicht gerade der Sport ein gutes Beispiel dafür, dass Hochleistungen, beispielsweise Ihrer Mannschaftskolleginnen, erbracht werden können, ohne dass jemand hinter Ihnen steht und Ihnen genau sagt, was Sie tun sollen?" Daraufhin erzählt mir Birgit Prinz, dass sich die Führung im Fußball vor allem hinter der weiß markierten Linie abspielt. „Nicht nur Strategie, sondern auch Motivation, muss irgendwie koordiniert werden. Alle müssen in derselben Richtung motiviert sein und dafür benötigt es einfach eine gute Führung." Die Wissenschaft weist die Motivation als wesentlichen Dreh- und Angelpunkt der sportlichen Höchstleistung aus (Schneider, Bös und Rieder, 1993). Allerdings ist auch bekannt, dass neben der (externen) Motivierung ein gewisses Maß an Selbstregulation erforderlich ist (Kuhl, 1983). So bestätigt auch Birgit Prinz: „Die Motivation ist nicht nur die Aufgabe des Trainers, sondern auch die der Spieler."

In meiner nächsten Frage, spreche ich ihr Idealbild von Führung im Leistungssport an: „Was ist für Sie effektive Führung? Was zeichnet Ihrer Meinung nach einen besonders guten Trainer aus?" Sie erklärt: „Das ist schwer in einem Satz zu sagen. Es ist eine Mischung aus relativ vielen Dingen." Allerdings sei es vor allem wichtig, meint sie, als Führungskraft offen und ehrlich mit seinen Mitspielern zu kommunizieren. „Als Führungskraft sollte man eine Richtung vorgeben und diese klar begründen, damit die Leute auch verstehen, warum sie in diese Richtung mitgehen sollen." Birgit Prinz erklärt an folgendem Beispiel, dass die Qualität der Kommunikation einen entscheidenden Faktor für die Zufriedenheit der Spieler ist: „Wenn man als Spieler auf der Ersatzbank sitzt, ist man nicht automatisch enttäuscht oder unzufrieden. Den wesentlichen Unterschied im subjektiven Empfinden macht der Trainer aus, wie er die Situation begründet. Wenn der Trainer beispielsweise nichts sagt, dann kann man als Spieler schon einmal verärgert werden. Nimmt sich der Trainer allerdings Zeit, dem Spieler die Situation zu erklären, ist das etwas anderes. Die meisten Spielerinnen wünschen sich Ehrlichkeit und gedankliche Anregungen: Was können sie anders machen, was können sie ändern?"

Das regelmäßige Gespräch mit den Spielern sei vor allem im Leistungssport wichtig, fährt Prinz fort, weil es ein gegenseitiges Verständnis unter den Spielern fördere. Für sie spiele sich effektive Führung deshalb in der Wechselwirkung zwischen Fairness und Aussprachen im Umgang mit den Spielern ab. „Fairness ist aber nur dann möglich", fährt sie fort, „wenn Leute nicht nur fair und gleich behandelt werden, sondern auch verständlich beurteilt werden." Birgit Prinz verweist auf die Wichtigkeit einer werteorientierten Führung im Sport, in dem sie Grundlagen für faires und respektvolles Verhalten in der Mannschaft auch in der Abwesenheit des Trainers vorgibt (Frey, Faulmüller, Winkler und Wendt, 2002). Werte stehen ihrer Meinung nach deshalb über den technischen Aspekten in der Führung.

Daraufhin frage ich sie: „Gibt es Führungspersönlichkeiten im Sport, die Sie begeistert haben?" Sie erzählt von einer amerikanischen Trainerin, die sie und die Mannschaft damals mit ihrer positiven Ausstrahlung fasziniert habe. „In meinen Augen war es gar nicht ihre fachliche Kompetenz, sondern schlicht und einfach, wie sie die Mannschaft für sich begeistern konnte. Sie konnte irgendwie ein Feuer entfachen und die Leute mitnehmen." Diese Art der Führung kannte sie so aus Deutschland nicht. „In Deutschland ist das sehr viel strenger und faktenorientierter." Zu erleben, wie Führung in einer anderen Kultur erfolgreich am Prinzip der Begeisterung praktiziert wird, habe sie sehr beeindruckt und motiviert, diesen Ansatz in ihrer eigenen Führungsrolle umzusetzen.

„In der Nationalmannschaft probiere ich deshalb die Leute wirklich einzubinden", erzählt Birgit Prinz. Allerdings, fügt sie hinzu, liefe die Führung während dem Spiel anders ab, wie es die Zuschauer vielleicht meinten. „Im Endeffekt bin ich auf dem Spielfeld auch nur eine unter vielen. Die Armbinde, die die Zuschauer sehen, macht überhaupt keinen Unterschied. Die Spielführerin kann zwar ihre Leute auf dem Spielfeld nochmal motivieren und mitnehmen, aber sie ist in meinen Augen gar nicht so entscheidend für den Erfolg im Spiel", erklärt sie und fährt fort: „Außerhalb des Spielfelds, wo es eine Reaktionsmöglichkeit gibt, da kann ich viel mehr beeinflussen, wie beibeispielsweise durch die Spieler-Trainer-Kommunikation." Ihre Rolle käme vor allem dann zum Tragen, wenn es hieße, in schwierigen Situationen gemeinsam nach Lösungen zu suchen. „Ich sehe meine Aufgabe als Spielführerin mehr in der Vermittlung zwischen Mannschaftsangelegenheiten intern und gegenüber Dritten außerhalb der Mannschaft. Zudem vertrete ich meine Leute und ihre Interessen auch vor dem Trainer." Hier betont Birgit Prinz, dass die Anpassungsfähigkeit der Führungskraft an verschiedene Situationen und Bedürfnisse ihrer Spieler ein wesentlicher Bestandteil guter Führung im Fußball ist.

Birgit Prinz weist darauf hin, dass sie in Problemsituationen aber auch die Unterstützung des Trainers in der eigenen Führung sucht. „Wenn es nicht gut läuft und wir zum Beispiel zu wenig Leistung im letzten Spiel gebracht haben, wünsche ich mir die Unterstützung vom Trainer, der mit mir und der Mannschaft gemeinsam schaut, woran es liegen könnte." Sie betont dabei eindringlich: „Man soll ja im Fußball nicht nur draufhauen, sondern strategisch mit Problemen umgehen." Diese Unterstützung führt Birgit Prinz auf einen ehrlichen und vertrauensvollen Umgang im Gespräch zurück. „Unterstützung heißt für mich konkret, dass man die Chance hat, mit dem Trainer über Schwächen zu sprechen, ohne dass er dabei die gesamte Leistung des Spielers in Frage stellt. Es geht darum, nach einem schlechten Spiel mit dem Trainer zu besprechen, was man nächstes Mal besser machen kann."

Auf meine Frage, warum ihrer Meinung nach Führung im Sport oft schief ginge, erklärt Birgit Prinz: „Ich glaube, es ist nicht so einfach als Führungskraft dazustehen und seine eigenen Werte zu vertreten und dennoch offen für die der anderen zu sein." Sie fährt fort: „Als Führungskraft muss man es ertragen, nicht von allen geliebt zu werden und es trotzdem irgendwie schaffen, ein gutes Verhältnis zu den Kollegen und Mitspielern zu erhalten. Es ist nicht so einfach, wie es von außen vielleicht scheint. Man muss sehr viele Interessen koordinieren und da geht Führung manchmal schief." Daraufhin frage ich weiter: „Glauben Sie, dass ein einzelner Fußballtrainer 70–80 Prozent des Erfolgs oder der Niederlage ausmacht?" „Nein, definitiv nicht", antwortet sie und fügt hinzu, „darum geht es auch gar nicht. Im Fußball geht es nicht darum, dass ein Einzelner 70 oder 80 Prozent ausmacht."

„Kann man gute Führung lernen oder wird man Ihrer Meinung nach zu einer guten Führungskraft geboren?", frage ich im Anschluss. „Man kann auf jeden Fall viele Teile, die zu einer guten Führung dazugehören, erlernen", erzählt Birgit Prinz und fügt hinzu: „Dazu braucht man aber die Unterstützung vom Trainer." Als Spielführerin ist für Birgit Prinz die Beziehung mit dem Trainer von entscheidender Bedeutung für die eigene Reflexion und Entwicklung ihrer Führungskompetenz. Zusammen, meint sie, könne man die Eindrücke von Erfolg und Misserfolg viel besser verarbeiten und erforderliche Veränderungen in die Tat umsetzen.

Darüber hinaus erklärt sie, dass Erfolg in der Führung ausschließlich damit zusammenhinge, ob die Führungsperson bereit sei, Verantwortung zu übernehmen. In der Praxis ist der Zusammenhang zwischen Führung und Verantwortung von Organisations- und Sozialwissenschaftlern wie beispielsweise Schmidt (2013) untersucht worden. Die Verantwortung einer Führungskraft umfasst demzufolge: Inspiration, Einbindung, Förderung und Koordination der Mitarbeiter. Birgit Prinz bezieht sich im Gespräch auf den Aspekt der Koordination, in dem sie erklärt, dass Werte eine wichtige Rolle für die Führungskraft spielen, um klare Richtlinien setzen zu können. Zum Schluss greift sie ein weiteres Mal ihren werteorientierten Führungsstil auf. Für sie seien „Werte", wie beispielweise Fairness, eine Leitlinie für die Führungskraft, wie sie Verantwortung umsetzen könne. An Werten orientierte Führung, fährt sie fort, ermögliche einen größeren Freiraum sowohl für die Entwicklung der Spieler, als auch für die Führungskraft. „Regeln sorgen dafür, dass Leute nach links oder rechts schauen, aber bei Werten ist es Spielern möglich, die eigene Person zu entwickeln und ein besseres Verständnis für die Beziehung zwischen ihnen und der Führungskraft aufzubauen."

4.2 Michael Groß – ehemaliger Olympiasieger und Schwimmweltmeister, Unternehmensberater

» Man kann niemanden zum Jagen tragen.

> In diesem Gespräch geht es darum, wie Führungskräfte im Unternehmen von den Erkenntnissen aus dem Coaching im Leistungssport profitieren können. Michael Groß zeigt auf, wie Führungskräfte durch die Entwicklung einer Vertrauenskultur, das Schaffen von konkreten Perspektiven und der Orientierung an ihren Stärken die Potenziale der Mitarbeiter mit den Zielen im Unternehmen zusammenführen können.

4.2.1 Biografie in Kürze

Michael Groß wurde am 17.06.1964 in Frankfurt am Main geboren und zählt zu Deutschlands erfolgreichsten Sportlern. Er gewann unzählige deutsche, europäische und Weltmeistertitel im Schmetterling- und Freistilschwimmen und war bei den Olympischen Spielen 1984 in Los Angeles und 1988 in Seoul ebenfalls mehrfacher Sieger. Er stellte 12 Weltrekorde auf und hält trotz Ende seiner Karriere als Schwimmsportler 1991 nach wie vor den deutschen Rekord über 200 Meter Schmetterling. 1983 und 1985 wurde Michael Groß jeweils zum Weltschwimmer des Jahres gewählt und er war viermal deutscher Sportler des Jahres. Innerhalb der deutschen Nationalmannschaft hatte er eine Führungsrolle inne. Neben dem Sport zeigt Michael Groß auch soziales Engagement. So ist er Mitglied des Vorstands der Deutschen Sporthilfe als auch Botschafter für die Initiative „Respekt! Kein Platz für Rassismus." Michael Groß studierte Philologie an der Goethe Universität in Frankfurt und promovierte 1994 zur Ästhetik und Öffentlichkeit der Weimarer Klassik. Seit vielen Jahren ist er als Unternehmensberater tätig und leitet eine eigene Beratungsfirma mit den Schwerpunkten Change und Talent Management. Er ist Autor mehrerer Bücher zum Thema Coaching, darunter, „Siegen kann jeder. Jeden Tag die richtigen Fragen stellen" (2011), „Selbstcoaching. Eigenmotivation, Karriereplanung, Veränderung als Chance nutzen und den eigenen Erfolgsweg gehen" (2013) und, sein Letztes, „Handbuch Change-Management" (2014). In diesen Büchern gibt er Lesern bedeutende in Erfolgsprinzipien, die von seinen Erfahrungen als Leistungssportler und Unternehmensberater geprägt sind.

4.2.2 Interview

Auf meine erste Frage: „Brauchen Sie jemanden der Ihnen sagt, was Sie zu tun haben?", antwortet Michael Groß mit Bestimmtheit: „Führung ist ja eben gerade nicht darauf zu reduzieren, dass man einem sagt, was er zu tun hat."

Für ihn käme es bei guter Führung darauf an, dass man es schaffen würde, andere durch „Hilfe zur Selbsthilfe" zu unterstützen. Er bezieht sich dabei auf den englischen Begriff „Coaching" um zu verdeutlichen, in welcher Art ihm diese Führung wichtige Hinweise für die Selbstentwicklung im Leistungssport vermittelt hat. Sprachlich ist Coaching vor allem durch seine Anwendung im Sport bekannt (Eberspächer, 1983). In der Unternehmensberatung wird es inzwischen als effektives Modell zur Unterstützung von Führungskräften und Mitarbeitern in vielfältiger Weise verwendet (Rauen, 2003). So bestätigt auch Michael Groß, dass sowohl im Unternehmen als auch im Sport eine am Coaching orientierte Führung sehr bedeutsam für die Potenzialentfaltung der Mitarbeiter sei. Scherzend fügt Michael Groß hinzu: „Es gibt ja ganze Bibliotheken wie das funktionieren kann." Elementar sei seiner Erfahrung nach jedoch das gemeinsame Gespräch zwischen der Führungskraft und dem Mitarbeiter, was er auch schon im Sport als sehr wertvoll erlebt habe. Das Stellen von offenen Fragen während des Gesprächs ermögliche der Führungskraft die Stärken des Mitarbeiters anzusprechen und mit ihm gemeinsam die Art der Unterstützung zu besprechen, die er benötigt, um sein Potenzial auch angesichts von Hindernissen ausschöpfen zu können. Herausragende Führungskräfte schafften es, die Talente der Mitarbeiter mit den Zielen des Unternehmens zusammen zu führen, in dem sie Rahmenbedingungen definieren würden, sodass Mitarbeiter ihre Talente erfolgreich einbringen könnten. „Und das", erläutert Michael Groß, „ist der große Unterscheid zwischen einem Vorgesetzten, der einem Mitarbeiter sagt, was er zu tun hat, und Führungskräften, die eben den Mitarbeiter erfolgreich machen."

Obwohl er die Gespräche und das Training mit seinem Coach zu den wesentlichen Einflüssen seines Erfolgs im Leistungssport zählt, weist er auch auf Grenzen hin. „Man kann niemanden zum Jagen tragen." Aus seinen Erfahrungen berichtet Michael Groß, dass jeder Sportler, wenn es darauf ankäme, letztendlich seine Leistung allein abrufen müsse. „Der Coach hat keinen unmittelbaren Steuerungseinfluss mehr, weil einfach in der spezifischen Leistungssituation – sprich im Wettkampf – keine unmittelbare Beziehung mehr besteht." An dieser Stelle weist Michael Groß auf die Begriffe „Faszination" und" Emotion" als Dreh- und Angelpunkt hin, um die Leistung im Wettkampf abrufen zu können. „Wenn sie [die Sportler] nicht brennen", erklärt er, „dann werden sie rechts und links von anderen überholt." Dieses Phänomen der Passion und intrinsischer Motivation ist nicht nur im Sport, sondern auch im Unternehmen ein Kernbestandteil und Voraussetzung für erfolgreiches Coaching (Sprenger, 1999). Um Spitzenleistungen auch am Arbeitsplatz zu erzielen, strebt der Coach danach, einen beruflichen Kontext zu schaffen, in denen Mitarbeiter sowohl übergeordnete Motive als auch

Grundbedürfnisse verwirklichen können (Fischer-Epe, 2017). Bezogen auf die Rolle des Coaches, fährt Michael Groß fort, „ist es wirklich wichtig, dass er über ‚Wir nehmen uns gemeinsam ein Ziel X vor' und ‚Welche Dinge sind notwendig, um dieses Ziel zu erreichen?' spricht." Dadurch werde ein Gestaltungsspielraum möglich, um die individuelle Faszination und Begeisterung an der Aufgabe einbringen zu können.

Das Thema Motivation spielt auch bei Michael Groß in seiner Antwort auf meine nächste Frage, warum er das Angebot des Sportmanagers Ion Tiriac damals verweigerte, eine wichtige Rolle. „Nur alles auf eine Karte zu setzen und Sport zu treiben", erklärt er, „wäre schlicht und ergreifend langweilig geworden, perspektivlos." „Und Perspektivlosigkeit", fährt er fort, „ist das Schlimmste … [denn] keiner will, wenn er mal ganz vorne ist, Letzter werden." Die Sozialpsychologie bestätigt diese Schlussfolgerung mit der Begründung, dass das Schaffen von Perspektiven im Leben dazu beiträgt, sich weiterentwickeln zu können, was ein wesentliches Grundbedürfnis des Menschen ist (Ryan und Deci, 1991). So erklärt Michael Groß: „Diese Möglichkeit, sich finanziell abzusichern, war ganz nett, aber die Perspektivlosigkeit, die damit verbunden gewesen wäre … nichts anderes mehr an Ideen für sich persönlich entwickelt haben zu können, wäre dann etwas armselig gewesen. Also reich an Geld, arm an Ideen." Er greift wieder das Thema von Führung auf und erläutert, dass es die Kunst einer guten Führung ist, neue Perspektiven im Unternehmen zu eröffnen. Besonders in Hochleistungsorganisationen, getrieben von Fortschritt, kommt es dadurch meist zu einer Art „Schneeballeffekt", wobei die Ansprüche im Unternehmen immer höher gesetzt werden. Der Wandel als permanenter Prozess und die Selbstorganisation beschreiben zwei wesentliche Aspekte der „Lernenden Organisation", wie sie in Theorie und Praxis der Organisationsentwicklung zu finden ist (Dr. Wieselhuber und Partner, 1997).

In meiner nächsten Frage gehe ich nochmal darauf ein, was Michael Groß über gute Führung erzählt hat und will wissen: „Wie versuchen Sie das umzusetzen, was Sie vorhin über gute Führung gesagt haben?" Daraufhin antwortet er: „Ein ganz wichtiges Ziel von Führung ist, gemeinsam mit Mitarbeitern Ziele zu entwickeln, Ziele zu definieren und Ziele zu verfolgen." Enthusiastisch fährt er fort: „Wenn man ein Vertrauensverhältnis aufgebaut hat, was elementar ist, ist übrigens die Eigeneinschätzung und die Fremdeinschätzung [solcher Ziele] häufig identisch." Insofern spricht Michael Groß die besondere Bedeutung von Vertrauen im Unternehmen an, was die Organisationspsychologie auch im Bereich von Führung untersucht hat. Harteis, Bauer und Heid (2006) weisen zum Beispiel darauf hin, dass ein gesundes Vertrauensverhältnis zwischen Mitarbeiter und Führungskraft für beide Parteien zum Vorteil ist. Wie auch Michael Groß betont, ist es wichtig, dass der Mitarbeiter der

Führungskraft vertraut und beispielsweise weiß, dass Schwächen ihm nicht zu seinem Nachteil ausgelegt werden. Durch die Entstehung einer sogenannten positiven „Fehlerkultur" (Osten, 2006), können Rückmeldungen über die Leistung und das Verhalten für den Einzelnen lernförderlich sein. Dirks und Ferrin (2001) stellen unter anderem fest, dass Mitarbeitervertrauen die Wahrscheinlichkeit erhöht, Informationen im Unternehmen weiterzugeben und eine Kooperation mit der Führungskraft anzustreben. Vertrauen ist somit auch eine Grundvoraussetzung für die Vereinbarung und Überprüfung von gemeinsamen Zielen (Sprenger, 2002).

„Was Zielsetzungen und Strategien angeht", fährt Michael Groß fort, „erwarten Mitarbeiter aber auch von Führungskräften, dass sie wesentliche Entscheidungen treffen. Für bestimmte Dinge gibt es dann nun mal Vorstände und Geschäftsführer … die die Marschrichtung, zumindest aber die wesentlichen Rahmenbedingungen, definieren." Michael Groß erklärt weiterhin, dass „Mitarbeiter dann wissen, in welchem Rahmen sie sich bewegen und welche Rolle sie entwickeln können." Er nennt ein Beispiel aus dem strukturellen Umbau seines eigenen Unternehmens, in dem er entschieden hat, einen Geschäftsbereich abzustoßen, um sich fokussieren zu können. Solche Entscheidungen zu treffen und diese im Unternehmen zu kommunizieren, schließt Michael Groß daraus, würden Mitarbeiter von ihren Führungskräften erwarten. „Beispielsweise hatten wir einen Beratungsfall bei einem Kunden, wo die Entscheidung der Geschäftsführung völlig missverstanden wurde", erklärt er und fährt fort: „Dass ihr das [die Entscheidung] im Kopf seit Monaten vorbereitet und verinnerlicht habt, das ist das eine. Nur die Mitarbeiter hören das zum ersten Mal." Die Lösung, so Michael Groß, läge darin, dass Führungskräfte die Mitarbeiter an die Hand nehmen, Transparenz schaffen und eine Brücke bauen würden. Führungskräfte müssten sicherstellen, dass ihre Entscheidungen von den Betroffenen auch verstanden würden. Bildlich erklärt er, dass durch solche Transparenz Vertrauen im Unternehmen aufgebaut würde – der grundlegende „Klebstoff", der Mitarbeiter und Führungskraft zusammenschweiße.

Auf meine nächste Frage: „Warum geht Führung so oft schief?", spricht Michael Groß eine weitere Herausforderung für Führungskräfte an, die sich auf das klassische Stufenmodell bezieht. Darin kommt zum Ausdruck, dass Führungskräfte in ihrer Funktion aufsteigen, in dem sie sogenannte Etappen der fachlichen Kompetenz erklimmen. Michael Groß bezieht sich auf ein Beispiel, in dem ein Mitarbeiter auf Grund seiner fachlichen Expertise zum Vertriebsleiter mit einer Verantwortung für 200 Personen ernannt wurde. „Das Problem ist, Verkaufen und Führen sind zwei unterschiedliche Dinge", erklärt Michael Groß, das heißt: „Wenn jemand ein guter Verkäufer ist, muss er noch lange nicht führen können." Das bedeutet für ihn, dass es eine Kunst in der Führung ist, die fachliche Brillanz für andere im Unternehmen nutzbar zu machen. In seiner Funktion als Unternehmensberater, nimmt er diesbezüglich oft die Rolle des Coaches ein, um die Führungskräfte bei der Bewältigung dieser Herausforderung zu unterstützen.

Im Gespräch über seine Erfahrungen als Führungskraft interessiert mich auch, wer Michael Groß persönlich inspiriert habe. „Also, im Prinzip viele", antwortet er. Der ehemalige Bundespräsident Richard von Weizsäcker beispielsweise sei ihm damals ein Vorbild gewesen. Nicht zuletzt, weil er jeden Tag seine ein- bis zweitausend Meter mit Begeisterung geschwommen sei. „Was mich aber auch beeindruckt hat, war diese breite Aufstellung", erklärt Michael Groß. „Er hat mir gezeigt, dass ein Allgemeinwissen und ein breites Fundament befruchtend sein können." Ihn würden generell Führungskräfte aus der Politik und der Wirtschaft begeistern, die eine Kernkompetenz des Vermittelns auswiesen, weil dadurch Ziele und Erkenntnisse in nutzbare Energien umgesetzt werden könnten. Das seien für ihn die sogenannten „Möglichmacher" in Gesellschaft und Wirtschaft.

4.3 Sylvia Schenk – ehemalige Leichtathletin und Olympiateilnehmerin, Anwältin

》Ich war permanent in Situationen, in denen ich als erste Frau irgendwas gemacht habe.

In diesem Gespräch geht es darum, aufzuzeigen, dass sich Führung dem jeweiligen Kontext anpassen muss und die Führungskraft ein gelungenes Gleichgewicht zwischen Freiraum und Regeln schaffen sollte. Dabei stellt der Dialog für Silvia Schenk das Bindeglied zwischen den Menschen, die sie führt, dar. Außerdem berichtet sie aus eigener Erfahrung, wie wichtig weibliche Vorbilder für die Entwicklung eines Rollenverständnisses der Frau in Führungspositionen sind.

4.3.1 Biografie in Kürze

Sylvia Schenk wurde am 01.06.1952 geboren. Sie studierte Rechtswissenschaften und war 10 Jahre als Arbeitsrichterin tätig sowie danach 12 Jahre hauptamtliche Dezernentin zum Beispiel für die Themen Sport, Recht, Frauen und Wohnen in Frankfurt von 1989 bis 2001. Sie war als Leichtathletin 1972 Teilnehmerin an den Olympischen Spielen in München und wurde dort Neunte, nachdem sie zuvor 1971 in Lübeck an einem Weltrekord im 4×800-Meter-Staffellauf beteiligt war. Ebenfalls 1971 und 1974 nahm sie an den Europameisterschaften teil. Von 2001 bis 2004 war sie Präsidentin des Radsportverbands Bund Deutscher Radfahrer. Von 2007 bis 2010 war sie Vorsitzende von Transparency International Deutschland, wo sie seit 2010 Mitglied des Vorstands ist. Sie hat sich während ihres aktiven Sportlerlebens und in der Zeit danach für die Gleichberechtigung von Frauen, gegen Korruption und Doping im Leistungssport eingesetzt und arbeitet heute als Anwältin in einer Frankfurter Kanzlei. Für ihr Engagement gegen Doping bekam Sylvia Schenk 2018 den Verdienstorden der Bundesrepublik.

4.3.2 Interview

In diesem Gespräch interessieren mich ganz besonders die persönlichen Erfahrungen von Sylvia Schenk, wie sie Führung an sich selbst und bei anderen wahrgenommen hat. Ich bin sehr gespannt, da sie eine Vielfalt an Führungsrollen in ihrer Laufbahn innehatte. So war Sylvia Schenk beispielsweise aktive Politikerin und Dezernentin der Stadt Frankfurt, Mitglied des Vorstands der Antikorruptionsvereinigung „Transparency International", Präsidentin des Radsportsverbands und Richterin. „Wenn sie sich in die verschiedenen Rollen, die Sie als Führungsperson ausgeübt haben hineinversetzen", frage ich sie zuerst, „brauchten Sie selber Führung?" Daraufhin antwortet Sylvia Schenk: „Also, es kommt ja immer darauf an, was man unter Führung versteht." Manchmal sei Führung nur Orientierung geben, so Schenk, manchmal aber auch das „Abstecken eines Rahmens". Was sie damit meint, erklärt sie mir an folgendem Beispiel: Das Ausmaß an Vorschriften und die Orientierung für ihre Führung als Arbeitsrichterin wurde Sylvia Schenk von den Präsidenten des Landesarbeitsgerichts vorgegeben. „Die den Rahmen abgesteckt haben für das, was wir Richterinnen und Richter gemacht haben." Als Richterin sei sie unabhängig, doch an bestimmte Anweisungen und Regelungen gebunden, von der sie sich in ihrer Arbeit führen ließ. Mit dem „Rahmen" in der Führung, von dem Sylvia Schenk spricht, meint sie dadurch den Raum, der die Möglichkeiten und Grenzen für das Auszuüben ihrer Führungsrolle absteckt.

Frau Schenk beschreibt, dass gute Führung sich geschickt an den Kontext ihrer Führungsrolle anpasst. „Es ist etwas völlig anderes, ob ich als Präsidentin ein ehrenamtliches Gremium leite oder als Richterin tätig bin", erzählt sie. Führungskräfte sollten aber nicht nur im Stande sein, sich ihrem Kontext gut anzupassen, sondern auch selbst den Rahmen vorzugeben für diejenigen, die sie führen. Die Kunst dabei sei, ein geregeltes Maß an Führungsautorität und Mitbestimmung zu finden. „Ich muss bei bestimmten politischen Themen ganz andere Vorgaben machen – das wird erwartet – muss aber auch gleichzeitig schauen, dass ich in den Ämtern oder in den einzelnen Institutionen den Führungskräften ihrerseits auch genügend Freiraum gebe, den sie brauchen, um ihre eigenen Führungsmöglichkeiten zu entfalten." Sylvia Schenk greift auf eine scheinbare Paradoxie in der Führung zurück, die auch in der Literatur von dem Organisationspsychologen Hugh Willmott angesprochen wird. Für Willmott macht sich erfolgreiche Führung und Kultur im Unternehmen fest an einer „wunderbaren Kombination" von Sicherheit (klare Vorgaben eines Rahmens; Regeln und Vorschriften) und Autonomie (Gestaltungsfreiheit der Mitarbeiter) (Willmott, 1993). Sylvia Schenk erklärt, wie sie in ihrer damaligen Führungsrolle als Dezernentin ein gesundes Maß an Sicherheit und Autonomie anstrebte, in dem sie auch in hierarchisch strukturierten Gremien versuchte, „den Personen so viel Mitbestimmung wie möglich zu gewähren, damit sie ihre Vorstellungen einbringen können. Dann kann man diskutierten und es wird nicht einfach von oben herab entschieden."

An ihrem eigenen Führungsstil beschreibt Sylvia Schenk, wie sie dieses Maß an Sicherheit und Autonomie durch den täglichen Dialog mit ihren Mitarbeitern pflegt. „Man muss regelmäßig ins Gespräch miteinander kommen, dass jeder seine Arbeit entsprechend einteilen und planen kann", erzählt sie und fährt lächelnd fort: „Also ich begrüße alle morgens in meiner Etage mit einem ‚Guten Morgen'." Daraufhin frage ich sie: „Machen Sie durch diese Kommunikation ihre Mitarbeiter auf Ihren persönlichen Führungsstil aufmerksam?" Diese Art der Führung würde sie nicht als ihren persönlichen Führungsstil betrachten, so Sylvia Schenk, denn menschlich miteinander umgehen, sollte ihrer Meinung nach eine unbestrittene Voraussetzung in der Führung sein. In der Literatur deutete von Rosenstiel (1992, S. 55) darauf hin, dass erfolgreiche Führung „zum einen in einem zweckrationalen Sinne instrumentell, zum anderen durch Symbolisierung, das heißt durch die Verleihung von Bedeutung" zum Ausdruck kommt. Das bedeutet hier, dass die Handlung des regelmäßigen Dialogs mit den Mitarbeitern nicht nur dazu dient, wichtige Informationen weiter zu geben, sondern auch der Zusammenarbeit Bedeutung zu verleihen.

Aus ihren Antworten kann ich schließen, dass Sylvia Schenk mit ihrer Art der transparenten Führung ihrer Zeit voraus war. „Ich habe zum Beispiel immer sehr intensiv rückgekoppelt, sodass alle Ämter auf dem neuesten Stand waren. Ich habe im Laufe meiner zwölfjährigen Dezernentinnenzeit immer auch mal Ämter bekommen und habe dann festgestellt, dass sie ganz verwundert waren, was ich an Informationen aus dem Dezernatsbüro bekam und was bei ihnen abgefragt wurde." Sie fährt fort: „Als ich bei der Stadt Frankfurt 1989 angefangen habe, da hatten wir weit und breit noch gar keinen Computer. … Handys gab es noch nicht … und Mitarbeitergespräche, so wie das jetzt in bestimmten Systemen üblich ist, waren auch noch ein Fremdwort. Was ich eingeführt habe, waren regelmäßige Amtsgespräche mit dem Sport- und Badeamt und einmal wöchentlich mit dem Rechtsamt." Sylvia Schenk war es wichtig, dass bei derartigen Gesprächen nicht nur die Amtsleitung und der stellvertretende Amtsleiter präsent waren, sondern auch Mitarbeiter, die für die jeweils relevanten Themen zuständig waren. „Ich habe immer versucht, und das ist auch heute noch mein Stil, so weit wie möglich zu informieren und zu erklären, warum wir in die eine oder andere Richtung gehen sollten, warum ich dieses oder jenes Thema aufgreife – weil es wichtig ist, dass die Leute es verstehen und nachvollziehen können. Dann ist die Zusammenarbeit auch einfach besser."

„Kann man diese Art der Führung erlernen?", frage ich im Anschluss. „Also, ich bin eine Autodidaktin, würde ich sagen. Ich habe nie Führungsseminare besucht, sondern mache vieles intuitiv", erklärt sie und fährt fort: „Dass ich Leute informiere, damit sie wissen worum es geht, ist für mich von Anfang an logisch gewesen." Allerdings habe sie von ihren Erfahrungen im Hinblick auf den gegenseitigen Austausch von Informationen in den verschiedenen Gremien im Deutschen Sportbund und dem Nationalen Olympischen Komitee dazugelernt und diese Erkenntnisse auf die anderen Ämter in ihrer Führung übertragen. Die Weitergabe von Informationen und das Berichten an die Kollegen durch kurze Gesprächsnotizen sei für Sylvia Schenk dabei immer selbstverständlicher geworden. „Grundsätzlich kann man das aber natürlich auch lernen", meint sie und weist darauf hin: „Ich lerne immer noch und mache jetzt noch Fehler." Um einen Führungsstil anzustreben, der Transparenz im Unternehmen schafft, so Sylvia Schenk, ist das Zuhören von großer Bedeutung. Am Beispiel ihrer Zusammenarbeit mit der Daimler AG erklärt sie, wie sie bei mehreren Veranstaltungen zum Thema Integrität durch das Stellen von offenen Fragen zu wichtigen Erkenntnissen kam. „Ich bin einfach an einen Tisch gegangen, habe die Leute direkt gefragt und konnte im Anschluss im Führungsbereich von Daimler aktuelle Innenansichten geben." Sie schmunzelt und fährt fort: „Ich wurde darauf angesprochen ‚Wie kommen Sie jetzt darauf?' und ich habe gesagt ‚Ich habe einfach einmal ein paar Leute gefragt.'" So ging Sylvia Schenk auch in den offenen Fragemodus als Sportdezernentin in Frankfurt, in dem sie in die Ortsbeiräte ging und nicht nur den Vorsitzenden, sondern auch die Vereinsmitglieder, angesprochen hat. „Manchmal ist es wichtiger, mit einer Übungsleiterin oder mit einem Sportvereinsmitglied zu sprechen. Da bekommt man oft eine ganz andere Rückmeldung."

In meiner nächsten Frage will ich wissen, warum diese Erwartungshaltung von transparenter und kooperativer Führung oft nicht gelebt wird: „Diese Art der Führung ist nicht für alle selbstverständlich – an was könnte das liegen?" Hier kommt Sylvia Schenk auf einen Wandel in der Führung zu sprechen, den sie sich für unsere heutige Gesellschaft wünscht. „Die Einsicht, dass die Ergebnisse inhaltlich-qualitativ besser sind und die Akzeptanz eines ablehnenden Bescheids größer ist, wenn vorher breiter informiert und mehr Leute einbezogen wurden, setzt sich erst sehr langsam durch." Oft würden Führungskräfte derartige Handlungen meiden, erklärt sie, weil sie glaubten, dadurch Zeit zu sparen und den Arbeitsaufwand zu verringern. Das ist geradezu eine Ironie, denn die Kooperation und der gegenseitige Austausch von Informationen führen in der Regel zu verbesserten Entscheidungsprozessen und Lösungsvorschlägen (Rogers und Rogers, 1976; Neher, 1997). „Aber das müssen die Leute zunehmend lernen, vor allem auch im Sport. Gerade in den Verbänden, wo es oft noch zu wenig passiert und wo selbst die Beteiligung der eigenen Mitglieder oft nur auf dem Papier steht."

Sylvia Schenk spricht ein weiteres Ignorieren der transparenten Führung an, bei der die offene Kommunikation im Unternehmen in Bezug auf Macht in der Führung scheitert. Es ist ein Irrtum zu meinen, dass Kontrolle die Führungskraft ans Ziel bringe, meint sie. „Ich glaube, wenn ich alles versuchen würde zu kontrollieren, hätte ich letztendlich weniger Kontrolle, als wenn ich den Menschen auch ein Stück selbständig arbeiten ließe." Dies deckt sich perfekt mit der Forschung des Wirtschaftsnobelpreisträgers George Akerlof (Akerlof und Kranton, 2008), der sagt, dass Kontrolle erstens Kosten verursacht und zweitens den Mitarbeitern ein Misstrauen signalisiert, was diese demotiviert. Wenn dagegen alle eine gemeinsame Identität teilen, die Vorstellung über die Ziele beinhaltet, arbeiten die Mitarbeiter „automatisch" auf diese Ziele hin – ohne kontrolliert werden zu müssen. „Und wenn ich Informationen für mich behalte", fährt sie fort, „wie sollen die anderen dann ihre Aufgaben erfüllen? Also das kann vielleicht nur bis zu einem gewissen Grad funktionieren", erklärt sie am Beispiel ihrer Führungsrolle als Dezernentin in Frankfurt, als sie vertrauliche Informationen in einer Verhandlung der Presse vorenthalten hatte. „Mein kleines Team von Personen, die mir die nötigen Informationen geben und die Termine kontrollieren - das war natürlich informiert." Sie fährt fort: „Ich glaube, das kann auf Dauer gar nicht anders funktionieren, wenn man alles für sich behält. Auch im Sport sehen wir, dass der Versuch ‚Alleinherrscher' zu sein, an Grenzen stößt."

Ich frage sie dann, ob sie sich an weiblichen Führungspersonen ein Vorbild nehmen konnte. „Ein richtiges Vorbild hatte ich eigentlich nicht. Ich war permanent in Situationen, in denen ich als erste Frau irgendwas gemacht habe", erzählt sie. „Ich gehörte zu denen, die als erste Frau hauptamtliche Dezernentin in der Stadt Frankfurt wurde, zudem in einem Amtsbereich und dem Sport – der eben durch und durch männlich war." Im Sport-und Badeamt war die Leitungsfunktion ausschließlich mit Männern besetzt, die wiederum ihresgleichen rekrutiert haben. „Ende der achtziger Jahre bis Anfang der neunziger Jahre war die Frau im Sport auf Führungsebenen noch etwas ganz Seltenes", erzählt sie ernst, fügt dann aber lachend hinzu: „Ich erinnere mich noch an eine Sitzung mit dem Nationalen Olympischen Komitee und mit den Vertretern der verschiedenen Städte im Jahre 1990. Da waren ungefähr 60 Personen und ich war die einzige Frau. Das Nationale Olympische Komitee hatte als Gastgeschenk Krawatten vorgesehen und der Generalsekretär verteilte diese dann an alle – inklusive mir." Das habe gezeigt, meint Sylvia Schenk, dass in der damaligen Gesellschaft das Thema „Frauen in der Führung" ein Tabu gewesen sei. „Insofern war ich immer in der Situation, zu wissen, dass es leider kein weibliches Rollenmodell für mich gab." Das diese Problematik noch heute in den Führungsetagen der Wirtschaft weltweit verbreitet ist, beschreibt Sheryl Sandberg, die rechte Hand von Mark Zuckerberg dem Facebook-Chef. In ihren Büchern und öffentlichen Auftritten betont diese immer wieder die Wichtigkeit weiblicher Rollenmodelle in der Führung um zukünftige Führungsnachwuchskräfte zu ermutigen (Sandberg, 2013).

Als eine der ersten weiblichen Führungsfiguren der damaligen Zeit, versuchte Sylvia Schenk in ihrer Führung den Anspruch, mit der eigenen Vorstellung ernst genommen zu werden, durchzusetzen. „Mein Führungsstil ist an Situationen gewachsen, an denen ich selber erlebt habe, dass ich als Frau nicht ernst genommen wurde." So kommt sie auf Lücken in der Kommunikation zu sprechen, die sie in der Rolle als Frau erfahren habe. Als sie damals ihr erstes Kind bekam, erfuhr sie im Krankenhaus, dass man im Amt, ohne sie zur Abstimmung zu rufen oder sie zu informieren, die „Wahl der Miss Rebstockbad" für das städtische Schwimmbad ausgeschrieben habe. „Wir hatten damals eine Rot-Grüne-Koalition, eine Frau als Dezernentin im Amt und dadurch eindeutig eine andere Politik", erzählt sie, „und nun sollte es eine städtische Miss Rebstockbad geben?" Entsetzt habe sie damals ihre Referentin im Büro angerufen, doch diese sei ebenso wenig informiert gewesen. „Das ist mit mir auch nicht abgesprochen", meinte diese, „das haben die einfach gemacht." Sylvia Schenk habe es schließlich geschafft, die „Miss-Rebstockbad-Wahl" zu widerrufen. Die Männer im Amt, so Schenk, waren damals nicht vorbereitet gewesen auf eine weibliche Führung in ihrem Regiment, „dass sich Männer, die immer nur mit anderen Männern zu tun hatten, sich auf einmal mit einer Frau in der Führung auseinandersetzen mussten … das war eine schwierige Situation für alle."

Wir kommen anschließend darauf zu sprechen, dass der gemeinschaftliche Dialog nicht nur im Arbeitsleben, sondern auch in Krisensituationen, wie beispielsweise der Geiselnahme während der Olympischen Spiele 1972 von ausschlaggebender Bedeutung ist. Sylvia Schenk war als Olympiateilnehmerin Zeugin des traumatischen Attentats auf die israelischen Sportler und berichtet wie sie die Führung damals wahrgenommen habe. „Es war so eine Extrem- und Schocksituation für alle Beteiligten, dass man von vornherein eigentlich an niemanden zu hohe Ansprüche stellen durfte", sagt sie. „Was macht man als Führungsperson in so einer Situation, wo man 1.000 Athletinnen und Athleten betreut, die man nicht in die absolute Verzweiflung stürzen will?" Sylvia Schenk zeigt auf, dass die Führungskraft, genau wie alle anderen, „erst mal mit der Situation für sich selber klarkommen muss." Dabei spielt die Kommunikation zwischen allen Betroffenen eine wichtige Rolle, um das traumatische Erlebnis rückwirkend zu verarbeiten und die nächsten Handlungsschritte zu planen (Weick, Sutcliffe und Obstfeld, 2005). Der Dialog ermöglicht, gemeinsam Eindrücke zu sammeln, um das Ausmaß des Geschehens und die Bedeutung der Situation für den Einzelnen herauszuarbeiten (Weick, 1993). Sylvia Schenk betont, dass dieser soziale Prozess des Dialogs nicht nur während der Krisensituation, sondern auch im Anschluss von der Führungsperson begleitet werden sollte. „Wenn das hinterher nicht passiert", sagt sie, „ist das ein Zeichen von mangelnder Führung." Sie fährt fort: „Was mir im Nachhinein gefehlt hat, war, dass man überhaupt noch einmal miteinander darüber gesprochen hat. Wir haben miteinander eine Krise erlebt und jeder hat versucht, damit irgendwie selber klarzukommen. Manche schieben so etwas weg, verpacken es und wollen es nicht mehr anrühren." Oft sei das aber keine Lösung, meint Schenk, und sagt, solche Dinge sollten in der Gemeinschaft verarbeitet werden. „Damit war man eigentlich völlig alleine gelassen. Es gab keine Nacharbeit. Ich hätte mir gewünscht, dass auch im Bereich der Funktionärinnen und der Funktionäre mehr Unterstützung stattgefunden hätte."

Zum Abschluss erzählt mir Sylvia Schenk von ethischer Führung im Sport, die anstrebe, Krisen, wie beispielsweise Wettskandale und Korruption, zu vermeiden. Gute Führung im Sport, so Sylvia Schenk, hänge eng damit zusammen, welche Prävention und Aufklärungsmaßnahmen die Führung trifft, um eine klare „Null-Toleranz-Haltung" aufrecht zu erhalten. Auch in der Wirtschaft erzählt sie, „haben wir zunehmend eine Wertedebatte in der

Gesellschaft. Nicht nur in Deutschland, sondern auch international hat es eine Entwicklung gegeben: Lehrstühle für Wirtschaftsethik werden neu eingerichtet und dem Thema Ethik wird eine größere Rolle zu geschrieben", sagt sie mit Zuversicht: „Das ist ein gutes Zeichen." Erneut kommt sie auf die Rolle des Dialogs zu sprechen und erklärt, wie wichtig dieser auch für den Austausch von Werten sei, um ethisches Handeln sowohl im Sportverband, wie auch in Unternehmen, zu fördern.

4.4 Holger Geschwindner – ehemaliger Basketballnationalspieler und Berater von Dirk Nowitzki

»Da gab es einen Bub, der hatte einen Haufen Talent.

> Holger Geschwindner und Dirk Nowitzki hatten stets ein großes Ziel vor Augen: Nowitzki wollte in die amerikanische Basketballliga. In diesem Gespräch spielt daher die Zielsetzungstheorie eine wichtige Rolle. Außerdem sprachen wir darüber, dass Führungskräfte diese Ziele nicht nur deutlich machen, sondern auch zeigen müssen, wie man sie erreichen kann (die sogenannte path-goal theory). In diesem Sinne bedeutet Führung, dass man den Mitarbeitern Angebote macht und Hindernisse aus dem Weg räumt.

4.4.1 Biographie in Kürze

Holger Geschwindner wurde am 09.12.1945 in Bad Nauheim geboren. Er spielte bis zum Alter von 47 Jahren aktiv Basketball und wurde mit dem MTV Gießen mehrfach Deutscher Meister. Er spielte für Bundesligateams in München, Bamberg, Göttingen und Köln in über 600 Spielen in der ersten und zweiten Bundesliga mit. Holger Geschwindner absolvierte 150 Länderspiele mit der deutschen Nationalmannschaft und kam unter anderem bei der Europameisterschaft 1971 zum Einsatz. Bei den olympischen Spielen in München 1972 war er Kapitän der Nationalmannschaft. Neben der sportlichen Karriere studierte Geschwindner Mathematik, Physik und Philosophie und arbeitete unter anderem am Max-Planck-Institut für Psychiatrie. Geschwindner war als Berater und Trainer für den Bundesligisten

4.4.2 Interview

Über mehrere Ecken gelang es mir, eine Zusage für das Gespräch mit Holger Geschwindner zu bekommen. Anschließend habe ich ihn mehrfach zur Terminabstimmung angerufen. Jedes Mal meldete er sich dabei mit „Bei der Arbeit". Er kam zu Fuß mit einem Rucksack über der Schulter in die Uni und machte im Gespräch einen sehr bescheidenen, fast zurückhaltenden Eindruck.

Das erscheint mir charakteristisch für Geschwindner. Er ist stets aktiv und dabei sehr pragmatisch. Mit Dirk Nowitzki trainierte er auf sehr undogmatische Art und dabei war es stets das große Ziel, es in die NBA zu schaffen. Diesem Ziel wurde alles andere untergeordnet, aber dabei durften Spaß und Motivation nicht zu kurz kommen. Mit mathematischen Modellen berechnete er optimale Wurfwinkel, die Nowitzki dann Stunde um Stunde erfolgreich übte. Und sein gesunder Menschenverstand brachte ihn dazu, mit den Spielern rudern zu gehen, anstatt im Fitnessstudio Gewichte zu stemmen. Ein „geht nicht" scheint es für Holger Geschwindner nicht zu geben.

So antwortete er auch auf meine erste Frage, wie er sich selbst sehen würde: „Ach, darüber habe ich mir eigentlich keine großen Gedanken gemacht, sondern das müssen andere beurteilen. Da gab es einen Bub, der hatte einen Haufen Talent. Ich habe ihn übrigens nicht entdeckt – er hat schon Basketball gespielt, als wir uns das erste Mal gesehen haben. Seine Mutter war damals Nationalspielerin und etwa in meinem Alter und hat mich gefragt, ob das mit dem Training funktionieren könnte und dann haben wir das versucht. Ich hatte nie eine Ausbildung als Trainer oder Pädagoge. Ich wusste selber überhaupt nicht, ob ich eine Chance habe, irgendetwas, was man weiß über den Sport, den ich mit großer Liebe gespielt habe, zu vermitteln. Und dann haben wir das einfach probiert. So haben wir angefangen und das hat sich relativ schnell im Fluidum entwickelt. Er hat zugehört, ich habe vermittelt. Wenn Fragen kamen und ich die Antwort nicht wusste, waren wir gefordert und mussten wieder Neues lernen. Ich habe mindestens so viel von ihm gelernt, wie er von mir. Und so haben wir uns gegenseitig hochgeschaukelt. Das war eigentlich der Anfang des Ganzen. Aber was die Außenwelt da zu bemängeln hatte oder zu meckern hatte, konnte uns nicht viel interessieren, denn im Sport gibt es ein Kriterium, das überzeugend ist: der Erfolg. Und er hatte relativ schnell früh Erfolg durch die Methoden, die wir angewandt haben. Und so mussten auch die größten

Kritiker es zumindest als Glück darstellen. Das kann man so interpretieren, da haben wir uns auch nie dagegen verwehrt. Das Entscheidende ist aber, man kann dem Glück auch Fallen stellen oder – vielleicht besser: Angebote machen. Und das haben wir, glaube ich, gemacht mit mathematischen Kenntnissen und dem ganzen Vorwissen, das man sich erarbeitet hat."

Auf die Frage, was gute Führung ausmache, sagte er, dass Führungskräfte Hindernisse aus dem Weg räumen sollten und dabei den Geführten vor allem das Gefühl geben sollten, selbst etwas zu schaffen. Dabei sollten Führungskräfte selbst aber in den Hintergrund treten. Wörtlich und auf den Sport bezogen sagt er: „Ja, man kann vielleicht kein Rezept daraus machen, aber ich denke schon, dass es einfacher ist, wenn man die Probleme, die vorliegen, zumindest ahnt, charakterisiert und versucht, sie aus dem Weg zu räumen für die Jugendlichen. Wenn die Jugendlichen selber die Idee hatten und etwas durchsetzen wollen und das mit Intensität betreiben und man ahnt, in welche Probleme sie hereinrennen können und man rennt voraus und räumt die Probleme weg, dann haben die Jugendlichen natürlich ein unglaubliches Erfolgserlebnis und sie merken ,was ich gemacht habe, funktioniert'. In unserer individuell-ausgerichteten Gesellschaft ist das für die Kids natürlich ein ungeheurer Bonus. Dass es dabei einzelne Menschen im Hintergrund gegeben hat, ist ja nicht so wichtig. Da muss man sich, glaube ich, auch nicht in den Vordergrund drängen."

Basketball ist eine Mannschaftssportart und Geschwindner zieht einen interessanten Vergleich zur Jazzmusik: „Basketball ist zufällig gleichzeitig entstanden, als der Jazz sich entwickelt hat. Und was mir immer gut gefallen hat, war, dass es im Sport, besonders im Basketball und in Mannschaftssportarten, mehrere zusammen ein Ziel verfolgen müssen und trotzdem jeder hochgradig seine individuellen Fähigkeiten einzubringen hat. Und im Jazz ist es ja im Prinzip so: Jeder ist Solist, jeder ist extrem gut und jeder kann seine Zirkusnummern abziehen oder seine intellektuellen Geländespiele vorführen und am Ende müssen sie, wenn sie zusammen Musik machen wollen, zusammen etwas hinbringen, selbst wenn es im Dialog oder kontrovers oder wie auch immer läuft. Und das ist eigentlich ganz gut gelaufen in der Entwicklung des Basketballs, bis die Leichtathleten übernommen haben und dann waren im Basketball größere Körper gefragt und man musste stärker und schneller sein. Dabei ist das Spielerische verloren gegangen. Wir sind jetzt gerade dabei in Pilotprojekten zu versuchen, den Kids wieder mehr das Spielerische beizubringen. Und soweit man das sehen kann – wir machen das jetzt seit zwei Jahren – ist das ganz erfolgreich." Es kommt also darauf an, dass jeder für sich im Team seine Stärken einbringen kann, dabei aber der Spaß nicht verloren geht.

Dies bekräftigt er auch auf meine Frage, wie er aktuell Jugendliche trainiere: „Ich biete ein freiwilliges Training an, da kann jeder kommen. Alter, Geschlecht oder Hautfarbe spielen keine Rolle. Wir bieten denjenigen, die Basketball spielen wollen, die technischen Grundwerkzeuge an. Und wenn sie die ordentlich können, werden sie natürlich automatisch besser. Wir legen dabei großen Wert auf die Schule, sodass dort alle ordentlich arbeiten. Damit erreichen sie, was praktisch alle Jugendlichen wollen: Irgendetwas besser zu können als die Anderen. So versuchen wir ihnen zu helfen, ihr Talent auszureizen. Ob das dann für Weltniveau reicht, ist eine andere Frage, aber ich glaube schon, dass wir hinkriegen können, jedem an die Stelle zu verhelfen, die sein Talent hergibt, wenn er das möchte."

Aufgabe von Führung ist es also, Angebote zu machen, dabei nicht zu diskriminieren und dann jedem Mitarbeiter zu helfen, sein Talent zu entdecken und gemäß sich seiner Fähigkeiten zu entwickeln. Dabei muss aber die Motivation etwas erreichen zu wollen, aus dem Mitarbeiter selber kommen. Das veranschaulicht er auch noch einmal an seiner Arbeit mit Nowitzki: „Die Idee beim Dirk war ja von vornherein, dass er in die NBA soll. Er hat als Bub schon Poster in seinem Zimmer gehabt von den NBA-Größen. Man hat sofort gemerkt, der meint das ernst. Deswegen hatten wir auch nie Trainingstermine mit einem ‚Du musst kommen', sondern ich habe gefragt: ‚Und, wollen wir trainieren?' Meistens hat sogar er gefragt: ‚Können wir nicht trainieren?' Das heißt, das war immer auf freiwilliger Basis und er sagt ‚Ja' in vielen seiner Interviews, er habe sein Hobby oder seine Leidenschaft zum Beruf machen können, was natürlich eine tolle Sache ist."

Aber noch einmal: Das Ziel stand bei Nowitzki stets im Vordergrund. Dazu passt auch die Anekdote, dass Geschwindner ihn bei seiner ersten Einladung zur Nationalmannschaft gleich wieder aus dem Trainingslager abholte, als er hörte, Nowitzki sei nicht für das Spiel aufgestellt. Ich fragte ihn, ob diese Anekdote so passiert sei und er sagte: „Ja, natürlich stimmt das. Die Sache war die: Wir hatten regelmäßig trainiert, wir hatten einen Plan, eine Idee, wie man das schaffen kann. Und dann wurde er eingeladen in die Nationalmannschaft. Das war aber ausgerechnet am Faschingswochenende, wo die Buben in Würzburg ordentlich feiern wollten. Ich sagte: ‚Jetzt bist du das erste Mal in die Nationalmannschaft eingeladen, da musst du auch hinfahren.' Und dann haben wir telefoniert, wie das Training gelaufen ist und ich fragte, was sein Job im Länderspiel sein sollte. Als er sagte, dass er nicht spielen würde, fragte ich: ‚Wie, du spielst nicht?' Da sagte er: ‚Ja, in drei Jahren könnte ich einmal der Nachfolger von einem der Nationalspieler werden.' Und da war mein Kanal voll, weil das war genau nicht unsere Philosophie. Da bin ich von Bamberg hochgefahren und habe gesagt: ‚Hole deine Sachen, wir fahren heim! Pass auf, wir stehen nicht jeden Tag in der Turnhalle, damit du in drei Jahren ein Nachfolger von irgendeinem Dings wirst. Das ist nicht unser Ziel. Da brauchen wir keine Zeit zu verschwenden. Und wenn die Nationalmannschaft dich da ausbremsen möchte, dann ist das nicht das Ding. Es geht auch ohne.'' "

Der Erfolg hat ihm Recht gegeben und Nowitzki wurde über viele Jahre nicht nur ein Leistungsträger der Dallas Mavericks sondern auch der deutschen Nationalmannschaft.

In diesem Gespräch kommen vor allem zwei Theorien zum Ausdruck, die Geschwindner vorlebt, zum einen die Zielsetzungstheorie von Bob Locke und Gary Latham, zum anderen die Weg-Ziel-Theorie (im Original: „Path-goal theory") von Bob House.

Die Zielsetzungstheorie ist eine der einflussreichsten, und empirisch in vielen Kontexten am besten bestätigte, Theorie der (Arbeits)psychologie. Sie besagt, dass spezifische, schwierige Ziele in aller Regel die Leistung erhöhen. Dies tun sie deshalb, weil:

1. Das Setzen des Ziels allein schon das Selbstvertrauen erhöhen kann und weil
2. das Ziel bei der Planung hilft, bei der Aufrechthaltung der Motivation und bei der Überwindung von Hindernissen.

Allerdings gibt es auch einige Faktoren (die sogenannten Moderatoren), die erklären, warum Ziele manchmal mehr und manchmal weniger zu erhöhter Leistung führen. Dazu gehört zum Beispiel das Zielcommitment: Nur wenn man sich dem Ziel auch wirklich verpflichtet fühlt und es verinnerlicht, wird man sich auch nach ihm richten. Dies ist bei Dirk Nowitzki sicherlich der Fall gewesen. Andere Moderatoren sind die Fähigkeiten – Geschwindner hat bei Nowitzki ja nicht bei null angefangen, sondern traf bereits auf ein trainiertes Talent oder auch das Feedback, das ich auf dem Weg zum Ziel bekomme.

Robert (Bob) House (1930–2011), einer der Begründer der Theorien charismatischer Führung und der GLOBE-Leadership-Studie, hatte selbst ein charismatisches Auftreten und erinnerte mit seiner Augenklappe und tiefen Stimme an Westernhelden wie John Wayne. House entwickelte in den 1970er Jahren die Weg-Ziel-Theorie der Führung. Diese besagt kurzgefasst, dass Führungskräfte die Aufgabe haben, stets den besten Weg zu wählen, sodass die Mitarbeiter ihre Ziele erreichen können. Sie müssen dabei den Mitarbeitern die Pfade zur Zielerreichung gut erklären können und müssen frustrierende Hindernisse auf dem Weg zum Ziel beseitigen („Erwartung").

Dabei können Führungskräfte je nach Situation und Persönlichkeit der Mitarbeiter vier unterschiedliche Stile zeigen:

- Direktives Verhalten („directive behavior"),
- unterstützendes Verhalten („supportive behavior"),
- leistungsorientiertes Verhalten („achievement-oriented behavior"),
- partizipatives Verhalten („participative behavior").

Holger Geschwindner hat in seiner Karriere sicherlich alle vier Stile benutzt und war damit in der Zusammenarbeit mit Dirk Nowitzki offensichtlich sehr erfolgreich.

5

Politik

Inhaltsverzeichnis

5.1 Norbert Blüm – Bundesminister für Arbeit und Soziales a.D......... 109
5.2 Roman Herzog – ehemaliger Präsident der Bundesrepublik
Deutschland 114
5.3 Petra Roth – ehemalige Oberbürgermeisterin, Frankfurt a.M......... 120
5.4 Kai Klose – MdL, Landesvorsitzender der GRÜNEN in Hessen..... 124
5.5 Tarek Al-Wazir - MdL, Minister für Wirtschaft, Energie,
Verkehr und Landesentwicklung.. 129
5.6 Daniel Cohn-Bendit – ehem. MdEP und
Fraktionsvorsitzender der GRÜNEN im europäischen Parlament... 133
5.7 Sahra Wagenknecht – MdB, Fraktionsvorsitzende DIE LINKE...... 137
5.8 Ulrike Lunacek – ehemalige Delegationsleiterin der
österreichischen Grünen und ehemalige Vizepräsidentin des
Europäischen Parlaments 143
5.9 Boris Rhein – Hessischer Minister für Wissenschaft und Kunst...... 149

5.1 Norbert Blüm – Bundesminister für Arbeit und Soziales a.D.

» Es ist ein Fehler, sich als Führungsperson einzubilden, dass man der Stärkste, Klügste und Beste sein muss.

© Springer-Verlag GmbH Deutschland, ein Teil von Springer Nature 2019
R. van Dick, L. Fink, *Führungsstile: Prominenten und Persönlichkeiten über die Schulter geschaut*,
https://doi.org/10.1007/978-3-662-53321-5_5

> Norbert Blüm nimmt kein Blatt vor den Mund, wenn er sagt, dass eine Führungskraft sich nicht einzubilden brauche, in allen Bereichen die Beste sein zu müssen. Er plädiert für einen Führungsstil, bei dem es darum geht, die Gemeinschaft zur Höchstleistung zu bringen, Scheitern zuzulassen und bereit zu sein, sich als Führungsraft auch einmal überholen zu lassen.

5.1.1 Biographie in Kürze

Norbert Blüm wurde am 21.07.1935 in Rüsselsheim geboren. Nach Abschluss der Volksschule und einer Ausbildung zum Werkzeugmacher arbeitete Blüm insgesamt sieben Jahre bei der Adam Opel AG in Rüsselsheim. Nachdem er 1961 auf dem zweiten Bildungsweg das Abitur nachgeholt hatte, studierte er Philosophie, Germanistik, Geschichte und Theologie, letzteres unter anderem bei Joseph Ratzinger, dem späteren Papst Benedikt. 1967 schloss er sein Studium mit der Promotion zum Dr. phil. ab. Seit 1950 ist Blüm Mitglied der CDU; von 1977 bis 1987 war er Bundesvorsitzender der Christlich-Demokratischen Arbeitnehmerschaft; von 1969 bis 2000 war er Mitglied des CDU-Bundesvorstands. 1990 kandidierte er als CDU-Spitzenkandidat gegen den nordrhein-westfälischen Ministerpräsidenten Johannes Rau. Von 1982 bis 1998 war Blüm Bundesminister für Arbeit und Sozialordnung und erhielt als solcher 1990 das Große Bundesverdienstkreuz. Im April 2011 wurde Norbert Blüm für seine christlich geprägte Sozialpolitik mit dem Oswald-von-Nell-Breuning-Preis der Stadt Trier ausgezeichnet.

5.1.2 Interview

Kurz nach Beginn unserer Gesprächsreihe über Führungsstile hörte ich im Radio ein Interview mit Norbert Blüm zu seinem gerade erschienenen Buch „Ehrliche Arbeit". Ich dachte mir, dass das doch gut zu unserem Thema passen würde und rief gleich in Bonn an. Norbert Blüm war persönlich am Telefon und ohne Umschweife bereit, uns zu unterstützen. In seinem Haus empfingen er und seine Frau uns einige Tage später. Norbert Blüm war genauso, wie ich ihn aus den Medien kannte – freundlich, offen und ohne ein Blatt vor den Mund zu nehmen.

„Sie waren in wichtigen Funktionen in der deutschen Politik, insbesondere auch der CDU. Was mich interessiert, ist, wie Sie ganz persönlich mit Führung umgegangen sind. Brauchen Sie überhaupt Führung?", beginne ich das Gespräch. Norbert Blüm erklärt mir: „Also ein Buch schreibe ich noch alleine. Aber es gibt viele Sachen, die ich alleine gar nicht zustande bringe, weil Koordination gefragt ist." Er greift dabei das banale Beispiel des Straßenverkehrs auf und weist darauf hin, dass ein wichtiger Bestandteil von Führung in der heutigen Gesellschaft, die tägliche Koordination der Mitmenschen sei. „Was sind eigentlich Vorfahrtsregeln anderes als Führungshilfen?" Erfolgreiche Führung, so Norbert Blüm, sei geprägt von der Koordination kollektiven Handelns, welches den Menschen Zeit erspare. „Insofern", behauptet er, „ist das mit der Führung wie mit den Hosenträgern. Ohne Hosenträger muss ich meine Hose festhalten, mit Hosenträgern werden meine Hände frei für Wichtigeres. So können mich Führungshilfen entlasten bei wichtigen Fragen wie beispielsweise Entscheidungsprozessen." Zustimmend auf meine Frage, ob er persönlich Führung brauche, spricht Norbert Blüm die Funktion der Führung als eine Art Katalysator für das Erreichen von persönlichen und beruflichen Zielen an.

Einen weiteren Kernbestandteil, den Norbert Blüm mit der Führungsrolle verbindet, erfahre ich aus seinen Erzählungen während seiner Pfadfinderzeit. „Ich war, wie das damals noch hieß, Stammesführer", sagte er, „und das war einer meiner elementaren Führungserfahrungen." Damals hatte er, zusammen mit acht Pfadfindern, eine Expedition quer durch Island geplant und geleitet. Der Schwierigkeitsgrad der Exkursion führte dazu, dass sie das Vorhaben abbrechen mussten. „Die wesentliche Führungserfahrung war, das Scheitern der Exkursion zuzugeben. Wir haben schon drei Tage vor dem Umdrehen gewusst, dass wir unser Ziel nicht erreichen werden und deshalb umdrehen müssen. Ich habe es damals nicht übers Herz gebracht, genau dies anzuweisen. Einerseits muss man durchhalten, aber andererseits auch den Mut aufbringen, zu sagen: ‚Jungs, es ist vergebens!'" Er habe damals „sehnsüchtig darauf gewartet, dass ein anderer sagen würde: ‚Wir schaffen es nicht mehr.'" Norbert Blüm wollte den übrigen Pfadfindern ein Vorbild sein, so wie ein Kapitän Stärke beweisen und als Letzter vom Schiff gehen. Im Nachhinein, so Blüm, handelte es sich dabei nicht um eine Charakterstärke, sondern einen Trugschluss. „Es ist ein Fehler, sich als Führungsperson einzubilden, dass man der Stärkste, Klügste und Beste sein muss", erklärt er. Am eigenen Leib habe er gelernt, dass derartige Eigenschaften eine Führungsperson nicht selbstverständlich zum Vorbild machen. Vorbildliche Führung, meint Norbert Blüm, spiegele sich vielmehr in der Art und Weise, wie eine Führungsperson mit eigenen Fehlern umgehe. In der Wirtschaftswelt wird dieser Ansatz der Führungskultur vorbildlich im Silicon Valley, Kalifornien, gelebt. Der sogenannte "Silicon Valley Spirit" symbolisiert einen progressiven Umgang mit Fehlern im Führungsalltag. Fehler werden bewusst als etwas Nützliches angesprochen, um aus ihnen gemeinsam zu lernen und einen regelmäßigen und offenen Austausch von Informationen anzustreben (Herger, 2017; Lee, Miller, Hancock und Rowen, 2000).

„Diese Erfahrung im Umgang mit Fehlern hat mir später sehr bei meiner Führungsrolle im Arbeitsministeriums geholfen", fährt Norbert Blüm fort und verweist auf die Bedeutung von Mitarbeitergesprächen. „Gemäß der alten Hierarchie, ist der Minister derjenige, der alles weiß. Das führt dazu, dass er nicht alles erfährt. Ich habe deshalb in meiner Zeit im Arbeitsministerium die Demut bewiesen, mich dümmer zu stellen als ich bin und nach Rat und Erklärung gefragt." So entlockt die Führung viel mehr Kreativität, Aktivität und Spontanität, meint Norbert Blüm. Infolgedessen kommt er zu dem Schluss: „Die Führungsperson muss also nicht der Beste, sondern derjenige sein, der die Gemeinschaft, die er führt, zu ihrer Höchstleistung bringt. Dazu muss er sich möglicherweise auch einmal überholen lassen." Norbert Blüm betont, dass es nicht darum geht, dass eine Führungsperson mit Fehlern alleine umgehen müsse, sondern dass gemeinschaftlich nach Lösungen gesucht werden solle.

„Die Führung mit einem gewissen Maß an Demut auszuüben", so Norbert Blüm, „hat im Übrigen meiner Autorität nicht geschadet." „Ganz im Gegenteil", fügt er hinzu, habe er durch diesen Führungsstil seine Mitarbeiter aufgefordert, mehr Verantwortung zu übernehmen. In der Literatur ist das Initiieren von verantwortlichem Handeln einzelner Mitarbeiter ein Erfolgsparameter für die gesamte Verhaltenssteuerung einer Organisation. Die Gestaltung von Verantwortung im Unternehmen erfordert Handlungsfähigkeit, welche unter anderem auf den Kompetenzen der Mitarbeiter basiert (Wildermann, 2009). Das regelmäßige Einbeziehen der Mitarbeiter führt zu ihrer Ermächtigung im Unternehmen (McClelland, 1975) und ruft dabei eine positive Stärkung ihrer Selbstwirksamkeit hervor (Deci, 1975; Bandura, 1986). Das Konzept der Selbstwirksamkeit ist vor allem von hohem Interesse um die Leistungsmotivation der Mitarbeiter über einen längeren Zeitraum zu gewährleisten (Bandura, 1977). Die Wissenschaftler Conger und Kanungo waren eine der Ersten, die 1988 dieses Phänomen aus der wirtschaftlichen Praxis an die Öffentlichkeit trugen. In der heutigen Gesellschaft, berichtet Norbert Blüm, sei dieser Ansatz bedauerlicherweise sehr selten verbreitet. Den Mut, ein Zugeständnis zu machen, einen Rat einzuholen und sich von seinen Mitarbeitern „überholen zu lassen", widerspricht der häufig verbreiteten Realität, dass Führungskräfte „an den Stühlen ihrer Kollegen oder Vorgesetzten sägen", um in der Karriereleiter nach oben zu klettern.

„Wer hat Sie denn persönlich in der Führung inspiriert?", frage ich anschießend. „Für mich war das der Jesuitenpater Nell-Breuning, weil er ein Mensch war, der völlig von sich absehen konnte und trotzdem sehr selbstbewusst war", antwortet er. Norbert Blüm berichtet von seinem Gespräch kurz bevor der Pater verstarb: „Nell-Breuning sagte mir damals: ‚So jetzt können sie gleich mal sehen, wie ein großer Geist zerfallen ist.' Er gab zu Protokoll, dass es mit seiner geistigen Kraft zu Ende ging, blieb aber trotzdem so selbstbewusst, zu sagen: ‚Ein großer Geist'. Er hat gewusst, dass er schwach geworden ist und hat seine Schwächen gekannt. Trotzdem hat er sich nicht in seinen Schwächen häuslich eingerichtet." Norbert Blüm fügt eindringlich hinzu: „Das ist ein starkes Selbstbewusstsein".

Auch Joseph Ratzinger, bei dem Norbert Blüm studierte, habe ihn in seiner Führungsrolle inspiriert. „Ratzinger hat die Konzilsbewegung mitgestaltet, war junger Konziltheologe bei Kardinal Frings, der selbst eine große progressive Gestalt des Konzils war. Der Hörsaal war immer überfüllt, als Ratzinger seine Konzilberichte gab, die voller progressivem Tatendrang waren." Spannend ist, dass Norbert Blüm auf eine unkonventionelle Art des Charismas in der Führung zu sprechen kommt, die er bei Ratzinger erlebt hat. „Das war nicht der Charismatiker, der Feuer spuckt, sondern einer, der mit leisen Tönen und Zartheit, die Menschen verband."

Norbert Blüm zeigt auf, dass zu seiner Vorstellung von erfolgreicher Führung nicht nur ein bestimmtes Maß an Selbstbewusstsein und Demut gehört, sondern auch die Bereitschaft, seinen Mitmenschen zu zuhören. „Führung geht oft schief", fährt er fort, „wenn sich Führungskräfte nicht um die Beziehungen ihrer Geführten innerhalb der Gruppe kümmern." Erfolgreiche Führung, so Blüm, zeichne sich auch darin aus, dass sie auf bestimmte Indizien aufmerksam wird, wie beispielsweise Neid oder Wettbewerb in der eigenen Gruppe. „Derartiges Verhalten", meint er, „muss nicht an der Führungsperson liegen, sondern kann auch ganz unbeherrscht unter den Geführten entstehen." Wichtig sei es jedoch, dass die Führungskraft die Fähigkeit aufweise, Ursachen destruktiver Gruppendynamik zu identifizieren und anzusprechen. „Führungspersonen, die Egomanen sind und stets auf sich bezogen denken", erklärt Norbert Blüm, „halte ich deshalb für lebensgefährlich für gesunde Führung."

Blüm bezeichnet dann Kontinuität als weiteren Kernpunkt der Führung. Am Beispiel seiner Arbeitserfahrung bei Opel erzählt er, dass durch den fortwährenden Wechsel der Opelvorstände nach seiner aktiven Zeit, die Spitze in der Führung fehlte, mit der man sich hätte identifizieren können. Daraufhin kommt er auf die Wichtigkeit zu sprechen, die Führungsnachfolge verlässlich zu planen, damit nicht Unsicherheit und Unruhe bei den Mitarbeitern entstünden. Wenn die Führungsspitzen regelmäßig vom Arbeitgeber ausgetauscht werden, so Norbert Blüm, „wie muss sich denn ein Arbeiter fühlen – doch wie ein Ersatzteil!"

Abschließend erzählt mir Norbert Blüm, dass gute Führung vorwiegend durch Erfahrung entsteht. Es sei die Erfahrung, meint er, die Führungspersonen ermögliche, „die richtige Mischung zwischen Routine, Erfahrungswissen und Spontandenken" anzuwenden. Lachend fügt er hinzu: „Was den Platon ja auch zu der verwegenen Idee gebracht hat, dass man für Staatsämter nicht unter 50 Jahren zugelassen werden sollte."

5.2 Roman Herzog – ehemaliger Präsident der Bundesrepublik Deutschland

» Eigentlich funktioniert das hochgeklappte Visier noch immer am besten.

> In diesem Gespräch plädiert Roman Herzog für eine offene und transparente Kommunikation in der Führung. Man müsse klar mitteilen, wohin der „Hase läuft" und ein Hinterfragen zulassen, wenn man Menschen für seine Ideen gewinnen will.

5.2.1 Biographie in Kürze

Roman Herzog wurde am 05.04.1934 geboren. Er studierte an der Ludwig-Maximilians-Universität in München Jura und promovierte bei Prof. Theodor Maunz zum Thema „Grundrechtsbeschränkungen nach dem Grundgesetz und Europäische Menschenrechtskonvention". Mit 30 Jahren habilitierte er und war Professor für Staatsrecht und Politik an der Freien Universität in Berlin. Dort wurde er außerdem zum Dekan ernannt. Anfang der 1970er Jahre wechselte er an die Hochschule für Verwaltungswissenschaften nach Speyer. Dort war er neben seiner Professur auch Rektor der Universität. Von dort begann seine politische Karriere – zunächst als Staatssekretär und Bevollmächtigter des Landes Rheinland-Pfalz in Bonn. Dieses Amt hatte er einige Jahre inne und hat dort viele, für ihn bedeutsame Menschen getroffen, zum Beispiel Helmut Kohl, der ihm dieses Aufgabengebiet vermittelt hat. Roman Herzog ist danach in Baden-Württemberg Minister geworden, zunächst Kultusminister, danach Innenminister. Anschließend wurde er Richter am Bundesverfassungsgericht, zunächst als Vizepräsident des ersten Senates und anschließend als Präsident. 1994 wurde er dann zum 7. Bundespräsidenten von Deutschland gewählt und hat in seiner fünfjährigen Amtszeit bis 1999 vor allem das Thema verfolgt, dass sich Deutschland im In- und Ausland als „unverkrampftes Land" präsentieren soll. In Erinnerung ist seine berühmte Rede, dass ein Ruck durch das Land gehen müsse. 2014 veröffentlichte Roman Herzog das Buch „Europa neu erfinden: Vom Überstaat zur Bürgerdemokratie", in dem er ein neues Konzept für die Europäische Union entwirft. 2017 verstarb er im Alter von 82 Jahren.

5.2.2 Interview

Für die Interviewreihe habe ich selbstverständlich auch versucht, die ehemaligen Präsidenten der Bundesrepublik Deutschland zu gewinnen. Bei Roman Herzog war ich erfolgreich und wir besuchten ihn auf der sogenannten Götzenburg, auf der er mit seiner zweiten Ehefrau, der verwitweten Freifrau von Berlichingen, lebte. „Die erste Frage, die ich gerne stelle, ist: Braucht man Führung, wenn man schon so weit oben in der Führung ist? Sie sind in vielen Kuratorien tätig oder in der gemeinnützigen Hertie-Stiftung. Braucht man in diesen Funktionen überhaupt noch Führung?" Sich in seinen Sessel zurücklehnend, antwortet er mir: „Aber natürlich, die Menschen sind ja Gott sei Dank nicht alle gleich gestrickt. Gleichgültig ob für ein Institut, wie die Hertie-Stiftung, oder auch nur das Kuratorium, braucht man Führung." Roman Herzog erklärt, dass Führung besonders in denjenigen Bereichen der Gesellschaft benötigt wird, in denen es auf die Meinung und Unterstützung des Volkes ankommt. Am Beispiel der Entwicklung politischen Fortschritts, erzählt er: „Irgendwann gibt es eine neue Idee. Die entsteht bei Einzelnen oder wird meist auch von kleinen Gremien entwickelt. Man muss versuchen, viele Gefolgsleute zu finden, nicht nur Journalisten, sondern auch politische Mitstreiter, damit die Idee überhaupt in die Bevölkerung hineinwirken kann. Und dann muss man sehen, dass man die nötige Führungskraft gegenüber den Wählern besitzt." Roman Herzog sieht die Führungskraft als einen Botschafter, der zwischen zwei Welten, nämlich dem Volk und den politischen Gremien vermittelt. „Das ist meistens eine mehrstufige Angelegenheit", fährt er fort und besinnt sich auf die Herausforderung der Führungsperson, die Entwicklung von Ideen in der Politik mit den Erwartungen und der Meinung des Volkes aus zu balancieren. Herzog erinnert daran, dass eine Führungsperson in der Politik ausschließlich dem Land und seinem Volk diene und meint, dass das

Scheitern der Vermittlung „ein Grund ist, warum eine ständige, permanente Demokratie an den faktischen Möglichkeiten scheitert".

In meiner nächsten Frage interessiert mich, welche Grundbedingungen Roman Herzog für eine erfolgreiche Führung sieht: „Was unterscheidet Ihrer Meinung nach eine gute, von einer weniger guten Führung?" Er antwortet: „Meiner Erfahrung nach kommt es auf zwei wesentliche Dinge an: Zum einen ist das die Art, wie man etwas in der Führung begründet. Das wird immer schwieriger, weil immer weniger in unseren gesellschaftlichen Entwicklungen bis hin zu unseren finanzpolitischen Fragen berechnet und so dargestellt werden kann, dass es jeder Bürger versteht." Gute Führung, so Roman Herzog, erfordere demnach rationales Argumentieren, das die immer größer werdenden Bereiche in der Politik überbrücken solle. Das schließt auch die Entwicklung „überzeugender Programme und der Versuch, diese auch so rational wie möglich den Menschen zu erklären" ein. Er fährt fort: „Zum anderen benötigt man Vertrauen. Man muss als Führungskraft in der Politik Vertrauen bilden. Und dies alles hängt damit zusammen, dass man als Politiker mit einer möglichst fairen und überzeugenden Weise argumentiert und auftritt."

„Wenn man Ihre Karriere betrachtet", setze ich das Gespräch fort, „die über verschiedene Ministerämter geht, glauben Sie, dass man gute Führung lernen kann?" Herzog antwortet: „Ich war fünf Jahre lang Bundesbevollmächtigter des Landes Rheinland-Pfalz und habe ständig vermittelt und Mehrheiten gesucht. Bei mir war das so, dass diese Vermittlungtätigkeit automatisch Vertrauen geschaffen hat. Ich bin immer nach dem Motto vorgegangen, meine Absichten klar zu kommunizieren und zu sagen, wo meine Politik hinläuft und wo sie hinlaufen soll. Dafür bin ich bekannt geworden – das hat sich durchgesetzt und mir Vertrauen eingebracht." Nach Herzog ist die offene und transparente Kommunikation ein wesentlicher Bestandteil guter Führung, um Vertrauen unter das Volk zu bringen. „Ich habe oft die Erfahrung gemacht, dass es das Beste ist, wenn man von vornherein die Standpunkte – wie man eine Mehrheit sucht oder wie man die Unterstützung von Mitarbeitern sucht – klarmacht", sagt er und fügt hinzu; „Man muss klar mitteilen, wohin der Hase läuft. Eigentlich funktioniert das hochgeklappte Visier immer noch am besten." Weil er im Stande gewesen sei, das Volk dadurch für sich zu gewinnen, erzählt er, „hat es wahrscheinlich auch bei der früheren Entscheidung über meine Wahl ins Bundesverfassungsgericht keine großen Probleme gegeben."

Als nächstes interessiert mich sein persönlicher Stil: „Wie haben Sie ganz persönlich in den kleinen Zirkeln geführt, angefangen vom Lehrstuhl bis hin zum Bundespräsidialamt?" Sein persönlicher Führungsstil, so Roman Herzog, sei von der Vorstellung geprägt, nicht nur selbst vorzugeben, „wohin der Hase laufen muss", sondern auch Möglichkeiten zum Hinterfragen zu schaffen. Es ginge dabei um eine politische Klugheit, fährt er fort, sowohl Abteilungsleiter, als auch Mitarbeiter in den Prozess einzuweihen und nach ihren eigenen Vorstellungen zu fragen. „Das hat den großen Vorteil, dass man selbst die eigene Position überprüfen kann", erklärt er und fährt fort, „und zweitens erfreut es jeden, wenn er integriert ist. Das schafft Vertrauen." Man muss als Führungsperson in der Politik ehrlich zugeben, meint er, dass es Fälle gäbe, in denen man sich seinen eigenen Entscheidungen nicht ganz sicher sei. „Ich kann mich an Fälle erinnern", erzählt er, „wo ich selbst noch nicht wusste, was richtig war. Die Methode, frei zu diskutieren und abzustimmen, war immer von Vorteil." Roman Herzog fährt fort: „Man kann aus den Diskussionen, die Kollegen miteinander haben, erkennen, was die richtige Position, beziehungsweise die richtige Linie ist." Im Rückblick auf seinen Lehrstuhl, erzählt er, er „habe ja früher von Karlsruhe aus in Speyer und zum Teil in Tübingen Vorlesungen über Rechtsprechung des Bundesverfassungsgerichts gehalten. Wenn man dort vorträgt, merkt man, wo die Schwachstellen und die Stärken sind. Dann ist es aber zu spät, denn dann ist ja schon die Entscheidung gefallen. Idealer wäre es gewesen, die Meinung der Mitarbeiter erstmals in der Vorlesung vorzutragen und dann diskutieren zu lassen." Kollegen und Mitarbeiter spielen für Roman Herzog eine entscheidende Rolle in der Entwicklung seiner eigenen Führung: „Ich habe Leuten und ihrem Wissen vertraut."

Wie bedeutsam das Vertrauen zwischen der Führungskraft und ihren Mitarbeiter ist, zeigen die Organisationspsychologen Rousseau, Sitkin, Burt und Camerer (1998) an Hand der Betrachtung sozialer Bezüge auf. Eine personalisierte und zwischenmenschliche Beziehung ermöglicht der Führungskraft ein Vertrauensverhältnis mit ihren Mitarbeitern zu entwickeln, welche für die verschiedenen Einflussprozesse und Handlungen der Führungskraft von größter Bedeutung ist. Die Führungskraft solle dementsprechend ihren Mitarbeitern genügend Spielraum geben und ihnen zeigen, dass sie ihnen vertraut, damit Mitarbeiter diese Geste auf ihre Art erwidern und sich als verlässlich beweisen (Clases, Ryser und Jeive, 2008). Roman Herzog weist in der Tat darauf hin, dass sein Vertrauen in die Mitarbeiter im Amt Teil seines politischen Erfolgs war.

„Wenn man sich Ihre verschiedenen Ämter anschaut", fahre ich fort, „haben Sie als Person die jeweiligen Ämter gestaltet oder haben hauptsächlich die Ämter Sie beeinflusst?" Beides sei der Fall gewesen, antwortet Herzog. „Einen Senat im Bundesverfassungsgericht können Sie nicht führen", fährt er fort. „In der Politik ist es oft nicht bedeutsam, wie entschieden wird, sondern wann entschieden wird: Es gilt, den richtigen Zeitpunkt zu finden. Es gibt

Entscheidungen, die man so oder so machen muss, aber die Wirkung kommt auf den Zeitpunkt der jeweiligen Entscheidung an." Diese Variable der Zeit, so Roman Herzog, wirke sich deshalb auf die nächsten Schritte in der eigenen Führung aus. Den „richtigen Zeitpunkt" definiert er seiner Wahrnehmung nach, wenn die Bevölkerung bereit sei, bestimmte Themen aufzugreifen und zu verarbeiten. „Man muss ein Gespür dafür haben, ansonsten droht die eigene Führung kontraproduktiv zu werden." Er führt weiter aus: „Es gibt wirklich das Reifen von Themen in der Gesellschaft und die Möglichkeit, sie in der Diskussion anzustoßen, um festzustellen, ob sie reif sind oder nicht." Bestimmte Entscheidungen seien in der Politik nur in bestimmten Zeitfenstern möglich und erfolgreich. „Wenn man zu früh dran ist, dann sagen alle, man ist als Politiker lebensfremd geworden. Ist man zu spät dran, haben sich die Parteien schon positioniert." „Ein Maß dazwischen zu finden und den richtigen Zeitpunkt abzuschätzen", sagt er, „ist eine Sache der Effektivität in der Führung – darauf kommt es an!" Die Kunst, Entscheidungen zum richtigen Zeitpunkt zu treffen, ist eine wohlbekannte Herausforderung in der Führung. Die Aufmerksamkeit und Einsicht in gesellschaftliche Grundbewegungen sind daher Kernfähigkeiten für eine Führungsperson in der Politik (Osborn, Hunt und Jauch, 1980). Diese verschaffen der Führungsperson eine strategische Kenntnis, wann bestimmte Programme oder Themen zu verwirklichen sind.

Allerdings sei es auch wichtig in der Politik, die eigenen Visionen noch während der Amtszeit hervorzubringen, fährt Roman Herzog fort. „Das ist ein großer Nachteil der Amtszeit. Es ist nicht so, dass man dieses Amt auf Lebenszeit bekommt. Man muss das, was einem wirklich am Herzen liegt, in dieser Zeit deponieren." So war es auch bei seiner „Ruck-Rede", die Roman Herzog 1997 hielt. „In den 90er Jahren waren die Leute genervt durch die Schwierigkeiten der Wiedervereinigung auf beiden Seiten des ‚Eisernen Vorhangs'", erzählt er, „so ist [die Rede] erst zehn Jahre später verstanden worden." Hauptsache sei jedoch, fährt Roman Herzog fort, dass die Rede letztlich überhaupt verstanden worden sei.

Das Thema Amtszeit in der Politik greife ich in meiner nächsten Frage auf: „Sie haben erwähnt, dass die Legislaturperiode Ihrer Meinung nach zu kurz sei. Glauben Sie, dass das eins der Probleme ist, warum die Politik oft Fehler macht und nicht verstanden wird?" Herzog nickt zustimmend: „Ja, natürlich." Er fährt fort: „Das spielt aber auch eine wichtige Rolle in der Wirtschaft. Oft hört man aus der Wirtschaft den Vorwurf: ‚Ihr Politiker schaut immer nur auf die nächste Wahl!'" Er fügt lachend hinzu: „Dann muss ich ganz ehrlich sagen: ‚Und ihr nur auf den nächsten Vierteljahresbericht!'" Die Kunst mit der Zeit im Amt umzugehen, so Roman Herzog, sei eine menschliche Herausforderung. „Ich könnte mir vorstellen, dass eine vierjährige Amtszeit oder Wahlperiode um ein Jahr verlängert werden könnte, damit die Zeit nach der Wahl und vor der nächsten Wahl verlängert wird", sagt er, fügt jedoch hinzu: „Aber ich glaube nicht, dass das entscheidend ist. Das Entscheidende ist immer: Wie sind die Wahlaussichten."

„In der heutigen Gesellschaft sehen wir so viele Probleme: In der Politik ist es die Politikverdrossenheit, in der Wirtschaft die Finanzkrise. Ist das Ihrer Meinung nach eine Auswirkung weniger erfolgreicher Führung?" Er beantwortet diese Frage folgendermaßen: „Ich glaube nicht, dass das so sehr mit Führung in der Politik oder der Wirtschaft zu tun hat. Erstens: Die gesellschaftlichen, wirtschaftlichen und politischen Verhältnisse werden immer schwieriger und undurchschaubarer." Es gibt fast nichts, meint er, wovon der Mensch nicht überzeugt sei, dass es nicht vom Menschen beeinflusst werden könne. Wenn es sich dann aber nicht so abspiele, wie gewünscht oder geplant, so Roman Herzog, komme der Mensch schnell zu der Erklärung, dass ein menschlicher Fehler unterlaufen sei. „Ich nenne das die Dynamisierung der Gesellschaft", erklärt er. „Vor allem sind es diejenigen, die nicht willig sind, etwas Neues zu lernen, die zu den Problemen in der Gesellschaft beitragen", fährt er fort, „dazu kommt, dass die gesellschaftlichen Rahmenbedingungen im Zeitalter der Globalisierung sich vielfältig verändert haben. Seit fast 60 Jahren assoziiert unsere Bevölkerung das Wort ‚Wirtschaft' automatisch mit ‚Zuwachs'. Heutzutage ist der Mensch, der sich für solche Dinge zu interessieren pflegt nicht erst 40 Jahre, sondern wahrscheinlich 18 oder 20." Roman Herzog weist darauf hin, dass Führung in der Politik von diesen Umständen fundamental geprägt und geleitet sei. „Diese Abhängigkeit", meint er, „macht Führung sehr schwer. Es ist billig zu sagen, dass die Parteien in ihrer Führung zu wenig tun, weil es immer um den Machterhalt geht." Den Machterhalt, erklärt er am folgenden Beispiel: „Wenn ich die Macht verliere oder wenn ich die Regierungsverantwortung verliere, dann kann ich überhaupt nichts mehr in dem Sinn, wie ich es für richtig halte, tun und bewerkstelligen. Das ist das Dilemma."

Zum Schluss frage ich nach seiner Wertehaltung in der Politik: „Man würde meinen, dass das Vertreten von Werten Politikern Halt bietet. Wie erleben Sie das in der Realität?" Daraufhin antwortet Roman Herzog: „Sie werden vielleicht beobachtet haben, dass ich nur dann, wenn es überhaupt nicht mehr anders geht, in einer Diskussion Werte oder Grundwerte in den Mund nehme." Man könne seiner Meinung nach eine gemeinsame Vorstellung nur schwer in einer werteorientierten Diskussion erreichen. „Nehmen Sie zum Beispiel die Diskussion über das geistige Eigentum. Ist das nun ein Wert oder ist es keiner?" In der Politik, wo es heißt, Verständnis und Überzeugung unter den Menschen zu schaffen, vermeidet Herzog es, seine Visionen an Hand bestimmter Werte in der Gesellschaft vorzutragen, da seiner Meinung nach diese in verschiedener Weise interpretiert und aufgegriffen werden könnten. „Ich bin deshalb zufrieden, wenn wir im politischen Kreis partout reden und durch redliches Bemühen unsere Meinungen dem Volk vortragen."

5.3 Petra Roth – ehemalige Oberbürgermeisterin, Frankfurt a.M.

»Ich halte sehr viel von sozialer Kompetenz.

> In diesem Gespräch erzählt Petra Roth von der Bedeutung sozialer Kompetenz in der Führung. Sowohl in ihrem Amt als Oberbürgermeisterin, als auch in ihrer Rolle als Mutter, sieht sie ihren Erfolg in der Führung darin begründet, dass sie neugierig, offen und einfühlsam auf Menschen zugehen kann. In der Führungsrolle möchte sie insofern ein Vorbild sein, indem es ihr gelingt, sich auf die Vorstellungen des Einzelnen einzulassen, diese mit eigenen Ideen in Einklang zu bringen und zu einem gemeinsamen Ziel hin zu entwickeln.

5.3.1 Biographie in Kürze

Petra Roth wurde am 09.05.1944 in Bremen geboren und entstammt einer Bremer Kaufmannsfamilie. Nach Abschluss der mittleren Reife, absolvierte sie eine Ausbildung zur Arzthelferin und anschließend die höhere Handelsschule. 1972 trat sie der Christlich Demokratischen Union bei. Petra Roth zog nach Frankfurt am Main, wo sie 1995 Oberbürgermeisterin wurde und dieses Amt bis 2012 bekleidete. In den Jahren 1997 bis 1999, 2002 bis 2005 und 2009 bis 2010 war sie Präsidentin des Deutschen Städtetags. 2001 wurde sie für ihre Verdienste im Rahmen der deutsch-französischen Freundschaft zum Offizier der französischen Ehrenlegion ernannt. Des Weiteren erhielt sie 2005 von der Universität Tel Aviv die Ehrendoktorwürde für ihre Förderung der akademischen und kulturellen Beziehungen zwischen den Partnerstädten Tel Aviv und Frankfurt am Main. Im Jahre 2010 verlieh ihr die Sookmyung Women's University in Seoul die Ehrendoktorwürde für ihr internationales politisches Wirken. Danach wurde Petra Roth 2012 mit dem deutschen Julius-Campe-Literaturpreis und dem Konrad-Adenauer-Preis der Stadt

Köln ausgezeichnet. 2015 erhielt sie die Ehrenplakette der Stadt Frankfurt am Main und wurde 2016 zur Ehrenbürgerin der Stadt Tel Aviv ernannt. 2017 verlieh ihr Oberbürgermeister Peter Feldman die Ehrenbürgerschaft der Stadt Frankfurt.

5.3.2 Interview

„Frau Roth, Sie haben wichtige Ämter innegehabt", beginne ich das Gespräch. „Sie sind seit 17 Jahren Oberbürgermeisterin Frankfurts und waren Präsidentin des Deutschen Städtetags. Sie haben mit dem Thema Führung aus erster Hand zu tun. Wie wichtig finden Sie Führung, um Menschen zu Höchstleistungen anzuspornen?" Petra Roth antwortet: „Ich selber bin, bis ich Oberbürgermeisterin wurde, nie in einer Führungsaufgabe tätig gewesen. Trotzdem habe ich immer Menschen geführt." Sie kommt auf ihre Rolle als Mutter zu sprechen und erzählt von ihrer Führung in der Partnerschaft und in der Erziehung ihrer Kinder und sieht Führung als etwas „nicht im Sinne von Autorität vorgeben, sondern erfahren, was der andere Mensch möchte und dann in einem gemeinsamen Konsens zu einem Ergebnis kommen." Sie fügt hinzu: „Ich führe sehr gerne und zwar im Zusammenwirken mit anderen Menschen." Für sie zeigt sich Erfolg in der Führung darin, dass es gelingt, eigene Ideen mit den Vorstellungen der anderen zusammenzuführen. „Wunderschön ist es, wenn das, was man selbst im Kern angedacht hat, mit den anderen zu einer richtigen Frucht wird." Im zweiten Teil ihrer Antwort erzählt Petra Roth von der Bedeutung demokratischer Führung: „Als Vorsitzende des Magistrats muss ich in dem Sinne führen, dass ich Meinungen zusammenbringe, die natürlich dann demokratisch abgestimmt eine Mehrheit bekommen. Das entsteht aus dem Kern, wie ich politisch denke und wie ich politisch diese Stadt entwickeln will." Petra Roth zeigt in ihren beiden Antworten auf, dass Führung sowohl im Alltag, wie beispielsweise in der Familie, als auch in der Politik wichtig ist, um sich auf die Menschen und ihre Vorstellungen einzulassen, die sie in ihrer Führung zu integrieren und zu entwickeln versucht.

„Haben Sie einen persönlichen Führungsstil, den Sie in Ihren verschiedenen Führungsrollen anwenden?", frage ich weiter. Jeder Mensch habe eine Kernkompetenz, meint sie, die seine spezifische Führung prägten. „Diese Kernkompetenz ist bei mir, dass ich auf Menschen zugehe und neugierig auf sie bin. Ich halte sehr viel von sozialer Kompetenz." Dabei ist die soziale Kompetenz für Petra Roth nicht nur in ihrer eigenen Führung wichtig, sondern auch unter ihren Mitarbeitern. „Ich trage die Verantwortung, bedeutende Leistungsträger für die Gesellschaft einzustellen. Im Gespräch muss sich dann herausstellen: Passt der- oder diejenige mit seiner Vorstellung, wie die Welt zu entwickeln ist, auf dieses Amt? Hat er soziale Kompetenz?" Als sie mit ihrer Führung in der Politik anfing, erzählt sie, habe man ihr aufgezeigt, dass die soziale Kompetenz ein wesentlicher Bestandteil von Erfolg in der Führung ist. „Dieser Erfolg ist nicht nur materiell zu sehen, sondern in der Menschenführung, der Zuwendung und in der Reflexion, sodass mein Gegenüber mit der Art und Weise zufrieden ist, wie ich sie oder ihn annehme." Mit sozialer Aufmerksamkeit und Kompetenz strebt Petra Roth an, die Lebensqualität ihrer Mitmenschen zu verbessern, die sie führt.

Diese emotionale Intelligenz, wie Petra Roth sie beschreibt und vorlebt, weisen Wissenschaftler als wesentlichen Kernbestandteil erfolgreicher Führung aus (Zaccaro, 2002). Die emotionale Intelligenz wird in der Literatur anhand bestimmter Eigenschaften definiert, wie beispielweise die emotionale Selbstwahrnehmung, Selbstregulation und Empathie (Mayor und Salovey, 1990) – also die eigenen und die Emotionen anderer wahrnehmen, interpretieren und angemessen darauf reagieren zu können. Goleman und seine Kollegen zeigen auf, dass die emotionale Intelligenz einer Führungskraft ermöglicht, wichtige Entscheidungen in der Führung zu treffen, wie beispielswiese wann mehr oder weniger Autorität oder Kooperation gefragt ist (Goleman, Boyatzis und Mckee, 2001). Der Versuch der Wissenschaft, erfolgreiche Führung zu unterstützten, führte dazu, dass theoretische Konstrukte und ein pragmatisches Rollenverständnis entwickelt wurden, um die soziale und emotionale Kompetenz der Führungskräfte zu fördern, damit diese eine Resonanz an positiven Gefühlen am Arbeitsplatz schafft. So erklären beispielsweise die Wissenschaftler Riggio und Reichard (2008), dass der intelligente Umgang mit Emotionen die technischen Aufgaben der Führung ergänzt und unentbehrlich für den Erfolg ist.

Petra Roth erzählt, dass ihr die soziale Kompetenz in der Führung vor allem geholfen habe, Entscheidungen so zu kommunizieren, dass sie von ihren Mitarbeitern angenommen werden konnten. Es sei schon häufig im Amt der Oberbürgermeisterin vorgekommen, sagt sie, dass Menschen einen Weg in der Sachpolitik beschritten hätten, der nicht zum Erfolg geführt habe. „Obwohl diese Menschen sehr von ihrer Vision überzeugt waren, bin ich auch dafür verantwortlich, zu entscheiden, wann ein Projekt weitergeführt werden kann, oder auch nicht. Die Enttäuschung bei diesen Menschen zu sehen, weil sie an einem Gestaltungsprodukt nicht selber erfolgreich waren, das tut mir weh." Frau Roth fährt fort: „In solchen Situationen habe ich gelernt, Menschen klar und respektvoll zu erklären, warum man dieses oder jenes Projekt nicht weiter machen kann. Ich habe selbst erfahren, dass diese offene Kommunikation – die

5 Politik 123

Wahrheit zu hören – die Menschen dann auch ein Stück entlastet hat." Solange der Entscheidungsprozess fair und transparent sei, meint sie, könnten Menschen Kritik besser annehmen und mit ihr konstruktiv umgehen. „Das passt auch wieder zu meiner Art, wie ich mit Menschen umgehe", fährt sie fort: „Ich bin neugierig und gehe auf Menschen zu. Deshalb fällt mir die Kommunikation auch in schwierigen Situationen leichter."

In meiner nächsten Frage will ich wissen, ob man einen derartigen Führungsstil erlernen kann: „Glauben Sie, dass prinzipiell jeder, gemäß ihrer Definition, eine gute Führungskraft werden kann?" Ihrer Meinung nach, so Petra Roth, könne man in der Führung, wie auch in anderen Bereichen des Arbeits-und Zusammenlebens, nicht alles meistern. „Es gibt gewisse Dinge, die kann ich analysieren und annehmen, aber ich kann sie nicht zu meinem eigenen Ego hinzufügen. Man kann ja nun nicht bei allen Dingen ein Wunder vollbringen!" Sie fügt hinzu: „Wenn man mir in meiner Regierungszeit nachsagt, dass es die Authentizität ist, die ich verkörpere, dann ist die soziale Kompetenz ein Kernbestandteil meiner Persönlichkeit." Allerdings könne man sich einen Führungsstil aneignen. „Wie im Leben auch, hat man Vorbilder in der Führung. Vielleicht nimmt sich jemand eines Tages ein Beispiel an der Art, wie ich die Stadt Frankfurt regiere. Dabei geht es in erster Linie darum, eine Einstellung an den Tag zu legen, in der man auf Menschen offen zugeht und sie ernst nimmt." Jede Führungsperson sei ein Individuum, das „so vielschichtig und schillernd ist", erklärt Petra Roth, dass die Führung oft von Zeit zu Zeit von verschiedenen Seiten geprägt würde und es möglich würde, ganz unterschiedliche Eigenschaften in der Führung auszubilden.

In Bezug auf die Rolle von Vorbildern frage ich sie: „Gibt es Menschen, die Sie in Ihrer Führung inspiriert haben?" Petra Roth sagt: „Ein Vorbild habe ich nicht unbedingt. Auf dem Weg in meinem Berufsleben ist heute durch viele Persönlichkeiten ein sehr facettenreiches Bild in mir entstanden, was ich machen möchte. Trotzdem bleibt es die Leidenschaft und die Vernunft, etwas umsetzten zu wollen." Sie fährt fort: „Sie fragten mich vorher, ob man gute Führung lernen kann. Ich habe von einigen gelernt, wie beispielsweise von Helmut Kohl. Mit seiner menschlichen Nähe und der Größe, die er hatte, als Bundeskanzler der Bundesrepublik, war er in der Tat jemand, bei dem sich Bürger, auch mit den kleinsten Sorgen, aufgehoben gefühlt haben." Außerdem nahm sich Petra Roth auch ein Beispiel an den Sozialpolitikern Bluhm, Kazler oder Geissler. „Ich finde die intellektuelle Scharfzüngigkeit und die Analysefähigkeit vorbildlich – etwas analysieren, es auseinandernehmen und wieder zusammen setzen zu können. Das habe ich an diesen Politikern bewundert und einen Teil davon versucht, in meiner eigenen Führung aufzunehmen." Dann fügt sie hinzu: „Das Leben ist ein permanenter Prozess. Das

Lernen ist ebenfalls ein permanenter Prozess. So altert man auch nicht. Wenn man nicht hellwach und neugierig ist, verlangsamt sich die Wahrnehmung fürs Leben und dann bleiben sie zurück. Ich fühle mich wirklich noch immer am Puls der Zeit, also meine Neugier zumindest."

Zum Schluss interessiert mich die Frage, welche Rolle Werte ihrer Einschätzung nach in der modernen Arbeitswelt spielen würdem. Sie sagt: „Natürlich gibt es Werte, die im Grundgesetz, im Strafrecht und in der Bibel verankert sind. Aber auch in anderen Religionen gibt es Grundgesetze, die später zu Werten in der Gesellschaft verarbeitet werden", erzählt Petra Roth. „Allerdings definieren sich Werte auch aus der individuellen Veranlagung eines Menschen." So, erklärt Petra Roth, würden Werte mit verschiedenen Verhaltensweisen und Entscheidungen an die Öffentlichkeit getragen und zeigten sich vor allem sichtbar in der Politik. „Im eigenen Rückblick auf ihre bisherigen Wertehaltungen in der Führung", fährt sie fort, „kann ich meine Tätigkeiten im Amt als Oberbürgermeisterin mit Beglückung betrachten. Von diesen zwanzig, dreißig Jahren als Mandatsträgerin kann ich ein Fazit ziehen, dass ich in meiner Art und Weise, wie ich Führung gelebt habe, im Ergebnis Gutes gebracht habe. Im Amt, sowohl als auch in meiner Familie, bin ich beim Vorleben von Werten erfolgreich gewesen. Das macht mich zufrieden und glücklich."

5.4 Kai Klose – MdL, Landesvorsitzender der GRÜNEN in Hessen

»Führung heißt nicht, Leute am Nasenring durch die Arena zu ziehen, sondern sie zu überzeugen.

In diesem Gespräch erläutert Kai Klose, dass er als Führungskraft sehr viel davon hält, sich Feedback über sein eigenes Verhalten einzuholen, um sich persönlich weiter zu entwickeln. Diese positive Lernerfahrung bringt er auch in sein Team und will auch auf den Ebenen der Fraktionen und anderen Parteien diesen Lernprozess anregen. Dafür braucht es ein echtes Vertrauensverhältnis, wofür er sich bei seinen Mitarbeitern, Kollegen, Parteifreunden und Wählern gezielt einsetzen will.

5.4.1 Biografie in Kürze

Kai Klose wurde am 23.12.1973 in Usingen geboren. Er studierte an der Goethe Universität in Frankfurt und an der Philipps-Universität in Marburg und hat sich dort auch im AStA und dem Studierendenparlament engagiert, dessen Präsident er zeitweise war. Mit 19 Jahren war Kai Klose an der Gründung von Bündnis 90/Die Grünen in seiner Heimatgemeinde Waldems beteiligt. Dort hatte er verschiedene Ämter inne, zum Beispiel als Umwelt- und Jugenddezernent. Zeitweise war er 2002/2003 zudem auch amtierender Bürgermeister der Gemeinde Waldems. Seit 1995 ist er Mitglied der hessischen Grünen und von 2004 bis 2011 politischer Geschäftsführer vom Bündnis 90/Die Grünen in Hessen. Kai Klose war bis 2009 außerdem Mitglied des Kreistags Rheingau-Taunus und seit 2009 hessischer Landtagsabgeordneter. Seit 2013 ist er einer der Vorsitzenden der hessischen Grünen und seit 2017 Bevollmächtigter für Integration und Antidiskriminierung in der Landesregierung.

5.4.2 Interview

„Heute interessieren mich Ihre persönlichen Eindrücke von Führung. Bei Ihnen würde sich die Frage anbieten: Abgeordnete sind eigentlich nur ihrem Gewissen verpflichtet und sollten tun und lassen können, wie es ihnen beliebt. Brauchen Sie daher überhaupt Führung?" Kai Klose antwortet: „Wir Abgeordnete sind frei gewählt worden und damit nur unserem Gewissen verpflichtet, da haben Sie Recht. Seit der letzten Landtagswahl sind wir allerdings 17 an der Zahl und eine derartige Gruppe muss man managen – es kann nicht jeder nur das tun, was er denkt. Ein Parlament funktioniert nach Fraktionsabläufen und um als Fraktion sich eine Meinung bilden zu können, braucht es zu bestimmten Themen Führung." Er fährt fort: „Deshalb haben wir einen Fraktionsvorsitzenden, Tarek Al-Wazir und uns fünf Leute in unsere Führung des Fraktionsvorstands gewählt." Führung ist für Klose also unverzichtbar in der Partei.

„Gute Führung macht aus meiner Sicht aus, dass man in der Lage ist, voranzuschreiten, Vorschläge einzubringen und konkrete Diskussionsprozesse anzustoßen", erklärt er und fügt hinzu: „Außerdem sollte man in der Lage sein, Impulse, die aus der Gruppe kommen, aufzugreifen und ein empathisches Gespür dafür zu haben, was zwischen den Zeilen steht." Am Beispiel der Führung seines Teams in der Landesgeschäftsstelle sagt er, dass Führung besonders dann zu einer guten Führung würde, wenn man als Führungskraft diese verschiedenen Eigenschaften im Team mitbringe und sich regelmäßig Feedback einhole, um an den eigenen Führungsqualitäten zu wachsen. Wichtig ist auch, den eigenen Führungsstil immer wieder zu hinterfragen, nach dem Motto: „Wie wirke ich auf andere?" Die Sozial-und Organisationspsychologen Pundt und Venz (2016) vertiefen diesen Ansatz der Führung und zeigen auf, dass eine Führungskraft auf verschiedenen Wegen die Gefühlswelt ihrer Mitarbeiter beeinflussen kann. Diese Einflussnahme kann eine Reihe positiver, aber auch negativer emotionaler Reaktionen des Mitarbeiters hervorrufen. Als positives Beispiel können Führungskräfte Tatkraft bei den Mitarbeitern durch Begeisterung und Enthusiasmus (Tuckey et al., 2012) prägen.

Daraufhin frage ich: „Kann man gute Führung lernen?" Talent zu führen, sagt er, gäbe es sicherlich. Allerdings sei er der Meinung, dass man es tatsächlich auch lernen könne. „Man kann es lernen, indem man sich erfolgreiche Führungsstile anschaut. Das funktioniert im Übrigen genauso, indem man von Negativbeispielen lernt." Natürlich gäbe es auch Trainings, die man in Form von Kursen und Seminaren absolvieren könne, fährt er fort, aber das eigentliche Training, das ihm zu guter Führung verhilft, sei das Feedback von seinen Kollegen. „Ich bin immer sehr gut damit gefahren, mir häufig Feedback von Leuten einzuholen, denen ich vertraut habe. Ich habe also regelmäßig meine eigenen Führungsqualitäten hinterfragt und aus den Rückmeldungen etwas gemacht."

Darüber hinaus frage ich ihn: „Gibt es Menschen, die Sie in dieser Hinsicht geprägt oder beeindruckt haben und bei denen Sie sich ein Beispiel genommen haben?" Er könne mehrere Persönlichkeiten aufzählen, meint er rückblickend. Als er in der freien Wählerschaft gearbeitet habe, erzählt er, „habe ich dort einen Fraktionsvorsitzenden gehabt, der mein politisches Hineinkommen unterstützt hat und gewisser Maßen eine Vorbildfunktion für mich inne hatte." Vorbilder, meint Kai Klose, ändern sich mit zunehmender Zeit. „Dann war für mich der damalige Landesvorsitzende Matthias Berninger eine wichtige Figur, unter dem ich politischer Geschäftsführer wurde. Er war zu dem Zeitpunkt Staatssekretär bei Frau Künast im Bundesverbraucherschutzministerium und hatte dort, natürlich gerade als Staatssekretär, erhebliche Führungsverantwortung." Bei Matthias Berninger habe er insbesondere gelernt, einen kommunikativen Führungsstil zu praktizieren.

Bei Bündnis 90/Die Grünen, erzählt er weiterhin, dass ein Repertoire an Fortbildungskursen anboten würde. „Wir machen das auf ganz verschiedenen Ebenen. Zum einen machen wir im Kreise der politischen Geschäftsführer bundesweit seit Jahren gemeinsam Führungsfortbildungen und nehmen individuelles Coaching in Anspruch. Vom Coaching habe ich sehr profitiert, weil ich in die Rolle des politischen Geschäftsführers anfangs unverhofft hinein geraten bin. Das ist kein Amt, für das man sich bewirbt, sondern das ist ein Wahlamt. Ich habe sehr viel davon gelernt, wie andere Geschäftsführer von Landesverbänden agieren und wie unsere Bundesgeschäftsführerin auftritt. Natürlich habe ich auch vom Austausch innerhalb der Gruppe profitiert." Kai Klose fährt fort: „Ich habe in meiner Landesgeschäftsstelle ein jährliches Fortbildungsseminar eingeführt. Ein wichtiger Bestandteil dessen ist es, zu beobachten, wie die Zusammenarbeitskultur bei uns funktioniert, denn als politischer Geschäftsführer einer doch relativ kleinen Partei ist man immer auch Teil des Teams." In seiner Führungsrolle, erzählt er, sei es also nicht so, „dass ich irgendwo darüber schwebe und nur Aufträge delegiere", sondern, dass er Teil des Ganzen sei. „Weiterhin kommt hinzu", fährt er fort, „dass wir als Abgeordnete seit Beginn der Legislaturperiode ein Fortbildungssystem mit der Stiftung etabliert haben. Das Fortbildungsorgan der Heinrich-Böll-Stiftung, Green Campus, hilft uns dabei sehr." Die Partei habe nun einen Seminarkatalog zur Verfügung, der vom Reden und Schreiben, von der Personalführung in der Politik bis hin zum Auftritt im Fernsehen, freiwillige Angebote an Abgeordnete und teilweise auch an Mitarbeiter, mache.

Klose gibt zu bedenken, dass Weiterbildungskurse in der Politik keine Selbstverständlichkeit für die Entwicklung einer Führungskraft seien. „Wir sind frei gewählte Abgeordnete. Bei uns ist es nicht so, dass man von jemandem im Fraktionsvorstand die Anweisung bekommt, Seminare zu belegen. Das ist in der Tat eine freiwillige Entscheidung." Allerdings, resümiert er, dass im Rahmen einer Klausur der Fraktion intensiv darüber gesprochen worden sei, wie man als Abgeordneter ein qualifiziertes Feedback erhält. „Es ist schließlich nicht so, dass man sich einfach in den Landtag setzen kann, man muss wahnsinnig viel lernen!" Die Frage nach qualifiziertem Feedback habe eine große Rolle in dieser Diskussionsrunde gespielt, erzählt er: „In Wirtschaftsunternehmen werden in der Regel Jahresgespräche geführt. Dort gibt es einen festen Rhythmus von Personalgesprächen. Das gibt es bei freien Abgeordneten nicht." Das Bedürfnis nach Feedback wurde in der Runde aber eindeutig vertreten, fügt er nachdrücklich hinzu, denn als Abgeordneter „hält man vor dem Publikum seine Rede und schaut natürlich in die Gesichter der eigenen Leute, insbesondere der Führung und interpretiert an hochgezogenen Augenbrauen oder lächelnden Mündern die Qualität des eigenen Auftritts. Das ist natürlich nicht zufriedenstellend und muss verbessert werden." Inzwischen sei es möglich, Feedbackgespräche auf Anfrage zu vereinbaren, erzählt er und sagt: „Ich hoffe sehr, dass das auch andere wahrnehmen."

„Wie sieht das parteiübergreifend aus?", frage ich nach. „Schließen sich zum Beispiel jüngere Abgeordnete, die zu bestimmten Themen arbeiten, überparteilich zusammen, tauschen sie sich aus und lernen sie von einander?" Mit einem Kopfschütteln antwortet er: „Das findet in der Tat nur selten statt. Ich habe gemeinsam mit einer Kollegin, die mit mir zusammen 2009 im Landtag angefangen hat, Feedback ausgetauscht um weiterzukommen. Allerdings hat das innerhalb von zwei Ebenen der Grünen stattgefunden." Zwischen unterschiedlichen Parteien, meint er, fänden solche Feedbackrunden nicht systematisch statt. „Es gibt Situationen, in denen man zu anderen Fraktionen unverhofft sagt: „Mensch, hat mir das gut gefallen!" oder „Das hat genau den Punkt getroffen!" Negative Kritik wird nicht oft ausgetauscht."

In meiner nächsten Frage bin ich gespannt darauf, was Kai Klose mir über Misserfolg in der Führung erzählen kann. „Warum funktioniert Führung so oft nicht? Wir erleben beispielsweise eine Politikverdrossenheit der Bürger. Warum ist das Ihrer Meinung nach so?" Auf Bundesebene, erzählt er, muss man sich Führung immer wieder neu verdienen. „Führung heißt nicht, Leute am Nasenring durch die Arena zu ziehen, sondern sie zu überzeugen." Es komme darauf an, die Partei mitzunehmen, sagt er und erklärt, dass in demokratischen Strukturen Führungslegitimität nicht lediglich von den Wahlen abhänge, sondern von der täglichen Führung des Politikers. „Man muss sich durch tägliches Handeln Autorität verschaffen. Führung geht meiner Meinung nach oft schief, wenn Spitzenkandidaten diese entscheidende Aufgabe vernachlässigen." So weist Klose erfolgreiche Führung in der Politik als ein soziales Konstrukt aus. In der Politikwissenschaft wird Regieren zum Beispiel als die kollektive Lenkung und Leitung von Menschen definiert. Lemke et al. (1997, 2001), geprägt von den früheren Werken politischer Machtanalytik Michel Foucaults, fasst den Staat selbst als eine dynamische Form auf, die von gesellschaftlichen Kräfteverhältnissen gesteuert wird. So folgt die Führung auf politischer Ebene einer sozialen Logik: Der Staat ist für eine autonome Gesellschaft der Hüter von sozialen Verkehrsregeln, wobei Politiker durch die Überzeugung des Volkes legitimiert ihre Führungsaufgaben ausführen können.

Zum Schluss stelle ich eine Frage nach Werten in der politischen Führung. Er antwortet: „Werte spielen eine sehr, sehr große Rolle in Parteien. Meine Erfahrung ist, dass die Wertefrage sogar die Entscheidendste ist. Ich glaube, dass Wählerinnen und Wähler Parteien nicht ausschließlich danach wählen, welches spezifische Thema sie sich gerade vornehmen, sondern in erster Linie mit welcher Partei sie eine grundlegende Identifikation verspüren: ‚Bildet diese Partei am ehesten die Werte ab, mit denen ich mich auch identifizieren kann?'" Daraufhin frage ich: „Ist, gerade bei der Diskussion zwischen Fundis und Realos bei den Grünen, das nicht schwierig umzusetzen? Das sind unterschiedliche Werte, die beide vertreten. Wie kommunizieren Sie das an die breite Wählerschicht?" Kai Klose nickt zustimmend: „Ich kann das in zweifacher Hinsicht erklären: Zum einen haben wir in Hessen den Konflikt zwischen Realos und Fundis seit Ende der Achtziger Jahren nicht mehr, seit zwischen Jutta Ditfurth und Joschka Fischer entschieden wurde. Die Fundis sind damals rausgegangen und von daher könnte ich jetzt sagen der Konflikt ist nicht mehr wirklich da, wir arbeiten alle auf dem gleichen Wertegerüst." Er fährt fort: „Zum andern glaube ich, dass die grundlegenden Werte zwischen den Linken und den Reformern in der Partei, übereinstimmen. Die Frage von Verantwortung für die nächsten Generationen, Umweltschutz, Energie, Frauenbewegung und Minderheitenschutz, das sind die grundlegenden Werte, die uns alle vereint haben. Die Konflikte, die es gibt, entstehen eher in der konkreten Ausgestaltung bestimmter Politikfelder. Will ich beispielsweise im Sozialbereich höhere Transferleistungen, dann stehen tendenziell eher die Linken hinter mir, oder will ich die Institutionen stärken, dann stehen die Reformerinnen und Reformer hinter mir." Klose gibt zum Ausdruck, dass eine derartige Auseinandersetzung für ihn keinen grundlegenden Wertekonflikt darstellt: „Das ist tatsächlich nur eine Auseinandersetzung." Anders, meint er, sei es, wenn es zu Abspaltungen in der eigenen Partei komme. „Das sehen Sie zum Beispiel an kleineren Geschichten, wie die Gründer des Berliner Kreises der CDU, wo sich die Konservativen sozusagen ein eigenes Dach und einen eigenen Namen gegeben haben, um sich von der Merkel-Politik abzugrenzen." Von seiner Partei selbst, erzählt er: „Wir haben übrigens auch ein paar unserer eigenen Mitglieder an die Piraten verloren. Da haben die Werte mit den Grünen von heute nicht mehr übereingestimmt." Kai Klose betont: „Insofern ist der Wertekonflikt ein wandelnder Prozess und ihre Frage danach eine immerwährend Spannende."

5.5 Tarek Al-Wazir - MdL, Minister für Wirtschaft, Energie, Verkehr und Landesentwicklung

» Führung als Debatte über Werte verlangt Kraft, Idealismus und Pragmatismus.

> In diesem Gespräch geht es um die Herausforderung als Führungskraft in der Politik, Entscheidungen partizipativ zu treffen, nämlich mit dem Anspruch auf einen konstruktiven Dialog, dem Verständnis für Wertewiderspruch und der Gesellschaft als Ganzes.

5.5.1 Biografie in Kürze

Tarek Al-Wazir wurde am 03.01.1971 in Offenbach als Sohn einer Deutschen und eines Jemeniten geboren. Mit 14 Jahren zog er zu seinem Vater in den Jemen und lebte dort zwei Jahre. Später studierte er Politikwissenschaften an der Goethe Universität in Frankfurt. Seit fast 20 Jahren ist er, mit einer kurzen Unterbrechung, Mitglied der Stadtverordnetenversammlung in Offenbach. Seit 1989 ist er Mitglied der Grünen, war von 1992 bis 1994 Vorsitzender der Grünen Jugend Hessen und wurde 2006 in den Bundesparteitag gewählt. 2007 bis 2013 war er einer der Landesvorsitzenden von Bündnis 90/Die Grünen in Hessen und Spitzenkandidat in der Landtagswahl in 2009. 2000 bis 2014 war er Fraktionsvorsitzender im Wiesbadener Landtag. Von 2003 bis 2014 war Tarek Al-Wazir medienpolitischer Sprecher der Fraktion und Mitglied des Rundfunkrats des Hessischen Rundfunks. Seit 2014 ist er hessischer Minister für Wirtschaft, Energie, Verkehr und Landesentwicklung.

5.5.2 Interview

Als ehemaliger Vorsitzender der Grünen Jugend in Hessen, Vorsitzender des Landesverbands von Bündnis 90/Die Grünen und jetziger hessischer Minister für Wirtschaft, Energie, Verkehr und Landesentwicklung, frage ich Tarek Al-Wazir zu allererst, ob er trotz seiner vielfältigen Führungserfahrungen noch jemanden braucht, der ihn selbst führt. In seiner Antwort vermittelt Tarek Al-Wazir mir einen persönlichen Eindruck von seinem Führungsverständnis auf politischer Ebene. „Im Hinblick auf Mitarbeiterinnen und Mitarbeitern kann ich nicht entscheiden, wer eingestellt oder befördert wird", erklärt er. „Ich bin also nicht völlig frei in dem, was ich entscheiden kann, sondern [als Vorsitzender] Teil einer Gruppe." Interessant ist nun, wie er den Ansatz der partizipativen Führung in der Politik durch seine Führungsrolle als primus inter pares deutet. Für Tarek Al-Wazir ist ein gemeinsamer Entscheidungsprozess und das kooperative Einbinden von Meinungen, was zu den fundamentalen

Prinzipien der partizipativen Führung zählt, elementar für die Ausführung seine Führungsrolle in der Fraktion (Northouse, 2013).

In der deutschen Politik wird der partizipative Führungsstil vor allem durch die gesellschaftliche Ordnung der Demokratie eingefordert. „Insofern werden Politiker natürlich auch von der Öffentlichkeit geführt durch Druck in die eine oder andere Richtung", fährt Tarek Al-Wazir fort. Ganz selbstverständlich sei es für ihn, sich selbst über die Schulter zu schauen und sich zu vergewissern, dass „wenn man eine Richtung einschlägt, noch jemand hinter einem steht und man nicht alleine ist." Tarek Al-Wazir schlussfolgert daraus: „Man ist in der Politik deshalb nicht ganz so ‚frei' ... [weil] man andauernd unter Beobachtung steht." Als Vorsitzender von Bündnis 90/Die Grünen versetze er sich daher regelmäßig in die Rolle seines Gegenübers, um sich ein Bild davon zu machen, wie seine Führung sowohl von Parteimitgliedern als auch von Wählerinnen und Wählern verstanden würde.

Auf meine nächste Frage, was eine effektive Führung ausmache, antwortet Tarek Al-Wazir, dass es darauf ankomme „ein gewisses Gespür zu haben, wenn jemand ein Problem hat." „Als Politiker sollen ja alle sozusagen allwissend und zu Allem fähig sein und deshalb versuche ich auf bestimmte Punkte näher einzugehen." So, erklärt Al-Wazir, sei es ihm durch aktives Nachfragen möglich, an die Ursache der Probleme zu kommen. In seiner Führung versucht er aber auch grundsätzlich Problemen vorzubeugen, in dem er neue Abgeordnete frühzeitig auf ihre Aufgaben vorbereite, um ihnen beispielsweise die Angst vor dem Rednerpult zu nehmen. „In der Zeit, als wir neue Abgeordnete in die Fraktion bekommen haben, habe ich von Anfang an darauf geachtet, dass sie spätestens in der zweiten Plenarwoche des Landtags sprachen und sofort einen Redebeitrag bekamen."

Im Anschluss auf meine Frage über effektive Führung kamen wir auf die Bedeutung des Alters in der Führung zu sprechen. Mit 29 Jahren wurde Tarek Al-Wazir zum Vorsitzenden vom Bündnis 90/Die Grünen gewählt und war damit der jüngste Fraktionsvorsitzender seiner Zeit. „Um als so junge Führungskraft ernst genommen zu werden", frage ich, „muss man da nicht ein gewisses Maß an Autorität beweisen?" Daraufhin schüttelt Tarek Al-Wazir entschlossen den Kopf. „Da hilft keine Autorität ... da hilft nur Einbindung, Partizipation ... und jeden mitzunehmen." In der Wissenschaft ist ebenso bekannt, dass bei einem demokratischen Führungsstil die Geführten mit ihren Meinungen und Sichtweisen in den Entscheidungsprozess einbezogen werden müssen (Lewin, 1947). Gemäß Tarek Al-Wazir war die gemeinsame Zielaufstellung und Lösungssuche der Weg zum Ziel, um seinen jungen Antritt in der Politik erfolgreich zu meistern.

Im Folgenden komme ich nun darauf zu sprechen, an wem sich Tarek Al-Wazir in seiner Führung orientiert hat. „Ich bewundere bis heute die inhaltliche Konsequenz von Joschka Fischer", sagt er. Als ehemaliger Bundesminister des Auswärtigen Amtes und Stellvertreter des Bundeskanzlers von 1998 bis 2005, hat er Al-Wazir durch seine an Grundwerten orientierte Führung schwer beeindruckt. „Er hat in bestimmten Punkten – egal, ob er der Auffassung war, dass er die Mehrheit hinter sich hatte oder nicht – Positionen vertreten, weil er einfach in der Sache überzeugt war", erklärt er und fährt fort: „Das ist eine Qualität, die versuche ich mir zu bewahren." Seiner Erfahrung nach „muss man sich in der Politik immer fragen, ob man etwas auch durchsetzen kann. Trotzdem versuche ich über Sachen nachzudenken nach dem Motto: ‚Was wäre denn eigentlich notwendig unabhängig davon, ob das jetzt in der Partei oder in der Bevölkerung auf Anhieb populär ist?'" Was Tarek-Al Wazir im Interview als eine Art „Führung im Sinne von Vordenken" bekennt, weisen Wunderer (2009) und Noll (2002) als werteorientierte Führung aus. Hier orientiert sich die Führungskraft bei der Auswahl möglicher Handlungsziele und Handlungsweisen an der Auffassung und Qualität von speziellen Werten. Auch von Seiten der Unternehmensberatung werden Unternehmen durchaus dazu aufgefordert, ihren Führungskräften Aufgaben als „soziale Architekten" zu geben, die „Grundwerte formulieren, an denen sich das Unternehmen orientiert" (Hamel, 2009).

Tarek Al-Wazir ist es bei der Umsetzung einer werteorientierten Führung in der Politik von höchster Wichtigkeit, sich ein Bewusstsein zu verschaffen, wie man scheinbar gegensätzliche Werte zusammenführen kann. „Zur Schwierigkeit der Welt, wie sie heute ist, gehört, dass sich Werte auch widersprechen können und die Führungskraft deshalb auch aufgerufen ist, sich mit ihren eigenen Leuten im Dialog anzulegen." Damit meint er, einen Wertewiderspruch in der eigenen Partei zu erlauben und mit offenem Gespräch entgegen zu kommen. „Man darf nicht nur nachdenken wie man eine gesellschaftliche Mehrheit hinbekommt, sondern auch wie man ein Problembewusstsein schafft, um eine geistige Unbeweglichkeit zu vermeiden." Seiner Meinung nach ist es ein Auftrag der Politiker, ein Verständnis für Wertewiderspruch aufzubauen und eine Kunst, damit in der Auseinandersetzung erfolgreich umzugehen. Darin sieht er auch eine Herausforderung für die Führung, weil er in der Gesellschaft eine steigende Tendenz zur Egomanie beobachtet. Die heutige Gesellschaft, so Al-Wazir, befasse sich überwiegend mit Gleichgesinnten und ist beispielsweise durch Gruppen in sozialen Online-Netzwerken repräsentiert. Der Austausch mit anderen Gruppen und diversen Werthaltungen werde in seiner Vielfalt dadurch reduziert. In der Politik kommt er darauf zu sprechen, dass sich in der Bevölkerung zusehends Eigennützigkeit ausbreite. Anspruchsvolle

Gedanken, wie zum Beispiel die Frage, wie sich die Gesellschaft als Ganzes nach vorne entwickeln kann, können nicht mehr nachvollzogen werden.

Diesen Dialog immer wieder neu zu entfachen und am Leben zu halten, sieht er als wesentlichen Ansporn in seiner Führungsverantwortung. Darin liegt auch seine Leidenschaft, die Führung als Debatte über Werte vorzuleben und immer wieder die Ideen auf Grund veränderter äußerer Umstände zu überdenken und Konsequenzen abzuwägen. Er versteht die Politik als Kunst des Kompromisses und will diese Überzeugung in seiner Führung geltend machen. „Das kann manchmal ganz schön anstrengend sein und fordert in der Führung Kraft, Idealismus und Pragmatismus."

5.6 Daniel Cohn-Bendit – ehem. MdEP und Fraktionsvorsitzender der GRÜNEN im europäischen Parlament

»Die Macht der Führung liegt nicht in Vorschriften und Regeln, sondern allein in der Akzeptanz der Geführten.

> In diesem Gespräch betont Daniel Cohn-Bendit wie bedeutsam es für die Identifikation und Verbundenheit der Mitarbeiter ist, dass man durch Führung den Mitarbeitern Handlungsfreiheit in ihrer täglichen Arbeit ermöglicht. Seiner Meinung nach liegt die natürliche Autorität einer Führungskraft darin begründet, dass sie sich dem Mitarbeiter zuwendet und Inhalte klar artikulieren kann. So wird sie in ihrer Führungsfunktion angenommen und akzeptiert.

5.6.1 Biografie in Kürze

Daniel Cohn-Bendit wurde am 04.04.1945 in Montauban in Frankreich, als Sohn deutscher Eltern geboren. Diese emigrierten wegen ihres jüdischen Glaubens und ihrer politischen Überzeugungen bereits 1933. Er ging zunächst auf eine französische Schule, absolvierte 1965 auf der „Odenwald-Schule" sein Abitur und begann anschließend wieder in Frankreich ein Soziologiestudium. Im Februar 1968 traf Cohn-Bendit Rudi Dutschke und wurde im Mai Sprecher und Anführer der Pariser Studentenrevolutionen. Wegen dieser Unruhen verwies die französische Regierung ihn des Landes und er wurde in der Frankfurter Spontiszene aktiv. Cohn-Bendit war lange Jahre Redakteur und Herausgeber des linken Magazins „Pflasterstrand". Mit Joschka Fischer und anderen engagierte er sich von Beginn an für die grün-alternative Bewegung; seit 1984 ist er Mitglied der Grünen. 1989 wurde er in Frankfurt ehrenamtliches Magistratsmitglied als Dezernent für multikulturelle Angelegenheiten. 1994 wurde Daniel Cohn-Bendit in das Europäische Parlament gewählt, wobei er abwechselnd für die deutschen und die französischen Grünen kandidierte. Von 2002 bis 2014 war er Ko-Vorsitzender der Fraktion Die Grünen Europäische Freie Allianz. 2014 kandidierte er nicht mehr für eine weitere Legislaturperiode als Europaabgeordneter. Er moderierte einige Jahre im Schweizer Fernsehen eine Literatursendung und wurde mit der Ehrendoktorwürde der Universität Tilburg ausgezeichnet. Daniel Cohn-Bendit war einer von mehreren Interviewpartnern, die zum Gespräch zu uns an die Universität kamen – entweder, weil sie ohnehin dort einen Termin hatten oder weil sie der Kontakt zu Studierenden interessierte. Cohn-Bendit war aber der Einzige, der mit dem Fahrrad an unser Institut vorfuhr. Er lebt in Frankfurt als „ganz normaler" Bürger – und dieses Nichtabgehobensein trotz all seiner Erfahrungen und Ämter merkte man auch im Gespräch.

5.6.2 Interview

„Als Sie 1968 als junger Mensch in Frankreich auf die Straße gingen, sich in Deutschland und Frankfurt politisch engagiert haben, hätten Sie gedacht, dass Sie einmal ein Amt ausführen und Personalchef für ein mittelgroßes Unternehmen mit circa 150 Mitarbeitern werden würden?" Daniel Cohn-Bendit lacht: „Sicherlich nicht. Als ich 1966 Abitur gemacht habe, wollte ich Mathematik studieren und dann Soziologie, um Bildungsforscher zu werden. Ich habe also gedacht, dass ich Bildungsforscher werde und nicht Personalchef. Dann bin ich allerdings Herausgeber einer Zeitung geworden und war doch Chef. So hat sich das einfach entwickelt." Darauf frage ich: „Ihr persönlicher Führungsstil, wie Sie mit anderen Menschen umgehen, hat sich dieser im Laufe der Zeit verändert?" Er antwortet: „Ich glaube mein Führungsstil hat sich schon immer an der spezifischen Fähigkeit gezeigt, Gefühl und politische Positionen artikulieren zu können. Ich habe im Grunde genommen das ausgesprochen, was viele gedacht haben. Ich habe es nur eine Hundertstelsekunde zuvor artikuliert. Das hat Führungsakzeptanz gegeben." Nachdrücklich fügt er hinzu: „Anerkannt waren die Ideen, die ich eingebracht habe. Das war im klassischen Sinne eine natürliche Autorität und die hat den Prozess leichter gemacht."

Als nächstes interessiert mich die Frage, ob man die Fähigkeiten des Artikulierens und der emotionalen Kompetenz, die Cohn-Bendit zum Erfolg in der Politik geführt haben, lernen könne. „Ich denke nicht, dass jeder das lernen kann", sagt er und fügt hinzu: „Allerdings, glaube ich, kann man lernen, was es heißt, eine natürliche Autorität zu haben. Im Grunde gewinnt man als Führungskraft, wie etwa eine Lehrerin oder ein Lehrer, eine natürliche Autorität, wenn man in seiner Funktion von den Schülern akzeptiert und angenommen wird. Wenn man nur auf Regeln pocht, dann funktioniert das nicht." Er fährt fort und erzählt: „Ich glaube, das gilt für alle gesellschaftlichen Bereiche. Ein Chef wird in seiner Abteilungsebene nur akzeptiert, wenn er seine Fähigkeiten überzeugend vermitteln kann." Daniel Cohn-Bendit ist der Meinung, dass man durch Führung Einfluss nehmen kann, in dem man mit natürlicher Autorität überzeugt und begeistert. „Die Macht in der Führung ist nicht in Vorschriften und Regeln festzulegen, sondern allein in der Akzeptanz der Geführten." So zeigt auch der Politikwissenschaftler Friedrich (1960) auf, wie sich eine „natürliche Autorität", so wie sie Cohn-Bendit beschreibt, in der Gesellschaft entwickeln kann. Autorität bezieht sich seiner Meinung nach auf die Fähigkeit, Mitteilungen vernunftorientiert kommunizieren zu können und fähig zu sein, diese in der Tiefe zu begründen. Ebenso erklärt er, dass Menschen Autorität nicht durch das Folgen von Befehlen anerkennen, sondern durch ihre Zustimmung und ihren Respekt. Friedrich (1960) beschreibt Autorität als eine Führungsqualität, die man gewinnen oder verlieren kann, abhängig davon inwieweit Führung auf einer Begründung von Werten und Interessen baut. Menschen, die Daniel Cohn-Bendit deshalb schwer beeindruckt haben, waren beispielsweise Hannah Arendt, die mit ihrer Authentizität politische Ideen verkörpert und entwickelt hat. „Sie war eine Frau mit einer faszinierenden intellektuellen Ausstrahlung, Autonomie und Kraft."

Gespannt fahre ich fort: „Wie würden Sie erklären, dass gerade in der Politik Führung so oft nicht funktioniert und warum Politiker oft an ihren Überzeugungen scheitern?" Auf diese Frage antwortet Cohn-Bendit, dass die Moral der Führungskraft eine wichtige Rolle für ihren politischen Erfolg spielt, denn „die politische Einstellung ist in der Lebensvorstellung eingebettet." Politiker müssten das vorleben, wofür sie werben würden, erklärt er, um vom Volk akzeptiert zu werden. „Es darf keine Widersprüche zwischen dem politischen Bewusstsein und dem Verhalten im täglichen Leben geben."

Im Hinblick auf Cohn-Bendits Führungsrolle im europäischen Parlament frage ich: „Auf der einen Seite sind Sie Fraktionsvorsitzender einer mittelgroßen

Gruppe von Abgeordneten in Europa, die ihrem Gewissen verpflichtet sind. Auf der anderen Seite führen Sie formal auch die Mitarbeiterinnen und Mitarbeiter in den Büros. Unterscheidet sich dort ihr Führungsansatz?" Er stimmt zu und erklärt die Unterschiede an folgenden Beispielen: Die Fraktion, meint er, führen wir ja zu zweit. Daher sei man in erster Linie damit beschäftigt zu identifizieren, wo das Gemeinsame und wo die Differenzen liegen. Man versucht die gemeinsamen und die konvergierenden Standpunkte herauszuarbeiten und sie schließlich zu vermitteln. Die Aufgabe eines Fraktionsvorsitzenden dagegen besteht darin, die Prozesse zusammenzuhalten und einen Überblick zu verschaffen. In der Mitarbeiterführung sieht Daniel Cohn-Bendit eine Führungsaufgabe auf zwei Ebenen: „Zum einen ist das die Wertschätzung in der täglichen Arbeit, zum anderen die Anerkennung von Fähigkeiten. Ich führe überwiegend Mitarbeiter, die in Ausschüssen arbeiten und Vorbereitungen für die Abgeordneten treffen. Ihnen das Gefühl zu geben, dass man ihre Arbeit zu schätzen weiß, ist wichtig." Im eigenen Büro, erzählt er, habe er zurzeit drei Assistenten. „Die Wertschätzung, die ich meinen persönlichen Assistenten gebe, zeigt sich darin, dass sie im Grunde völlig frei sind und sich in ihrer Arbeit selbst organisieren können. Ich vertraue ihnen – das ist eigentlich meine Wertschätzung." Zum zweiten, fährt er fort, sei die Entlohnung ebenso wichtig. „Allerdings ist diese leider schwerer zu organisieren. Wir hängen an den Strukturen des Parlaments und an dem Entlohnungssystem gemäß der Gehaltspyramide. Uns steht nur eine bestimmte Menge der Auszahlung zu." Optimistisch fährt er fort: „Wir haben allerdings entschlossen, jedes Jahr Beförderungsmöglichkeiten bereitzustellen, in denen wir nur von unten (intern) befördern."

„Ich würde gerne noch einmal auf das Stichwort Vertrauen in Ihrer Führung zurückkommen, was sie eng mit Ihrer Wertschätzung der eigenen Mitarbeiter beschrieben haben", fahre ich im Gespräch fort. „Überfordert die Handlungsfreiheit, die Sie mit diesem Vertrauen verbinden, ihre Mitarbeiter nicht auch manchmal?" Er antwortet zuversichtlich: „Nein, das glaube ich nicht. Es überfordert sie nicht mehr oder weniger wie mich. Ich bin auch frei und muss Entscheidungen treffen." Er fährt fort: „Manchmal diskutieren wir, wenn etwas schiefgelaufen ist. Das ist dann auch kein Problem." Diese Verbundenheit spielt für Daniel Cohn-Bendit eine wichtige Rolle in seiner Mitarbeiterführung. „Hier herrscht ein sehr offenes Klima und das gefällt uns allen. Wir können über alles reden: Ferien, Beziehungen, Schwierigkeiten und die Welt. Wir halten einfach zusammen." So, erklärt er, dass die große Spanne der Handlungsfreiheit seiner Mitarbeiter nicht zur Überforderung, sondern zu Verbundenheit und Identifikation führt. Die Wertschätzung ist für Cohn-Bendit ein Kernbestanteil seiner Vorstellung von guter Führung im Amt, in dem er die Kompetenzen seiner Mitarbeiter in den Vordergrund der Beziehung stellt. Damit pflegt er eine Mitarbeiterkultur in seiner täglichen Führung, die rücksichtsvoll den individuellen Bedürfnissen seiner Mitarbeiter nachgeht und ihre Beteiligung einfordert (Felfe, 2009). Zudem, fügt Cohn-Bendit hinzu, versuche er seine Mitarbeiter in höhere Positionen zu verhelfen, „Assistenten haben im Parlament Rechte, allerdings hängt deren Verwirklichung von ihren Abgeordneten ab – wenn der Abgeordnete weg ist, müssen auch die Mitarbeiter gehen. Deswegen helfe ihnen, dass sie eine unabhängige Stelle bekommen." Infolgedessen sieht er die Verantwortung der Führungskraft darin, sich für das Wohl und die persönlichen Karriereziele der Mitarbeiter einzusetzen und nicht nur die Leistung in den Mittelpunkt der Wertschätzung zu stellen.

5.7 Sahra Wagenknecht – MdB, Fraktionsvorsitzende DIE LINKE

» Aufgestellt zu werden, ist das heilige Ziel und alles andere ist nur noch Mittel zum Zweck.

Mit Sahra Wagenknecht unterhielt ich mich vor allem über Macht und Einfluss in der Politik. Wie nehmen Politiker Einfluss und wie wird, manchmal in Form von Korruption, Einfluss auf die Politik genommen? Welche guten (promotiven) und schlechten (restriktiven) Formen von Kontrolle gibt es? Wir sprachen auch über Frau Wagenknechts persönliche Führung ihrer räumlich verteilten Teams und der Wichtigkeit von Gelegenheiten, sich auch persönlich zu treffen. Und schließlich erzählte sie, was sie von zu hohen Managergehältern hält und wie das in der Politik aussieht.

5.7.1 Biographie in Kürze

Sahra Wagenknecht wurde am 16.07.1969 in Jena geboren. Sie studierte in Jena, Berlin und Groningen Philosophie und Neuere Deutsche Literatur und schloss ihr Studium 1996 mit einer Arbeit über Marx und Hegel ab. 2012 promovierte sie an der Universität Chemnitz mit einer volkswirtschaftlichen Dissertation. Von 1991 bis 1995 und von 2000 bis 2007 war sie Mitglied des

5.7.2 Interview

Das Interview mit Sahra Wagenknecht wird, wie viele andere Gespräche im Netz, häufig angeklickt. Es wurde von Tausenden von Personen aber nicht nur angeklickt, sondern auch tatsächlich angesehen. Die Analyse des Videos zeigt, dass es durchschnittlich acht Minuten lang angesehen wird. Im Durchschnitt wird also ein Drittel des Gesprächs geschaut – dies ist nicht nur für diese Interviewreihe ein Spitzenwert, der belegt, dass sich die Menschen tatsächlich dafür interessieren, was Sahra Wagenknecht zu sagen hat!

Auch von meinem Team wurde sie interessiert aufgenommen. Sie war sehr aufgeschlossen und trotz Zeitdruck – sie kam für eine Podiumsdiskussion nach Frankfurt und sollte zwischen unserem Gespräch und der Diskussion noch vom ZDF interviewt werden – sehr nett. Sie signierte mir den ersten Band von Marx' Kapital („aber nur auf der letzten Seite, ich habe es ja nicht selbst geschrieben") und stand noch für Gruppenfotos mit meinen Studierenden zur Verfügung. Beim Hereinkommen fragte ich sie, ob sie einen Parkplatz brauche. Sie sagt dann, darum würde sich ihr Fahrer schon kümmern. Dieser entpuppte sich dann später als Oskar Lafontaine, der sie nach der Diskussion im Hörsaal abholte.

Zu Beginn des Gesprächs ging es darum, wie Führungskräfte eigentlich Einfluss nehmen können. Im Einleitungskapitel wurden die neun Taktiken der Einflussnahme dargestellt:

- Legitimität,
- Druck,
- rationale Überzeugung,
- Koalitionen,
- inspirierende Appelle,
- persönliche Apelle,
- Konsultation,

- Austausch,
- Schmeicheln.

Am wenigsten effektiv ist dabei die Ausübung von Druck, am besten ist Überzeugung, gefolgt von inspirierenden Appellen.

Sahra Wagenknecht setzt genau hier an. Auf meine Frage, was gute Führung für sie ausmache, sagt sie: „Schlechte Führung – um es einmal umgekehrt zu definieren – ist, wenn einer versucht ‚durchzustellen' und die Fraktionen ‚auf Linie zu bringen'. Das hat man vor kurzem erlebt, als es um das Paket ging, das vermeintlich Griechenlandhilfen beinhalte, wobei es eigentlich nicht um Griechenland geht, sondern um Bankenrettung. Da hat es bei den anderen Fraktionen – auch bei der SPD – erhebliche Bauchschmerzen gegeben. Und am Ende war dann das Machtwort des Kanzlerkandidaten so ungefähr ‚Wenn ihr mich nicht demontieren wollt, dann müsst ihr da mitmachen'. Die meisten haben sich dem unterworfen. Leider ist es immer wieder so, dass sich Fraktionen unterwerfen und gegen ihr Gewissen abstimmen. Das halte ich für schlechte Führung." Wagenknecht beschreibt also die Einflussnahme durch Druck und Drohungen als schlechte Führung, selbst dann, wenn die Führungskraft so ihre Ziele erreicht.

Im Gegensatz dazu sei für sie gute Führung „Menschen zu überzeugen, Argumente zu haben, mit denen man überzeugt, und dann am Ende auch dafür zu gewinnen, was man will, aber eben nicht mit einer Erpressung, nicht mit Druck, sondern wirklich mit den besseren Argumenten. Wenn man es damit nicht schafft, dann sollte man in solch einem Fall die Abstimmung freigeben." Rationale Überzeugung sei für sie also – wie im Managementlehrbuch – der Schlüssel zu einer Einflussnahme im positiven Sinn.

Führungskräfte haben heutzutage immer mehr damit zu tun, dass ihre Mitarbeiterinnen und Mitarbeiter räumlich verteilt arbeiten. Dies war zum Beispiel im Vertrieb immer schon so, ist aber angesichts neuer Arbeitsformen und -möglichkeiten in der Gegenwart und wohl auch in der Zukunft in anderen Bereichen von Organisationen immer häufiger der Fall. Auch Politiker müssen Menschen an unterschiedlichen Orten führen. Auf meine Frage, wie Sahra Wagenknecht ihre Referenten, das Sekretariat usw. konkret führe, sagt sie lachend: „Sie dürfen mein Büro nicht überschätzen! Das ist sehr überschaubar. Das sind im Grunde zwei Mitarbeiter in meinem Wahlkreisbüro in Düsseldorf und drei Mitarbeiter in Berlin. Große Führungsqualitäten brauche ich da nicht."

Für sie seien regelmäßige Besprechungen und klare Aufgabenverteilungen wichtig. Sie sagt: „Natürlich ist es so, dass wir regelmäßige Bürobesprechungen machen, es gibt eine klare Aufgabenverteilung. Wenn die Aufgaben nicht klar abgegrenzt sind, wird entweder immer doppelt gearbeitet oder Dinge passieren nicht, weil sich jeder darauf verlässt, dass es der andere macht. Eine klare Aufgabenteilung und damit auch Verantwortlichkeit, wenn etwas nicht läuft, sind Dinge, die selbst bei kleinen Mikroorganisationen von fünf Leuten wichtig sind."

Ich habe sie dann gefragt, wie sie es ganz konkret hinbekomme, dass sich die Mitarbeiter in Berlin und Düsseldorf koordinieren und als ein Team fühlen und ob sie dazu zum Beispiel Videokonferenzen mache. Sie antwortet: „Das Video haben wir bis jetzt noch nicht erschlossen, weil man das bei fünf Leuten auch nicht muss. Aber Telefonkonferenzen machen wir relativ regelmäßig. Das hat sich auch bewährt, weil die bilateralen Telefongespräche für mich natürlich viel anstrengender sind, denn ich muss ja dann die gleiche Geschichte jedem einzeln erzählen oder man vergisst, jemandem etwas zu sagen, weil man es ja dem anderen gesagt hat. Deswegen ist das ein ganz sinnvolles Mittel. Ich finde man kann vieles über Telefonkonferenzen abdecken, sodass nicht immer alle an einen Ort reisen müssen. Es gibt aber sicher Dinge, für die man sich gegenübersitzen muss. Das machen wir auch. Es gibt zweimal im Jahr eine Bürobesprechung, zu welcher dann wirklich alle zusammenkommen. Dabei wird dann grundsätzlich besprochen, was im nächsten halben Jahr ansteht und was die Schwerpunkte sind, sodass dann ein gemeinsames Level da ist."

Hier beschreibt sie ganz gut, dass Führungskräfte dafür sorgen müssen, dass auch räumlich verteilt arbeitende Mitarbeiterinnen und Mitarbeiter mit modernen Methoden koordiniert werden können, dass andererseits Führungskräfte aber auch Möglichkeiten schaffen müssen, dass sich die gesamte Mannschaft persönlich trifft. Michael West nennt dies „Gelegenheit zur Reflektion" geben. Teams die sich regelmäßig, mindestens ein- bis zweimal pro Jahr zurückziehen, sich austauschen und sich dann auch einig sind, was ansteht, welches die (neuen oder alten) Ziele sind usw. sind in der Regel auch leistungsfähiger.

Es gibt das Sprichwort „Power tends to corrupt, and absolute power corrupts absolutely. Great men are almost always bad men" von Lord Acton (1887), also etwa „Macht korrumpiert und absolute Macht korrumpiert absolut. Bedeutende Männer sind fast immer böse Männer.". Heute würde man sicher auch Frauen miteinschließen. Aber ist die Aussage überhaupt berechtigt? Hören wir, was Sahra Wagenknecht auf meine Frage geantwortet hat, wer sie in positivem oder negativem Sinne beeindruckt habe.

Sie sagt, dass sie Menschen „im negativen Sinne beeindruckt haben. Ich will jetzt keine Namen nennen, aber es ist für mich schon immer ein abschreckendes Beispiel gewesen, was Politik mit Menschen machen kann. Also wie

Leute, die persönlich und aus sozialem Engagement in die Politik gegangen sind, einen Weg genommen haben, wo sie eigentlich alles über Bord geworfen haben, wofür sie sich einst engagiert haben." Insbesondere ginge es in der Politik häufig nur noch darum, gewählt zu werden. Sie sagt weiter (und sie betont dabei, dass sie hier über alle Fraktionen und nicht nur ihre Partei spricht): „Wie sind meine Chancen wieder aufgestellt zu werden, wenn ich das mache oder jenes? Das ist die Richtschnur des politischen Handelns. Von einem Mandat zum nächsten wieder aufgestellt zu werden, ist sozusagen das heilige Ziel und alles andere ist nur noch Mittel zum Zweck. Und das ist leider eine Deformation, die natürlich in allen Parteien stattfindet, die dann aber eben auch dazu führen kann, dass Parteien, wie man es ja bei der SPD erlebt, sich völlig von ihren ursprünglichen Zielen verabschieden und es nur ganz wenige gibt, die noch Widerspruch formulieren. Die meisten schwimmen mit. Ich finde wirklich erschreckend, dass Politik Rückgrat bricht und Menschen das mit sich machen lassen. Und zwar Menschen, die einst sicherlich mal respektable Ziele hatten."

Es ist interessant, wie Frau Wagenknecht hier beobachtet, dass die Politik in allen Parteien Menschen verbiegen kann und nur noch dem nächsten Wahltermin hinterher rennen lässt. Im Gespräch haben wir uns dann ausführlich darüber unterhalten, auf welche Weisen Politiker korrumpiert werden können und ihrer Meinung nach geschieht dies auf ganz verschiedene Arten. Manchmal recht direkt, wenn Politiker unmittelbar nach der aktiven Zeit in Unternehmen wechseln, für die sie vorher günstige Gesetze gemacht haben. Manchmal eher indirekt, zum Beispiel durch den Einfluss der Medienkonzerne, die die öffentliche Meinung beeinflussen, der sich die Politiker wieder beugen.

In der neueren Wissenschaft gibt es die Unterscheidung in zwei verschiedene Funktionen von Macht. Man kann Macht einmal ausüben, um seine eigenen Ziele durchzusetzen – auch wenn dies auf Kosten der Gesellschaft oder anderer Menschen geht. Das ist die „schlechte" (wissenschaftlich: präventive oder repressive) Macht im Sinne Lord Actons. Auf der anderen Seite gibt es aber auch den Willen zur Macht, um dadurch etwas Gutes für andere Menschen und die Gruppe zu erreichen, also die „gute" (oder: offensive, förderliche) Macht. Wenn Menschen letztgenannte Macht zeigen, lehnen sie Korruption stark ab. Hierzu passt ein schönes Zitat von Mahatma Ghandi: „Power is of two kinds. One is obtained by the fear of punishment and the other by acts of love. Power based on love is a thousand times more effective and permanent.". Kurz gesagt: Macht muss nichts Schlechtes sein – es kommt immer darauf an, wie und wofür sie genutzt wird. Es ist aber schon interessant, dass einer Politikerin im Gespräch vor allem die „dunkle Seite" einfällt.

Schließlich habe ich Frau Wagenknecht noch nach einem anderen Thema gefragt, der Vergütung von Politikern und Managern – ein vieldiskutiertes Thema auch in der wissenschaftlichen Literatur.

Ich habe sie gefragt, ob man Abhängigkeiten in der Politik nicht auch dadurch reduzieren könne, indem man Politiker besser bezahlen würde. Darauf antwortet sie: „Natürlich ist es fragwürdig, wenn die Bundeskanzlerin im Jahr mit zweihundertausend Euro nach Hause geht. Und wenn man den Bankern auferlegt, sie dürfen nur noch fünfhunderttausend im Jahr verdienen (sie bezieht sich darauf, dass die Vorstände der vom Steuerzahler geretteten Commerzbank diese Obergrenze vorgeschrieben bekamen), da kommt dann ein Geschrei auf, dass dann die besten Talente alle irgendwie die Flucht ergreifen. Ich glaube aber nicht, dass es sinnvoll und auch nicht zu verantworten gegenüber dem Steuerzahler wäre, einen Wettstreit mit der privaten Wirtschaft zu installieren, dass auch Politiker Millionengehälter bekommen. Die Distanz zum Wähler würde ja dadurch immer größer. Ich finde umgekehrt, dass man gucken sollte, wie diese völlig aberwitzigen, exorbitanten Gehälter, die teilweise in der Wirtschaft gezahlt werden, verhindert werden können. Ich würde eher diesen Weg gehen, als den umgekehrten, der am Ende nicht bezahlbar und auch nicht verantwortbar ist, weil ich finde, dass kein Mensch so viel mehr leistet als ein anderer, als dass er das Fünfzig- oder Hundertfache eines normalen Durchschnittsarbeiters verdient." (Anmerkung: In einer Studie vom Juni 2016 verdienen Mitglieder der Vorstände der DAX-Unternehmen in Deutschland mit durchschnittlich 3,3 Millionen Euro im Jahr etwa 50-mal mehr als ein durchschnittlicher Arbeitnehmer. Vorstandsvorsitzende kommen mit 5,1 Millionen Euro auf das 70- bis 80-Fache des Durchschnittsverdieners).

Auf meine Nachfrage, was denn ein angemessenes Verhältnis zwischen Durchschnitts- und Spitzeneinkommen sein könnte, sagt sie: „Es kommt darauf an, an welchem Durchschnitt man das misst. Ich denke, dass die Politikergehälter in Ordnung sind, wie sie jetzt sind. Eine Debatte darüber, wie man diese wesentlich reduzieren müsste, wäre auch verfehlt, denn eine Bundeskanzlerin oder ein Bundesminister haben ja keine „Nine-to-five-Jobs", wo man abends pünktlich nach Hause geht. Das sind Arbeitsverhältnisse, in denen man weit überdurchschnittlich gefordert ist. Insofern denke ich schon, dass das eine Relation ist, die in Ordnung geht, aber in der Wirtschaft reden wir über völlig andere Gehälter und ich würde nicht sagen, dass der Vorstandschef der Deutschen Bank mehr Verantwortung hat, als ein Staatsoberhaupt oder eben eine Kanzlerin oder ein Kanzler, selbst bei Ministern würde ich sagen, dass da für das Gemeinwohl wirklich mehr Verantwortung gegeben ist, als bei einem Unternehmenschef. Und das ist das Problem, dass in der privaten Wirtschaft derart exorbitant ausgeteilt wird. Es gibt empirische Studien, die belegen: Wenn die Einkommensunterschiede zu groß werden – das gilt für die Gesellschaft insgesamt, aber auch für das einzelne Unternehmen – dann wird die Gesamtleistung schlechter! Also: Wenn gesagt wird, dass wir als Leistungsanreiz solche irren Gehälter zahlen müssen, dann ist das ist völlig absurd."

Schließlich fragte ich noch, warum die Allgemeinheit Politikern oder Managern hohe Gehälter nicht gönnt, das aber bei erfolgreichen Sportlern ganz anders ist. Darauf sagt sie: „Der Sportler ist in seinem Leben nur relativ kurze Zeit aktiver Sportler und muss da auch wirklich das Letzte geben. Das ist sicherlich nochmal etwas anderes, als jemand, der lebenslang eine bestimmte Karriere macht und lebenslang bestimmte Führungsaufgaben wahrnimmt. Hinzu kommt etwas – und das regt die Leute wohl am meisten auf – die Diskrepanz zwischen teilweise schlechter Führung und Millionengehältern. Teilweise werden Chefs, die ein Unternehmen halb oder manchmal auch ganz an die Wand gewirtschaftet haben, immer noch mit einem ‚goldenen Handschlag' entlassen. Es gibt also überhaupt keine Koppelung. Ein normaler Mitarbeiter ist bei einem kleinen Fehler gleich ohne Abfindung draußen, während es bei den Großen ganz anders ist und es gar keine Kopplung an die eigene Leistung gibt. Und das ist beim Sportler anders: Wenn der Sportler keine Leistung mehr bringt, dann verdient er auch nicht mehr."

5.8 Ulrike Lunacek – ehemalige Delegationsleiterin der österreichischen Grünen und ehemalige Vizepräsidentin des Europäischen Parlaments

》Ich erlebe immer wieder, dass Männer zu viel riskieren und Frauen zu wenig – es wäre gut, wenn sich das ein bisschen ausgleichen würde.

In diesem Gespräch weist Ulrike Lunacek darauf hin, dass man als Führungskraft einiges aushalten muss und sich deshalb nicht schon von der kleinsten Kritik umwerfen lassen darf. Sie plädiert dafür, dass eine Führungskraft in ihrer Vorbildwirkung Feedback sowohl persönlich gewinnbringend verarbeiten als auch dem anderen gegenüber wertschätzend mitteilen sollte. In einem konstruktiven Feedback sieht sie eine Plattform, um in ihrer Führung die persönliche Einbindung der Mitarbeiter und die klaren Ziele ihres Ressorts umsetzen zu können.

5.8.1 Biografie in Kürze

Ulrike Lunacek wurde am 26.05.1957 in Krems an der Donau geboren. Sie war Delegationsleiterin der österreichischen Grünen im Europaparlament und von 2014 und 2017 Vizepräsidentin des Europäischen Parlaments. 2017 war Ulrike Lunacek Spitzenkandidatin der Grünen bei der Nationalratswahl in Österreich. Sie absolvierte an der Universität Innsbruck ein Dolmetscherstudium für Englisch und Spanisch. Während des Studiums war sie am Aufbau des Frauenhauses Innsbruck beteiligt. Sie arbeitete als Referentin für die Organisation Frauensolidarität in Wien, war Redakteurin des Südwind-Magazins und Pressereferentin des Österreichischen Informationsdienstes für Entwicklungspolitik. 1994 war sie NGO-Delegierte bei der UNO-Weltbevölkerungskonferenz in Kairo. Ein Jahr später koordinierte sie die Pressearbeit für die nichtstaatlichen Organisationen im Rahmen der Weltfrauenkonferenz in Peking. Von 1996 bis 1998 war sie Bundesgeschäftsführerin der österreichischen Grünen und zwischen 1999 und 2009 Nationalratsabgeordnete und tätig als außen- und entwicklungspolitische Sprecherin im Grünen Klub. Ulrike Lunacek war außerdem Sprecherin für die Gleichstellung von Schwulen, Lesben und Transgender. Im Europaparlament ist sie Mitglied verschiedener Ausschüsse und zudem Berichterstatterin für den Kosovo. Ulrike Lunacek erhielt 2009 das Große Goldene Ehrenzeichen für ihre Verdienste für die Republik Österreich. 2013 wurde sie mit dem Rosa-Courage-Preis ausgezeichnet.

5.8.2 Interview

Wir haben viele Gespräche an der Universität geführt und einige bei den Gesprächspartnern Zuhause oder in ihren Büros. Das Gespräch mit Ulrike Lunacek fand in der S-Bahn von Frankfurt nach Bad Homburg statt. Sie war gerade mit dem Zug aus Brüssel gekommen und musste nach ihrem Vortrag in Bad Homburg gleich wieder weiter zu einem nächsten Termin. Also nutzten wir jede Minute und bauten unsere Kamera im Zugabteil auf, wo sie uns knapp 25 Minuten lang Rede und Antwort stand.

„Ich freue mich, Sie heute bei unserer Interviewserie begrüßen zu können und möchte mit einer Frage über Ihre Führungsfunktion als Vizepräsidentin des Europaparlaments beginnen. Sie stehen als Vizepräsidentin vor knapp 800 Parlamentariern und müssen dort Ordnung halten. Wann brauchen Sie selbst Führung – wer führt Sie?" Ulrike Lunacek neigt sich zu mir: „Na ja, es gibt Situationen, wo wir im Präsidium des Parlaments darüber sprechen müssen, wie wir gemeinsam damit umgehen sollen. Wir haben leider viele rechtsextreme Parteien, die wir, wenn diese ausfällig werden und rassistische oder homophobe Äußerungen tätigen, in die Schranken weisen müssen. Wir besprechen also schon vorher, wie wir der Situation Herr werden. Es gibt verschiedene Möglichkeiten, wie man in einer derartigen Situation reagieren kann. Deshalb nehme ich mir selbst gerne Rat von anderen – diese führen mich dann gewisser Maßen."

„Haben Sie in Ihrer beruflichen Laufbahn Menschen kennen gelernt, die Sie besonders in der Führung beeindruckt haben?", fahre ich fort. Ulrike Lunacek nickt eindringlich: „Also im Nationalrat war das schon so, aber jetzt im Europaparlament ist es noch viel mehr der Fall. Dort habe ich viele Leute kennen gelernt, die beispielsweise schon einmal Regierungschef oder -chefin, Kommissar oder Kommissarin gewesen sind. Mit denen sitze ich dann zusammen und verhandle bestimmte Themen gemeinsam." Begeistert fährt sie fort: „In solchen Situationen bin ich oft von manchem Verhalten sehr positiv angetan, wie beispielsweise von der damaligen Justizkommissarin Cecilia Malmström, die jetzt für Handel zuständig ist, also für TTIP und das USA-Freihandelsabkommen. Sie hatte einfach eine sehr offene Art, wie sie mit anderen umgegangen ist." Zum Thema Vorbilder in ihrer Führung, fährt Ulrike Lunacek mit Erzählungen über Freda Meissner-Blau fort: „Sie war die erste Frau, die als Präsidentschaftskandidatin in Österreich kandidierte. Sie war auch die erste Klubobfrau als die Grünen in Österreich in den Nationalrat 1986 eingezogen sind, was in Deutschland vergleichbar mit der Position des Fraktionsvorsitzendes ist." An Freda Meissner-Blau fasziniert Ulrike Lunacek das Durchhaltevermögen. „Sie war eine Person, die wirklich viel mitgemacht hat. Zum Beispiel musste sie im Zweiten Weltkrieg flüchten. Sie war schon damals eine Frau, die sich durchgesetzt hat. Heute ist sie 88 Jahre alt und ich bin mittlerweile auch mit ihr befreundet."

Von ihrer eigenen Führung erzählt Ulrike Lunacek: „Ich habe mittlerweile ein Team in Brüssel, das aus drei Mitarbeitern und einem Praktikanten besteht. In Wien habe ich dazu noch zwei Angestellte und weitere, die mir zuarbeiten. Das ist jetzt keine zu große Gruppe von Leuten, trotzdem müssen sie selber viel untereinander kommunizieren und sich abstimmen." Sie fährt fort: „Ich würde sagen, dass ich einen didaktischen Führungsstil habe, denn, wenn ich eine bestimmte Vorstellung habe, frage ich meine Mitarbeiter oft, wie sie es sehen. Ich habe schon meine Vorstellungen, aber wo es ein Argument gibt, schaue ich mich gerne um. Das ist meine Art auf Lösungen zu kommen, in dem ich versuche, Menschen einzubinden und nicht über sie hinweg zu entscheiden und zu sagen ‚Ich will das jetzt so!'" Natürlich müsse sie auch selbst Entscheidungen treffen, erzählt sie, aber wenn es um besonders heikle

Themen gehe, wie zum Beispiel Fragen in der Personalführung, bevorzuge sie den Austausch mit ihren Mitarbeitern. So finden mindestens einmal im Jahr Einzelgespräche statt, bei denen ihre Mitarbeiter im Mittelpunkt stehen. „Ich sage allen, die bei mir arbeiten: ‚Wenn euch irgendetwas nicht passt, dann schluckt es nicht hinunter, sondern spuckt es aus!'" Das schaffe ein offenes Klima für Kritik, betont sie. „Ich versuche hier tatsächlich eine Mischung aus persönlicher Einbindung und klaren Vorgaben von Zielen beizubehalten. Dies möchte ich in einer Form umsetzen, wo auch mein Team mitmacht. Das heißt, dass auch ich manchmal Kritik einstecken muss, auch wenn sie mir nicht passt."

Die Fähigkeit Kritik annehmen zu können, entspricht ihrer Vorstellung von guter Führung. „Natürlich hört man positives Feedback gerne, aber man muss auch bereit sein, Kritik annehmen zu können", erklärt Ulrike Lunacek und fügt nachdrücklich hinzu: „Das ist gerade in Führungspositionen wichtig. Ich halte mir das selber ganz zentral vor Augen, denn damit lernt man selber auch immer noch etwas dazu." Weiterhin erzählt sie, dass ein gesundes Selbstbewusstsein und eine Selbstsicherheit zu guter Führung gehören. „Man muss als Führungskraft einiges aushalten und darf sich nicht von der kleinsten Kritik umwerfen lassen." Ulrike Lunacek sieht ihre Aufgabe als Führungskraft darin, auch darin ein Vorbild zu sein, mit Kritik konstruktiv umzugehen. Dabei versucht sie ein Vorbild in zweierlei Hinsicht zu sein, nämlich für denjenigen, der die Kritik äußert und für denjenigen, der mit ihr umzugehen hat. „Mir geht es darum, vorbildlich in der Art zu sein, wie man Kritik aushält, wie man darauf reagiert und aus seinen Fehlern lernt und wie man Kritik wertschätzend weitergibt, damit sie etwas damit anfangen können." Sie fährt fort: „Ich kann schließlich nicht von meinen Mitarbeitern ein Verhalten verlangen, das ich selber nicht zeige."

In der Praxis der Gruppendynamik bietet Antons (1992) eine Reihe methodischer Anregungen aus der Psychologie und Pädagogik, wie mit Kritik umzugehen ist. Antons (1992) zeigt ebenfalls, wie es Ulrike Lunacek beschreibt, dass für die angemessene Kritikführung ein offenes Klima von größter Bedeutung ist, um Feedback in den Alltag konstruktiv aufzunehmen. Kritik, so erklärt er, sollte gewünscht sein und positiv erlebt werden, damit sie nicht schamhaft versteckt oder unterdrückt wird. Die Führungs- und Kommunikationsliteratur stellt eine Auswahl an Regeln und Vorschlägen bereit, wie ein erfolgreiches Kritikgespräch geführt werden sollte (Neuberger, 2002; 2004; Kossbiel, 1995). Die Vorbereitung mit offenen Fragen, sowie die Nacharbeit des Kritikgesprächs werden als Kernprozess gesehen, um das Lernpotenzial freizulegen. Wichtig ist dabei, dass sowohl die Führungskraft, als auch die Mitarbeiter sicherstellen, dass es während des Gesprächs zu keinen

Missverständnissen kommt, die Ziele des Gesprächs von Beginn an deutlich sind und es zu einer Vereinbarung kommt, die eine Selbstverpflichtung der Beteiligten impliziert.

Daraufhin kommen wir auf meine nächste Frage: „Denken Sie, man kann gute Führung lernen?" Ulrike Lunacek antwortet: „Man kann sicherlich viel davon lernen, aber ich denke, man bekommt auch einiges von klein auf mit, wie beispielsweise aus der Familie und dem Umfeld. Es ist doch sicherlich eine Mischung von dem, was wir in unseren Genen tragen und dem, was wir in der Sozialisierung mitbekommen haben." Bei sich selbst, erzählt sie, deutet sie einen Teil ihres Erfolgs in der Führung auf ihre Persönlichkeit und die Erfahrungen mit ihrem Vater, der sehr aktiv in der österreichischen landwirtschaftlichen Kooperation war. Zu diesen Erfahrungen zählt sie, wie ihr Vater sich auf Reden vorbereitet hat und diese vor großen Menschenmengen hielt. „Er hat immer zu mir gesagt: ‚Wenn du willst, dass dir Leute zuhören, lies nicht einfach ein vorgefertigtes Blatt Papier ab, sondern beobachte die Menschen und füge in deiner Rede das hinzu, wo du den Eindruck hast, dass dies dein Publikum abholen wird.'"

Anschließend frage ich: „Als Sie ins österreichische Bundesparlament eingezogen sind, haben Sie dort Kurse für Ihre eigene Mitarbeiterführung oder Rhetorik besucht?" Ulrike Lunacek antwortet: „In unserem Parlamentsklub haben wir immer mal wieder Angebote bekommen; das war auf jeden Fall ein guter Einstieg." Sie fährt fort: „Ich war die erste österreichische Politikerin, die 1995 offen gestanden hat, lesbisch zu sein. Dadurch war ich, als ich kandidiert habe, in allen Zeitungen. Damals habe ich selbst jemanden fürs Coaching gebraucht, mit dem man gemeinsam darüber reden und überlegen konnte: ‚Was sollte ich anders machen?', ‚Was sollte ich in Krisensituationen machen, die mir nicht angenehm sind?' Das haben wir zwar im Klub organisiert, aber das Coaching war für mich dringend notwendig." Ulrike Lunacek erzählt aus eigener Erfahrung, dass Herausforderungen in der Führung nicht von Institutionen oder Führungsgemeinschaften abgefangen werden würden, sondern, dass sie auch auf persönlicher Ebene bearbeitet werden müssten.

Daran anschließend frage ich sie: „Warum geht Führung Ihrer Meinung nach oft schief?" Sie erklärt: „Führung geht oft schief, weil sie verschiedene Voraussetzungen braucht. Es braucht einen Menschen, Frau oder Mann, der bereit ist, sich mit Kritik und Herausforderung zu exponieren. Es braucht also jemanden, der Standhaftigkeit beweist und der in schwierigen Situationen nicht gleich verärgert nach Luft schnappt, sondern die Bereitschaft dafür zeigt, mit Widerstand umzugehen." Sie fährt nachdenklich fort: „Ich denke, das wollen nicht alle, im Rampenlicht zu stehen und kritisiert zu werden, aber das gehört auch dazu. Viele wollen in bessere Positionen gelangen und mehr Geld verdienen, aber die Fähigkeit mit dieser Verantwortung umzugehen, dass können nicht alle."

Zum Thema Frauen in der Führung sieht Ulrike Lunacek einen wesentlichen Unterschied, wie Männer und Frauen mit herausfordernden Situationen in der Führung umgehen. „Ich finde beispielsweise, dass Männer tendenziell auf folgende Art lernen: ‚Ich kann das, ich mach das.‘ Während Mädchen immer noch viel zu zaghaft sind: ‚Dann schauen wir mal, ob das geht.‘ Ich denke, es gibt ein geschlechtsspezifisches, sehr unterschiedliches Verhalten in der Führung, wo sich Männer immer noch viel mehr zutrauen, als Frauen das tun." So wie es problematisch ist, dass sich viele Frauen in der Führung oft die Frage stellen „Soll ich mir das zutrauen?", meint Ulrike Lunacek, so sei es ebenso kritisch zu sehen, wenn sich Männer übermütig in Positionen stürzten, denen sie noch nicht gewachsen seien. Dann kommt es oft zu Fällen von Burnout." Sie rät: „Deshalb ist es wichtig, eine gute Selbstreflektion zu haben, um eine gewisse Einschätzung seiner eigenen Fähigkeiten und des Risikos zu garantieren: ‚Halte ich das persönlich aus?‘, ‚Habe ich Rückhalt bei meinem Partner oder meiner Partnerin und meinem Umfeld?‘ Ich erlebe immer wieder, dass Männer zu viel riskieren und Frauen zu wenig. Insofern wäre es gut, wenn sich das ein bisschen ausgleichen würde."

Zum Schluss frage ich sie, welche Rolle Werte in der Führung auf politischer Ebene generell spielen würden. „Werte sollten in der Politik einen hohen Stellenwert haben", antwortet sie, fügt jedoch nachdrücklich hinzu: „Leider haben sie es nicht. Wir sehen es immer wieder, dass Leute in die Politik gehen, um irgendwelchen Leuten zu folgen, die groß dastehen, viel Geld und Macht haben." Allerdings, erklärt sie, sei das Wort „Macht" im positiven Sinne zu definieren. „Auf Deutsch ist das relativ einfach. Man kann es mit ‚machen‘ in Zusammenhang bringen." Es sei der übertriebene Konsum unserer Gesellschaft, der diesem Wort einen dunklen Schleier verleiht. „Leider leben wir in einer Gesellschaft, die sehr vom Konsum und der Notwendigkeit geprägt ist, Geld im Überfluss zu haben." Um bei dieser gesellschaftlichen Prägung standfest zu bleiben, so erklärt Ulrike Lunacek, sollte jede Partei idealerweise ihren eigenen Wertekatalog auslegen. „Ich mache sehr viel Außenpolitik und Menschenpolitik", fährt sie fort, „und ich erlebe immer wieder das Missverhältnis zwischen dem wirtschaftlichen Interesse und dem Menschenrecht. Wie gehen wir damit um, wenn es Menschenrechtsverletzungen in einem Land gibt, sei es Russland, Aserbaidschan oder Arabien, von dem wir Gas und Öl beziehen? Das sind Fragen, wo ich oft merke, dass die wirtschaftlichen Interessen wichtiger als die Menschenrechtsverletzungen genommen werden. Sich rhetorisch dazu zu äußern, fällt einem leicht, aber eine Konsequenz daraus zu ziehen, da tut man sich schwer." Die Bürger, meint sie, würden diesen Interessenzwiespalt erkennen und trügen eine entscheidende Rolle, ihm entgegen zu wirken. Sie nennt das Beispiel der European Games 2015 in Baku und sagt: „Diese Spiele fanden in einem Land statt, in dem Menschenrechte mit Füßen getreten werden. Wir initiierten eine Kampagne mit dem Motto ‚Laufen für Demokratie‘, um darauf aufmerksam zu machen, dass man Druck machen kann, um etwas zu verändern. Man kann solche Veranstaltungen nutzen, um Werte voranzutreiben, aber auch um zu helfen und zu retten."

5.9 Boris Rhein – Hessischer Minister für Wissenschaft und Kunst

»Wenn Führung demokratisch legitimiert stattfindet, halte ich Führung für richtig, für wichtig und für unersetzlich.

> Boris Rhein sieht in der Stimme des Volkes den Antrieb und den Erfolg seiner Führung begründet. Dabei betont er, dass eine Demokratie nicht wie ein Schnellkochtopf funktioniert. Mit den Werten Vertrauen, Verlässlichkeit, Ehrlichkeit und Geduld will er diesen Prozess als Führungskraft gestalten.

5.9.1 Biographie in Kürze

Boris Rhein wurde am 02.01.1972 geboren. Er studierte Rechtswissenschaften an der Goethe Universität in Frankfurt und war 1999 bis 2006 Mitglied des hessischen Landtags. 2010 bis 2014 war er als Staatssekretär und anschließend Minister im hessischen Ministerium des Innern und für Sport tätig und zudem hauptamtlicher Dezernent der Stadt Frankfurt am Main. Seit 2014 ist er hessischer Wissenschaftsminister.

5.9.2 Interview

„Ich würde gerne das Interview mit einer Frage beginnen, die ich allen meinen Gesprächspartnern stelle, nämlich: Wie wichtig ist Ihnen Führung? Sie haben es ganz an die Spitze eines Ministeriums geschafft und sind verantwortlich für

13 Hochschulen im Lande. Brauchen Sie selber jemanden, der Ihnen sagt, wie Sie zu führen haben?" Boris Rhein antwortet ohne lange zu zögern: „Ich glaube, dass jeder in irgendeiner Art und Weise in einem Gesamtsystem ist, wo es immer noch jemanden gibt, der natürlich auch denjenigen, der führt, noch führt. Das ist aus meiner Sicht auch richtig so." Mit etwas zweifelnder Miene fährt er fort: „Ich nehme leider oft wahr, dass Führung negativ konnotiert wird und als etwas Schlechtes oder Bedrohliches wahrgenommen wird. Ich halte Führung für unglaublich wichtig, denn sie bedeutet unter anderem auch, Verantwortung zu übernehmen und Entscheidungen zu treffen, die dazu führen, dass Systeme funktionieren können. Wenn also keine Führung stattfindet und wenn insoweit keine Entscheidungen mehr getroffen werden, haben wir Anarchie und Chaos." Anschließend betont er: „Wenn Führung demokratisch legitimiert stattfindet, halte ich Führung für richtig, wichtig und für unersetzlich."

„Um also auf Ihre zweite Frage zurück zu kommen", fährt Boris Rhein fort, „natürlich gibt es jemanden, der mich führt." Zwei Instanzen erteilen ihm Aufträge: Der Ministerpräsident und das Parlament. „Ein Minister, so wie ich, kann Entscheidungen nicht einfach treffen, ohne sich zu vergewissern und seine Vorschläge in das Gesamtsystem einzubetten." Insofern, erklärt er, schließe er sich dem demokratischen System des Landes in der Führung an. „Wenn sich eine Mehrheit für eine Partei bildet, hat diese einen Auftrag vom Volk bekommen und dem hat sich am Ende auch ein Minister unterzuordnen." Die Kraft seiner Führung, so Boris Rhein, läge also in der Stimme des Volkes und das sieht er auch als Grund für seinen Führungserfolg.

In meiner nächsten Frage interessiert mich, wem Boris Rhein in seiner Führung über die Schulter geschaut hat und an wem er sich ein Beispiel genommen hat: „Sie waren Staatssekretär des jetzigen Ministerpräsidenten als Herr Bouffier noch im Ministeramt war. Holen Sie sich manchmal bei ihm Rat, wenn schwierige Entscheidungen anstehen oder sprechen Sie informell bestimmte Angelegenheiten ab, bevor sie ins Kabinett getragen werden?" Boris Rhein nickt zustimmend: „Ja, es wird sehr viel miteinander besprochen. In der Politik wird unendlich viel Zeit für solche Besprechungen genutzt, wobei ich das durchaus positiv meine, denn es ist wichtig, gewisse Dinge vorher abzusprechen oder sich abzustimmen." Genauer erklärt er: „Eine Koalition funktioniert schließlich nicht reibungslos, ohne dass intensivste Abstimmungsprozesse stattfinden." Aus Erfahrung erzählt Boris Rhein, dass er mit Herrn Bouffier damals als Staatsekretär im Innenministerium sehr eng zusammengearbeitet habe. Er habe in seiner Arbeit viel von Herrn Bouffier gelernt, sagt er und erzählt, dass dies auch heute noch so sei, „wenn ich Entscheidungen treffe, frage ich mich häufig, wie Volker Bouffier das machen würde." Er sei ein unglaublich fordernder Minister gewesen. „Er ließ Ihnen keine Ungenauigkeiten durchgehen. Das heißt er las alles, er kannte jedes Wort und erkannte sofort, wenn es irgendwo eine Unebenheit gab. Es ist ja oft so, dass man versucht, über bestimmte Angelegenheiten hinweg zu schreiben oder versucht, Probleme zu übertünchen, aber die fand er sofort. Er legte sofort den Finger in die Wunde." Dieser Scharfsinn habe ihn damals schwer fasziniert, betont Rhein. „Das war nicht nur im Innenbereich oder im Wissenschaftsbereich der Fall, sondern ging über die gesamte Bandbreite der Landesregierung hinweg. Ich habe von ihm gelernt, sofort nachzuforschen, wenn ich das Gefühl habe, dass irgendetwas ungenau ist. Ich versuche den Dingen auf den Grund zu gehen." Diese Methode in der Führung empfindet er als eine sehr hilfreiche Arbeitsweise, seine Verantwortung zu tragen. Darüber hinaus erzählt er: „Ich weiß mittlerweile, worauf Volker Bouffier Wert legt und bei welchen Themen er mit eingebunden werden möchte. Ich weiß ganz genau, wenn ich Volker Bouffier von vornherein sehr eng mit einbinde, auch teilweise in schwierigen Entscheidungen, und ich mir dann über die Schulter schaue, steht er hinter mir." In schwierigen Diskussionsrunden, erzählt er, ist diese Unterstützung eine wesentliche Rückversicherung. „Als Ministerpräsident steht man in der Gesamtverantwortung für dieses Land und muss sich soweit auch auf seine Minister verlassen können", fährt er fort und weist nachdrücklich darauf hin: „Diese Unterstützung beruht also auf Gegenseitigkeit, die insbesondere über effektive Wege des Informierens und Diskutierens stattfinden." Funktionierende Praxis der Kommunikation führt seiner Meinung nach zu Stabilität und das, meint er, „ist das Beste was einer Regierung passieren kann."

So erklärt Boris Rhein, dass er seine Führung in der Politik im Anschluss an soziale Netzwerke mit vorbildlichen Persönlichkeiten entwickelt hat. In der Wissenschaft weisen Walsh, Hass und Kilian (2011) darauf hin, dass die Beziehung zwischen sozialen Akteuren von inhaltlichen Interaktionen geprägt ist, die sowohl einen Informationenaustauch einleiten und zudem, wie Hollstein (2006) betont, auch emotionale Nähe bieten. Als Führungsperson in der Politik haben Boris Rhein noch weitere berufliche Beziehungen mit Persönlichkeiten geprägt, darunter die ehemalige Oberbürgermeisterin der Stadt Frankfurt, Petra Roth und Roland Koch, der ehemalige hessische Ministerpräsident. „Mit Petra Roth habe ich im Magistrat der Stadt Frankfurt eng zusammengearbeitet. Sie ist eine unglaublich faszinierende Persönlichkeit, weil sie begeisterungsfähig ist und die schwierigsten Sachverhalte anderen zu erklären vermag", erzählt er und weist darauf hin, dass die Klarheit und Strukturiertheit des Auftritts und der Sprache in der Politik ein wesentlicher Aspekt seines Führungsverständnisses geworden ist (Steiger und Lippmann

2013). Er fährt fort: „Ebenso hat mich Roland Koch beeindruckt. Er ist für mich der ganz intellektuelle Typ, der die Dinge ergründet und insbesondere innovative Ideen entwickelt und sie zum Schluss in einen lebendigen politischen Umsetzungsprozess einbringt." Boris Rhein fügt hinzu: „Das ist meiner Meinung nach auch in vielen Bereichen dringend notwendig, um im Land Hessen für radikale Modernisierung sorgen zu können." In der heutigen Gesellschaft, in der die Digitalisierung, die Globalisierung und der demographische Wandel zentrale Schlagwörter sind, wird von der Führung in der Wirtschaft sowie in der Politik verlangt, dass sie dem Wandel entgegenkommt (Mohn, 2006) und, so betont Boris Rhein, selbst für Umbruch sorgt. „Im Grunde waren es diese drei verschiedenen Persönlichkeiten, Petra Roth, Roland Koch und Volker Bouffier, von denen ich am meisten in meiner Amtszeit gelernt habe." Allerdings gibt er zu bedenken: „Mal kann man sich das eine oder andere abschauen, aber man muss aufpassen, dass man nicht anfängt, die Führungsstile der anderen zu imitieren, sondern dass man authentisch bleibt." So bringt Boris Rhein zum Ausdruck, dass man Vorbilder in der Führung als eine Inspiration auf sich wirken lassen sollte, anstatt ihr Verhaltensmuster blind zu kopieren.

„Kann man Ihrer Meinung nach die Führung in der Politik noch anders lernen? Haben Sie als Dezernent oder als Staatssekretär Kurse besucht?", frage ich Boris Rhein im Anschluss. Dieser antwortet mir: „Ich bin der festen Überzeugung, dass es einen Menschentyp gibt, der gar nicht führen will und einen, der es unbedingt will. Ich glaube, man kann niemanden zum Führen zwingen. Ebenso denke ich, dass wenn es einer wirklich lernen will, dann kann er es auch mit Hilfe von Kursen." Er fährt fort: „Allerdings meine ich, dass eine gewisse Veranlagung auch da sein muss, dass es also bereits in den Genen liegen muss." Die Antwort auf die Frage, ob man Führung lernen kann oder nicht, ist für Boris Rhein also eine Mischung aus dem eigenen Willen zu führen und den dafür nötigen Anlagen. „Dazu kommt", fügt er hinzu, „man muss auch einfach Freude an der Sache haben. Man kann bestimmte Aspekte der Führung lernen, wenn man schlicht und einfach Freude daran findet." Anknüpfend an meine Frage, erklärt er weiter: „Sie haben mich gefragt, ob ich Kurse besucht habe. Nein, das habe ich nicht. Man muss sich in diesem Politikgefüge zurechtfinden können. Ich musste mich also einordnen können und wissen, wann ich Führung übernehmen und wann ich mich unterordnen muss. Das gilt auch für den Alltag: Man kann nicht immer nur das ‚Alpha-Männchen' sein, sondern muss auch akzeptieren, dass eine Mehrheit, wenn sie entschieden hat, einfach obsiegt hat." Als Führungskraft in der Politik, so Boris Rhein, muss man das politische System selbst erkunden und erlernen. Jugendorganisationen der Parteien können diesen Schritt im

Berufsleben hilfreich begleiten, bei denen man im geschützten Umfeld lernen kann, gewisse Mechanismen anzuwenden. „Nichtsdestotrotz bringen auch Seiteneinsteiger wichtige Berufs-und Lebenserfahrungen mit, die natürlich sehr hilfreich sein können. Allerdings merkt man einen starken Unterscheid zwischen Menschen, die schon sehr früh Politik gemacht haben und denen, die erst später dazugekommen sind."

„Wenn man früh darin geübt ist, hält man das politische System leichter aus?", frage ich im Anschluss. „Ja, natürlich. Die Mehrheit zu bekommen – da muss man sich nichts vor machen – ist ‚das politische Spiel'. Unsere Demokratie lebt davon, dass sich eine Mehrheit findet und dass diese Mehrheit am Ende auch bestimmt." In der Politik zu führen, fährt er fort, heißt, dass aller Anfang schwer ist und man in der Tat lernen muss, wie man sich das neue Umfeld mit seinen Kompetenzen aneignet. „Bei Seiteneinsteigern erlebe ich oft, dass sie glauben, weil die Idee so gut ist, müssen dem alle zustimmen und dass es rational gar nicht anders vorstellbar wäre, als dem zuzustimmen. Das läuft nicht so. Man kann nicht einfach mit einer Idee in eine Fraktion gehen, mag sie noch so fantastisch, großartig und brillant sein und davon ausgehen, dass alle die Vernunft leitet, zuzustimmen. Sie müssen viel Zeit dafür verwenden, Menschen davon zu überzeugen und sie begeistern, damit sie am Ende auch die Hand dafür heben." Das seien anstrengende Prozesse, meint er und fügt hinzu: „Deshalb funktioniert eine Demokratie nicht wie ein Schnellkochtopf; bis das Wasser heiß wird, ist es oft ein langwieriger Prozess."

Spannend ist nun die Frage, wie Boris Rhein dieses „politische Spiel" zu meistern versteht. „Wie führen Sie ganz persönlich im Ministerium mit ihren engsten Mitarbeitern?" Er antwortet: „Ich habe einen Führungsstil inne, der meinen Mitarbeitern eine relativ lange Leine lässt. Ich lasse aus meiner Sicht sehr viele Spielräume zu. Ich erwarte aber auch, dass kreativ, engagiert und sehr eigenständig gearbeitet wird und Beiträge geliefert werden." Beispielsweise erklärt Boris Rhein, dass er es als ermutigend empfindet, wenn Menschen in der Meinungsbildung Kritik üben. „Ich kann nichts damit anfangen, wenn Leute nur nicken. Ich bin dankbar, wenn mich mein innerster Kreis in der Führung kritisch berät." Die politische Diplomatie wird auch im inneren Ministerium praktiziert, fährt er fort und erklärt, dass sich auch Fachleute mit seinen politischen Entscheidungen abfinden, die von ihren eigenen abweichen. Des Weiteren fügt er hinzu, dass er manche Aspekte seiner persönlichen Führung selbst kritisch beurteilt. „Ich kritisiere an mir selbst, dass ich zu wenig motiviere und zu wenig lobe. Dieses Politikgeschäft ist ein unglaublich zeitaufwändiges Geschäft. Man hat nicht die Zeit – darunter leide ich – mit den Mitarbeitern bis ins letzte Detail alles auszudiskutieren. Man ist an unendlich viele Termine von verschiedenen Gremien gebunden."

„Zum Schluss würde ich Ihnen gerne eine Frage stellen, die wahrscheinlich in der Politik von besonderer Bedeutung ist: Welchen Stellenwert haben Werte in ihrer täglichen Arbeit als Minister?" Ein ganz entscheidender Wert, nach dem Boris Rhein sowohl im beruflichen, also auch im privaten Leben strebt, ist Vertrauen. In der Politik betont er, ist ein Grundvertrauen zwischen Kollegen, die eine Führungsmannschaft in der eigenen Partei ausmachen, von größter Bedeutung, um den Eindruck von Einheit und Überzeugungsfähigkeit zu vermitteln. Ebenso ist ein Grundvertrauen zwischen Koalitionspartnern wichtig, um Diskussionsrunden effektiv führen zu können. Am Beispiel der schwarz-gelben Koalition versucht er dies zu erläutern: „Zwischen Schwarz-Gelb, zumal in Hessen, ist über Jahrzehnte eine Partnerschaft gewachsen. Es sind die originären Koalitionspartner gewesen und das führt dazu, dass man sich auch ohne sich zu verständigen, versteht, weil man immer weiß, wie der andere denkt und weil man sich im Grunde genommen auch darauf verlassen kann. Und wenn man sich auf einander verlassen kann, dann ist das eine Sache des Vertrauens." Wichtig sei, fährt Rhein fort, dass bestimmte Themen ausdiskutiert würden und dass untereinander akzeptiert würde, dass das Gegenüber Gründe vertritt, die nicht nur ideologische und dogmatische Ansprüche der Partei verkörpern, „sondern, dass dieser durchaus Recht haben könnte." Darüber hinaus erzählt er: „Man muss aufeinander achten und sensibel miteinander umgehen", denn nur, wenn man ein Verständnis füreinander entwickele, könne auch Vertrauen entstehen. „Da kommen wir wieder auf Werte zu sprechen. Die Zuverlässigkeit ist neben dem Vertrauen ein ganz wichtiger Wert." Als Führungskraft in der Politik, sagt er, müsse man sich auf seine Partner verlassen können und eine weite Toleranzspanne aufzeigen, um sich auf andere einlassen zu können. „Man muss über seinen eigenen Schatten springen können." Außerdem fügt er im Anschluss hinzu: „Ist ein weiterer, wichtiger Wert die Ehrlichkeit. Da wird vielleicht der eine oder andere lächeln, wenn ich das so sage: Aber am Ende fliegt immer alles auf. In der Politik muss man in der Lage sein, hinter verschlossenen Türen, dort wo die Fetzen fliegen, auch wieder respektvoll herauszutreten. Das geht nur, wenn man sich gegenseitig fair begegnet, sonst verfliegt das Vertrauen und die Zuverlässigkeit ebenso."

6

Militär und United Nations

Inhaltsverzeichnis
6.1 Wolfgang Schneiderhan – Generalinspektor der Bundeswehr a.D... 155
6.2 Heather Landon – Director, United Nations
Documentation Division 161

6.1 Wolfgang Schneiderhan – Generalinspektor der Bundeswehr a.D.

》 Führung ist eine Frage des eigenen Menschenbilds.

> In diesem Gespräch geht es um die Bedeutung von Verantwortung in der Bundeswehr. Diese, so Wolfgang Schneiderhan, kann den Unterschied zwischen Leben und Tod machen. Darüber hinaus ist im Militär die Kommunikation eine Schlüsselqualifikation der Führungskraft, um einen Ausgleich inmitten von Regelwerk und Gehorsam zu schaffen.

© Springer-Verlag GmbH Deutschland, ein Teil von Springer Nature 2019
R. van Dick, L. Fink, *Führungsstile: Prominenten und Persönlichkeiten über die Schulter geschaut*,
https://doi.org/10.1007/978-3-662-53321-5_6

6.1.1 Biografie in Kürze

Wolfgang Schneiderhan wurde am 26.07.1946 geboren. Anfang 1999 wurde er zum Generalmajor ernannt und war bis 2009 14. Generalinspektor der Bundeswehr und damit ranghöchster Offizier. Mit sieben Jahren in dieser Funktion war Wolfang Schneiderhan bislang der am längsten dienende Generalinspektor. Er arbeitete in unterschiedlichen Funktionen, diente unter anderem unter Berthold von Stauffenberg, dem Sohn des Hitler-Attentäters. Außerdem war er Operationsstabsoffizier im NATO-Hauptquartier und Leiter des Planungsstabs bei Verteidigungsminister Rudolf Scharping. Seit 2017 ist Wolfgang Schneiderhan Präsident des Volksbundes Deutsche Kriegsgräberfürsorge e.V. Er war Vorsitzender des Soldatenhilfswerks der Bundeswehr und wurde mit vielen Ehrungen ausgezeichnet, unter anderem dem Ehrenkreuz der Bundeswehr in Gold, dem Legion of Merit der US-Streitkräfte, dem Orden der französischen Ehrenlegion und dem Großen Verdienstkreuz des Verdienstordens der Bundesrepublik Deutschland.

6.1.2 Interview

Wolfgang Schneiderhan empfängt uns in seinem bescheidenen Haus am Rande des Taunus, bittet uns auf die Terrasse und bietet uns ein Glas Wasser an. Der ehemals ranghöchste Soldat der Bundeswehr ist überraschend locker und erzählt freimütig und ungezwungen von seinen Erfahrungen. „Sehr geehrter Herr Schneiderhan, Sie waren 2002 bis 2009 Generalinspektor der Bundeswehr. Sie haben in den verschiedensten Funktionen in der Bundeswehr von Anfang an Führungsaufgaben innegehabt, aber haben auch lange Zeit unter anderen Offizieren, Generälen und Verteidigungsministern gedient. Die erste Frage, die ich Ihnen gerne stellen möchte, ist: In der Bundeswehr wird vieles im Detail vorgeschrieben und es gibt den Befehl und den Gehorsam. Braucht man da noch individuelle, menschliche Führung?" Wolfgang Schneiderhan antwortet: „Das ist eine wirklich spannende Frage. Die Regelungsdichte ist ungeheuerlich, da stimme ich zu. Diese Regelungsdichte entsteht, denke ich, aus zweierlei Hinsicht: Zum einen will man von unten her keine Fehler machen und zum anderen will man von oben her, aus politischer Verantwortung, auch nicht in Fehlerfallen tappen und neigt dort zum Mikromanagement. Wo sich beide treffen, dort wird es grausam für die, die einen führen wollen, und die, die geführt werden. Ich denke, beide brauchen einen Bereich, den man Verantwortung nennt." Er fährt fort, dass man Verantwortung bewusst übernehmen müsse und dabei auch Fehler entstehen könnten, für die man geradestehen müsse. Die Führung müsse ein Regelwerk zur Verfügung stellen, damit Verantwortung gelebt werden könne.

„Allerdings", fährt er fort, „gibt es einen Teil der Verantwortungsqualität, der bei Soldaten deutlicher angesiedelt ist, als in anderen Berufen und der jenseits des Materiellen liegt, wo man auch nicht materiell entschädigen kann. Also eine Verantwortung im Bereich von Leben und Tod." Wolfgang Schneiderhan erklärt jedoch, dass die Verantwortung in der Führung bei der Bundeswehr ähnlich ist wie in Berufen, wie beispielsweise der Feuerwehr, der Polizei und dem Notdienst. „In der Bundeswehr", sagt er, „kommt natürlich die Frage auf: ‚Verantwortung für wen oder wem gegenüber nicht?' Damit sind wir bei der Werteorientierung und bewegen uns im ethischen Bereich. Ich denke, den kann man nicht ausblenden. Damit muss sich sowohl der Soldat, als auch die militärische Führung auseinandersetzen." „Das bedeutet", fährt er fort, „wenn man der oberste Soldat ist, dass man dem Parlament und dem Verteidigungsminister gegenüber eine Gehorsamsverantwortung und Loyalitätsverpflichtung hat. Es gibt keine Soldaten, von denen man sagen kann, dass sie endgültig aus dem Gefüge von Befehl und Gehorsam frei sind."

Als Nächstes interessiert mich die Frage: „Findet Menschenführung auf der Ebene, auf der Sie als Generalinspektor tätig waren, noch im klassischen Sinne statt? Das heißt, haben Sie zum Beispiel persönliche Gespräche geführt, Rückmeldung gegeben oder Ziele vereinbart?" Schneiderhan antwortet: „Ja, das findet statt. Allerdings ist es nicht die hierarchische Ordnung, die man weiter in der Mitte oder weiter unten im System kennt. Das ist dann mehr im Sinne eines Austauschs von Verantwortungsträgern." Er betont: „Man tauscht sich ganz automatisch über die Verantwortung, die man wahrnimmt, aus. In der Bundeswehr haben ja einige diese Verantwortung hautnah erleben müssen."

„Zu Ihrer persönlichen Führung würde ich Sie gerne fragen, ob sich Ihr Führungsstil in den verschiedenen Dienstgraden der Bundeswehr – erst als Oberstleutnant, später als General – verändert hat?" Wolfgang Schneiderhan stimmt zu: „Ja, absolut. Der hat sich natürlich mit der Verantwortung, die mir über die Schulter gelegt wurde, verändert." Als Hauptmann und Kompaniechef, erzählt er, habe er noch etwas spielerisch die Führung angehen können. Das Thema, wie man mit Tod und Verwundung als Führungskraft umgeht, war für ihn damals nur Theorie. „Später ist es dann teilweise grausame Wahrheit geworden. Dann geht man einfach anders mit dieser Verantwortung um. Man beginnt sie intensiver zu spüren." Er fährt fort: „Was sich allerdings nicht geändert hat, war, wie ich die Soldaten, deren Ehre ich hatte zu führen, gesehen habe. Führung ist eine Frage des eigenen Menschenbilds oder ganz simpel gesagt, wie man miteinander umgeht." In der Bundeswehr, erzählt Wolfgang Schneiderhan, hat diese Frage in der Führung zu Diskussionen geführt. „Damit hat die Bundeswehr oft gerungen und sich im Laufe zumindest meiner fast 44 Jahre, mit den verschiedenen Führungsstilen befasst. Die einen meinten, ein militärischer Führungsstil sollte eben ‚tack, tack, tack‘ vorgehen mit Gehorsam und ohne Widerspruch. Andere sind der Meinung gewesen, der kooperative Führungsstil, wo man sich gegenseitig austauscht, ist der Richtige. Dann kommt natürlich noch die Frage auf, wann denn nun von einem kooperativen zu einem autoritären Führungsstil gewechselt werden sollte: Wann kommt man mit Diskutieren alleine nicht weiter, weil die Situation keine Unterhaltungseinladung, sondern eine Handlungsauflage innehat." Schneiderhan bezieht im Gespräch Stellung zu dieser grundlegenden Diskussion. Sein ganz persönlicher Führungsstil sei von einem christlichen Menschenbild geprägt: „Daraus ergibt sich ganz selbstverständlich ein Führungsstil, der den Austausch, die Kooperation und das Verständnis untereinander sucht, anstatt die schlichte und einfache Durchsetzung eines Befehls."

„Konkret heißt das", fährt er fort, „ich führte damals ein Zugbuch mit den Namen derer, die mir anvertraut waren. Ich musste wissen, wer verheiratet war, wer eine Freundin hatte oder schwierige persönliche Verhältnisse. Dieser auf das Individuum bezogene Führungsstil, der hat mich am Anfang stark geprägt." Er hat bei seinen Soldaten herausgefunden, wo ihre Grenzen und ihre Belastbarkeit waren. Nicht nur im Kopf, sondern auch in der Gefühlslage. „All das hat natürlich immer dazu beigetragen, dass man mit den Menschen gesprochen hat und nicht nur im oberflächlichen Sinne: ‚Wie geht's Ihnen? Passen Sie auf, dass Sie gesund wieder zurückkommen.‘" Durch die offene Kommunikation setzt die Führungskraft soziale Ressourcen, wie beispielweise Loyalität und Vertrauen frei, die besonders wichtig für eine andauernde Zusammenarbeit sind (Neubauer und Rosemann, 2006). Dieses Verhalten reicht über die formellen Aufgaben der Führungskraft hinaus, ist aber entscheidend, um Menschen für die Realisierung einer Vision mitzunehmen.

„Die Bundeswehr ist für ihre Vision bekannt, für die sich Soldaten auch mit ihrem Leben einsetzen. Glauben Sie, dass jeder, der vom Oberfeldwebel zum Kompaniechef wird, diese Vision vor Hunderten von Soldaten erfolgreich kommunizieren kann? Kann man sich das durch die Führungsakademie der Bundeswehr antrainieren?" Darauf antwortet er: „Bestimmte Dinge kann man antrainieren, andere meiner Meinung nach nicht. Dazu gehört beispielswiese die Grundeinstellung, die mit dem Menschenbild beginnt. Das ist das eigene Verständnis von seiner Aufgabe, seiner Stellung und seiner Verantwortung im System, bis hin zu den politischen Kategorien unserer Gesellschaft, ihre Werthaltigkeit und Verteidigungswürdigkeit." Diese Aspekte der Grundhaltung, so Wolfgang Schneiderhan, könne man eigentlich nicht erlernen. Allerdings sei es auch nicht üblich, meint er, dass eine Führungskraft alle Kategorien der Grundeinstellung ausfülle. „Jeder setzt seine Akzente in der Grundeinstellung anders. Ich würde zum Beispiel nicht sagen, dass sich jeder Stabsoffizier eloquent zur Schutzverantwortung äußern kann."

Daraus schließe ich: „Es gibt also einen Teil, den man sicherlich lernen kann. Es gibt ein relativ klar strukturiertes Programm, wie man beispielswiese als Offiziersanwärter etwas dazulernen kann. Mich interessiert", fahre ich fort: „Haben Sie selber auch an Vorbildern gelernt, wie man im praktischen Sinne mit Mitarbeitern umgeht?" Schneiderhan nickt zustimmend, „Ja doch, es gibt viele. Es gibt welche, die haben mich nicht so beeindruckt und wieder andere, bei denen ich mir gedacht habe: ‚Donnerwetter, die haben eine Ausstrahlung!'. Die Masse hat mich überzeugt: Menschen mit ihren Ecken und Kanten." Wolfgang Schneiderhan erwähnt seinen Dienstgradoberstleutnant, zu dem er ein großes Vertrauen aufgebaut hat. Zu den Vorbildern gehörte auch der spätere General Graf Stauffenberg, erzählte er und betont: „Aber bei dem war es zunächst ein bisschen anders." Er kommt auf den militärischen Widerstand gegen den Nationalsozialismus zu sprechen, der von Persönlichkeiten in der deutschen Wehrmacht, darunter auch Claus Schenk Graf von Stauffenberg, geführt wurde. „Dass ich einen Vorgesetzten hatte, der Oberst Graf Stauffenberg hieß, das hat mich umgeworfen. Diese Figur Stauffenberg, die Entwicklung, wie die Bundeswehr diesen Widerstand angenommen hat, in ihre Traditionslinie eingebaut hat, das habe ich alles in den Kontroversen noch hautnah mitbekommen. Das war das Besondere an dieser Familie, dieser Name, diese Geschichte – das ist ja eine ganz zentrale Thematik in der deutschen Militärgeschichte." Weiterhin erzählt er: „Mir fallen nur ganz wenige ein, auf die ich in meinem Erfahrungsschatz verzichten kann. Ich habe auch am Negativbeispiel gelernt – der schwierigste Lernprozess meiner Meinung nach. Beim Militär hat der Vorgesetzte relativ viel Macht und insofern ist es dann eine Frage des Arrangements, denn man will keine Repressalien auf sich ziehen. Es ist also ein Stück Anpassung damit verbunden."

„Erfolgreiche Führung in der Bundeswehr", frage ich weiter, „wie sieht die Ihrer Meinung nach aus?" Die Führungs- und Managementthemen, erklärt er, seien vergleichbar mit denen in anderen Organisationen. „Dort gibt es keine fundamentalen Unterschiede. Der Unterschied liegt darin, wie man Führungsverantwortung wahrnimmt. Eine Führungsperson in der Bundeswehr sollte sich vor allem mit den ethischen und moralischen Grundlagen des Soldatenberufs beschäftigen." Seiner Erfahrung nach sei die Anpassung an die Digitalisierung im Militär ein wesentlicher Bestandteil für den zukünftigen

Erfolg in der Führung. „Streitkräfte müssen auch das übernehmen, was in der Gesamtgesellschaft heute Gang und Gebe ist. Das heißt, mit Computer, EDV und IT führen." Schneiderhan fügt hinzu: „Die IT ist allerdings nicht unbedingt immer die richtige Kommunikationswelt für die Herausforderungen im Militär. Mit EDV können Führungskräfte Informationen nicht mehr steuern, weil sie zeitgleich abrufbar für alle sind. Das heißt, Leute können Informationen ohne Ziel frei interpretieren und Gerüchte entstehen lassen. Das birgt ein riesengroßes Kommunikationsproblem. Deshalb würde ich sagen, dass die Kommunikationsfähigkeit eine Schlüsselqualifikation von Führungskräften geworden ist, vielleicht dominanter als Vieles andere." Demnach zeigt sich für Wolfgang Schneiderhan Erfolg in der Führung durch Kommunikationsfähigkeit und Informationsmanagement, was seiner Meinung nach relativ spät entdeckt und in Spitzenpositionen ungenügend ausgebildet wurde.

So erklärt Schneiderhan, müssten Führungskräfte die mehrfachen Herausforderungen der Digitalisierung in ihrem Umfeld „jonglieren": „Im Militär muss das parallel laufen: Die Datenverarbeitung und die menschliche Führung. Da muss man sich als Führungskraft große Mühe geben!" In der Wissenschaft ist die Relevanz der Digitalisierung weit verbreitet und am materiellen Wert, wie beispielsweise des Umsatzes und des Profits eines Unternehmens, deutlich messbar (Westermann et al., 2012). Zum anderen setzt sie aber auch Zweifel frei, die den Bedarf der menschlichen Arbeit in Frage stellen (Petry, 2016). Die digitalen Entwicklungen werfen einen Schatten auf das Menschliche im Unternehmen und wie der Soziologe Jeremy Rifkin (2004) schreibt: „Kaum ein qualifizierter Beruf bleibt vom langen Arm der IT und datenfressenden Algorithmen unberührt." Mit den veränderten Anforderungen im Beruf verändern sich auch die Vorstellung und vor allem die Möglichkeiten in der Führung.

Zum Schluss stelle ich Wolfgang Schneiderhan eine Frage über den Wertewandel, den er in der Bundeswehr miterlebt hat: „Nach Ihren Erzählungen, als Sie 1966 dem Militär beigetreten sind, war der Führungsstil ein anderer und die Gesellschaft ebenso. In den 1970ern war der Wertekonflikt zwischen Ost und West nicht mehr da. Wie kommt es, dass eine große Organisation wie die Bundeswehr, sich so grundlegend verändern konnte?" Schneiderhan nickt und erklärt mir: „In der Antwort zu Ihrer Frage, kämpfen wir um zwei Begriffe: Die Konstanten und die Variablen. Die Konstanten sind soldatische Selbstverständnisse und zu den Variablen, die bis ins Führungsverhalten hineingehen, gehört das Menschenbild. Das leitet sich aus dem Grundgesetz ab, das sich mit der Würde des Menschen beschäftigt. Diesen zentralen Wert kann man ausschmücken." Zu den Variablen, die den Wertewandel in der Bundeswehr unterstützt hätten, zählt Wolfgang Schneiderhan sowohl die gesellschaftliche Entwicklung und das Schulsystem, als auch die Selbsteinschätzung und das Kommunikationsverhalten der Führungskräfte. „Wenn man die konstanten soldatischen Selbstverständnisse und Variablen im 21. Jahrhundert zusammennimmt, entwickelt man sozusagen ein Orientierungssystem für das Verhalten." Lächelnd fügt er hinzu: „Dann schmeißt es einen auch nicht so schnell aus der Bahn bei Veränderungen."

6.2 Heather Landon – Director, United Nations Documentation Division

» Meine Position in der Hierarchie ist keineswegs ein Mittel, um Veränderungen erfolgreich einzuführen; man braucht ein Team, das hinter einem steht.

> In diesem Gespräch veranschaulicht Heather Landon wie sie erfolgreiches „change management" praktiziert. Sie betont eindringlich, dass Mitarbeiter nicht nur wissen wollen, warum eine Veränderung für das Unternehmen gut ist, sondern auch, warum es für sie persönlich von Bedeutung ist. Als Führungskraft erlebt sich Heather Landon als lebenslange Studentin, indem sie von einer Herausforderung zur nächsten wächst. Bei diesem Lernprozess legt sie großen Wert darauf, ihre Mitarbeiter mit ihrem Expertenwissen einzubeziehen und verzichtet wo immer es geht auf Mikromanagement.

6.2.1 Biografie in Kürze

Heather Landon wurde am 29.08.1954 in Ottawa, Kanada, geboren. Sie studierte Sozialarbeit an der University of Victoria, Kanada, wo sie später auch ihren Master in Public Administration machte. Ebenso absolvierte sie einen Master of Science in Human Ressource Management an der University of Manchester, England. Heather Landon hat mehr als 25 Jahre in Unternehmensberatungen gearbeitet und hatte von 1986 bis 1998 verschiedene Funktionen bei der International Federation of Red Cross and Red Crescant Societies inne und arbeitete in Ländern der damaligen Sowjetunion

6.2.2 Interview

„Sehr geehrte Frau Landon, die erste Frage, die ich Ihnen gerne stellen möchte, ist: Wie wichtig ist Führung heutzutage? Brauchen Sie persönlich noch jemanden, der Sie führt?" Heather Landon antwortet: „Das sind zwei sehr gute Fragen. Ich denke, wir brauchen Führung unbedingt. Gute Führung ist wirklich sehr wichtig und zwar auf allen Ebenen eines Unternehmens." Sie fährt fort: „Deshalb – nun zu Ihrer zweiten Frage – brauche ich selbst auch als Direktorin Führung." Allerdings unterscheidet Heather Landon zwischen der formellen Führung des Vorgesetzten und der informellen Führung, die sich durch die zwischenmenschlichen Beziehungen am Arbeitsplatz entwickelt. „Die Führung, die ich als Direktorin brauche, ist die informelle Führung; das ist der Rat, den ich von meinen Kollegen und Mitarbeitern erhalte", erklärt sie. „Ich betrachte die informelle Führung als eine Chance, von Leuten in meinem Umfeld, aber vor allem auch von denen, die auf anderen Ebenen im Unternehmen handeln, etwas Neues dazuzulernen."

In der Psychologie vergleicht der Wissenschaftler Pielstick (2000) formelle und informelle Führung im Unternehmen, in dem er den Einfluss und die Verhaltensmuster von Führungskräften untersuchte. Er unterscheidet zwischen Führungskräften, die durch legitime Vorschriften eine Führungsfunktion ausüben und solche, die als informelle Führungskraft anerkannt sind. Er ermittelte sechs Führungsaspekte:

- Vision,
- Kommunikation,
- Mitarbeiterbeziehungen,
- Gemeinschaftsgefühl,
- zwischenmenschliche Beratung und
- Persönlichkeit.

In vier dieser sechs Bereiche fand er eine positivere Einschätzung informeller Führung. In seiner Studie zeigt er somit auf, welch große Bedeutung die informelle Führung im Unternehmen haben kann und wie sie die Funktionen der formellen Führung unterstützen kann. Heather Landon bestätigt diese Erkenntnis bei sich selbst: „In meiner Führungsrolle führe ich ein Team von Experten und lasse mich also von informellen Führungskräften aus meinem Team führen. Als sozusagen formelle Führungskraft vollbringe ich selten etwas alleine – ich arbeite mit meinen Leuten zusammen. Deshalb ist die Teamarbeit in meiner Führung von größter Bedeutung."

In meiner nächsten Frage interessiert mich, wie Frau Landon ihr Team persönlich führt. „Ich interpretiere meine Führungsaufgabe als eine, in der ich meinen Mitarbeitern Chancen ermögliche, um selbst führen zu können. Insofern komme ich gerne auf die Vorstellung zurück, dass ich ein Team von Experten führe und das Mikromanagement an allen Ecken und Enden vermeide. Jeder ist in meinem Team Experte auf bestimmten Fachgebieten; da kann ich ihnen mit meinen Erfahrungen nicht das Wasser reichen. Es ist also nicht meine Aufgabe, ihnen auf ihren Fachgebieten Ratschläge zu erteilen, sondern alle zusammen zu bringen, damit sich das Team – wie in einem Orchester – gegenseitig abstimmen kann und ein gemeinsames Ziel vor Augen hat." Heather Landon fährt fort: „Insofern ist meine Vorstellung von guter Führung relativ simpel" und fügt schmunzelnd hinzu: „Warum sollte man es auch kompliziert machen?" Sie bezieht sich auf die Studie der beiden Organisationswissenschaftler Posner und Kouzes (1993), die eine vereinfachte Betrachtung von Führungseigenschaften anwandten. „In meiner Führung erinnere ich mich gerne an das Werk von Posner und Kouzes. Diese führten eine umfangreiche Untersuchung durch, indem sie Mitarbeiter danach fragten, was sie an ihrer Führungskraft am meisten schätzten. Sie kamen auf erstaunlich eindeutige Ergebnisse und einfache Eigenschaften. Sie zeigten zum Beispiel auf, dass für Mitarbeiter die Ehrlichkeit ihrer Vorgesetzten sowie ihre Unterstützung und Ermutigung bei Herausforderungen wichtig sind."

Im Hinblick auf ihr interkulturelles Engagement als Führungskraft frage ich: „Sie leiteten Projekte im Mittleren Osten und waren im Headquarter der Vereinten Nationen in New York tätig. Hat sich Ihr Führungsstil dort verändert?" Sie antwortet zustimmend: „Sicherlich machte es einen Unterschied aus, denn ich musste mich an die jeweilige Unternehmenskultur anpassen." Heather Landon erzählt am Beispiel eines Projekts, wie sie kulturelle Unterschiede in verschieden Niederlassungen der Vereinten Nationen erfahren hat. „Damals war es meine Aufgabe als Führungskraft, ein neues Computersystem einzuführen, um Dokumente digital zu speichern und somit die Prozesse im Unternehmen effizienter zu gestalten und das Büro in

New York mit den anderen in Genf, Wien und Arabien näher zusammen zu bringen. Das Projekt war schon seit drei oder vier Jahre am Laufen, als ich diese Aufgabe übernommen habe. Als ich mich in dieses neue Projekt einarbeitete, begriff ich, dass es so langsam voran ging, weil es eine kulturelle Barriere gab: Die Unternehmenskultur in jedem Büro äußerte sich unterschiedlich. In New York lebten die Leute im Hier und Jetzt und sträubten sich, diese Veränderung einzuarbeiten, denn sie würde Zeit kosten und Abgabetermine blockieren. Sie habe ihren Mitarbeitern damals versucht zu vermitteln, dass die geplante Veränderung ihre Arbeit vereinfachen würde, wenn wir uns einen oder zwei Tage Zeit genommen hätten, das Programm hochzuladen und es auszuprobieren, wäre das uns für spätere Projekte zum Vorteil geworden. Aber diese Zeit wollte man in New York nicht aufbringen." Sie habe es schließlich doch geschafft, das Projekt am Arbeitsplatz zu initiieren, erzählt sie.

Im Anschluss kommen wir auf weitere Change-Initiativen zu sprechen, die Heather Landon in ihrer Karriere geleitet hat. „Wie ich Veränderungen im Unternehmen anleite und umzusetzen versuche, kommt wirklich auf die gegebene Situation an. Es kommt auf das Ziel des Unternehmens an – was will man erreichen? Es gibt ungefähr so viele Bücher über Change-Management, wie es über Führung gibt. Wenn Sie also in Google Change-Management eingeben, kommen Sie auf zwei Millionen Einträge. Zudem gibt es so viele verschiedene Phasen des Change-Managements und Vorbereitungen, die man treffen muss. Das Unternehmen muss natürlich für Veränderungen bereit sein, sonst funktioniert es nicht." Der Schlüssel zum erfolgreichen Change-Management ist für Heather Landon, dass sie als Führungskraft ihren Mitarbeitern eindeutig vermittele, warum sie von der Veränderung profitieren würden. „Sie müssen verstehen, wie diese Veränderung ihr Leben in der Arbeit verbessert und vereinfacht. Mitarbeiter wollen nicht nur wissen, warum das oder jenes neue Projekt gut für das Unternehmen ist, sondern warum es gut für sie ist!" Ebenso, fährt sie fort, sei es als Führungskraft wichtig zu verstehen, warum Mitarbeiter bei Veränderungen Resistenz zeigen würden. „Ich führe deshalb Diskussionsrunden, wo jeder seine Meinung offen auf den Tisch legen kann, damit die Vor- und Nachteile bestimmter Veränderungsprozesse diskutiert werden können." Der Konsens im Team sei entscheidend, um den Prozess anzuführen, betont sie und fügt hinzu: „Meine Position in der Hierarchie ist keineswegs ein Mittel, um Veränderungen erfolgreich einzuführen; man braucht ein Team, das hinter einem steht."

„Ich denke, jeder hat die Chance, eine gute Führungskraft zu sein", fährt Heather Landon fort. „Wenn man die Möglichkeit zu führen hat, ist es wichtig, sich bewusst zu sein, dass die Menschen, die man führen will, zu einem aufschauen können. So war es bei mir in den Vereinten Nationen.

6 Militär und United Nations | 165

Meine Mitarbeiter haben mich als Vorbildfigur gesehen." Sie fährt fort: „Als Führungskraft ist es wichtig, sich auch als Vorbild zu verhalten und das zu sein, was die Mitarbeiter brauchen." Sie betont, dass sie ihre Führungsrolle horizontal, unter Kollegen, als auch vertikal, unter Mitarbeitern auf verschiedenen Ebenen im Unternehmen ausübe. Das sei ihr ganzheitliches Verständnis von Führung im Unternehmen. Auf meine Frage, wie sie zu ihrer Erkenntnis erfolgreicher Führung gekommen sei, antwortet sie: „Das kommt, denke ich, von meiner Lebenserfahrung. Wichtig ist, dass man auf die letzten Erfahrungen baut; so kommt man voran." Kurse, meint sie, können letztendlich nur das bestätigen, was man in der Praxis bereits erfahren hätte. Beispielsweise könne man die Problemstellung einer Situation für die Lösung eines ähnlichen Szenarios anwenden, erzählt sie. „Mein persönliches Motto in der Führung lautet: ‚Learn-teach-coach-mentor and never stop!' Aus den eigenen Erfahrungen zu lernen – das ist wichtig." Als erfolgreiche Führungskraft sei man ein lebenslanger Student seiner eigenen Erlebnisse, erzählt sie rückblickend, um von einer Herausforderung zur nächsten zu wachsen. Des Weiteren, sagt Heather Landon, dass Führungskräfte ihrer Meinung nach die informelle Verantwortung hätten, ihre Erfahrungen und ihr Wissen an ihre Mitarbeiter weiterzugeben. „Ich lege großen Wert darauf, meine Mitarbeiter in meinen Lernprozess einzubeziehen. Wenn die Zeit der eigenen Führung ein Ende nimmt, muss man sich daran erinnern, dass sein Wissen im Unternehmen weiterlebt. So kann es eine Führungskraft zu großen Taten bringen."

Zum Thema Misserfolg in der Führung erzählt Heather Landon: „Ich denke der Grund, warum Führung in so vielen Fällen missglückt, ist, weil die persönliche Agenda mit der des Unternehmens durcheinanderkommt." Wenn persönliche Ziele, wie beispielsweise Ruhm oder Macht die Oberhand bekämmen, neigten Führungskräfte oft dazu, die Ziele des Unternehmens nur noch an zweiter Stelle zu sehen, erzählt sie. „Bei den Vereinten Nationen in New York", erklärt sie, „existiert eine gesunde Unternehmenskultur aus genau diesem Grund: Die persönlichen Ziele der Mitarbeiter sind mit denen des Unternehmens verbunden. Bei uns herrscht ein starkes Zugehörigkeitsgefühl." So weist sie darauf hin, dass sich die Mitarbeiter auf allen Ebenen im Unternehmen zugehörig fühlten, weil sie wüssen, dass sie durch ihre Arbeit einen kleinen, wenn auch unverzichtbar wichtigen Beitrag zu einem größeren Ganzen leisten.

7

Wirtschaft

Inhaltsverzeichnis

7.1 Albert Speer (jr.) – Stadt- und Landschaftsplaner 168
7.2 Jan Rinnert – Vorstandsvorsitzender der Heraeus Holding GmbH . 172
7.3 Rolf-Ernst Breuer – ehemaliger Vorstandssprecher der
Deutschen Bank 178
7.4 Patrick D. Cowden – ehemaliger General Manager Hitachi
Data Systems Deutschland GmbH 184
7.5 Hilmar Kopper – ehemaliger Vorsitzender des Vorstands der
Deutschen Bank 190
7.6 Gabriele Eick – Unternehmensberaterin 195
7.7 Andreas Leonhardt – ehemaliger Vorstand der
Bankhaus Main AG 201
7.8 Jürgen Heraeus – Aufsichtsratsvorsitzender der Heraeus Holding
GmbH.. 208
7.9 Götz W. Werner – Gründer und Aufsichtsratsvorsitzender der
dm-drogerie markt GmbH 212
7.10 Edzard Reuter – ehemaliger Vorstandsvorsitzender
Daimler-Benz AG... 218
7.11 Jürgen Fitschen – ehemaliger Vorsitzender des Vorstands der
Deutschen Bank 223
7.12 Sabine Schmittroth – Bereichsvorstand Commerzbank AG 227
7.13 Stephan Reimelt – CEO, General Electric Power Conversion 235

© Springer-Verlag GmbH Deutschland, ein Teil von Springer Nature 2019
R. van Dick, L. Fink, *Führungsstile: Prominenten und Persönlichkeiten über die Schulter geschaut,*
https://doi.org/10.1007/978-3-662-53321-5_7

7.1 Albert Speer (jr.) – Stadt- und Landschaftsplaner

>> Je weiter man in den Bereich der Kreativität im Unternehmen kommen möchte, desto mehr sollte man Freiräume schaffen anstatt Hierarchie.

In diesem Gespräch erklärt Albert Speer, wie er junge Mitarbeiter systematisch auf ihre Führungsrolle im Unternehmen vorbereitet. Als Stadtentwickler ist es ihm wichtig, jedes Projekt nach den Vorstellungen von Nachhaltigkeit und Lebensqualität auszurichten. Er setzt dabei auf kreative und eigenverantwortliche Mitarbeiter, die sich im gemeinsamen Verbund zu der jeweils besten Lösung inspirieren und erfolgreich voranschreiten.

7.1.1 Biografie in Kürze

Albert Speer jr. wurde am 29.07.1934 in Berlin geboren. Er wuchs als ältestes von sechs Kindern in Berchtesgaden auf. 1952 begann Albert Speer jr. eine Schreinerlehre in Heidelberg, die er 1955 abschloss. Nachdem er auf dem Abendgymnasium das Abitur nachholte, studierte er 1955 an der Ludwig-Maximilians-Universität in München Architektur. 1964 wurde Albert Speer jr. mit dem zweiten Preis eines internationalen Wettbewerbs zur Innenstadtkonzeption und Bahnhofsverlegung in Ludwigshafen ausgezeichnet. Anschließend gründete er sein eigenes Architekturbüro zur Stadt- und Regionalplanung in Frankfurt, das zu den renommiertesten Büros für Architektur in Deutschland zählt. 1972 wurde er von der Universität Kaiserslautern an den Lehrstuhl für Stadt- und Regionalplanung berufen. Dort unterrichtete er den Studiengang Raum- und Umweltplanung, zu dessen Entwicklung er selbst wesentlich mitgewirkt hat. Albert Speer jr. begann 1973 für die algerische Regierung eine achtjährige Beratungsarbeit. Von der saudi-arabischen Regierung folgten 1977 die ersten Aufträge. Das Architekturbüro berät außerdem seit 1979 die Stadt Frankfurt und die Messe Frankfurt und wirkte beispielsweise bei der Gestaltung des Museumsufers und des Holbeinstegs mit sowie bei Teilen der Skyline und großen Bereichen des Frankfurter Flughafens. Albert Speer jr. erhielt für seine Verdienste 2003 die Goetheplakette der Stadt Frankfurt am Main und wurde mit dem Architekturpreis des DAIV (Deutscher Architekten- und Ingenieurverein) 2004 geehrt. Für sein wissenschaftliches Engagement und die Weiterentwicklung von Stadtplanung und Architektur wurde er 2006 mit dem Bundesverdienstkreuz am Bande ausgezeichnet. Albert Speer jr. verstarb 2017 im Alter von 83 Jahren.

7.1.2 Interview

„Sehr geehrter Herr Speer, Sie sind selbst Führungskraft in ihrem Architekturbüro für Stadt- und Regionalplanung und führen 100 Mitarbeiter in verschiedenen Dependancen, unter anderem in Shanghai. Mich interessiert, wie Sie persönlich das Thema Führung verstehen und wahrnehmen", beginne ich das Gespräch und komme zu meiner ersten Frage: „Wie wichtig ist Ihrer Meinung nach Führung überhaupt?" Albert Speer antwortet mir prompt: „Also ich bin der Meinung, dass Führung außerordentlich wichtig ist", und betont: „Ich rede hier nicht von Führung als Befehlsgewalt, wo man von oben herunter Anweisungen gibt, sondern von Führung, die durch Vorbilder entsteht. Ich rede also von Führungskräften, die großen Wert darauf legen, offen für Anregungen von den unterschiedlichsten Leuten zu sein." Daraufhin frage ich ihn, ob er mir ein konkretes Beispiel seiner eigenen Führung geben kann. Er antwortet: „Meine Führung hat sich im Laufe der 47 Jahre verändert; das liegt an den Medien und den technischen Möglichkeiten, die es heute gibt, die völlig neue Wege der Kommunikation bieten. Trotzdem gehöre ich zu einer Generation, die nach wie vor nicht mit Computern umgehen kann. Ich habe auch kein Handy. Es funktioniert bestens auch so, ich bin ständig erreichbar." Er fährt fort: „Früher habe ich in meiner Führung mehr selbst gemacht. Seit über 10 Jahren habe ich keinen Griffel mehr in die Hand genommen; ich rede nur noch. Mein Führungsstil hat sich also wesentlich verändert."

In meiner nächsten Frage komme ich auf die Vorbildfunktion in der Führung zu sprechen, die Albert Speer in seinem Führungsverständnis aufgreift. „Vorbild ist Ihrer Meinung nach eine wichtige Eigenschaft guter Führung. Was machen Sie in Ihrer eigenen Führung, um ihrem Team ein Vorbild zu sein?" Albert Speer erzählt: „Jeder von uns kommt irgendwann in die Jahre und dann verstehe ich gute Führung in erster Linie so, dass man der nächsten Generation möglichst früh eine Chance gibt, sie in der eigenen Führung mit einzubeziehen. Das ist mir sehr gut gelungen." Als er vor 25 Jahren Hochschullehrer in Kaiserslautern war, habe er seine Zeit genutzt, andere auszubilden. „Der größte Teil meiner inzwischen acht Partner hat entweder bei mir studiert, eine Doktorarbeit gemacht oder war

Assistent. Ich habe in den letzten 15 Jahren diese Generation sehr systematisch in die Führungspositionen gebracht." Heute sieht sich Albert Speer in seiner Führungsfunktion als "Elder Statesman"; der überall mitreden kann, aber keine tägliche Verantwortung mehr trägt. „Die Geschäftsführung und Partner kümmern sich um alles was mit Personal, Geld, Terminplänen und Verträgen zu tun hat. Wenn sie mich brauchen, bei irgendwelchen schwierigen Aufgaben oder Vorstellungsterminen, dann bin ich dabei. Es gibt auch Bereiche, in denen ich ein persönliches Interesse habe, dabei zu sein. Dort ist meine Rolle die eines Beraters, der diskutiert und Ideen einbringt."

„Gibt es bestimmte Persönlichkeiten, denen Sie in ihrer beruflichen Karriere begegnet sind und die Sie in Ihrer Führung inspiriert haben?", frage ich anschließend. „Spontan fällt mir Herr Töpfer ein, mit dem ich zusammen in China war", antwortet Albert Speer und erzählt: „Herr Töpfer war damals Bundesbauminister und hat es sehr gut verstanden, die Chinesen mit ins Boot zu holen und sie für unsere Ideen zu gewinnen. Deutsche Delegationen haben zu diesem Zeitpunkt kleine Schritte in China gemacht, hatten aber die große Vorstellung, eine ökologische Stadt dort aufzubauen." Albert Speer war fasziniert, wie Herr Töpfer diese Vision in den Diskussionen aufgegriffen hat und andere damit begeistern konnte. „Mich haben vor allem seine Offenheit beeindruckt und das Reden auf gleicher Augenhöhe – das ist wichtig im Ausland." Des Weiteren erzählt er, dass er seit 35 Jahren in Saudi-Arabien, einer ebenso geschlossenen Gesellschaft wie die, die er in China erlebte, gearbeitet habe. „In Saudi-Arabien hat man uns als notwendige Berater betrachtet, die aber in Entscheidungsprozessen eigentlich nicht eingebunden waren." Das Zuhören, erklärt er, sei deshalb besonders wichtig, um sich auf neue Kulturen und Sitten in der Führung einlassen zu können.

„Offenheit, auf gleicher Augenhöhe zu sein und Gleichberechtigung mit den Partnern spielt also eine wichtige Rolle für Sie in der Führung. Warum geht Führung so oft in der Gesellschaft schief?" Je weiter die Hierarchien nach oben ausgebaut würden, erzählt er, desto enger würden die Spielräume für Mitarbeiter. „Genau diese Spielräume sind allerdings von großer Bedeutung, um Eigenverantwortlichkeit in allen Bereichen zu fördern und Kreativitätsöffnungen zu schaffen." Aus seiner Perspektive als Architekt fährt er fort: „Kreativitätsräume in der Unternehmensstruktur wirken sich auch auf räumliche Konzepte im Unternehmen aus. So hat kein Mitarbeiter beispielsweise mehr einen festen Arbeitsplatz und es gibt mehr Mitarbeiter als Arbeitsplätze im Unternehmen." Natürlich solle die Organisationstruktur die Größe des Unternehmens in den Rahmen fassen können, sagt er und erklärt dies an folgendem Beispiel: „Der Gouverneur von Hunan, einer chinesischen Provinz von über 70 Millionen Menschen führt an Hand einer ausgeprägten Hierarchie. Bei über 70 Millionen Menschen geht das auch nur so." „Allerdings", fährt Speer fort, „ich glaube, je weiter man in den Bereich der Kreativität im Unternehmen kommen möchte, wo Innovation notwendig ist, desto mehr sollte man große Freiräume im Unternehmen schaffen, anstatt Hierarchie." Die Kreativität ist ein wesentliches Element für den Unternehmenserfolg, um mit gesellschaftlichen Wandel und Veränderungen umgehen zu können (Holm-Hadulla, 2000). Der Organisationspsychologe und Unternehmensberater Kruse (1997) zeigt beispielsweise auf, dass in der Kreativität ein attraktives Unternehmensmodel liegt. Kreativität, so erklärt er, könne man nicht durch Befehle anweisen oder mittels Regelungen einführen. Rahmenbedingungen müssen im Unternehmen so gestaltet werden, dass Mitarbeitern Freiräume und Selbstorganisation ermöglicht werden, in denen sie ihre Kreativität im Sinne des gesamten Unternehmens entfalten können. Um Kreativität im Unternehmen zu fördern, schlägt Kruse (1997) eine Reihe von Möglichkeiten vor: Mitunter rät er Führungskräften, die Vielfalt im Unternehmen zu erhöhen. So erklärt er im Einklang mit Albert Speer, dass Neues im Unternehmen durch Bewegung und Instabilität entsteht und nicht durch die kalkulierbare Regelmäßigkeit, die Hierarchien implizieren.

Zum Schluss kommen wir auf sein Buch „Manifest für nachhaltige Stadtplanung" (2009) zu sprechen, in dem Speer das Thema Nachhaltigkeit im ökologischen als auch ökonomischen Sinne vertieft hat. „Für mich ist Nachhaltigkeit von größter Bedeutung. Als Führungskraft ist es wichtig, sicher zu stellen, dass wir jedes Projekt nach unseren Vorstellungen von Nachhaltigkeit und Lebensqualität gestalten." Speer erzählt weiter: „Das Thema Nachhaltigkeit spielt eine immer größere Rolle in der Gegenwart und der Zukunft – mehr als es vor einigen Jahren der Fall war. Das sehen Sie zum Beispiel am abrupten Atomausstieg der Bundesrepublik." Er fährt fort: „Führung nicht nur auf politischer Ebene, sondern auch auf wirtschaftlicher Ebene hat immer mehr mit diesem Thema der Nachhaltigkeit zu tun. Viele Unternehmen, selbst die Ölfirmen, ob nun als Reklamegag oder mit ernsthaftem Motto, streichen sich grün an. Inwieweit das ernst zu nehmen ist oder nur plakative Werbung darstellt, ist leider in vielen Fällen nicht abschließend zu beurteilen." In seinem Architekturbüro, fährt er fort, lege er großen Wert darauf, dass Nachhaltigkeit auch gelebt würde. Das finge bei der Auswahl der Mitarbeiter an, erzählt er. Heutzutage, erklärt Speer, suche er seine Mitarbeiter allerdings nicht mehr selbst aus. „Ich bin der festen Überzeugung, dass die nächste Generation am besten beraten ist, ihre Mitarbeiter selbst auszusuchen, mit denen sie in der Zukunft zusammenarbeiten müssen. Die heutige Generation hat einen ganz anderen Zugang zu einander. Wenn es also darum geht für Nachhaltigkeit in der Gesellschaft zu sorgen, dann ist ein gemeinsamer Zugang zu diesen Projekten die beste Lösung."

7.2 Jan Rinnert – Vorstandsvorsitzender der Heraeus Holding GmbH

» Im Streben nach Effizienz, unterschätzen viele, dass Führung ohne die tägliche Auseinandersetzung mit den Menschen nicht funktionieren kann.

In diesem Gespräch erzählt Jan Rinnert am Beispiel seiner Führungsrolle im Familienunternehmen Heraeus Holding GmbH, welche große Bedeutung die Kommunikation des Konzernleitbildes für die Mitarbeiter und das gesamte Unternehmen hat. Mit Blick auf seinen eigenen Führungsstil zeigt er auf, wie sein Selbstverständnis als Führungskraft durch Vorbilder gewachsen ist. Er arbeitet daran, angehende Führungskräfte in ihre Position zu bringen, damit sie wirken können, anstatt sich selber zum „bottle neck" bei Entscheidungsprozessen zu machen.

7.2.1 Biografie in Kürze

Jan Rinnert wurde am 30.08.1968 in Oldenburg geboren. Nach dem Studium der Betriebswirtschaftslehre und der Rechtswissenschaften arbeitete er für die Hansestadt Bremen. Anschließend war er als Management Consultant für die internationale Unternehmensberatung A.T. Kearney tätig. Von 2002 bis 2004 war Jan Rinnert Geschäftsführer der Titan-Aluminium-Feinguss GmbH in Bestwig. 2004 wechselte er zum Familienunternehmen Heraeus Holding GmbH, welches zu den weltgrößten Edelmetallhändlern zählt. Dort übernahm er zunächst die Funktion des Geschäftsführers der Heraeus Kulzer GmbH, bevor er im August 2007 Mitglied der Geschäftsführung der Heraeus Holding GmbH und Chief Financial Officer des Konzerns wurde. Ab August 2010 war er stellvertretender Vorsitzender und seit Juni 2013 ist er Vorsitzender der Geschäftsführung der Heraeus Holding GmbH. Heraeus hat weltweit über 12.000 Mitarbeiter und einen Jahresumsatz (2016) von über 2 Milliarden Euro (ohne den Edelmetallhandel).

7.2.2 Interview

Jan Rinnert besuchte uns im Institut. Er hatte Zeit mitgebracht und war im Gespräch sehr offen. Beindruckt hat mich die Klarheit, mit der er über Ziele, Strategien und Visionen für das Unternehmen sprach, und wie er diese Begriffe dabei auch auseinanderhielt. Nach dem Gespräch hatten wir noch einige Male Kontakt, weil ich seinen Rat für die Entwicklung der Universität suchte – er gab mir, wie auch im Interview stets bereitwillig Auskunft. Diese Teilhabe an eigenen Erfahrungen ist nicht selbstverständlich in einem häufig von Konkurrenzdenken geprägten Umfeld.

„Heute geht es um Ihre ganz persönlichen Erfahrungen mit Führung, die Sie zum Beispiel in Bremen beim Senator gemacht haben oder in den verschiedenen Durchgangsstationen bis in die Geschäftsführung eines großen Unternehmens. Wie wichtig ist Führung ihrer Meinung nach?" Jan Rinnert neigt sich zu mir und antwortet: „Ich glaube, dass Führung ein ganz zentraler unternehmerischer Prozess ist, vielleicht sogar der wichtigste Prozess in einem Unternehmen und eigentlich jeder Organisation." Er erzählt, dass es in der Führung schließlich nicht nur darum gehe, Vorgaben zu machen, sondern um den ganzheitlichen Prozess der Auseinandersetzung mit Zielen, die laufende Abstimmung und Vereinbarung von Zielen im Unternehmen zu unterstützen. „Das ist ein Prozess", fährt er fort, „den jeder Mitarbeiter, unabhängig von Hierarchie, Rolle und Aufgabe im Unternehmen, ständig durchläuft." Rinnert stimmt sich laufend mit seinen Mitarbeitern, Kollegen und dem Aufsichtsrat ab und erklärt: „Insofern habe ich jeden Morgen Erwartungshaltungen seitens meiner Mitarbeiter zu erfüllen und diese motivieren mich jeden Morgen aus dem Bett aufzustehen und den Weg zur Arbeit zu gehen."

Jan Rinnert kommt in unserem Gespräch auf das Konzept des psychologischen Vertrags zu sprechen, welches von dem Psychologen Argyris erstmals 1960 entwickelt und durch die Arbeiten von Denise Rousseau (1995) breite Beachtung gefunden hat (Anderson und Schalk, 1998). Ein „relationaler Vertag" weist auf die implizite Erwartungshaltung zwischen dem Arbeitnehmer und dem Arbeitgeber hin, welche auf Reziprozität und Gegenleistungen beider Parteien beruht. Arbeitsverhältnisse sind im Rahmen spezifischer Investitionen und Leistungen vermerkt, die, wenn sie zufriedenstellend sind, das Vertrauensverhältnis stärken. Dagegen beschreiben „transaktionale Verträge" eine kurzfristige Beziehung, die sich auf die ökonomischen Prinzipien des Arbeitsverhältnisses beschränken. Für Jan Rinnert ist das Pflegen des relationalen Vertrags und die Erfüllung der Erwartungen seiner Mitarbeiter ein wesentlicher Erfolgsfaktor guter Führung.

„Gute Führung schafft es", fährt er fort, „dass Mitarbeiter in ihren unterschiedlichen Rollen ein Ziel verfolgen und auf einer gemeinsamen Wertebasis arbeiten." Häufig, erzählt Rinnert, würde die unternehmerische Aufgabe der Führung mit Begriffen wie Strategie und Strategieentwicklung verbunden. Das, meint er, sei zunächst nur der intellektuelle Prozess der Entwicklung eines Wegs, durch Abwägung von Handlungsalternativen. „Als Führungskraft muss man einen Weg finden, Mitarbeiter dazu zu bringen, miteinander auf ein gemeinsames Ergebnis hin zu arbeiten. Das funktioniert heute nicht durch das Aufschreiben und das Verteilen von Emails, sondern einzig und allein durch die Kommunikation und die laufende Auseinandersetzung in einer Organisation. Man muss sich mit den Menschen befassen." Fast mahnend fährt er fort: „Im Streben nach Effizienz unterschätzen viele, dass Führung ohne die tägliche Auseinandersetzung mit den Menschen nicht funktionieren kann. Ich glaube, man kann gar nicht genug kommunizieren."

Im Kontext der Digitalisierung ist unsere Gesellschaft zunehmend faktenorientiert und von Datenanalysen getrieben, obwohl die Mitarbeiter seiner Meinung nach im aktuellen Umfeld vor allem die Möglichkeit zur Kommunikation brauchen. „So können Sie Mitarbeiter heutzutage, in einem so komplexen Umfeld, das nicht mehr von jedem verstanden wird, nur durch die Kommunikation und den laufenden Abgleich von Information gewinnen." In Bezug auf das Familienunternehmen Heraeus erzählt er: „Wir machen uns sehr viele Gedanken darüber, wie wir in den einzelnen Organisationen unsere Strategie kommunizieren, damit sie auch von den Mitarbeitern verstanden wird. Bei uns ist es die Aufgabe jeder Führungskraft und der Konzernleitung, ein Konzernleitbild herauszugeben. Das haben wir im Rahmen einer Roadshow organisiert, in der Führungskräfte weltweit durch alle Standorte der Firma gereist sind, um mit unseren Mitarbeitern zu kommunizieren, damit genau dieser Austausch von Erfahrungen und Informationen stattfinden kann." Jan Rinnert erklärt, dass dieser Ansatz in der Führung zwei wesentliche Vorteile habe. „Zum einen schafft es ein Verständnis für die Mitarbeiter, wo die Führung hinwill. Das ist ein wesentlicher Vertrauenspunkt. Zum anderen schafft Informationsvermittlung Sicherheit – man weiß, wo die Reise hingeht und hat einen Referenzpunkt, an dem man sich im täglichen Handeln immer wieder orientieren kann. Ganz wichtig ist: Strategien werden nur dann erfolgreich von Mitarbeitern umgesetzt, wenn sie verstanden haben, warum es notwendig ist und wie es zum Gelingen des Ganzen beiträgt." „Zur Unternehmensstrategie der Heraeus Holding GmbH", fügt er hinzu, „gehört übrigens auch das klare ‚Neinsagen' Dafür haben wir monatliche Veranstaltungen, die wir ‚Business Reviews' oder ‚Jour Fixe' nennen, in denen unsere Führungskräfte, die für einzelne Geschäfte verantwortlich sind, darüber diskutieren, wo es in ihrem Entwicklungsprozess Anpassungsbedarf gibt."

„Wie wählen Sie die richtigen Führungskräfte nach Ihren Vorstellungen von Kommunikationsfähigkeit aus? Oder gibt es bei Ihnen die Hoffnung, dass man eine gute Führungskraft werden kann und wenn ja, begleiten Sie ihre potenziellen Führungskräfte dahin?", frage ich. „Also ich würde sagen, beides trifft zu", antwortet er und fährt fort: „Bei der Auswahl der Führungskräfte legen wir großen Wert darauf, dass sie in der Lage sind, nicht nur die fachlichen Fragen zu bearbeiten, sondern auch ihre Ziele klar zu kommunizieren. Weiterhin ist es wichtig, dass sie in der Lage sind, Mitarbeiter für diese Ziele zu begeistern, sie zu motivieren. Dazu gehört wiederum, dass sie auch teamfähig sein müssen und ein Team, das durchaus heterogen zusammengesetzt ist, dazu zu bewegen, die ‚Extrameile' zu gehen." Setzen Führungskräfte durch ihr Kommunikationsverhalten bei Mitarbeitern eine intrinsische Motivation frei, wie beispielsweise ein Sinnverständnis, so gehen diese mit einem größeren Engagement an die Arbeit (Bakker und Demerouti, 2008). „Führungskräfte müssen auch das Talent haben, Potenziale in ihren Mitarbeitern zu bemerken, diese zu fördern und zu entwickeln", erklärt Jan Rinnert und weiter: „Allerdings reicht das nicht. Wir haben in verschiedenen Ebenen Entwicklungsprogramme für Führungskräfte definiert. Diese bestehen aus unterschiedlichen Modulen bis hin zum Global Leadership Programm. Das beinhaltet ein Trainingsprogramm rund um die Welt. Dadurch vernetzen wir unsere Führungskräfte, die sich dem Unternehmen mit einem spezifischen Wertekonzept verpflichtet fühlen, Führung in einer bestimmten Art verstehen und sie so auch in das Unternehmen hineintragen."

Das weltweite Vernetzen der Führungskräfte, impliziert für Rinnert eine wesentliche Verantwortung seiner eigenen Führungsrolle im Konzern. „Man kann Führungskräfte heutzutage nicht mehr in einzelnen Organisationen, sogenannten ‚Silos' entwickeln, weil die Pyramide viel zu eng ist und die Chancen nicht ausreichend, um wirklich Perspektiven für Mitarbeiter aufzubauen." Mit der konzernweiten Personalentwicklung habe er gute Erfahrungen gemacht, sagt er und erzählt: „Wir haben beispielsweise jährliche Personalentwicklungskonferenzen, in denen wir die Performance und das Potenzial der Führungskräfte in einem strukturierten Prozess durchsprechen, sodass die Entwicklung einer Führungskraft nicht nur von der individuellen Beurteilung des direkten Vorgesetzten abhängt, sondern über eine Gesamtschau kalibriert wird. Mit jeder Führungskraft wird dann über entsprechende Maßnahmen der Entwicklung diskutiert, um bestmögliche Positionen und Perspektiven aufzubauen." Die angehenden Führungskräfte lernen dadurch nicht nur von einander in Trainingsprogrammen, sondern bekommen ein ganzheitliches Feedback von Vorbildern in der Führung im Konzern. „Das hat dem Unternehmen insgesamt sehr gutgetan, es ist viel Vertrauen entstanden, nicht nur in die Personalentwicklung, sondern auch in die Relevanz der Führung und gleichzeitig auch Vertrauen in die Organisation." Jan Rinnert greift erneut auf das Konzept des psychologischen Vertrags zurück und sagt, dass Mitarbeiter im Rahmen dieses Vertrauensverhältnisses ihre besten Kräfte und ihr Potenzial an die Organisation zum Teil abgeben und nicht aufsparen würden.

„Ein Teil von diesem Lernprozess in der Führung, den Sie beschrieben haben, findet oft in der Gegenwart von Vorbildern statt. Wie ist es bei Ihnen persönlich, hat Ihnen selbst eine bestimmte Person, Orientierung in der Führung gegeben?", frage ich Jan Rinnert als nächstes. „Also ich habe nicht ein einzelnes Vorbild, das ich auf die große Säule stelle, sondern mehrere. Das erste Vorbild war mein Vater, der mir damals gesagt hat: ‚Such dir keinen Job, sondern einen Chef!' Diese Aussage war ganz wichtig für mich. Der Senator für Wirtschaft und Europaangelegenheiten in Bremen, Herr Joseph Hattig, der 25 Jahre lange die Brauerei Becks & Co in Bremen geführt hat, war mir auch ein Vorbild. Ein wirklicher Chef nach alter Schule: Anspruchsvoll, einsatzbereit, authentisch und schnell. Er hat sehr dazu beigetragen, meinen eigenen Anspruch an Einsatz und Leistung weiterzuentwickeln und zu schärfen. Eine andere Person, die ich nie so nah erlebt habe und die ich über einen Vortrag kennengelernt habe, ist Herr Beitz von ThyssenKrupp gewesen, der über eine hohe Integrität in ganz unterschiedlichen Phasen der deutschen Geschichte gewirkt hat und das häufig ganz unprätentiös gemacht hat. Seine persönliche Integrität ist über lange Sicht ein ganz wesentliches Element meiner Führung geworden – man kann nur führen, wenn man glaubwürdig ist." Rinnert fährt fort, dass ihn aber auch Personen mit unternehmerischer Leistung begeistert haben, die ihre Industrien völlig neu definiert haben. Dazu gehören der Gründer von Ikea, der dem Möbelhandel eine neue Perspektive gegeben hat und Steve Jobs, der starke unternehmerische Impulse gesetzt hat und damit fast eine ganze Generation des Unternehmens geprägt hat. „Ich suche mir von den Personen, die mich beeindrucken, bestimmte Denk- und Verhaltensmuster als Inspiration für meine eigene Führung heraus."

„Damit kommen wir auf meine nächste Frage", fahre ich fort: „Sie haben durch verschiedene Anregungen ihren Führungsstil gebildet. Wie würden Sie diesen definieren? Was würden Ihre direkten Mitarbeiter sagen?" Er antwortet, dass er seine Mitarbeiter manchmal um ein ehrliches Feedback bitten würde. „Ich glaube, meine Mitarbeiter würden sagen, dass ich ein Mann mit einem Ziel bin. Ich habe eine Vision darüber, wo ich mit dem Unternehmen hin möchte. Das kommuniziere ich, gebe den Mitarbeitern die Gelegenheit, dazu beizutragen und wertschätze ihren Beitrag sehr. Ich arbeite daran, sie in eine Position zu bringen, damit sie wirken können, anstatt mich selber zum ‚bottle neck' bei Entscheidungsprozessen zu machen." Seine Mitarbeiter würde ihn als authentisch warnehmen, meint er, denn er nehme sich keine Sonderrechte heraus, wie beispielsweise einen Parkplatz im Werk. „Da gelten die gleichen Regeln. Wir essen auch alle in der Kantine zusammen." Diese Form von Authentizität, Fassbarkeit, so wie flache Hierarchien und offene Türen sind ihm wichtig – daran glaubt er. „Außerdem ist mir folgender Aspekt wichtig", fährt er fort: „Ich kann nur in Umfeldern arbeiten, in denen es politikfrei ist, in denen man in Sachargumenten denkt, offen Meinungen austauscht, hinterher zu Entscheidungen kommt und diese dann auch gemeinsam umsetzt. Das ist für mich wirklich eine Voraussetzung, um täglich Spaß an der Arbeit zu haben." Der Organisationswissenschaftler Cropanzano bestätigt diesen Denkansatz mit seinen Kollegen (1997) und zeigt in zwei Studien auf, dass politisches Agieren im Unternehmen eine Reihe von negativen Konsequenzen auslösen kann. Dazu gehören steigende Unzufriedenheit mit der Arbeit, Burnout und zunehmende Erschöpfung, aber auch eine höhere Fluktuationsrate.

In meiner nächsten Frage greife ich auf die Regelung von Politik im Unternehmen zurück: „Ist das eine große Herausforderung, zu erkennen, wann Kollegen oder Mitarbeiter versuchen politisch zu werden?" Ihm komme es darauf an, antwortet Rinnert, „dass man beispielsweise Konflikte klar anspricht und sagt: ‚Also, aus meiner Funktion und Rolle sehe ich folgende Dinge als wichtig … '. Dann kann sich eine Organisation damit befassen und auseinandersetzen." Er fährt fort: „Das macht vielen Mitarbeitern auch Spaß, diesem Dialog beizutreten und auch einmal in kritischer Auseinandersetzung zu diskutieren." „Wichtig ist", so Rinnert, „dass es nicht darum geht, sich durchzusetzen, sondern am Ende des Tages auf das bessere Argument zurückgreifen zu können."

„Bis jetzt haben wir positive Dinge einer guten Führung angesprochen – ihre bestimmten Merkmale, wie man sie lernen kann und sich an Vorbildern orientieren kann. Im Alltag sehen wir jedoch, dass Führung oft schief geht. Woran liegt das Ihrer Meinung nach?" Jan Rinnert nickt und antwortet: „Das ist eine ganz wichtige Frage. Ich glaube, da spielen mehrere Effekte hinein." Ein Effekt zeichne sich an der Kapitalmarktkrise der heutigen Generation aus, erklärt er. „Ich weiß noch, in meinem Abschlussjahr an der Universität ging es darum, einer Unternehmensberatung, dem Investmentbanking, dem Private Equity oder einer Großkanzlei beizutreten. Das waren die Themen, mit denen man sich damals beschäftigt hat. Es gibt ein gewisses kritisches Hinterfragen, ob diese Ideale heutzutage eigentlich die Richtigen sind." Die Unschlüssigkeit im Hinblick auf Ideale und Vorbilder in der heutigen Gesellschaft, so Jan Rinnert, stelle Führung vor eine Herausforderung, nämlich Mitarbeitern neue Orientierungspunkte zu geben. „Zum zweiten spüren die Mitarbeiter Unsicherheit, wie es weitergehen soll. Das ist für die meisten Mitarbeiter eine erste Quelle für negativen Stress." Er betont: „Unsicherheit entsteht allerdings nicht darüber, ob der Job tatsächlich unsicher ist, sondern die Unklarheit darüber, in welchem Maße er unsicher oder sicher er ist." Das, so meint er, müsse klar kommuniziert werden. „Ich glaube, man kann mit vielen Mitarbeitern auch durch wirklich schwere Zeiten gehen, wenn man klar ausdrückt: ‚Wir sehen uns alle in einem Boot und geben jetzt alles. Es wird nicht nur Gewinner geben, aber wir tun alles dafür, um aus dieser Situation das Bestmögliche herauszuholen.'" Wenn diese Einstellung und dieses Verhalten in der Führung fehlen, so Jan Rinnert, gehe sie oft schief. „Es ist wichtig, sich mit diesen Herausforderungen klar auseinanderzusetzen. Wenn man sie aufschiebt, werden diese nur größer und Mitarbeiter kriegen das sehr schnell mit."

Zum Schluss erzählt mir Jan Rinnert: „Alles, was mir aus der Literatur dazu bekannt wäre, hat gezeigt, dass es keine perfekte Eigentümerstruktur oder Rechtsform oder Ähnliches für den Erfolg eines Unternehmens gibt." Zum Thema Führung sagt er: „Ich glaube, es gibt gut und schlecht geführte Unternehmen in allen Rechtsformen und Eigentümerstrukturen." Er fährt fort: „Allerdings glaube ich, dass ein Familienunternehmen die Chance hat, wenn es gut geführt wird, besonders viel aus diesem Umstand machen zu können. Das hat sehr viel mit Kontinuität, Vertrauen und Identifikation mit Personen und Strukturen zu tun. Da tun sich kleine mittelständische Unternehmen noch ein bisschen leichter, als größere anonymere Unternehmen, die über die Größe automatisch eine gewisse Distanz zwischen den handelnden Personen aufbauen." Das Fassbare, das man in einem Familienunternehmen habe, weil sich die Mitarbeiter alle kennen, meint er, sei ein Pfund, mit dem ein Familienunternehmen wuchern könne. „Trotzdem können andere Rechtsformen genauso gut beweisen, dass sie das erfolgreich können", betont er. „Die Rechtsform ist keine Garantie für erfolgreiches Führen im Unternehmen."

7.3 Rolf-Ernst Breuer – ehemaliger Vorstandssprecher der Deutschen Bank

»Führungskräfte können nicht sorgfältig genug mit Cultural Clashes umgehen, um die Motivation der Mitarbeiter zu fördern.

> In diesem Gespräch erzählt Rolf-Ernst Breuer, wie der Prozess der Internationa-
> lisierung der Deutschen Bank die Führung vor eine große Herausforderung des
> Kulturwandels stellte. Er ist davon überzeugt, dass bei derart identitätsrelevan-
> ten Themen das Unternehmen und seine Führungskräfte neben der Strategie
> ein großes Augenmerk auf das Befinden der Mitarbeiter legen müssen.

7.3.1 Biografie in Kürze

Rolf-Ernst Breuer wurde am 03.11.1937 geboren und absolvierte 1956 eine
Banklehre bei der Deutschen Bank in München und Mainz. Rolf-Ernst Breuer
studierter Rechtswissenschaften in München, Lausanne und Bonn, wo er
anschließend 1967 promovierte. Er arbeitete 1966 in der Filiale der Deutschen
Bank in Karlsruhe und leitete 1974 die Börsenabteilung in Frankfurt am Main.
Mitglied des Vorstands der Deutschen Bank wurde er 1985, Sprecher des
Vorstands von 1997 bis 2002 und anschließend war er bis 2006 Vorsitzender
des Aufsichtsrats der Deutschen Bank. Des Weiteren hatte er bei Lufthansa,
E.ON und Münchner Rückversicherung Aufsichtsratsmandate inne. Rolf-
Ernst Breuer engagiert sich außerdem für Bildung und Kultur und war lange
Sprecher des Hochschulrats der Goethe Universität in Frankfurt.

7.3.2 Interview

„Heute geht es um Ihr ganz persönliches Verständnis von Führung und ihre
vielfältigen Erfahrungen", eröffne ich das Gespräch und stelle meine erste,
etwas provokante Frage: „Herr Dr. Breuer, brauchen wir Ihrer Meinung nach
Führung?" Ich beziehe mich speziell auf seine damalige Führungsfunktion in
der Deutschen Bank und gehe ins Detail: „Als Sie im Vorstand waren, haben
Sie jemanden gebraucht, der Ihnen eine klare Führung gegeben hat?" Rolf-
Ernst Breuer antwortet ohne lange zu überlegen: „Ja, man braucht eigentlich immer jemanden, der einem als Diskussionspartner dient. Man braucht
Führung: Man ist nicht im Besitz der allein seligmachenden Weisheit,
sondern irrt, wie jeder Mensch. Diskutieren, das muss man bevor man tief-
greifende Entscheidungen trifft, das gehört zum Führen dazu, um zu vermeiden, dass man grundlegende Irrtümer begeht." Er fügt hinzu: „Überhaupt
denke ich, man braucht in jeder Phase seines Lebens Ratgeber, Begleiter und
Diskussionspartner."

Seine Definition von Führung interessiert mich und ich gehe in meiner nächsten Frage genauer darauf ein: „Wie würden Sie effektive Führung definieren?" In seiner Antwort unterscheidet Breuer zwischen einer sogenannten „inneren" und „äußeren" Führung. „Für die Wirkung nach außen ist wichtig, dass die Führungskraft kommuniziert, Transparenz verbreitet und versucht, das Publikum für sich zu interessieren." Die Führung nach außen, sagt er, würde einem nicht beigebracht. „In meiner Zeit an der Universität war Führung kein Lehrfach, es gab keine Seminare und nur ein paar wenige Handbücher." „Diese", meinte er, „haben mir nicht weitergeholfen." Er rät, dass sich eine Führungskraft bemühen solle, mit der Führung nach außen früh anzufangen. „Führung nach innen", fährt er fort, „ist aber genauso wichtig. Da kommt es auf das Motivieren der Mitarbeiter an." Zu einer erfolgreichen Führung, so Breuer, gehörten allerdings nicht nur diese beiden Aspekte der Führung, sondern auch die Infrastruktur des Unternehmens. „Die Hierarchie ist innerhalb eines Wirtschaftsunternehmens wichtig, damit man in der Führung von Diskussionen am Ende zu einem Ergebnis kommt. Die Hierarchie muss vorgeben, wer das letzte Wort hat, sonst funktioniert ein Wirtschaftsunternehmen meiner Meinung nach nicht."

„Ich würde gerne auf Ihre Vorstellung von erfolgreicher „innerer" und „äußerer" Führung eingehen. Sind Sie der Überzeugung, dass jeder diese beiden Führungsansätze in seinem Verhalten lernen und unmittelbar eine gute Führungskraft werden kann?" Rolf-Ernst Breuer nickt zustimmend. „Ja, das denke ich. Natürlich gibt es auch Leute, die ein gewisses Talent dafür haben oder auch nicht." Er zeigt seine Überzeugung an folgendem Beispiel auf: „Einer, der vielleicht nicht von vornherein über ein deutliches Charisma verfügt in der Führung nach außen, der kann lernen, verständlich zu kommunizieren, zu motivieren, seine Botschaften zu vermitteln und Akzeptanz zu gewinnen." Er greift den Begriff „Lernen durch Handeln" auf, der im Wesentlichen das Lernen durch Erfahrung beschreibt. Das Konzept des aktiven Lernens wurde durch den Philosophen und Psychologen John Dewey, der die Entwicklung des Menschen mit seinen Erfahrungen begründete, in der Wissenschaft geprägt (Dewey, 1900, 1926). Später wurde der Fachausdruck „Lernen durch Handeln" von Organisationswissenschaftlern in verschiedenen Modellen aufgriffen, um die sozialen und kognitiven Lerninhalte in der Praxis, wie beispielsweise am Arbeitsplatz, anzuwenden (Kolb, 1984).

Im Verständnis, dass auch das Lernen aus Fehlern eine Schlüsselerfahrung sein kann, frage ich Breuer: „Als Sie in den 1970ern Direktor der Börsenabteilung der Deutschen Bank waren, haben Sie Führung auch aus Fehlern gelernt?" Erneut stimmt er mir zu: „Ich kann mich deutlich an Fehler erinnern, die mir, vor allem in der Kommunikation nach außen unterlaufen sind." Er erzählt von dem Vorfall, als er im Fernsehen aufgetreten ist: „Ich war nicht gewohnt, im Fernsehen aufzutreten, das lernt man nur im ‚learning-by-doing'. Ich kam in eine sehr kritische Situation in der Sendung der Tagesschau von Herrn Wickert, als eine Fusion zwischen Krupp & Hoesch und Thyssen stattfinden sollte und die Gewerkschaften und Arbeiter im Ruhrgebiet um ihre Arbeitsplätze fürchteten und der Deutschen Bank die Schuld dafür gaben." Er sei damals als Vorstandsmitglied der Deutschen Bank in den Abendnachrichten aufgetreten, erzählt Breuer. „Das kam so schrecklich rüber. Ich war es nicht gewöhnt, mich in diesem Umfeld authentisch zu verhalten und die Botschaft, die meines Erachtens in Ordnung war, dass die Deutsche Bank sich durchaus angemessen verhalten hat, kam nicht rüber. Mir wurde nachgesagt, ich hätte einen schuldbewussten Eindruck und ein schlechtes Gewissen gezeigt. An dieser Stelle habe ich jedoch nicht aufgegeben. Man muss ja schließlich aus seinen Fehlern lernen! Ich bin zu einem Moderator gegangen, der mich am Wochenende in ein Fernsehstudio bestellt hat und habe meinen Auftritt geübt und nochmal aufgeführt. Zu spät, aber immerhin ein Beispiel, wie ich aus Fehlern gelernt habe – das ist mir hinterher nicht mehr passiert." Im Anschluss erfahre ich zudem, dass Rolf-Ernst Breuer sich als Vorstandsprecher dafür eingesetzt habe, dass die Deutsche Bank bis zu einer Milliarde Euro jährlich für Internetaktivitäten und das Training professioneller Auftritte bereitstellte. Breuer meint, dass Führungskräfte nicht nur aus ihren Fehlern persönlich lernen, sondern auch ihre Erkenntnisse und Erfahrungen zum Vorteil für das gesamte Unternehmen zur Verfügung stellen sollten.

In meiner nächsten Frage komme ich auf die Rolle von Werten im Unternehmen zu sprechen. „Viele nehmen einen Wertewandel in der heutigen Gesellschaft war. Wie wichtig sind Werte ihrer Meinung nach für das tägliche Miteinander zwischen Führungskräften und Mitarbeitern?" Breuer antwortet: „Absolut wichtig!", und fügt nachdrücklich hinzu: „Ich glaube, die Wichtigkeit kann gar nicht hoch genug eingeschätzt werden." Er kommt auf den Werteverfall des „Banker-Berufs" zu sprechen: „Ich glaube, wir haben dort einen dramatischen Werteverfall. Nach außen schämen sich Leute manchmal zu sagen, dass sie für die Bank arbeiten, wenn sie beim Sport oder unter Freunden und Bekannten sind. Das ist nicht mehr ein Beruf, der eine besonders hohe Achtung hat und von besonderer Reputation gekennzeichnet wird." Rolf-Ernst Breuer schüttelt den Kopf. „Das ist ein Jammer, aber zum Teil auch gerechtfertigt, nach alldem, was passiert ist. Die Exzesse, vor allem in finanzieller Hinsicht, haben auch dazu beigetragen, dass der Wertekanon im Unternehmen durcheinander geraten ist." Er fügt hinzu: „Ich würde zwischen inneren und äußeren Werten unterscheiden. Die äußeren Werte beziehen sich darauf, wie gut es der Führungskraft gelingt, ihren Mitarbeitern verständlich zu machen, wie wichtig die Bank in ihrer Funktion ist und wie der Banker zum Großen und Ganzen beiträgt. Bei den inneren Werten kommt es auf die Vorbildfunktion der Führungskraft an. Diese sollte ihren Geführten eine klare Vorstellung davon geben, wie sie gemeinsam das große Ganze bewirken können, es vorleben und ihnen ein Gefühl vermitteln, dass man sich auf sie als Vorgesetzten verlassen kann. Die Führungskraft sollte loyal nach oben und nach unten sein." Für Breuer spielen diese Werte eine wichtige Rolle, um ein Teamgefühl entstehen zu lassen.

„Sie haben viele Menschen kennengelernt, vor und nach Ihrer Zeit als Vorstandssprecher", fahre ich fort: „Gibt es bestimmte Menschen, die Sie ganz besonders auf Ihrem Lebensweg als Führungskraft beeindruckt oder beeinflusst haben?" Rolf-Ernst Breuer fängt in seiner Antwort von ganz vorne, in seiner früheren Zeit an: „Ja, es gab Lehrer auf dem Gymnasium, die mir imponiert haben, weil ich viel von ihnen gelernt habe. Ich habe viele Bundeskanzler kennen gelernt, unter anderem Helmut Kohl oder Angela Merkel, die mich beide schwer beeindruckt haben. Die Politik hat natürlich auch ihre Schattenseite, aber beeindruckt haben sie mich alle. In meiner Zeit als Vorstandssprecher hatte ich mit Gerhard Schröder zu tun, der auch durchaus seine Qualitäten hatte, die heute vielleicht ein bisschen weniger zur Geltung gebracht werden."

Aus unserem Gespräch höre ich heraus, dass das Beeindruckende der jeweiligen Personen für Breuer ihr Charisma gewesen ist. In der Deutschen Bank hat ihn besonders Alfred Herrhausen beeindruckt. „Der war charismatisch, gar keine Frage. Er war mehr Politiker als Banker. Seine Interessen lagen jenseits der Bank und er hat beispielsweise Helmut Kohl sehr geholfen in der Zeit der Wiedervereinigung und der Öffnung nach Osten." Die Wissenschaftler Conger und Kanungo (1998) vertiefen diese Aussage in ihrem Werk von charismatischer Führung. Charisma deuten sie nicht nur als eine Konstellation bestimmter Verhaltensweisen, sondern auch als die Wahrnehmung, wie das Verhalten der Führungskraft in der Gesellschaft als charismatisch verstanden wird (Steffens, Peters, Haslam und van Dick, 2017). Breuer greift auf den gesellschaftlichen Einfluss bei der Entstehung von Charisma zurück. „Wie viele Visionäre hat Alfred Herrhausen das Wort gebraucht. Er lief sonst Gefahr, der Mannschaft vorauszueilen. Das heißt, wenn der Feldherr ganz weit vorne ist, besteht die Gefahr, dass er die Marschgeschwindigkeit der Mannschaft unterschätzt, die reichlich langsamer ist. Zum Teil hat Alfred Herrhausen in seiner Führung auch gemerkt, dass er den Kontakt zur Mannschaft verloren hatte, weil er zu schnell geworden ist und seine Visionen zu weitsichtig."

In meiner nächsten Frage spreche ich Probleme in der Führung an. „Wo denken Sie, sind die Schwierigkeiten von Führungskräften? Haben Sie

persönlich ein herausforderndes Erlebnis im Bereich der Führung gehabt?"
Rolf-Ernst Breuer antwortet mir: „Schwierigkeiten sind immer verbunden
mit mangelnder Motivation, fehlender Transparenz und damit mangelnder
Nähe zu denen, die man mitnehmen möchte." Rückblickend auf seine eigene
Tätigkeit fährt er fort: „Ich denke an den Prozess der Internationalisierung
der Deutschen Bank, der während meiner Dienstzeit auf den Weg gebracht
wurde – also der Weg von der Deutschen Bank als nationales Institut in
die Globalisierung. Dieser Schritt, das wussten wir, war notwendig. Die
Hochschulen bildeten keine internationalen Banker aus, wir mussten sie uns
also einkaufen. Das haben wir geschafft durch den Kauf einer Merger-Bank in
London, Morgen Grenfell und dann später auch durch den Kauf einer großen
Bank in den Vereinigten Staaten, Bankers Trust." Rolf-Ernst Breuer erzählt,
dass die Neuzugänge, die auf den Deutsche-Bank-Mitarbeiterstamm trafen,
ein Integrationsthema hervorriefen. „Zudem waren die Deutschen, was die
Mitarbeiterzahl betraf und die deutschen Kunden, was den Gewinnbeitrag
anging, in der Minderheit. Das heißt, wir waren von heute auf morgen
eine richtig internationale Bank." Er fährt fort: „Das hat bedeutet, dass wir
eine ‚Corporate Language' einführen mussten, die nicht Deutsch, sondern
Englisch war. Auf einmal waren die Filialleiter mit englischen Texten konfrontiert. Die Botschaften des Vorstands enthielten natürlich noch die deutsche Übersetzung, aber es war eine ganz neue Welt, die dazu führte, dass es zu
einem Prozess der Demotivation innerhalb der deutschen Mannschaft kam,
die auf die etwas platte Aussage hinauslief: ‚Hier muss man Englisch sprechen, sonst ist man hier nichts mehr wert!'" In seiner Aussage spricht Breuer
einen Schwerpunkt meiner eigenen Forschung im Bereich des Erwerbs und
des Mergers von Unternehmen an.

In unserer eigenen Forschung haben wir uns mit den Auswirkungen
von Fusionen befasst, ähnlich dem der Deutschen Bank mit ausländischen
Instituten, wie Sie ihn beschrieben haben. Wir haben uns speziell damit
beschäftigt, wie diese auf die einzelnen Mitarbeiter wirken und festgestellt,
dass der Erfolg eines Mergers unter anderem auch ein identitätsrelevantes
Thema ist. Der Misserfolg eines Mergers kann auf Wahrnehmungen von
Inkonstanz am Arbeitsplatz zurückverfolgt werden, in denen Mitarbeiter auf
Veränderungen in ihrer Identität im Unternehmen zurückschließen (Ulrich,
Wieseke und van Dick, 2005). Im Unternehmen wird bei Fusionen in erster
Linie auf die Strategie geachtet und die Wahrnehmung der Mitarbeiter oft
unterschätzt. In seiner Führung während des Mergers der Deutschen Bank,
zeigt Rolf-Ernst Breuer tatsächlich auf, dass der Wandel von Identität, der
einen sogenannten „Cultural Clash" im Unternehmen auslöste, eine heftige
Herausforderung war: „Das war ein Thema, an dem wir gemeinsam tüchtig

arbeiten mussten und zu meinem Erfahrungsschatz gehört: Führungskräfte können nicht sorgfältig genug mit ‚Cultural Clashes‘ umgehen, um die Motivation der Mitarbeiter zu fördern.“

Zum Schluss kommen wir auf die gesellschaftliche Funktion von Führung zu sprechen. „Wir sehen nicht nur am Beispiel von Mergern, dass es zu Problemen in unserer Gesellschaft kommt. In der Politik sehen wir Politikverdrossenheit und in der Wirtschaft taucht der Begriff Burnout immer häufiger auf. Denken Sie, dass das im Wesentlichen ein Führungsthema ist?“ Rolf-Ernst Breuer antwortet: „Ganz bestimmt, ganz primär.“ Er fährt in optimistischer Art fort: „Da helfen Mitarbeitergespräche. Nehmen wir zum Beispiel das Phänomen Burnout am Arbeitsplatz. Jede Führungskraft muss damit betraut sein, dass Mitarbeitergespräche das Instrument sind, um die Mitarbeiter vor Burnout, Frustrationen und arbeitsbedingter Krankheit zu bewahren. Diese sollten mindestens einmal im Jahr stattfinden. Das ist Pflicht!“ Seiner Meinung nach ist es wichtig, mit jedem Mitarbeiter eine klare Zielvereinbarung zu setzten und auszuwerten, „was er erreicht hat und wo er noch hinwill.“ „Das Loben“, meint er, „ist entscheidend, damit Mitarbeiter das Gefühl haben, dass der Vorgesetzte sie wertschätzt und sich Mühe gibt, ihnen neue Perspektiven zu eröffnen.“ Diese Vorgehensweise, so Breuer, ist das Mittel, um Mitarbeiter davor zu bewahren, in Frustration zu verfallen und keine Zukunft mehr zu sehen.

7.4 Patrick D. Cowden – ehemaliger General Manager Hitachi Data Systems Deutschland GmbH

>> Es ist die Inspiration, die eine gute Führung von einer großartigen Führung unterscheidet.

In diesem Interview lässt uns Patrick Cowden die Magie spüren, welche durch das Zusammenführen von verschiedenen Wertesystemen und Kulturen im Unternehmen ausgeht. Als Führungskraft mit deutschen und amerikanischen Wurzeln legt er in seiner Führung sowohl Wert auf Struktur und Detail, als auch die Fähigkeit, andere begeistern zu können. In seinem Führungsstil fügt sich die Vielfalt der Kulturen wie ein Puzzle zusammen. So kommt es nicht von ungefähr, dass er lange erfolgreich in einem japanischen Unternehmen tätig war, wo ein über hundert Jahre alter Wertekodex noch heute die Kommunikation der Führungskräfte mit ihren Mitarbeitern und Kunden wesentlich prägt.

7.4.1 Biografie in Kürze

Patrick Cowden wurde 1964 in Frankfurt als Sohn eines US-Army Stabsoffiziers und einer deutschen Mutter geboren. Von 1983 bis 1984 wurde er von der US Navy zum Meteorologen und Ozeanographen ausgebildet und zog anschließend nach Deutschland, wo er eine Ausbildung als Softwareentwickler absolvierte. Er arbeitete als Systemprogrammierer bei der Deutschen Bank und bei EMC. Außerdem war er als Unternehmensberater für Capgemini Consulting tätig. Er war Vizepräsident von DELL Deutschland und General Manager von Hitachi Data Systems, wo er zum Manager des Jahres gekürt wurde. Er ist Gründer der Initiative „Beyond Leadership", die sich dafür einsetzt, die Führungskultur in deutschen Unternehmen neu zu entwickeln.

7.4.2 Interview

Mit fröhlicher Miene sitzt Patrick Cowden mir gegenüber, als ich ihm meine erste Frage stelle: „Glauben Sie, dass wir Führung brauchen? Wie wichtig ist sie Ihrer Meinung nach?" Er richtet sich in seinem Stuhl auf und antworte: „Also, wir Menschen brauchen Inspiration und Motivation, egal welchen Beruf wir ausüben oder welches Leben wir führen. Normalerweise machen wir nämlich diejenigen Dinge am besten, die wir aus Liebe tun und nicht für Geld. Deshalb ist die Frage wie wichtig Führung ist, keine kommerzielle. Dort kommt Menschenführung ins Spiel: In vielen Unternehmen, besonders Großunternehmen, ist Führung eine Inspiration für die Leute, großartige Dinge zu vollbringen." „Inspiration", so fährt er fort, „finden wir manchmal zu Hause, aber es ist wichtig, sie auch am Arbeitsplatz zu finden. Zurückkommend auf Ihre Frage bin ich der Meinung: Ja, wir brauchen Führung. Wir brauchen Führung als Grundlage für eine vielversprechende Zukunftsperspektive am Arbeitsplatz."

„Gute Führung definieren Sie also durch Inspiration und Motivation?", frage ich ihn anschließend. Cowden antwortet: „Na ja, beides gehört dazu. Das sind zwei wesentliche Elemente guter Führung." Er fügt schmunzelnd hinzu: „Sagen wir also, es ist ein guter Anfang für die Führung, sozusagen die Basis." Er erklärt mir, dass besonders die Inspiration ein Kernbestandteil guter Führung in Krisensituationen sei. „Wissen Sie, wofür Inspiration noch eine wesentliche Grundlage darstellt? Für Veränderung. Wir Menschen wollen uns und andere Dinge immer wieder neu erfinden; Veränderungen zeichnen das Wesen des Menschseins aus. Beispielsweise haben wir das Feuer entdeckt, danach haben wir die Dinge anders gemacht." Im Unternehmen, meint er, würden Führungskräfte die verantwortungsvolle Aufgabe tragen,

Veränderungen zu begleiten und sie ihren Mitarbeiter so zu kommunizieren, dass sie begeistert aufgenommen würden. „In der heutigen Gesellschaft droht diese Erkenntnis unterzugehen", sagt er und fährt fort: „Dieses Bewusstsein darf nicht schwinden, denn es ist die Inspiration, die eine gute Führung von einer großartigen Führung unterscheidet."

„Sind Sie der Meinung, dass jeder eine gute Führungskraft werden kann?", frage ich. Er antwortet: „Ich denke, jeder hat die Möglichkeit, gut zu führen. Das Potenzial für gute Führung, so wie ich sie durch die Inspiration und die Motivation erklärt habe, das glaube ich steckt in jedem." Es mache keinen Unterschied, so meint er, ob man eine Frau oder ein Mann sei, oder welcher Kultur oder Religion man angehöre. „Gute Führung schlummert in jedem von uns. Ich denke, jede einzelne Person auf der ganzen Welt kann es dazu bringen." Patrick Cowden erzählt, wie man selbst im Alltag immer wieder aufs Neue Chancen bekäme, andere Menschen zu führen. Diese Chancen im täglichen Leben müsse man erkennen und danach greifen, erklärt er, denn: „Gute Führung lernt man nur durch Erfahrung – man muss sein Potenzial selbst entdecken; dass kann kein Trainer oder Coach für einen übernehmen."

Das Thema Inspiration wird in der Unternehmensberatung auch von Landsberg (2002) in seinen Untersuchungen zur Führungsentwicklungsstrategie aufgegriffen. Er zeigt Führung an einer Formel auf, die den Erfolg einer Führungskraft durch ihre Inspirationskraft, ihre Vision und ihr Momentum präsentiert. Wie auch Patrick Cowden behauptet Landsberg, dass jeder, der in seinem Team eine Vision, Inspiration und ein Momentum schafft, Potenzial für gute Führung beweist. Ebenso verbindet Landsberg (2002) gute Führung mit der Initiative, Veränderungen im Unternehmen durch die Qualität der Zusammenarbeit zu steuern. Er weist darauf hin, dass die Führung erst durch den Erfolg der Teamarbeit im Unternehmen an Einfluss gewinnt.

In meiner nächsten Frage interessiert mich nun, wie Patrick Cowden persönlich führt. „Das ist eine gute Frage", antwortet er und erzählt: „Ich habe viel Zeit in meine eigene Führung in den letzten fünf Jahren investiert. Ich habe mir insbesondere dafür Zeit genommen, ein Verständnis zu entwickeln, wo gute Führung aufhört und großartige Führung beginnt." Sein persönlicher Führungsstil zeichne sich darin aus, erzählt er, dass er mit sozialer Kompetenz und einem klaren Wertesystem in den Dialog mit den Mitarbeitern gehe. „Führung ist für mich eine Angelegenheit des Herzens, der Emotionen, des Respekts und des Vertrauens." Cowden fokussiert sich in seiner Führung auf die zwischenmenschliche Kommunikation, denn, so betont er, „es dreht sich alles um Emotionen!"

Darauf gehe ich genauer ein und will konkret wissen, wie Cowden diesen Ansatz in seiner täglichen Führung umsetzt. „Das ‚Wie' ist oft die schwierigste

Frage", antwortet dieser und erklärt: „Die Frage wieso man etwas tut, ist einfacher. Ich führe mit Emotionen, weil ich darin meinen Sinn und meine Aufgabe als Führungskraft sehe, meine Leute in der Arbeit zu unterstützen. Wie ich meine soziale Kompetenz einsetze, um sie zu unterstützen, das hängt schwerpunktmäßig von den Leuten selbst ab, die ich führen soll." Auf die Frage, wie er also mit sozialer Kompetenz führe, könne er von Situation zu Situation eine andere Antwort geben, meint er. Allerdings gibt er zu bedenken, dass er bestimmten Verhaltensmustern in seiner Führung doch treu bleibe. „Ich versuche stets, Beziehungen unter den Mitarbeitern aufzubauen. Das erste, was ich morgens mache, wenn ich ins Büro komme, ist allen ‚Guten Tag!' zu wünschen und ihnen die Hand zu schütteln – manchmal gibt es sogar eine Umarmung. So glaube ich, kann ich als Führungskraft auf meine Leute wirken." Er fährt fort mit einem Schulterzucken: „Man sagt ja, die Führungskraft sollte objektiv sein können, aber ich lege großen Wert auf Subjektivität und den persönlichen Kontakt zu meinen Mitarbeitern. Ich führe enge Beziehungen mit all meinen Mitarbeitern, das macht einen Unterschied."

„Denken Sie, dass Ihr persönlicher Führungsstil von der amerikanischen Kultur geprägt ist, in der Sie aufgewachsen sind?", lautet meine nächste Frage. „Unbedingt. Allerdings hat mich nicht nur die amerikanische Kultur geprägt, sondern auch die deutsche. Ich habe gelernt, mit einer Kombination von Werten zu führen. Ich halte eine deutsche Tugend in meiner Arbeit bei, indem ich beispielsweise großen Wert auf Detail und Struktur lege. Ich brauche Ordnung in der Führung, ohne sie fühle ich mich unwohl. Auf der anderen Seite besitze ich auch die Begeisterungsfähigkeit und das ist sozusagen der amerikanische Teil meiner Führung. Das zeigt sich daran, dass ich es verstehe, mit einer charismatischen Art und Weise auf meine Leute zuzugehen und mit ihnen zu kommunizieren." Als Führungskraft habe er Eigenschaften und Werte angenommen, die in verschiedenen Kulturen auf der Welt ihre Ausprägung haben. So sei seine Führung zwar von der amerikanischen Kultur geprägt, aber auch von etlichen anderen, die weitere Puzzleteile seines persönlichen Führungsstils ausmachten. Wenn man als Führungskraft beginne, diese Puzzleteile in der täglichen Arbeit zu kombinieren und zu leben, fährt er mit einem Leuchten in den Augen fort, könne man große Taten vollbringen. „Das Zusammenfügen verschiedener Wertesysteme und Kulturen – das ist ‚magic!' Das macht eine großartige Führungskraft aus."

Patrick Cowden entwickelte seinen persönlichen Führungsstil mit einer ausgeprägten Feinfühligkeit für die verschiedenen kulturellen Dimensionen, die er durch andere Personen kennen gelernt hat. So folgen seine Darstellungen auch den Erkenntnissen Hofstedes (1984), der an diversen Kulturdimensionen nationale Unterschiede verschiedener Gruppen im Unternehmen aufzeigte. Seine Analysen beruhen auf dem Zusammenhang zwischen der Unternehmenskultur und der nationalen Kultur der Arbeiternehmer. Die GLOBE-Studie, die von House und Kollegen (2004) geführt wurde, bestätigt die Relevanz der von Hofstede (1980) identifizierten Dimensionen in 62 verschiedenen Ländern. Die Untersuchung unterscheidet viele verschiedene Dimension von Führungsstilen, wie beispielsweise charismatische Führung, die Patrick Cowden mit Inspiration, Ausstrahlung und Begeisterungsfähigkeit beschreibt.

In meiner nächsten Frage interessiert mich, von wem Cowden sich in der Führung ein Beispiel genommen hat: „Sie sagen, Inspiration spielt in Ihrer Führung eine wichtige Rolle. Spielt sie auch in Ihrer Führungsentwicklung eine wichtige Rolle?" Er antwortet zustimmend: „Sicherlich tut sie das! Die erste Inspiration, die ich für meine Führung bekommen habe, war mein Vater. Er war ein Ausbildungsoffizier in der U.S. Army. Er trainierte Führungskräfte für die nächste Generation. In diesem Umfeld bin ich groß geworden. Es ging um Ehre, Integrität, Kameradschaft, Teamarbeit und weitere Aspekte im Militär, die, so wie ich später erfuhr, auch am Arbeitsplatz bedeutsam sind." Als er sich später in seiner Ausbildung genauer mit dem Thema Führung befasste, war ihm Douglas McGregor ein Vorbild. „Ich las Werke über Führung, wie beispielsweise das Buch ‚The Human Side of Enterprise‘, das Douglas McGregor 1960 schrieb. Seine Theorien X und Y haben mich fasziniert und in meinem Beruf beeinflusst. Ich war daran interessiert, wie man mit Führung Menschen motivieren kann." Er fährt fort: „Das, was Douglas McGregor in den 1950ern und 1960ern tat, das tun die Wissenschaftler und Forscher heutzutage immer häufiger: Heutzutage geht es nicht mehr darum, Themen mit einer einzigen Wissenschaftsdisziplin zu ergründen – sondern mehrere Perspektiven zu kombinieren. Das macht die neue Schule der Führungsentwicklung aus." So mache es beispielsweise Daniel Goleman, erzählt er, der berühmt für seine Werke über emotional intelligente Führung sei, die aus den beiden Disziplinen der Neurobiologie und Psychologie entstanden seien. „Ich denke, heutzutage geht es nicht mehr darum, Führung ausschließlich in der Psychologie zu ergründen, sondern interdisziplinär zu erforschen." Zuversichtlich fährt er mit einem Lächeln fort: „So machen Sie es ja auch hier in Frankfurt!"

„Das ist ein wunderbarer Ansatz in der Führung", fahre ich fort und frage: „Aber warum geht Führung Ihrer Meinung nach trotzdem oft schief?" Daraufhin antwortet Cowden: „Das ist natürlich eine spannende Frage und ich denke, dass schon viele Wissenschaftler in den 1960ern sich diese Frage gestellt haben. Darauf gibt es sicherlich nicht nur eine Antwort, sondern mehrere." Er fährt fort: „Heutzutage herrscht in vielen Unternehmen noch ein Command-and-control-System, das Führungskräfte dazu verführt, McGregors Theorie X anzuwenden." McGregors Theorie X bezieht sich auf die Führungsphilosophie, dass der Mensch eine grundsätzliche Abneigung gegen Arbeit hat und mit Druck, Zwang und Kontrolle geführt werden muss. Patrick Cowden erklärt somit anhand McGregors' Auffassung, dass Führung zu Misserfolg neigt, wenn Führungskräfte eine demotivierte Erwartungshaltung ihrer Mitarbeiter vertreten, denn diese würden sich konsequent im Laufe ihrer Arbeitszeit dieser Vorstellung anpassen (McGregor, 1960). „Andererseits haben Führungskräfte, die nach Theorie Y führen, Vertrauen in ihre Mitarbeiter. Sie gehen davon aus, dass sie motiviert und engagiert an die Arbeit gehen und neigen deshalb zu Erfolg."

Warum Führung in manchen Unternehmen scheitere, erklärt er weiter, hänge natürlich auch mit den Strukturen und Prozessen im Unternehmen zusammen. „Gute und weniger gute Führung ist nicht nur eine Angelegenheit der Führungskraft, sondern auch des gesamten Unternehmens." Im 21. Jahrhundert, erklärt Patrick Cowden, spiele die Entwicklung der Medien beispielsweise eine gewichtige Rolle, offene Kommunikation anzuregen und dadurch die strikte Command-and-control-Kultur zur entschärfen.

Wir kommen im Anschluss auf die Frage nach Werten in der Führung zu sprechen. „Das ist in der Tat eine sehr relevante Frage in der Führung", sagt er und betont: „Diese Frage wird oft vernachlässigt, denn sie strebt etwas an, was unter der Oberfläche in Unternehmen passiert. Wenn wir führen, verbirgt sich in unserem Verhalten der Glaube, Werte und persönliche Überzeugungen." Wenn Führungskräfte ihre Prinzipien in der eigenen Führung vernachlässigen würden, erklärt er, komme es häufig zu ethischen Konflikten und es würde dann schwierig, zu einer guten Führung zurück zu finden. Für Patrick Cowden ist deshalb wichtig, sich seine Werte stets vor Augen zu halten und sein eigenes Verhalten regelmäßig zu reflektieren. „Als Führungskraft beginnt die Führung also bei mir selbst, nur so kann ich meine Werte mit dem des Unternehmens verbinden und in mein Team tragen." Der Anfang jeder guten Führung, meint er, entstehe, wenn die Führungskraft ihre Aufgabe im Rahmen eines Wertekodexes anstrebe.

Im Rahmen seiner Führungsfunktion bei Hitachi erzählt Patrick Cowden, welche Rolle Werte in seiner täglichen Arbeit spielen. „Was Hitachi zu dem Unternehmen macht, was es heute ist, sind die Werte, wofür es steht. Diese hat sein Gründer Odaira-San vor 101 Jahren eingeführt und sie werden noch heute von 400.000 Mitarbeitern weitergelebt. Ich führe heute mit dem Ziel, Technologien für das Wohl der Gesellschaft zu entwickeln. Das ist unser Grundsatz im Unternehmen." So gehe es ihm in der Führung um gesellschaftlichen Fortschritt und Nachhaltigkeit, anstatt lediglich die Erhöhung des Profits. „Bei uns gibt es insbesondere drei Werte, die wir vertreten: ‚Wa' (Respekt, Vertrauen und Harmonie), ‚makota' (Aufrichtigkeit, Ehrlichkeit, Integrität und Offenheit) und ‚keitachu seichien' (Pioniergeist). In jedem Meeting über ein neues Produkt kommen wir auf diese Werte zu sprechen. Wir haben diese Gespräche nicht nur mit unseren Mitarbeitern, sondern auch regelmäßig mit unseren Kunden und Partnern; in diesen Gesprächen werden zuallererst die Werte angesprochen und nicht etwa der Preis. Das, denke ich, unterscheidet uns von vielen Unternehmen in der Welt." Die Wertekultur über Jahrzehnte im Unternehmen aufrecht zu erhalten, betont er, benötige eine Reihe zielstrebiger Führungskräfte, die sich diese Grundwerte zu Herzen nehmen. Zu diesen Führungskräften zählt sich auch Patrick Cowden selbst.

7.5 Hilmar Kopper – ehemaliger Vorsitzender des Vorstands der Deutschen Bank

» Ich bin ein großer Gegner der sogenannten Salamitaktik, in der man Informationen immer nur in Scheibchen verkauft.

In diesem Gespräch macht Hilmar Kopper die Notwendigkeit deutlich, dass Führungskräfte den unternehmerischen Wandel gestalten. Er sieht in der Führung die entscheidende Kraft, Veränderungen ins Rollen zu bringen und die Herausforderung, beim erforderlichen Streben nach Konsens nicht zu ermüden.

7.5.1 Biografie in Kürze

Hilmar Kopper wurde am 13.03.1935 geboren und begann 1954 eine Lehre zum Bankkaufmann bei der Rheinisch-Westfälischen Bank AG, die ab 1957 wieder als Deutsche Bank firmierte. 1977 wurde Hilmar Kopper Mitglied und nach der Ermordung von Alfred Herrhausen zum Sprecher des Vorstands von 1989 bis 1997 ernannt. Dort war er anschließend bis 2002 Vorsitzender des Aufsichtsrats. Hilmar Kopper war außerdem in anderen Aufsichtsräten tätig. Bei DaimlerChrysler hatte er 10 Jahre lange die Funktion des Aufsichtsratsvorsitzenden inne. Im Steering Committee der Bilderberg-Konferenzen ist er Mitglied und er war der Goethe Universität Frankfurt als Vorsitzender der Freundesvereinigung Jahre lang verbunden, wo er seit 2010 Ehrensenator ist. Des Weiteren engagiert sich Hilmar Kopper kulturell und ist Autor mehrerer Bücher.

7.5.2 Interview

„Herr Kopper, Sie haben Führung in vielen verschiedenen Kontexten kennen gelernt und selbst jahrelang in der Deutschen Bank Führungsverantwortung innegehabt. Mich interessiert, wie Sie Führung wahrgenommen haben und welche Erfahrungen Sie diesbezüglich gemacht haben. Die erste Frage, die ich Ihnen deshalb stellen möchte, ist die Folgende: Wie wichtig ist Führung?" Hilmar Kopper antwortet: „Ich glaube, jeder Mensch braucht Führung." Manchmal, so meint er, sei sie uns gar unbewusst, weil sie zum menschlichen Leben dazugehöre. „So arrangieren wir uns schon im Kindergarten, wenn Führung in Spielgruppen entsteht." Ich frage nach: „Wenn wir alle Führung brauchen, was ist Ihrer Meinung nach gute Führung?" Er antwortet, dass gute Führung für ihn bedeute, dass man ein Ziel gemeinsam erreiche. „Führung ist kein kurzfristiges Erlebnis", und er fährt fort: „Die Herausforderung einer guten Führung ist, sie nachhaltig zu gestalten, nicht zu ermüden und immer wieder das Erfolgserlebnis neu zu erschaffen."

Auf seinem Weg zu einer guten Führung, erzählt Kopper, habe er viel aus Fehlern im menschlichen Umgang gelernt. „Man macht natürlich Fehler in der eigenen Führung, weil man es mit ganz unterschiedlichen Individuen zu tun hat. Eine allgemeine, durchschnittliche Ansicht, wie man heute zu führen hat, passt nicht immer auf alle. Ich denke, man muss doch ein wenig spezifisch werden." Als Führungskraft müsse man seine Mitarbeiter kennenlernen, sie verstehen und es wissen, sich auf sie und ihre Bedürfnisse einzustellen. Hilmar Kopper kommt auf die Führung im modernen Zeitalter zu sprechen, die sich dem Fortschritt der Technik gegenübersieht: „Es kommt zu einem Problem, wenn das Führungsspektrum zu breit wird. Die Führung braucht ein Minimum an menschlichem Kontakt. Früher war das ausgeprägter. Heute, wenn ich mir die moderne Technik ansehe, wie pausenlos Emails und SMS versendet werden, scheint sie mir unpersönlicher geworden zu sein." Dies bestätigt auch die Forschung: So haben Braun und Kollegen (im Druck) herausgefunden, dass Führungskräfte, die mehr mit persönlichen Gesprächen als durch Emails mit ihren Mitarbeitern kommunizieren, besser bewertet werden und dass Mitarbeiter sich insgesamt mehr persönliche Gespräche und weniger Emails von ihrem Chef wünschen. Hilmar Kopper sieht die Gefahr, dass Führung vor allem in großen Unternehmen sich immer mehr von dem menschlichen Gespräch distanziert, obwohl dieser menschliche Ansatz in der Kommunikation, Probleme zu lösen, ein Kernbestandteil des Führungserfolgs ist (Mumford, Zaccaro, Harding, Jacobs und Fleishman, 2000).

„Wenn Sie sagen, dass gute Führung sich darin auszeichnet, gemeinsam etwas zu erreichen, glauben Sie, dass jeder das im Prinzip lernen und eine gute Führungskraft werden kann?" Kopper antwortet: „Ich glaube, sowohl als auch. Das Wichtigste ist, dass man es lernen will. Führung kann wirklich nur, wer auch führen will. Man braucht einen gewissen Ehrgeiz, sonst funktioniert das nicht." Er habe mit Kollegen zusammengearbeitet, erzählt er, die ihm beispielsweise ganz deutlich zu verstehen gegeben hätten, dass sie nicht führen und vorne stehen wollten.

Hilmar Kopper, der selbst motiviert die Entwicklung seiner Führungsrolle anging, erzählt, wie sein Führungsstil am Beispiel verschiedener Vorbilder geprägt wurde. „Ich habe während meines Berufslebens sehr beeindruckende Personen kennen gelernt. Diese waren nicht notwendigerweise wegen ihrer Ranghöhe im Unternehmen beeindruckend. Das lag vielmehr daran, wie sie auf andere abfärbten, was gerne von ihrem Verhalten aufgenommen wurde." Das fing bereits in der Schule an, sagt er, und habe sich in seinem ganzen Leben fortgesetzt. „Es waren manchmal gar nicht die augenfälligen Spitzenkönner, die uns ein Vorbild waren. Es waren Menschen, die sehr gute Lehrer waren und uns etwas auf unserem Weg des Lebens mitgegeben haben." Ein vorzügliches Vorbild, so fährt er fort, zeichne sich an einem weiten Spektrum von Interessen und Kenntnissen aus. Das ist eine Eigenschaft, die er bei dem früheren Sprecher der Deutschen Bank Hermann Joseph Abs erkannt habe. „Was ihn für mich als Persönlichkeit besonders ausgezeichnet hat, war sein universelles Wissen: seine vielfältige Zuwendung zu Dingen, die mit der Bank gar nichts zu tun hatten. Er war ein Kenner der Musik, der Malerei und von so vielen anderen Dingen. Dadurch hat sich seine Position gefestigt und seine Persönlichkeit geformt. Davor hatte man Respekt."

Vom zwischenmenschlichen Aspekt in der Führung komme ich in meiner nächsten Frage auf die Führungsrolle von Hilmar Kopper im gesamten Unternehmen zu sprechen: „Als Führungskraft, denken Sie, dass man die Kultur des Unternehmens prägt, oder, dass diese eher den eigenen Führungsstil beeinflusst?" Er antwortet mir schmunzelnd: „Ich glaube, beides trifft zu" und zuckt mit den Schultern: „Das ist ein Nehmen und Geben. Man saugt als Führungskraft die Kultur seines Unternehmens mit einer Selbstverständlichkeit auf. Wenn man dann selbst führt, gehört es auch dazu, dass man kritisch hinterfragt, nach dem Motto: ‚Passt diese Kultur hier noch oder müssen wir etwas verändern?'" In der Wissenschaft ist die Frage, ob Führung tatsächlich die Kultur eines Unternehmens beeinflussen kann oder ob sie ihr selbst unterlegen ist, Teil einer kontroversen Diskussion. Der Organisationspsychologe Edgar Schein (2010) vertritt beispielsweise den Ansatz, dass die Führungskraft in der Tat die Kultur in die eine oder andere Richtung durch die Anwendung eines 10-stufigen Prozesses beeinflussen kann. Schein zeigt auf, dass die Führungskraft durch ihr Verhalten neue Muster, Erwartungshaltungen und Vorstellungen im Unternehmen schafft, die einen Kulturwandel anstoßen können. Demgegenüber sind andere Wissenschaftler, wie beispielsweise Lynn Meek (1988) der Überzeugung, dass dieser Ansatz die unternehmerische Kultur vereinfacht darstellt. Sie betonen, dass die Kultur, mit all ihren verschiedenen Facetten und Normen zu komplex sei, als dass man sie als ein Instrument des Managements anwenden könnte.

Wir kommen in unserem Gespräch zunächst auf den Kulturwandel der Deutschen Bank zu sprechen, als diese die Morgen Grenfell Bank erwarb. „Das war ein langer Kampf", meint Kopper und erzählt: „Wir haben diesen Wandel mit den Kollegen an den Spitzen ausfechten müssen." Die Herausforderung, die sich in dieser Initiative zeigte, so Hilmar Kopper, sei das Fällen von Entscheidungen gewesen. „Wir hatten in der Deutschen Bank schon immer die große Tendenz, Dinge gemeinsam zu tun. Wir nahmen es in Kauf, über manche Dinge länger zu diskutieren, bis alle überzeugt waren." Er fügt nachdrücklich hinzu: „Das war ein Prozess, der hat uns sicherlich 4–5 Jahre gekostet, bevor wir ihn ganz bewusst angegangen sind." Der Prozess habe noch 8 weitere Jahre gedauert, doch Teil seines Erfolgs, so meint er, war der gesellschaftliche Trend der Zeit: „Wir hatten das große Glück, dass wir von 1993 bis 2000 günstige Marktwinde hatten. Das unterstützte den Wandel und machte die fürchterlich schwierige und riskante Umstellung von der klassischen Commercial Bank zum Investment Banking Institut weniger schwierig. Das war besonders für die Mitarbeiter wichtig, denn alle waren mit ihren Nerven und ihrer Geduld in der Zeit ziemlich strapaziert." Der Erfolg des Kulturwandels, so Hilmar Kopper, sei deshalb nicht allein von den Führungskräften vollbracht worden, sondern wurde auch von den gesellschaftlichen Rahmenbedingungen begünstigt. Allerdings meint er, war Führung die entscheidende Kraft, um ein Momentum für Veränderung ins Rollen zu bringen. „Wir haben damals gesagt, wir müssen anders werden, so können wir nicht weitermachen. Das ist sehr riskant, so etwas zu sagen – vielleicht sogar noch verrückter, es an einem großen Institut wie der Deutschen Bank versuchen umzusetzen – aber wir haben es geschafft! Hätten wir das nicht vollbracht, wäre die Deutsche Bank womöglich aufgekauft worden. Ich glaube, wir haben gerade noch die Kurve hinbekommen." Das Schwierige daran, die führende Kraft an der Spitze des Wandels zu sein, betont Hilmar Kopper, sei das Streben nach Konsens. „Man muss ja in eine Richtung marschieren und die gleichen Orientierungspunkte verfolgen. Diese Richtung vorzugeben, verlangt in der Führung nicht nur Charakterstärke, sondern auch ein gewaltiges Wissen."

Ich frage weiter: „Wir haben darüber gesprochen, was gute Führung ist, speziell im Hinblick auf ihre Aufgabe, unternehmerischen Wandel zu steuern. Wenn wir uns umsehen und die Nachrichten verfolgen, merken wir, dass diese gute Führung nicht immer gelingt. Woran liegt das Ihrer Meinung nach?" Kopper stimmt mir zu: „Ja, Führung geht auch schief, das sehen wir oft. Meine erste Erklärung bezieht sich auf die Richtung des Wandels. Wenn es Führungskräften nicht gelingt, ihre Mitarbeiter zu überzeugen und ihnen konkret zu erklären, warum der Richtungswechsel wichtig ist, dann wird Führung mühsam und geht oft schief." Deshalb sei es wichtig, so Hilmar Kopper, dass die Führungskraft viel Zeit mit Zuhören verbringe, um sich auf ihre Mitarbeiter einlassen zu können. Des Weiteren, fügt er hinzu, sei es wichtig, dass man diese Richtung auch vorlebe: „Als Führungskraft wird man sehr genau beobachtet. Man muss also konsequent eine Vorbildfunktion einnehmen. Ich kann als Führungskraft nicht ‚Wasser predigen und Wein trinken‘." Für ihn steht die Glaubwürdigkeit aus diesem Grund an erster Stelle. „Wenn man einen Wandel im Unternehmen anführen möchte, dann kann man das nur mit einer nachhaltigen Glaubwürdigkeit und Zuverlässigkeit. Wenn diese Glaubwürdigkeit zu bröckeln beginnt, wird Führung schwer – offen gesagt undenkbar."

„Glauben Sie, dass diese Aufgabe der Führungskraft, glaubwürdig aufzutreten im jetzigen Jahrhundert schwieriger ist, weil man durch das Internet permanent auf einem Präsentierteller steht?" Ich bringe Hilmar Kopper zum Lachen, der antwortet: „Heutzutage ist der Anspruch an Führung ein ganz anderer, da gebe ich Ihnen Recht. Das Internet führt sicherlich auch zu vielen Verzerrungen, da die modernen Kommunikationstechniken Führungskräfte dazu verführen, ganz anders unter einander zu kommunizieren und Dinge zu schreiben, die man früher in schriftlicher Form nie kommuniziert hätte. Das Schlimme: Die Beteiligten scheinen gar nicht zu wissen, dass das auf alle Ewigkeiten auf der Festplatte ist!" Die Führung, wie sie heute gelebt wird, würde von der Gesellschaft in einem ganz anderen Maße beobachtet. Um als Führungskraft die Glaubwürdigkeit unter den Mitarbeitern zu verdienen, so Kopper, müsse sie authentisch sein und auf Werte, wie beispielsweise Ehrlichkeit bauen.

Zum Schluss komme ich auf die Bedeutung von Werten in der Führung: „Spielen Werte eine weniger oder zunehmend größere Rolle in unserer heutigen Gesellschaft, als sie es zu Ihrer Zeit taten?" Hilmar Kopper stimmt mir zu: „Diese Frage wird oft gestellt: Haben sich Werte verändert? Ich denke die Art und Weise, wie sie sich heute in unserer Gesellschaft äußern, hat sich verändern. Nichtsdestotrotz denke ich, dass bestimmte Werte, wie beispielsweise Offenheit und Transparenz, sich im Verständnis guter Führung verewigt haben. Diese werden heutzutage immer noch mit dem Erfolg einer Führungskraft verbunden." Er fährt fort: „Ehrlichkeit ist mir ein ganz wichtiger Wert. Ich bin ein großer Gegner der sogenannten Salamitaktik, in der man Informationen immer nur als Scheibchen verkauft. Ich habe immer, auch in schwierigen Situationen mit dem Betriebsrat oder meinen Kunden, die ganze Wahrheit offen auf den Tisch gelegt. Das hat sich eigentlich immer bewährt."

7.6 Gabriele Eick – Unternehmensberaterin

» **Wenn man grundsätzlich keinen Spaß am Führen hat, leidet das Unternehmen und die Menschen darin.**

> Gabriele Eick appelliert an Führungskräfte und Mitarbeiter, sich das Unternehmen, in dem sie arbeiten wollen, danach auszusuchen, in wie weit es die Werte repräsentiert, die ihnen persönlich wichtig sind. Sie zeigt auf, welche Konsequenzen starre Regelungen, Vorschriften und eine dogmatisch praktizierte Hierarchie im Unternehmen für die Leistung der Mitarbeitenden haben. Ihrer Meinung nach braucht Führung viel Spielraum, damit sich die Bereitschaft, Verantwortung zu übernehmen, Risiken einzugehen und aus Fehlern zu lernen, entwickeln kann.

7.6.1 Biografie in Kürze

Gabriele Eick ist gelernte Versicherungskauffrau und begann ihre berufliche Karriere 1971 bei der IBM, wo sie zuletzt Direktorin für das Vertriebspartnergeschäft war. 1978/79 studierte sie an der Columbia University in New York Business Administration mit dem Schwerpunkt Industrial und Organizional Psychology. Gabriele Eick war Marketing Director Europe bei AC Nielsen, leitete die Wirtschaftsförderung Frankfurt, unter anderem mit dem erfolgreichen Projekt, die europäische Zentralbank nach Frankfurt zu holen. Außerdem war sie für die weltweite Unternehmenskommunikation

7.6.2 Interview

Ich beginne das Gespräch mit der etwas provokanten Frage: „Brauchen Sie als selbständige Unternehmensberaterin Führung?" Gabriele Eick antwortet: „Also für mich beginnt Führung bei der Selbstführung. Das ist meine tägliche Herausforderung. Man sollte Menschen nur dann führen, wenn man sich auch selber führen kann." Eick stellt das Miteinander in den Vordergrund, denn zur Selbstführung gehört für sie, dass man mit dem Kunden ein Team bildet. „Es geht als Selbständiger darum, entweder von den Kunden geführt zu werden, oder, was ich verfolge, mit den Kunden zusammen zu arbeiten. Natürlich führt man als Selbständiger trotzdem den Prozess an, aber man führt dann die Menschen durch Rat, in dem man seine Professionalität und die Kompetenzen einbringt." Sie fährt fort: „Ich brauche Selbstführung, um dieses Ziel der Zusammenarbeit erfolgreich umzusetzen. Ich muss das Umfeld und den Aufwand meiner Beratung kompetent abschätzen können. Es kann beispielsweise vorkommen, dass mir jemand einen Auftrag geben möchte, bei dem ich merke, dass die Chemie nicht stimmt. Da wird die Selbstführung ein Teil der gesamten Führung, in dem man eine Entscheidung treffen muss, entweder das Angebot anzunehmen oder eben auch nicht."

„Das Führen von Kunden durch gemeinsame Projekte ist also Teil Ihres Erfolgsprinzips in der Führung. Was gehört Ihrer Meinung nach noch zu einer guten Führung?", ist meine nächste Frage. Im Hinblick auf ihren Beruf, sagt Gabriele Eick, nämlich gute Führung in der Beratung, die nicht an eine formelle Führungsposition gebunden sei, jedoch Führungsaufgaben im Kontext verschiedener Unternehmen ausführe. „Wenn Sie erstmals auf ein Unternehmen zugehen und dort beraten dürfen, haben Sie die einmalige Chance auf einen Außenblick. Wenn man dem Unternehmen zu nahe kommt, geht dieser Luxus verloren. Mit einem externen Blick können Sie in das jeweilige Unternehmen hineinschauen und ihre Beobachtungen dem Kunden vermitteln." Sie fährt fort: „Wenn Sie beispielsweise Führung von außen beobachten, die zu verbessern ist, dann ist es Ihre Verantwortung als Berater, die Korrektur mit viel Einfühlvermögen zu vermitteln und anzubringen." Allerdings sei es kein seltener Fall, meint sie, dass die Unternehmenskultur der Verbesserung im Wege stehe. „Warum die Entwicklung von Führung oft schief geht, liegt nicht nur an der Sachlichkeit – die Analyse ist ja meistens auf dem Punkt. Die Umsetzung ist die Herausforderung und oft das Problem." Gabriele Eick erklärt, weshalb die Strategie und Umsetzung in der Realität manchmal im Konflikt miteinander stünden: „Die Umsetzung wird manchmal durch politische Rangeleien und gezieltes Querschießen erschwert. Sehr häufig trägt auch die Unfähigkeit von Menschen, die zu sachbetont sind und andere nicht mit auf den Weg nehmen wollen, dazu bei."

In ihrer Antwort betont Gabriele Eick, dass, wenn man Veränderungsprozesse erfolgreich anführen möchte, man darauf angewiesen sei, andere Menschen mitzunehmen. „Grundsätzlich wird Veränderung mit Resistenz im Unternehmen begegnet. Man muss trotzdem diese Motivation herholen und den Menschen erklären, warum diese oder jene Maßnahme notwendig ist. Man muss also in der Führung Justierungen machen. Dann entsteht eine ganz interessante Situation, nämlich die Sicht eines Beraters, der von außen den Rat zur Neugestaltung gibt: ‚Was muss ich erledigen, bevor ich die Veränderung überhaupt anführen kann?'" Diese Frage in der Beratung erfolgreich anzugehen, ist für Frau Eick ein Kennzeichen guter Führung. Der Berater spielt bei Unternehmenswandel, sogenanntem „Change Management", eine wichtige Rolle als Prozessbegleiter, der durch die qualifizierte Kommunikation und Vermittlung im Unternehmen die Steuerung des Prozesses in die Wege leitet (Doppler und Lauterberg, 2008). Er bringt externes Wissen in das Unternehmen ein, das er individuell der Organisationskultur und den Zielen des Wandels anpasst (Lauer, 2010; Bänke et al., 2018).

„Angesichts Ihrer persönlichen Erfahrungen würde ich Sie gerne fragen, wie Sie zum Thema Frauen in der Führung stehen?" Gabriele Eick antwortet: „Da komme ich auf meine jahrelangen Beobachtungen zu sprechen, dass Männer und Frauen ganz anders sind, in der Art und Weise, wie sie führen." Vorsichtig, dennoch nachdrücklich weist sie daraufhin: „Ich glaube, wenn Frauen es in gewisse Führungspositionen geschafft haben, taugen sie nicht so zu Gehorsam, wie das Männer häufig tun." Das erklärt sie folgendermaßen: „Ich würde sagen, Männer gehen die Führung im Sinne von Gegengeschäften und Hierarchie an. Das muss allerdings nicht die optimale Lösung sein. Aus meinen Erfahrungen schaffen es Frauen in Führungspositionen durch Sachkompetenz und hohen zeitlichen Einsatz, vernachlässigen jedoch die Politik. Das hat wahrscheinlich damit zu tun, dass wir anders sozialisiert sind. Wir gehen meiner Meinung nach ganz anders an bestimmte Führungsaufgaben heran." Frau Eick ist starke Vertreterin einer „gemischten" Führung: „Ich sage mir immer: ‚Der liebe Gott hat sich etwas dabei gedacht, dass er uns unterschiedlich geschaffen hat.'". Die Kunst sei es, so Gabriele Eick, weibliche und männliche Ansätze in der

Führung günstig zu kombinieren: „Ich bin der Meinung, es ist die Mischung, die Führung stark macht. Unsere Sprache ist so schön – es heißt ja ‚Führung‘ und ‚Kraft‘. Und Kraft entsteht in erste Linie im Miteinander.“

„Sie haben vorher angedeutet, dass sich Männer und Frauen in ihren Führungsstilen unterscheiden. Denken Sie grundsätzlich, dass jeder erfolgreiche Führung lernen kann?“ Mit einem Lächeln antwortet sie: „Ich habe auch schon Kleinkinder gesehen, die führen.“ Gabriele Eick fährt fort: „Ich denke, jeder Mensch hat bestimmte Prädispositionen. Das Wichtige ist: Man muss Spaß daran haben, Menschen zu führen.“ Des Weiteren, erklärt sie, solle der Führungskraft ihre Verantwortung ständig bewusst sein. „Als Führungskraft kann man Menschen ins Verderben führen, das hat die Geschichte gezeigt, oder mit einer guten Einstellung Menschen auf den Weg zum Erfolg führen. Jeder ist in der Regel stolz, für ein Unternehmen tätig zu sein, das ein hohes Ansehen hat und in dem es keine Skandale gibt.“ Gabriele Eick ist der Meinung: „Ich denke, man kann vieles in der Führung lernen, aber wenn man grundsätzlich keinen Spaß am Führen hat, leidet das Unternehmen und die Menschen darin.“ Spaß am Führen, betont sie, entstehe in erster Linie dann, wenn man seinen Führungsstil authentisch gestalte. „Man kann ja leise führen, siehe Mahatma Gandhi. Hauptsache man ist authentisch, in dem was man tut und folgt seiner Persönlichkeit.“

In meiner nächsten Frage interessiert mich Gabriele Eicks ganz persönlicher Führungsstil. „In erster Linie führe ich mit Zutrauen und Vertrauen. Bei mir ist es so, wenn ich zum Beispiel mit jemandem neu zusammenarbeite, bekommt diese Person erst mal hundert Punkte als Vertrauensvorschuss. Das bringt mit sich, dass es hier und da auch mal zu Enttäuschungen kommen kann, weil ich anfangs Eigenschaften gesehen habe, die sich dann im Arbeitsalltag nicht so herausstellten. Es gibt andere, die geben ihren Mitarbeitern von vorneherein null Punkte, also das umgekehrte System. Ich bin jemand, der erst mal mit einem positiven Sinne an die Sache herangeht.“ Den Ansatz, den Gabriele Eick in der eigenen Führung beschreibt, trifft auf die berühmten Managementtheorien X und Y des Wissenschaftlers Douglas McGregor (1960, 1967) zu. Theorie X beinhaltet, dass der Mensch sich unwillig an die Arbeit macht und an die Hand genommen werden muss, da er Verantwortung scheut. Theorie Y geht davon aus, dass der Mensch eine intrinsische Motivation zur Arbeit verspürt und nach Selbstverwirklichung strebt. Behandelt man seinen Mitarbeiter als engagiert und fähig – hat man also ein Theorie-Y-Weltbild –, so argumentierte McGregor, erfüllt er diese Vorstellung im Laufe seiner Arbeit. Behandelt man ihn aber, als sei er lustlos am Arbeitsplatz, so würde er sein Verhalten auch dieser Vorstellung allmählich anpassen.

Daraufhin frage ich Gabriele Eick, wie sie dieses Führungsverständnis in der Praxis konkret umsetze. „Meine Mitarbeiter sind mein Team. Ich bin eine von ihnen", antwortet sie und fährt fort: „Ich bin beispielsweise sehr transparent und lege großen Wert auf die Kommunikation. Ich stecke also viel Vertrauen in meine Mitarbeiter und die Diskretion im Umfeld." Ihr Team, meint sie, sei deshalb immer gut informiert und beteiligt. „Ich beziehe meine Leute in wichtige Diskussionen ein und lasse mich von meinem Team beraten. Ich kann besser im Team denken, als alleine." Gabriele Eick fährt fort: „Das Feedback, das ich dann bekomme, kann ich auch verkraften. Das muss man auch als Führungskraft vertragen können!" „Allerdings", meint sie, „bin ich auch nicht jemand, der endlos bestimmte Dinge vor und zurück überlegt, sondern jemand, der auch eine Entscheidung trifft. Ich bin entscheidungsfreudig, ich schiebe unangenehme Dinge nicht auf die lange Bank. Im Verteilen von Feedback, beispielsweise, lobe ich direkt, aber sage auch direkt, ohne dabei jemandem zu nahe zu treten, was nicht funktioniert." So, erklärt Gabriele Eick, zeichne sich ihr Führungsstil besonders in der Art und Weise aus, wie sie das Miteinander am Arbeitsplatz pflege. „Ich habe das riesige Glück gehabt, in meinem Leben ein Vorbild in der Führung gehabt zu haben, das sehr viel auf soziale Kompetenz Wert gelegt hat. Ich bin dadurch ein ganz großer Vertreter von zwei Dingen geworden: Der emotionalen und der sozialen Intelligenz." Das versucht Gabriele Eick in ihrer Führung anzuwenden, denn sie habe des Weiteren gelernt: „Wenn Menschen, die über viele Jahre gute Leistungen erbracht haben, ab einem bestimmten Zeitpunkt schlecht behandelt werden, erlahmt das die gesamte Organisation." Sei es zum Beispiel die Tat, einen Mitarbeiter in ein Einzelzimmer zu setzen und ihm keine Aufgaben mehr zu geben, erklärt sie, so züchte das Illoyalität und „Brutstätten für Unfrieden und Unzufriedenheit."

„Der respektvolle Umgang mit den Mitarbeitern erscheint mir wesentlicher Bestandteil erfolgreicher Führung. Warum geht Führung ihrer Meinung nach so oft schief? Sind das Persönlichkeitsdefizite oder die Strukturen, gerade bei großen Firmen, die im Wege stehen?" Gabriele Eick antwortet: „Ich wage die These, dass kleinere Teams einen Vorteil haben, weil sie so direkt sind und sich nicht hinter Strukturen im Unternehmen verstecken können. In den großen Unternehmen versteckt sich viel." Sie schüttelt den Kopf: „Ich bin heute sicherlich untauglich geworden, in einem Großunternehmen zu arbeiten, weil ich mit diesen Mechanismen überhaupt nicht mehr zurechtkommen würde." Sie fährt fort: „Das Wort ‚Empowerment', dass man in Zutrauen und Bevollmächtigung übersetzen kann, ist kein großartiges Wort mehr in diesen Unternehmen. Dort wird viel mit Regeln und Vorschriften zugekleistert." Das, meint sie, streiche der Führung viel Spielraum, um sich erfolgreich im Unternehmen zu entwickeln und Mitarbeiter für sich zu gewinnen. „Wenn Sie fragen, wo geht Führung schief, kommt das meiner Meinung nach daher, dass Menschen in diesen strikten Regelungen weniger Entscheidungsmacht haben. Die Hierarchie wird immer länger und die Leute werden zunehmend limitiert auf Dinge, die sie tun oder nicht tun dürfen." Die Konsequenz, so Gabriele Eick, sei, dass die Mitarbeiter keine Verantwortung mehr übernehmen würden: „Wenn in solchen Unternehmen etwas schief gegangen ist, wird der Mitarbeiter seinem Chef erklären, warum es nicht funktioniert hat. Er könnte die gleiche Zeit aber doch auch dafür nutzen, ihm zu erklären, wie man das Problem aufheben könnte. Daran sehen Sie, dass wir hier in Deutschland uns vielleicht an den Wohlstand gewöhnt haben; wir möchten den Zustand behalten und gehen kein Risiko mehr ein. Nach wie vor gibt es Länder, wie beispielsweise Nordeuropa, wo das Management viel leichter ins Risiko geht." Nachdenklich fügt sie hinzu: „Ich glaube, es ist heute schwer Mitarbeitern beizubringen, Risiko zuzulassen, denn diese sind durch die Hierarche nicht so erzogen, Verantwortung zu übernehmen. Dort haben wir die Situation, dass nach oben delegiert wird."

Zum Thema Risiko am Arbeitsplatz, erzählt Gabriele Eick, dass „risikoscheues Verhalten in den letzten Jahren in Unternehmen zugenommen hat", obwohl es im Grunde wesentlich zur Entwicklung des Mitarbeiters und auch der Führungskraft beitrage. „Meine persönliche These ist die Folgende: Wenn man immer neue Aufgaben bekommt, dann weiß man zwar am Anfang vieles nicht, doch beginnt sich Verschiedenes in seinem Beruf anzueignen. Dieses Nacharbeiten ist Teil der Entwicklung." Das verhindere auch, meint sie, Informationsblockaden, die entstehen, wenn Expertenwissen unter den Spezialisten bleibe. „Unbeweglichkeit im Unternehmen entsteht zum Teil, wenn sich Experten nichts mehr sagen lassen. In meiner Beratung führe ich deshalb alle Menschen gleich, nämlich nach dem, was zu erledigen ist."

Zum Schluss unseres Gesprächs frage ich Gabriele Eick, wie wichtig sie Werte im Unternehmen und in der Führung einschätze. „Für mich ist das Führen nach Werten enorm wichtig. Diese Werte habe ich von meinen Eltern mitgenommen und sie sind ergänzt worden, durch Führungskräfte oder Menschen, die ich in meinem Leben kennen gelernt habe." Im Hinblick auf die Wertekultur im Unternehmen erklärt sie: „Im Endeffekt nehmen die Mitarbeiter auch Werte von zu Hause mit. Wenn diese Werte im Unternehmen verstärkt werden, dann kann das ein sehr gelungener Akt sein." Die eigenen Werte, die man zu Hause und in der Freizeit lebt, so Gabriele Eick, sollten mit den Werten, die am Arbeitsplatz vertreten sind, kompatibel sein. „Ich habe einmal erlebt, dass ich mit meinen Werten in einem Unternehmen gegen die Wand gelaufen bin. Ich habe innerhalb von 14 Tagen festgestellt, dass die Leute in diesem Unternehmen völlig anders sozialisiert sind. Da muss man dann auch seine eigenen Grenzen erkennen. Ich habe die Entscheidung gefasst, das Unternehmen zu verlassen." Wenn man beispielsweise in einem demokratischen Führungsprozess groß geworden sei, erzählt sie, und dann mit einem Umfeld konfrontiert würde, in dem nur der Obere in der Hierarchie Recht habe, fühle man sich fehl am Platz. „Deshalb müssen Besetzungen von außen unglaublich gut beobachtet werden, um sicherzustellen, dass die Führungskultur, die eine Person mit sich bringt, in das Unternehmen passt." Für Gabriele Eick ist beispielsweise die im Unternehmen praktizierte Fehlerkultur ein wichtiger Wert moderner Unternehmensführung. „Ich glaube nach wie vor, dass Unternehmen erfolgreicher sind, die ein gutes Miteinander haben, wo Fehler zugelassen werden und wo sich die Spitze auch zu ihren eigenen Fehlern bekennt. Leider wird mehr Zeit damit verbracht, Fehler zu kaschieren, als sie aufzuheben." Ihr Appell an Mitarbeiter und Führungskräfte lautet: „Sucht euch ein Unternehmen, das die Werte vertritt, die euch persönlich wichtig sind! Stellt euch die Frage: Ist das ein Unternehmen, das beispielsweise soziale Kompetenz schätzt, oder ist das eine gespielte soziale Kompetenz, die nur auf dem Papier steht, aber nicht gelebt wird? Wenn das eigene Werte-Set mit dem des Unternehmens zusammenpasst, ist das eine Voraussetzung für eine erfolgreiche, langfristige Verbindung."

7.7 Andreas Leonhardt – ehemaliger Vorstand der Bankhaus Main AG

》Führung ist ein Prozess, in dem man sich jeden Morgen neu daran erinnern muss, wie man führen möchte.

In diesem Gespräch plädiert Andreas Leonhardt für die Authentizität als Dreh- und Angelpunkt gelingender Mitarbeiterführung. Er vergleicht Führungskräfte mit Spitzensportlern. Ihm geht es darum, seine persönlichen Stärken in der Führung gezielt zum Einsatz zu bringen, so wie seine Denk- und Verhaltensweise regelmäßig in Gesprächen mit Mitarbeitern, Kollegen und einem Coach zu überprüfen.

7.7.1 Biografie in Kürze

Andreas Leonhardt ist 1970 geboren und ausgebildeter Volljurist. Er hat über zehn Jahre Erfahrung im Bankensektor, unter anderem war er Abteilungsleiter Finanzen bei der Mainfirst Bank AG in Frankfurt, wo er auch fünf Jahre Group Compliance Officer und Vorsitzender des Aufsichtsrats einer Luxemburger Fondsgesellschaft war. Anschließend arbeitete er als Berater bei KPMG. 2011 bis 2013 war er als CFO im Vorstand der Bankhaus Main AG für die Finanzen und die Entwicklung des Gesamtkonzerns verantwortlich und wurde anschließend Geschäftsführer der CoFiRis GmbH.

7.7.2 Interview

„Ich würde gerne mit der Frage beginnen: Wie wichtig ist Führung überhaupt?" Andreas Leonhardt schmunzelt: „Ich glaube, dass wir alle, egal welche Position wir ausüben, vom Sachbearbeiter bis hin zum Bundespräsidenten, eine gewisse Art von Führung brauchen." Er fährt fort: „Und das ist ganz einfach so, weil keiner von uns auf allen Ebenen und in allen Bereichen so perfekt sein kann, dass er auf Führung verzichten kann." Am Beispiel seines eigenen Berufs erzählt er: „Ich bekomme zum einen die Führung von meinem Aufsichtsrat, das ist eine gesetzlich vorgeschriebene Führung, aber auch Führung von meinem Umfeld. Ich habe Leute, die mir Ratschläge geben – im Endeffekt ist das auch Führung. Auf der fachlichen Ebene sind das die Mitarbeiter, mit denen ich mich umgebe. Darüber hinaus geht es aber auch in den privaten Bereich hinein, wo ich Freunde und Familie habe, die, wenn ich mit ihnen über gewisse Themen diskutiere, mir neue Sichtweisen vermitteln und mich wieder erden." „Die Führung im Alltag ist vor allem wichtig", fährt er fort, „für den gesunden Menschenverstand, den man verliert, wenn man wie ein Hamster im Hamsterrad läuft. In der Arbeit ist es wichtig, dass einem von Zeit zu Zeit gesagt wird: ,Jetzt mal langsam, da stößt du an deine Grenzen!'"

„Spannend ist, wie Sie Führung in Ihrem Umfeld – beruflich und privat – beschreiben. Im Hinblick auf die Beziehung der Führung zwischen dem Vorstand und dem Aufsichtsrat, findet dort Führung, Ihrer Meinung nach, im klassischen Sinne statt?" Hierauf antwortet Leonhardt: „Bei meinen bisherigen Arbeitgebern hat das zugetroffen. Die Aufsichtsräte kamen aus dem Metier und wussten, wovon der Vorstand sprach. Deshalb haben sie auch keine Führung weitergegeben, die nur aus Vorschriften bestand, sondern es wurden Themen ausdiskutiert und dem Vorstand Ratschläge gegeben, wie mit

7 Wirtschaft 203

bestimmten Situationen zu verfahren sei. Insofern kann man schon sagen, dass Führung, im klassischen Sinne der Menschenführung, stattgefunden hat."

Wir kommen auf die Thematik guter Führung im Unternehmen zu sprechen. „Gute Führung entsteht dann", so Andreas Leonhardt, „wenn der Führende seine Stärken nutzt, um seine Mitarbeiter zu führen." Das bedeute für ihn konkret, menschlich zu führen, in dem die Führungskraft auf die Bedürfnisse der Mitarbeiter eingehe. Sir Ken Robinson, internationaler Berater und Sprecher für Bildungswesen sagt, dass es für den Menschen in seiner Potenzialförderung von größter Bedeutung sei, seine Talente in der täglichen Arbeit zum Einsatz bringen zu können. Robinsons (2010) Arbeiten inspirieren nicht nur Studierende, sondern auch Arbeitnehmer und Führungskräfte, ihre täglichen Aufgaben mit dieser Perspektive in die Tat umzusetzen. Ein an Stärken orientiertes Handeln, so Robinson, verbessere sowohl die Leistung als auch die innere Zufriedenheit mit sich selbst. Dementsprechend, erklärt auch Andreas Leonhardt, sei es wichtig, in der eigenen Führung seine Stärken zum Ausdruck zu bringen: „Wenn jemand auf seine persönlichen Stärken, sei es zum Beispiel die Sozialkompetenz oder das Charisma, baut, nutzt er seine natürliche Art der Führung und kommt immer viel authentischer beim Gegenüber an." Er sei deshalb der Meinung, dass nicht jeder jeden Führungsstil meistern könne. Es sei sicherlich mit viel Training möglich, sich spezifische Verhaltungsmuster in der Führung anzueignen, meint er, aber es sei schwer, diese konsequent, zwölf Stunden am Tag abzurufen, wenn sie nicht verinnerlicht seien.

Trotzdem, fährt er fort, zeige sich gute Führung nicht nur an einem authentischen Führungsstil, sondern auch an der Fähigkeit, Entscheidungen zu treffen: „Manchmal ist man als Führungskraft im Zwiespalt, denn man kann nicht alles bis ins letzte Detail ausdiskutieren und auf alle Bedürfnisse im Unternehmen eingehen. Ich werde auch dafür bezahlt, ab einem gewissen Grad Entscheidungen einfach zu treffen." „Nichtsdestotrotz", erklärt er, „kann man sich als Führungskraft vorher genau anhören, was die Mitarbeiter zu sagen haben." Wichtig sei, Entscheidungen so transparent wie möglich zu machen. „Dann, denke ich, ist man im Bereich der guten Führung."

In meiner nächsten Frage will ich wissen, ob Andreas Leonhardt selbst gute Führung am Beispiel von Vorbildern gelernt habe. „Ich habe von vielen Menschen, die ich bei der Führung erlebt habe, gelernt und immer versucht, mir Teile herauszugreifen, die mir besonders gut gefallen haben." Dazu nennt er mir ein Beispiel: „Als ich noch bei KPMG war, habe ich erlebt, wie Günther Rot, der für die Konzernsteuerung zuständig war, sich konsequent jeden Morgen 15–20 Minuten Zeit genommen hat, bei seinen engsten Mitarbeitern vorbeizugehen und mit ihnen ein persönliches Gespräch zu führen." Dadurch habe er seinen Mitarbeitern einen guten Start in den Tag gegeben, mit einem Wohlgefühl und einer positiven Stimmung. „Das hat mir unheimlich gut gefallen. Das ist eine Sache, die ich von ihm übernommen habe und noch heute versuche, umzusetzen." In einem zweiten Beispiel erwähnt er den Politiker Richard von Weizsäcker, den er Ende der 1990er Jahre getroffen habe. „Er hat es sehr schnell geschafft, eine Atmosphäre aufzubauen, bei der man das Gefühl hatte, ihn schon lange zu kennen und mit ihm alles besprechen zu können." Das habe ihm schwer imponiert, erzählt Leonhardt und fügt lächelnd hinzu: „Inwiefern ich das geschafft habe, sollte man allerdings besser meine Mitarbeiter fragen."

„Bezogen auf diese Vorbilder, wie würden Sie Ihren eigenen Führungsstil beschreiben?", frage ich ihn im Anschluss. Er listet folgende Verhaltensziele auf: „Ich versuche einen kommunikativen Führungsstil zu pflegen. Ich spreche unheimlich viel mit meinen Mitarbeitern, sowohl über Fachliches, als auch über Privates. Ich habe regelmäßige Gesprächsrunden, wo ich meine engsten Mitarbeiter versammle, um mich immer wieder auf den neuesten Stand zu bringen." Darüber hinaus, fährt er fort, „ist es für mich ganz wichtig, meinen Mitarbeitern eine geeignete Arbeitsatmosphäre zu schaffen, sodass sie sich wohlfühlen und ihre Leistungen erbringen können." Andreas Leonhardt ist es in der Führung wichtig, auf den Menschen als Ganzes, mit all seinen Leistungen, Talenten und seiner Identität am Arbeitsplatz einzugehen. Seine Führung folgt Erkenntnissen aus der Sozialpsychologie, dass bei Mitarbeitern die Fluktuationsrate und die Absicht, das Unternehmen zu verlassen, sinken, wenn sie sich durch den Vorgesetzten unterstützt fühlen und eine Identifikation mit der Organisation erleben (van Knippenberg, van Dick und Tavares, 2007). Die erlebte soziale Identität im Unternehmen wird deshalb als wesentlicher Einflussfaktor für die Mitarbeitermotivation gedeutet und als Anregung für die Führungspraxis empfohlen (Ellemers, De Gilder und Haslam, 2004). Leonhardt greift diese Perspektive in seiner eigenen Führung auf: „Wichtig ist, dass sich jeder Mitarbeiter voll und ganz einbringen kann. Bei demotivierten Mitarbeitern ist deshalb meine Herangehensweise wie folgt: Ich biete meinen Mitarbeitern eine gewisse Transparenz an und komme mit ihnen ins Gespräch – nicht gleich mit dem Hammer draufhauen, sondern erst mal, aus der Sicht der Mitarbeiter, die Ursache der Underperformance verstehen."

Daraufhin frage ich: „Hat sich Ihr Führungsstil als Vorstand im Vergleich zu dem als Abteilungsleiter stark verändert – gibt es Unterschiede?" Er nickt zustimmend: „Ja natürlich! Ich würde sogar noch ein Stück weiter gehen und meine jetzige Führung mit der vor zehn Jahren bei KPMG vergleichen, wo ich Gruppenleiter gewesen bin. Damals war ich näher an den Mitarbeitern dran, im Prinzip war ich noch einer von ihnen. Heute ist der Abstand viel größer und die Verantwortung, die ich trage, auch. Während ich damals hin und wieder unpopuläre Entscheidungen noch auf meinen Chef abschieben konnte, muss ich sie heute selber verantworten und auch vor meinen Mitarbeitern begründen können." Er fügt hinzu: „Ansonsten führe ich anders, weil ich mich – hoffentlich – täglich weiterentwickle, in dem ich beispielsweise neue Leute kennenlerne." Andreas Leonhardt erzählt mir außerdem, dass er seine Entwicklung in der Führung stark an der Wahrnehmung des eigenen Selbstbilds orientiere. „Um die Authentizität zu wahren, muss man besonders darauf achten, dass die Führung zum eigenen Schema passt." Um eine authentische Haltung im Umgang mit anderen entwickeln zu können, muss man fähig und bereit sein, sich mit all seinen Schwächen und Stärken zu akzeptieren (Salzwedel und Tödter, 2013). Die Führungskraft benötigt ein möglichst realistisches Bild ihrer eigenen Verhaltungsmuster und Persönlichkeitseigenschaften, die den Anker für die individuelle Selbstentwicklung darstellen (Schrör, 2016).

„Das hört sich für mich nach plausiblen Erfolgskriterien in der Führung an – das regelmäßige Gespräch mit den Mitarbeitern und die auf Selbstreflexion basierende Führung", fahre ich fort. „Warum machen das so viele nicht? Warum, meinen Sie, geht Führung oft schief?" Andreas Leonhardt antwortet: „Ich denke, dass es unterschiedliche Gründe dafür gibt. Zum einen ist es natürlich schwer, im Tagesgeschäft, in dem es sehr stressig zugeht und in dem viele Termine drücken, sich als Führungskraft die Zeit zu nehmen, ein entspanntes Gespräch mit seinen Mitarbeitern zu führen. Die Realität ist, dass in manchen Momenten andere Termine erst mal dringlicher erscheinen. Das heißt, Führung ist ein Prozess, in dem man sich jeden Morgen neu daran erinnern muss, wie man führen möchte." Das sei nicht einfach, meint er und fährt fort: „Zum anderen herrscht bei uns, gerade im Bankenbereich, ein Führungsstil, in dem Führungskräfte der Meinung sind, dass sie mit finanziellen Anreizen den Mitarbeiter einfangen können. Ich glaube, das ist eine der großen Fehleinschätzungen, da Mitarbeiter, die ich finanziell motiviere, sich sehr schnell an den neuen Zustand des größeren Einkommens gewöhnen, während die täglichen Probleme, mit denen sie konfrontiert werden, natürlich bestehen bleiben und nicht gelöst sind." Das trage dazu bei, so Leonhardt, dass nach einer gewissen Phase von zwei oder drei Monaten der Mitarbeiter wieder genauso unzufrieden sei, unabhängig davon, ob er jetzt einen bestimmten Betrag mehr bekommen habe oder nicht. „Der Grund dafür ist, dass der Mitarbeiter sich trotzdem täglich wieder über dieselben Dinge ärgert", sagt er und fährt fort: „Ich glaube, da muss man an die Wurzel des Problems gehen. Man muss versuchen, die Arbeitsatmosphäre so zu gestalten, dass der Mitarbeiter ein gewisses Wohlfühlgefühl hat. Dann ist er sogar bereit, schneller einzusehen, warum sein Gehalt nicht so stark ansteigt, wie es in der Branche üblich ist, weil es zum Beispiel dem Unternehmen nicht gut geht." Führung, so Andreas Leonhardt, sei mit dem Menschen zu regeln und nicht mit monetären Einflüssen. „Man muss zeitnah mit dem Mitarbeiter sprechen, auf Nachholpotenzial in gewissen Bereichen hinweisen und gemeinsam über Problemlösungen reden. Das Gespräch, in dem der Mitarbeiter sich selbst einbringen kann, ist entscheidend."

„Diesen kommunikativen Umgang mit den Mitarbeitern, der für Führung so wichtig ist – kann man den Ihrer Meinung nach lernen?" Auf diese Frage antwortet Andreas Leonhardt: „Wir lernen das nirgendwo. An der Uni gab es kein Lehrfach für Führung. Ich denke, dass vieles durch das Umfeld und die Laufbahn geprägt wird." Er fährt fort: „Außerdem muss man auch sagen, dass Führungskräfte ein Problem damit haben, sich selbst Hilfe zu holen. Ich habe beispielsweise vor drei Jahren angefangen, mich coachen zu lassen. Das bringt mir bei meiner täglichen Führung mit den Mitarbeitern sehr viel. Ich bin der Meinung, Führungskräfte sind im Prinzip wie Spitzensportler. Jeder Spitzensportler hat einen Trainer, der ihm seine Schwachstellen aufzeigt. Die Grundeinstellung muss stimmen und ein gewisses Leistungsvermögen muss da sein, aber es gibt bestimmte Techniken, damit man sich Stück für Stück verbessern kann. Mir hat das damals nach den ersten Stunden so gut gefallen, dass ich jetzt eine gewisse Regelmäßigkeit von zwei oder dreimal im Jahr habe, in dem ich meine Führung mit neuen Techniken und Entwicklungen, die es in der Forschung gibt, auffrische." Daraufhin stelle ich ihm die Frage: „Gab es in Ihrer Zeit bei KMPG oder bei der Mainfirst Bank institutionalisierte Prozesse, die das Coaching für Führungskräfte ermöglicht haben?" Er schüttelt den Kopf: „Nein überhaupt nicht. Das beruht einzig und allein auf einem privaten Interesse, beziehungsweise, der Möglichkeit, die ich gesehen habe, das Leistungsvermögen meiner Mitarbeiter zu entfalten." Seinen Mitarbeitern zu ermöglichen, Höchstleistungen zu bringen, darum geht es Andreas Leonhardt als Führungskraft. Er betont, dass er sich als Führungskraft dazu aufgefordert sehen würde „dem Mitarbeiter über einen langen Zeitraum hinaus, nicht nur kurzfristig, eine hohe Leistungsbereitschaft abzufordern und so eine gute Performance zu erzielen."

Wir kommen auf die Langfristigkeit von Mitarbeiterleistungen zu sprechen, worauf Leonhardt auf Werte im Unternehmen zurückgreift. „Da sind wir automatisch beim Thema Werte. Gerade in Zeiten wie der Finanzkrise, spielen Werte eine ganz besonders große Rolle. Wenn Mitarbeiter Angst um den Job haben und man sich im privaten Umfeld teilweise anfeindet, ist es wichtig, dass die Führungskraft ein Innenverhältnis zu den Mitarbeitern aufbaut, wodurch sie wissen, zu welchen Werten die Führungskraft steht. Meine Mitarbeiter verlassen sich beispielsweise auf mich, dass ich diese Werte dann auch vorlebe."

Er nennt mir ein Beispiel von einem Wert, den er für besonders wichtig hält: „Es ist in dieser Zeit nach außen hin immer wichtiger zu zeigen, dass man selbst in seinem eigenen Umfeld Werte repräsentiert, die nichts mit ‚Profit um jeden Preis machen' zu tun haben. Ich habe da etwas leichter reden, als mein Vorstandskollege, der für den Markt zuständig ist und das Geld im Endeffekt reinholen muss. Nichtsdestotrotz ist es wichtig zu zeigen, wofür unsere Bank steht. Dafür sind Werte und Ethik ein ganz wichtiges Thema." „Es reicht jedoch nicht, einen langen Ethikkodex anzufertigen", so Andreas Leonhardt: „Man hat auch die Verantwortung als Führungskraft, diesen Ethikkodex den Mitarbeitern zu vermitteln und vorzuleben." Der Ansatz der Corporate Identity, erzählt er, „ermöglicht uns Führungskräften nach außen hin zu zeigen, dass wir ein faires Geschäft machen und auch dafür stehen."

Ein weiteres Beispiel von einem Wert, den Andreas Leonhardt in seiner täglichen Führung im Bankhaus Main vorzuleben versuche, sei Zuverlässigkeit. „Wir haben meist sehr reiche Privatkunden. Wenn ich gewisse Zusagen mache, dann muss ich sie einfach einhalten und das gilt auch im ganzen Unternehmen. Das ist ein gewisser Wert der Sicherheit und der Ethik, in dem wir keine Geschäfte machen, an denen wir uns persönlich bereichern und das nicht dem Kunden gegenüber transparent machen können. Gerade bei der Kundenstruktur, die wir haben, würde so etwas sehr schnell auf Unverständnis stoßen. Das heißt, ich bin meinen Kunden gegenüber also bereit, ganz offen zu legen, woran ich verdiene. Wenn der Kunde das weiß, ist er auch viel schneller bereit, das so zu akzeptieren und macht das Geschäft im Bewusstsein, was die Bank daran verdient." Solche Prinzipien versucht Andreas Leonhardt vom Vorstand bis zum Mitarbeiter, der das Tagesgeschäft mit den Kunden macht, zu etablieren. „Ich muss meinen Mitarbeitern, die im Endeffekt im Betrieb tätig sind und jeden Tag beim Kunden vermitteln sollen, das mitgeben. Nur wenn wir das schaffen, bekommen wir eine Transparenz, die der Kunde braucht, um sich sicher zu sein, fair behandelt zu werden." Er fährt fort: „Ich bekomme manchmal sogar von den Kunden selbst ein Feedback, wie das Gespräch gelaufen ist. Das ist kaum vergleichbar mit der Volksbank oder der Deutschen Bank, wo ein solches Verfahren bis in die Filialen nicht durchsetzbar wäre." Er schließt darauf: „Ich muss auf der einen Seite den Filial- und Abteilungsleitern die Werte vorleben, damit diese sie ihren Mitarbeitern weitergeben können, aber auf der anderen Seite, den Druck nicht zu hoch zu setzen, was die Vertriebszahlen angeht." Der Schlüsselpunkt erfolgreicher Führung sei für ihn, die Werte des Unternehmens erfolgreich zu leben und eine gewisse Ausgewogenheit zwischen den Gehältern und Bonuszahlen zu schaffen, damit finanzieller Druck nicht mit der Wertekultur des Unternehmens in Konkurrenz stehe.

7.8 Jürgen Heraeus – Aufsichtsratsvorsitzender der Heraeus Holding GmbH

» Wenn einer meiner Mitarbeiter nicht mit Freude nach Hause geht, dann ist das ein verlorener Tag für ihn und für das Unternehmen.

In diesem Gespräch erzählt Jürgen Heraeus von Führung aus der Perspektive eines Familienunternehmens. Er legt großen Wert auf die Zufriedenheit seiner Mitarbeiter und erwartet von seinen Führungskräften, dass sie mit gutem Beispiel voran gehen und Werte, wie beispielsweise Integrität, vorleben. Darin sieht er einen nachhaltigen Beitrag zur Unternehmenskultur und den ethischen Zielen des Konzerns.

7.8.1 Biografie in Kürze

Jürgen Heraeus wurde am 02.09.1936 in Hanau geboren, studierte in Freiburg und München Betriebswirtschaftslehre und promovierte in München. 1964 trat er in das Familienunternehmen Heraeus Holding GmbH ein, wurde dort Finanzvorstand, ab 1983 Vorstandsvorsitzender und ist seit 2000 Vorsitzender des Aufsichtsrats. Für seine vielfältigen ehrenamtlichen Aktivitäten wurde ihm 2000 das Bundesverdienstkreuz verliehen, mehrfach wurde er für seine unternehmerische Leistung mit Preisen geehrt (Familienunternehmer des Jahres, „Hall of Fame" von Manager Magazin und Handelsblatt, Ehrenpreis der Querdenker-Awards).

Jürgen Heraeus war lange Präsidiumsmitglied des BDI, ist Vorsitzender von UNICEF Deutschland und im Hochschulrat der TU Darmstadt.

7.8.2 Interview

Wir besuchten Jürgen Heraeus in der Konzernzentrale in Hanau und führten ein sehr angenehmes Gespräch. Dabei war es schon etwas Besonderes einem Enkel des Gründers der Firma gegenüberzusitzen, die zu einem der

7 Wirtschaft 209

umsatzstärksten Unternehmen überhaupt in Deutschland zählt und dessen Gründer als Bronzebüste hinter dem Gesprächspartner „sitzt".

„Herr Heraeus, Ihr Unternehmen hat sich auf viele Nischenprodukte spezialisiert, in denen Sie Weltmarktführer sind: Edelmetalle, Dentalprodukte, Spezialquarze, Glasfasern, Golddrähte für die Computerherstellung und sogar die Spitzen für Füller. Außerdem sind Sie Mitglied des Präsidiums des BDI und engagieren sich als Vorsitzender des Kinderhilfswerks UNICEF in Deutschland. Sie haben in diesen vielen Funktionen ganz unterschiedliche Führungsaufgaben und mich interessiert heute, wie Sie persönlich mit Führung umgehen und wie wichtig Führung Ihrer Meinung nach ist." Jürgen Heraeus antwortet: „Also Führung ist unabdingbar. Da, wo es keine Führung gibt, ist Chaos, ist Beliebigkeit, ist am Ende keine Zufriedenheit." Dann kommt er auf das Thema Vorbilder in der Führung zu sprechen. „Aber gute Führung muss man erst entwickeln. Als ich im Unternehmen heranwuchs, habe ich nicht gleich eine Führungsfunktion erhalten, sondern habe mich erst einmal an Vorbildern orientiert. Ich hatte einen exzellenten Aufsichtsratsvorsitzenden, Herrn Dr. Sassmannshausen. Er war ein ungewöhnlicher Mann mit stark geprägten Werten und großer Nähe." Er habe damals zu ihm nach oben geschaut, erzählt er und nennt ein Beispiel seiner unverbesserlichen direkten, dennoch ermutigenden Art. „Er hat manchmal zu mir gesagt: ‚Mein Lieber, welchen Hut haben Sie jetzt gerade auf? Sind Sie jetzt nur der Eigentümer oder sind Sie jetzt Vorsitzender der Geschäftsführung und hören auch mal zu?'" Obwohl man diese direkte Kommunikation „vielleicht nicht immer sucht", erklärt er, sei sie im richtigen Ausmaß fordernd gewesen und trug zu dem Verständnis seiner Führungsaufgaben und Entwicklung seines Führungsstils bei.

Als Nächstes interessiert mich, welche Persönlichkeiten Jürgen Heraeus noch als Führungskraft beeindruckt haben. Bei seinen Erzählungen fängt er bei seinem Vater an. „Ich hatte sehr früh das Glück, dass mein Vater mich sehr geschätzt, gefördert und mir sehr viel Vertrauen geschenkt hat. Er hat mich früh zu Veranstaltungen mitgenommen, wo ich viele außergewöhnliche Leute kennen und schätzen gelernt habe. Das hat mir viel gegeben." Er sei diesen Menschen auf gleicher Augenhöhe begegnet, erzählt er: „So lernte ich einen Blick für Menschen zu entwickeln und lasse mich auch nicht gleich einpudern."

In seiner eigenen Führung, fährt Jürgen Heraeus fort, versuche er seinen Mitarbeitern selbst ein Vorbild zu sein. „Man muss das vorleben, was man von den anderen erwartet. Das geht bei der Flugklasse los und betrifft die ganze Compliance-Schiene. Wenn man Dinge als Führungskraft total anders handhabt als man es von den Mitarbeitern erwartet, dann wird es schwer zu führen." Er fährt fort: „Das sind kleine Sachen, aber die sind enorm wichtig, um als Vorbild Vertrauen zu den Mitarbeitern zu schaffen."

Die Ausdauer, so Jürgen Heraeus, sei ein weiterer Kernbestanteil einer vorbildlichen Führungskraft. „Man muss eine klare Strategie erarbeiten, die man dann auch durchhält. Das heißt, keine halben Sachen zu machen und auch in schwierigen Zeiten zu zeigen, dass man es versteht, durchzuhalten." Was er als Vorteil für die Führung sehen würde, erzählt er, sei die Größe des Konzerns: „Man kennt zumindest die ersten 100 Mitarbeiter und viele Mitarbeiter kennen einen auch. Das ist bei einem großen Unternehmen, wie beispielsweise Siemens, mit 400.000 Mitarbeitern natürlich nicht mehr möglich. Wenn man da weit oben sitzt, erreichen die Nachrichten die Menschen unten oft nicht ausreichend."

„Wie ist Ihr Verhältnis momentan zum Vorstand von Heraeus? Und führen Sie als Aufsichtsrat mit den klassischen Führungsinstrumenten des persönlichen Gesprächs, in denen Sie Ziele definieren und Rückmeldungen geben?" Heraeus antwortet: „Ich halte mich sehr an das, was mir mein Vater beigebracht hat. Es ist ein großer Fehler von vielen Familienunternehmen, anderen nicht zu vertrauen und nicht loslassen zu können. In das operative Geschäft greife ich selber nicht ein. Wenn ich Fragen über die Zahlen oder die Protokolle habe, dann stelle ich sie, aber ich stecke großes Vertrauen in die Geschäftsführer. Das wird von ihnen, denke ich, auch sehr geschätzt." Die Kommunikation, meint er, müsse auf einer „Vertrauensschiene" in der Geschäftsführung und im gesamten Unternehmen geregelt werden. „Ansonsten kann eine Geschäftsführung nicht selbständig werden", schließt er.

„Glauben Sie, dass man Führung im Studium oder in Weiterbildungskursen lernen haben?" Das sei eine gute Frage, antwortet er. „Ich glaube tatsächlich, dass man bestimmte Grundstrukturen lernen kann." Er selbst habe er ein Trainee-Jahr absolviert, in dem er einzelne Bereiche des Konzerns besucht habe und dort Menschen kennengelernt und erfahren habe, „wie diese ticken". Er habe damals die Gelegenheit genutzt, mit seinem Vater über diese Erfahrungen zu sprechen. „Am Anfang habe ich Protokoll geführt und mein Vater sagte mir: ‚Jetzt kannst du schon mal zuhören, wie das hier gemacht wird.'" Das Zuhören weist Jürgen Heraeus als eine entscheidende Fähigkeit in der Führung aus. „Das kann man üben – muss es sogar!" Seiner Meinung nach sei es wichtig zu wissen, wann beispielsweise in einer Diskussion, Vorgaben wichtig seien und wann Zuhören gefragt sei. „Aktives Zuhören" wird auch in der Psychologie als eine wesentliche Schlüsselfunktion effektiver Führung gesehen (Graham, 1983; Mumford, Campion und Morgeson, 2007). Das Zuhören ermöglicht der Führungskraft nicht nur, von den eigenen Mitarbeitern zu lernen und

Teil des Informationsprozesses zu sein, sondern strahlt auch Respekt und Vertrauen im Unternehmen aus. So erzählt Jürgen Heraeus: „Habe ich erst zwei Mitarbeiter geführt und dann wurden es immer mehr. Aber mit dem Protokoll und mit dem Zuhören hat es angefangen." „Allerdings", fügt er hinzu, „müssen Diskussion auch irgendwann zu einem Ergebnis kommen und es muss am Ende eine Entscheidung getroffen werden." Dafür ist die Führungskraft auch verantwortlich. „Das Herausfordernde an der Freiheit ist, dass man endlos diskutieren kann und unentwegt mehr Informationen will und am Ende keine Entscheidung trifft."

„In der Realität", fahre ich fort, „geht Führung oft schief. An was könnte das Ihrer Meinung nach liegen?" Heraeus antwortet: „Manchmal entwickelt sich das mit der Zeit und man weiß erst später, dass es zu Fehlbesetzungen in Führungspositionen kam." Fehlbesetzungen werden sichtbar, erklärt er, wenn die Führungskraft die Menschen nicht für sich gewinnen könne. „Es gibt Führungskräfte, die die Menschen einfach nicht erreichen können und das dann durch Kraft und autoritäres Gehabe versuchen, auszugleichen." Die Fähigkeit, Menschen für sich zu gewinnen, fährt er fort, sei allerdings nicht so einfach zu lernen. „Junge Menschen gehen zu McKinsey, Boston Consulting, Roland Berger und ähnlichen Unternehmensberatungen. Ich sage immer, das ist eine gute Verlängerung des Studiums auf hohem Niveau und man kommt mit den Besten unter den Besten zusammen, aber die Welt ist nicht so." Heraeus weiter: „Die Gauß-Normalverteilung der Menschen ist oben ganz schmal. Wenn man weiter in die Wirtschaft gehen will, dann muss man sich auch mit der Realität befassen, in der man mit Menschen zu tun hat, die etwas umsetzen müssen. Einen Rat zu geben, ist nicht furchtbar schwer. Die Mühsal beginnt, den Menschen so zu überzeugen, dass dieser mit Freude mitmacht." Darauf fügt er mit Nachdruck hinzu: „Wenn einer meiner Mitarbeiter nicht mit Freude nach Hause geht, dann ist das ein verlorener Tag für ihn und für das Unternehmen."

Die Mitarbeiterzufriedenheit ist für Jürgen Heraeus ein wesentlicher Orientierungspunkt in der Führung: „Der Arbeitsplatz und die Kollegen sind sozusagen eine zweite Familie, dort muss man sich wohlfühlen. Sonst bringt man auch keine Leistung und verlässt das Unternehmen." Daraufhin frage ich ihn: „Meinen Sie, dass der monetäre Anreiz tatsächlich die intrinsische Motivation und Zufriedenheit ausgleichen kann?" Er schüttelt entschlossen den Kopf: „Nein, das denke ich nicht. Wenn der Mitarbeiter unter diesen Bedingungen bleiben würde, dann nur mit zusammengebissenen Zähnen." Dieser Ansatz wird von einer Reihe von Arbeitspsychologen bestätigt, die in der Wissenschaft aufzeigen, dass Unzufriedenheit und fehlende Identifikation am Arbeitsplatz mit einer erhöhten Kündigungsbereitschaft verbunden ist (van Dick et al., 2004; van Dick, 2017). Die Psychologen Andrews und Whites (1974) weisen speziell daraufhin, dass sich die Mitarbeiterzufriedenheit am Arbeitsplatz auf die gesamte Lebenszufriedenheit des Menschen auswirkt. „In unserem Konzern", fährt Jürgen Heraeus fort, „haben wir eine weltweite Umfrage bei allen 13.000 Mitarbeitern gemacht. Es gab ungefähr 60–70 Fragen, darunter die Frage, ob sie stolz seien, bei Heraeus Holding GmbH zu arbeiten. 83% stimmten dieser Aussage zu, obwohl nur 50% sagten, dass Sie zufrieden mit ihrer Vergütung waren." Diese Relation habe ihm und den Geschäftsführern gezeigt, dass man die Zufriedenheit nicht „erkaufen könne."

„Unsere Forschungsergebnisse haben auch gezeigt", fährt Jürgen Heraeus fort, „dass es nicht nur wichtig ist, im Unternehmen zu kommunizieren, was uns wichtig ist – wie beispielsweise die Mitarbeiterzufriedenheit – sondern auch das, wofür wir nicht stehen." Dies hat auch die neuere Forschung mehrfach gezeigt (van Quaquebeke et al., 2010; 2014): Mitarbeiter haben dann besonders gute Orientierung und können sich zum Beispiel stärker mit ihren Führungskräften identifizieren, wenn diese nicht nur wie ein Leuchtturm anzeigen, wohin das Schiff fährt, sondern gleichzeitig sagen können, in welche Richtung das Schiff eben nicht fahren darf, zum Beispiel weil es dort Untiefen gibt). In diesem Zusammenhang kommt Heraeus auf Korruption in seinem Unternehmen zu sprechen: „Dadurch, dass wir mit Edelmetallen arbeiten, war Geldwäsche und Eigentum immer schon ein Thema. Das ist alles Tabu. Wir haben nie Geschäfte gemacht, ohne genau zu wissen, wo das Metall herkam. Wir haben saubere Strukturen." Das, so Jürgen Heraeus, merken die Leute im Unternehmen und wüssten, dass von ihnen diese Integrität genauso abverlangt würde. Im Unternehmen müssten Führungskräfte mit gutem Beispiel voran gehen und Werte wie Integrität im Alltag vorleben, erzählt er. Nur so könne eine nachhaltige Kultur am Arbeitsplatz entstehen, die zu den ethischen Zielen des Unternehmens beitragen würde.

7.9 Götz W. Werner – Gründer und Aufsichtsratsvorsitzender der dm-drogerie markt GmbH

》Der Umsatz ist in gewisser Weise der Applaus unserer Kunden für das Engagement der Mitarbeiter und Führungskräfte.

7 Wirtschaft 213

Anhand seiner Erfahrungen zeigt Götz Werner auf, dass ein Unternehmen durch Veränderungen und nicht durch Festhalten an Gewohntem stabil bleibt. Er betont, dass ein Unternehmen regelmäßig regeneriert werden muss und vergleicht diesen Prozess mit dem menschlichen Körper, der sich alle sieben Jahre neu aufbaut. Er gibt der Vermittlung von Sinn und dem Führen durch Fragenstellen die größten Erfolgsaussichten, um den neuen Grad an Komplexität durch Führung zu bewältigen.

7.9.1 Biografie in Kürze

Götz Werner wurde am 05.02.1944 geboren. Nach einer Drogistenlehre und verschiedenen Stationen in der elterlichen Drogerie und bei der Großdrogerie Idro gründete er 1973 sein eigenes Unternehmen unter dem Namen „dm" als Abkürzung für „Drogeriemarkt". 1978 hatte dm bereits mehr als 100 Filialen in Deutschland, 2018 gibt es über 3.500 Filialen in Europa. Das Unternehmen beschäftigt fast 60.000 Mitarbeiter, die 2017 einen Umsatz von über 10 Milliarden Euro erwirtschafteten. 2003 wurde Götz Werner Professor am Institut für Entrepreneurship am Karlsruher Institut für Technologie, wo er bis zur Emeritierung 2010 tätig war. Bei dm wechselte er 2008 in den Aufsichtsrat. Er fördert aktiv verschiedene soziale und kulturelle Projekte und ist ein Verfechter der Idee eines Grundeinkommens für alle Bürgerinnen und Bürger. Er ist einer der 100 reichsten Männer Deutschlands, hat aber einen Großteil seines Vermögens in eine gemeinnützige Stiftung eingebracht, die die Idee „Grundeinkommen für alle" verbreitet und entsprechende Projekte fördert.

7.9.2 Interview

Götz Werner reiste mit dem Zug an und kam mit einem Rucksack in unser Büro. Wir hatten eine Gruppe von Studierenden aus Psychologie und Wirtschaftswissenschaften zum Termin dazu eingeladen und wollten ihnen die Möglichkeit geben, ihm im Anschluss an das Interview selbst noch Fragen zu stellen. Herr Werner antwortete mir sehr ausführlich und offen und als der offizielle Teil vorbei war, hätte er eigentlich den Zug zurücknehmen müssen. Er sagte aber spontan, er nehme einfach den nächsten Zug. Darauf wurde es dann der überübernächste, weil er offensichtlich auch viel Freude an der Diskussion mit den Studierenden hatte.

Zu Beginn des Gesprächs komme ich mit Götz Werner über den Erfolg seines Unternehmens dm zu sprechen. „Ich sage immer", erklärt er schmunzelnd,

„je besser man die Menschen, für die man tätig ist, versteht, desto größer ist die Wahrscheinlichkeit, dass man Erfolg hat." In der Führung, so Götz Werner, ist „Zutrauen ein Schlüsselbegriff. In einer arbeitsteiligen Gesellschaft, wo ich für andere tätig bin und andere für mich, muss ich immer dem anderen etwas zutrauen." So erzählt er, müsse zuerst die Führungskraft den Mitarbeitern entgegenkommen, indem sie ihnen bestimmte Aufgaben zutraut und ihre Leistungen zu schätzen verstehe. „Idealerweise kann aus diesem wechselseitigen Geben und Nehmen Vertrauen entstehen. Aber Voraussetzung ist das Zutrauen."

„In Ihrem Unternehmen dm haben Sie eine ganze Führungsebene abgeschafft. Welche Rolle spielt Führung in Ihrem Unternehmen?" Werner antwortet: „Naja, wenn es zu viele Führungsebenen gibt, dann wird aus dem Führen nur noch ein Kontrollieren. Das wollen wir natürlich nicht. Deshalb wurde eine Führungsebene aufgelöst. So ist die Verantwortung des Einzelnen größer und das führt dazu, dass er seine Ziele nicht mehr erreicht, indem er andere nur kontrolliert, sondern, indem er anderen Aufgaben zutraut, damit sie sich einbringen können." Hinter dieser Strategie verstecke sich folgender Ansatz, erläutert er: „Wenn jeder Mensch auf gleicher Augenhöhe ist, kann Führung nur noch legitim stattfinden, wenn sie sich zum Ziel setzt, die Selbstführung der Mitarbeiter anzustoßen. Die Aufgabe des Vorgesetzten ist also, dafür zu sorgen, dass die Menschen, die ihm anvertraut sind, ihre Aufgaben mit Eigeninitiative ergreifen." Anschließend geht Werner noch einmal auf das Thema Erfolg ein: „Eine gute Führungskraft ist derjenige, dem es gelingt, seine Mitarbeiter erfolgreich zu machen." Er fährt fort: „Das erfordert einen anderen Zugang in der Führung. Es macht einen großen Unterschied, ob ich sage: ,Ich bin für alles verantwortlich und folglich müssen alle das machen, was ich als Führungskraft für richtig halte, oder, ob ich sage: Ich bin für das Ganze verantwortlich, aber nicht für die einzelnen Kollegen und Kolleginnen.'" Erfolg in der Führung, so Götz Werner, spiegele sich im Letzteren, indem man es als Führungskraft schaffe, dass Mitarbeiter aktiv darin würden, bei gegebenen Rahmenbedingungen den gemeinsam gefassten Zielsetzungen entgegenzukommen und mit Eigeninitiative und Selbstverantwortung im Unternehmen tätig zu werden.

„Wenn ein Mitarbeiter durch die Führung erfolgreicher wird, dann hat die Führung schon viel erreicht", fährt Götz Werner fort. „Denn was der Einzelne tut, das bringt Resonanz. Das erkennen beispielsweise die Kunden – der Umsatz ist in gewisser Weise der Applaus unserer Kunden für das Engagement der Mitarbeiter und Führungskräfte." An diesem Punkt, so meint er, spreche man ein wichtiges Führungsinstrument an. „Von dieser Resonanz kann man lernen. Filialen müssen regelmäßig revidiert werden.

Das machen die Kollegen der Filialen unter sich aus. Das ist im Großen und Ganzen ein Erfahrungsaustausch und wird durch die regelmäßige Rotation in der Gruppe bestärkt. Man lernt also unter sich, wo es etwas zu verbessern gibt." Der Erkenntnisgewinn entsteht dabei nicht nur aus Gesprächsthemen, die Mangel identifizieren, sondern auch durch die Anerkennung von Stärken in der Führung bestimmter Filialen und basiert auf der zwischenmenschlichen Kommunikation der Führungskräfte (Geißler et al., 2004). In der Organisationpsychologie sehen Geißler und Geißler-Gruber (2002) das sogenannte Anerkennungsgespräch als ein gesundheitsförderliches Instrument in der Führung. Es ermöglicht der Führungskraft und den Mitarbeitern eine offene Aussprache über die Qualität der Arbeitsbedingungen und die individuellen Erfahrungen am Arbeitsplatz. So zeigen sie auf, dass die Stärken und Schwächen bestimmter Arbeitsbedingungen erkannt werden können und tragen zu einem fundamentalen Verständnis der Gesundheit und Belastbarkeit von Mitarbeitern bei. Diese identifizieren die Wissenschaftler als eine wesentliche Voraussetzung, um die Unternehmenskultur durch Führung positiv zu beeinflussen.

Weiter frage ich: „Sie haben mit diesem Konzept großen Erfolg erzielt. Jetzt stellt sich mir die Frage, warum geht Führung in anderen Unternehmen, wie beispielsweise Schlecker, Ihrer Meinung nach, so oft schief?" Er erklärt: „Das Hauptproblem ist, dass man meint, wenn man Erfolg hat, wie Schlecker ja wirklich großen hatte, dass man immer so weiter machen könne. Das ist ein grundlegender Irrtum. Das trifft aber auch in vielen Bereichen im Privatleben zu, wie beispielsweise in Freundschaften und in der Ehe. Wenn man einen gewissen Erfolg hat, meint man, man könne ihn perpetuieren." Was für das menschliche Leben wichtig sei, so erklärt er, sei auch für das Unternehmen entscheidend. „Man muss im Unternehmen jeden einzelnen Tag neu erfinden." Auf die Strategie im Unternehmen bezogen, zitiert er den berühmten Spruch von Albert Einstein: „Probleme kann man niemals mit derselben Denkweise lösen, durch die sie entstanden sind. Das hat Albert Einstein schön formuliert! Das trägt auch einen strategischen Aspekt in sich. Das Unternehmen muss immer wieder regeneriert werden. So macht es auch unser Körper – alle sieben Jahre wird er regeneriert, neu aufgebaut und neu verwandelt." Daraufhin folgert Werner: „Also ein Unternehmen bleibt stabil durch Veränderungen, nicht durch Festhalten." Auf meine Frage zurückkommend, fügt er hinzu: „Dieses Umdenken ist eines der schwierigsten Dinge, weswegen es die Leute auch so ungern machen. Wir sehen es in vielen Bereichen der Gesellschaft: Der Mensch ist nicht bereit umzudenken."

Daraufhin frage ich: „Sind Sie der Meinung, dass man diese Bereitschaft des Umdenkens, die erfolgreiche Führung im Unternehmen voraussetzt, lernen kann?" Götz Werner antwortet: „Also die Business Schools vermitteln ein gewisses ‚Know-how', wie man es sozusagen macht." Mit einem Kopfschütteln fährt er fort: „Aber das ist nicht das, worauf es ankommt! Die viel wichtigere Frage ist die, nach dem ‚Know-Why', also die Frage warum eine Veränderung gebraucht wird. Das kommt oft zu kurz. Auch in den Unternehmen wird das oft nicht eindeutig vermittelt. Dort wird häufig nur gefragt, wie man etwas macht, aber nicht warum und wozu das eigentlich gut sein soll." Der britisch-amerikanische Motivationssprecher Simon Sinek (2009) betont die Bedeutung der Frage des „Know-Why" am Arbeitsplatz. Er zeigt auf, dass meistens diejenigen Unternehmen erfolgreich sind, die einen Sinn im täglichen Arbeitsleben vermitteln und ihren Mitarbeitern transparent machen, so auch Werner, „Warum sie das machen, was sie machen." Jeder Mitarbeiter, so Sinek, sollte eine klare Antwort im Kopf haben, welchen größeren Beitrag sein Unternehmen für die Gesellschaft leistet und warum es existiert. So erklärt auch Götz Werner, könne sich der einzelne Mitarbeiter nicht nur mit dem Unternehmen, sondern auch mit dessen Zielen verbinden und identifizieren. „Noch besser ist es", fährt er fort, „wenn die Mitarbeiter aus der Unternehmensaufgabe ihre eigene Lebensaufgabe ableiten – dass sie sozusagen auf gleicher Ebene sind. Sinn muss die Arbeit machen, sonst degeneriert der Arbeitsplatz zum Einkommensplatz und das wäre tragisch." Dieser Ansatz wird auch von dem Wirtschaftswissenschaftler und Nobelpreisträger Akerlof (Akerlof und Kranton, 2008) geteilt, der sagt, dass das Modell von Kontrolle nicht nur Kosten verursacht, sondern vor allem auch Misstrauen signalisiert – eine Führung die auf das Schaffen gemeinsamer Identitäten abzielt, sei hingegen erfolgreicher, weil die Mitarbeiter sich dann ermuntert fühlen, aus eigenem Interesse das Richtige fürs Unternehmen zu tun.

Des Weiteren kommen wir auf Werners persönliche Vorstellung von guter Führung zu sprechen. Aus seinen Erfahrungen erzählt er: „Führen tut man eigentlich durch Beobachtung. Man beobachtet das, was sich verändert, denn verändern tun sich Dinge ständig. Man muss diese Veränderungen beobachten; das mache ich nach wie vor in meiner Rolle als Miteigentümer und Aufsichtsrat. Ich melde mich dann, wenn ich merke, dass sich der Fokus verändert und etwas getan werden muss." Gute Führung heißt für Götz Werner, dass man anderen hilft, ihre Aufgaben zu realisieren und Ratschläge zur Verbesserung vermittelt. Am Beispiel seiner persönlichen Führung erzählt er, dass er durch seine Beobachtungen im Unternehmen gelernt habe, mit Fragen und nicht mit Antworten zu führen. „Mit einer direkten Art der Führung, die delegiert und Antworten gibt, kann man die Menschen nicht zur Selbstführung bringen. Das gelingt einem nur, wenn man die richtigen Fragen stellt. Die Führungskompetenz kommt meiner Meinung nach heutzutage daher, dass man die entscheidenden Fragen stellt." Nachdrücklich fügt er hinzu: „Die Welt entwickelt sich schließlich durch Fragestellungen, nicht durch Antworten."

So erzählt Götz Werner, dass das Stellen von Fragen, was uns bereits als Kleinkind in die Wiege gelegt wurde, nicht nur Teil unserer Entwicklung im privaten, sondern auch im beruflichen Leben sei. „Jeder Mensch geht in die ‚Universität des Lebens'. Das heißt, man wird durch sein eigenes Leben belehrt. Wenn man die Gesellschaft beobachtet, dann sieht man, wo Lücken sind und Schwierigkeiten entstehen. Dann zeigen sich die entsprechenden Fragen ganz offensichtlich. Ich habe das Unternehmen von null aufgebaut und das war am Anfang natürlich mein ganz persönlicher Willensimpuls – als Gründer habe ich sozusagen ‚das Kind geboren'. Dann hat es angefangen: Die Mitarbeiter, die zu mir kamen, haben mich gefragt, wie bestimmte Dinge gemacht werden sollten." Lachend fährt er fort: „Es wurden immer mehr Filialen, immer mehr Mitarbeiter und immer mehr Fragen, aber der Tag blieb immer gleich lang. Ich habe also gemerkt, dass es so nicht weiter gehen konnte. Die Beobachtung, die ich gemacht habe, war, dass in jeder Frage, die meine Mitarbeiter mir stellten, eigentlich schon die Antwort lag. Ich wurde als Vorgesetzter, der sozusagen die Macht im Unternehmen hat, erst von meinen Mitarbeitern gefragt, als sie sich der Antwort schon sicher waren." Er habe sich damals entschlossen, dieser Situation mit seiner Methode des Fragenstellens zu begegnen. „Ich habe das einfach auf den Kopf gestellt. Immer, wenn jemand mir eine Frage gestellt hat, habe ich keine Antwort gegeben, sondern drei zusätzliche Fragen gestellt." Die Mitarbeiter seien selbständiger geworden, erzählt er stolz, hätten mehr Verantwortung übernommen und ihm für die Führung einen größeren Freiraum gegeben. Dieser Ansatz wird auch in der Personalberatung bestätigt, der Führungskräfte dabei unterstützt, ausgewählte Fragetypen und -techniken anzuwenden, um Mitarbeiter zu lösungsorientiertem Verhalten zu verhelfen (Prohaska, 2015). Van Quaquebeke und Felps (2018) haben dazu vor kurzem ein Modell entwickelt und betont, dass Fragen vor allem auf respektvolle Art und Weise gestellt werden müssen, zum Beispiel, indem man nach der Frage auch wirklich gut zuhört.

„Führen durch Beobachtung", fährt Werner fort, „ist eine Methode, die Welt besser erkennen zu können. Je besser ich die Welt erkenne, desto besser kann ich mit ihr umgehen – ganz logisch." Er ist der festen Überzeugung, dass ein Interesse für Menschen und die Welt ein Kernbestanteil jeder guten Führung sein sollte. „Das ist leider unser Engpass, im Sozialen wie auch in der Umwelt", sagt er und erklärt: „Das ist eine Begrenzung des Bewusstseins."

Schlüsselerlebnisse, erklärt er, gibt es ständig, von morgens bis abends. Die Frage sei nur, ob man sie erkennt. „Viele Menschen beobachten ja vieles, aber bemerken tun sie es nicht. Sie sind gefangen in ihren Vorstellungen und ihren

Ideologien." Sein Appell an die heutigen Führungskräfte laute deshalb, dass sie sich dieser Herausforderung stellen sollen: „In einem großen Unternehmen, in dem man nicht mehr die einzelnen Menschen direkt führen kann, muss man ihr Bewusstsein führen."

Daraufhin schlussfolgert Götz Werner: „Wir leben ja im Strom unserer Kultur und das ist eine riesengroße Anregung. Die ganze Erneuerung der Gesellschaft kommt aus der Kultur. Das Bewusstsein darüber zu haben, ist also entscheidend für beruflichen und privaten Erfolg." Im Hinblick auf den Aufbau seines Unternehmens, erzählt er: „Der Erfolg eines Unternehmens wächst einem ständig über den Kopf. Ganz konkret heißt das: Erfolg führt zu einem Leck zwischen Komplexität und Fähigkeit. Das kann man nur mit Bewusstsein überspringen." Spielerisch fügt er hinzu: „Man muss sich also mit Bewusstsein aufrüsten, um den neuen Grad an Komplexität zu verarbeiten." Wenn das nicht passiere, so Werner, verursache das Unruhe und Stress im Unternehmen. Darauffolgend will ich wissen: „Heutzutage werden Unternehmen mit dem Phänomen des Burnouts bei Mitarbeitern konfrontiert. Ist das Ihrer Meinung nach eine direkte Konsequenz solcher Unruhe?" Er antwortet zustimmend: „Richtig, wir sind alle überfordert", und fügt hinzu, „Wir sind sozusagen Goethes Zauberlehrlinge. Wir setzen Dinge in Gang und rufen Geister, die wir nicht mehr losbekommen. Das holt uns im Unternehmen ein."

7.10 Edzard Reuter – ehemaliger Vorstandsvorsitzender Daimler-Benz AG

» Meinungen müssen offen auf den Tisch gelegt werden.

In diesem Gespräch erzählt Edzard Reuter von seinen Erfahrungen als Vorstandsvorsitzender von Daimler-Benz. Eine Spitzenposition zu führen heißt für ihn, den Mut zu haben, gegensätzliche Meinungen zu akzeptieren und ein Klima der Offenheit zu fördern. Er ist der festen Überzeugung, dass „es nicht der Einzelne ist, der den Stein der Weisen für sämtliche Probleme findet", sondern die konstruktive Auseinandersetzung in der Gemeinschaft. Um Menschen für Veränderungen zu begeistern, braucht es in der Unternehmensführung einen langen Atem.

7.10.1 Biografie in Kürze

Edzard Reuter wurde am 16.02.1928 in Berlin als Sohn des späteren regierenden Bürgermeisters von Berlin, Ernst Reuter, geboren. Seine Familie emigrierte 1935 vor den Nazis in die Türkei. Nach der Rückkehr studierte Edzard Reuter 1946 zunächst Physik und Mathematik in Göttingen und Berlin und dann später Rechtswissenschaften an der Freien Universität Berlin, wo er 1955 das Staatsexamen ablegte. Unter anderem war er Mitglied der Geschäftsleitung der Münchener Bertelsmann Fernsehproduktion und Prokurist bei der Ufa. 1964 trat er in den Daimler-Benz-Konzern ein, wurde Vorstandsmitglied und war von 1987 bis 1995 Vorstandsvorsitzender. Er betrieb die Diversifizierung und den Ausbau des Konzerns, beispielsweise durch den Zukauf der AEG. 1998 wurde er Ehrenbürger Berlins, unter anderem wegen seines Engagements für den Ausbau des Potsdamer Platzes. Edzard Reuter war und ist im Vorstand verschiedener kultureller und wissenschaftlicher Institutionen und Stiftungen und hat selbst die Helga-und-Edzard-Reuter-Stiftung zur Förderung der Völkerverständigung gegründet. Er veröffentlichte mehrere Bücher, unter anderem Erinnerungen an wichtige Personen in seinem Leben. In seinem Buch „Egorepublik Deutschland", das 2013 erschien, fordert er einen konsequenten Ausbau von Europa und eine Vision zur Überwindung der Krise.

7.10.2 Interview

„Heute würde ich gerne mit Ihnen über Führung reden, genauer gesagt, wie Sie Führung selber ausgeübt haben und wie Sie vielleicht auch Führung von anderen erlebt haben. Sie haben beispielsweise als Vorstandsvorsitzender bei Daimler-Benz den Konzern weiterentwickelt. Wenn man in so einer Funktion ist, braucht man dann überhaupt noch Führung?" Edzard Reuter lehnt sich vor: „Ich habe ein bisschen Probleme mit dem Wort Führung", antwortet er und fährt fort, „dieser Begriff deckt ja eine ganze Palette von Möglichkeiten ab. Beispielsweise ist es fraglich, ob Führung eine einzelne Person betrifft. Gibt es im Verhältnis einzelner Personen Führung? Wie erlebt man Führung und wie sollte man sie ausüben? Oder ist Führung, wie sie aus meiner Sicht ist, eine Thematik, die das Verhältnis zwischen Individuen und gestrickten Organisationen beschreibt?" Daraufhin fährt er fort: „Ich selbst, um darauf zurückzukommen, habe als Individuum Führung eigentlich mein ganzes Leben lang als den Umgang mit Menschen verstanden, die mir etwas beigebracht haben und von denen ich gelernt habe." So seien, seiner Meinung nach, die Führungsfunktionen in den großen DAX-Unternehmen davon geprägt, dass täglich dazugelernt werden müsse. „Mir sind bedeutende Menschen begegnet", sagt er und zählt die damaligen Aufsichtsratsvorsitzenden Alfred Herrhausen, Hermann Josef Abs und Hanns Martin Schleyer auf. „Gelernt habe ich allerdings auch von Leuten, was ich nicht gerne tun möchte. Ich habe auch Negatives erfahren und das war genauso ein Lernprozess für mich."

„Wie haben Sie persönlich geführt?", frage ich ihn weiter. „Wir haben einmal in der Woche ein sogenanntes Teamgespräch gehabt. Ich habe mit den engsten führenden und leitenden Mitarbeitern durchgesprochen, was ansteht und welche Probleme zu lösen sind. Darüber haben wir dann eine offene Diskussion geführt." Seine Mitarbeiterinnen und Mitarbeiter habe er immer als Kollegen empfunden, sagt er und weist trotzdem darauf hin, dass es nicht üblich gewesen sei, sich in der damaligen Zeit zu duzen. „Das Duzen ist aus einer anderen Zeit. Ich habe mich mit einigen Kollegen im Vorstand von Daimler-Benz geduzt, habe aber immer ein schlechtes Gewissen dabei gehabt, weil ich meine, dass so ein enges persönliches Verhältnis nicht den sachlichen Umgang in einer Organisation übertönen dürfe. Ich rede jetzt bewusst von einem Leitungsgremium oder dem Verhältnis zwischen Vorstand und Aufsichtsrat. Trotzdem respektiere ich, wenn ich heutzutage – beispielsweise auf Facebook – etwas mitteile und dann von anderen geduzt werde."

„Ich würde gerne nochmals auf die Definition einer guten Führung zurückkommen. Wo haben Sie gute Führung erlebt und woran haben Sie sich in Ihrer Führung orientiert?" Edzard Reuter sagt: „Ich glaube, die allererste Bedingung, die eine gute Führung erfüllen sollte, ist, dass sie den Mut zur Transparenz und zur Offenheit zeigt." Er sei der Meinung, dass erfolgreiche Führung Mut brauche, sich Argumenten zu stellen, sie hinzunehmen und Meinungen zu akzeptieren, die sich nicht mit den eigenen deckten. „Ich bin überzeugt davon, dass es nicht der Einzelne ist, der den Stein der Weisen für sämtliche Probleme finden kann. Es muss eine offene Diskussion über Probleme, die gemeinsam zu lösen sind, geben." So schließt sich Edzard Reuter an das Gedankengut einer langen Reihe von Wissenschaftlern an, wie beispielsweise die Organisationspsychologen Gebert und von Rosenstiel (2002), die zum Ausdruck bringen, dass die Kooperation mit Mitarbeitern der Initiative einzelner bei Problemlösungen weit überlegen ist. Die Effektivität, Probleme kooperativ zu lösen, ist in der Wissenschaft auf die Fehlerminimierung und die Informationsmaximierung zurück zu führen. So erklärt die Organisationspsychologin Regnet (2007), dass durch den wechselseitigen Austausch zwischen Mitarbeitern und Führungskräften ein Meinungsbildungsprozess angeregt wird, der qualitativ bessere Lösungen erzeugt.

In meiner nächsten Frage gehe ich genauer auf die Vorstellung von einem kooperativen Ansatz zur Lösung von Problemen ein: „Als Führungskraft sollte man Ihrer Meinung nach also nicht nur andere Meinungen zulassen, sondern sie auch bewusst einfordern und vielleicht sogar eine spezifische Arbeitskultur schaffen. Schreit das nicht nach mehr Diversifizierung? Haben Sie sich bei Daimler-Benz damals aktiv dafür eingesetzt, beispielweise jüngere, internationale oder weibliche Mitglieder in die Vorstände zu bringen?" Edzard Reuter nickt zustimmend: „Absolut! Ich habe durchaus versucht, bewusst Frauen in Führungspositionen hineinzubringen." Nach kurzer Zeit, habe er jedoch gemerkt, erzählt er, dass alles Reden nichts nütze, sondern dass er mit gutem Beispiel voran gehen müsse. „Alle Leute haben mit dem Kopf genickt, nach dem Motto: ‚Jaja, das ist ganz wichtig!'. Aber es ist nie etwas passiert. Ich habe dann ein Signal gesetzt, indem ich die Funktion meiner persönlichen Assistenz mit einer Frau besetzte und dafür sorgte, dass sie nach zwei, drei Jahren der Zusammenarbeit auch die Chance auf eine leitende Funktion erhalten hat." Geändert, meint er schweren Herzens, habe sich damals im Unternehmen zum Thema Frauen in der Führung allerdings nur wenig. „Wirklich verändert, hat sich das erst durch die breite Diskussion, die inzwischen in der Gesellschaft geführt wird." Trotz ihrer noch immer unterrepräsentierten Verbreitung in Spitzenführungspositionen, geht ein Ruck der Frauenförderung durch die heutige Gesellschaft (Felfe, Elprana, Gatzka und Stiehl, 2012). Gesellschaftlicher Aufbruch und die implizite Erwartungshaltung spielen eine wichtige Rolle, Unternehmen zu Veränderungen in ihren Führungsreihen anzuregen. So ähnlich, meint Reuter, sei es auch mit der Globalisierung. „Heutzutage, in der globalisierten Welt, kann ein Unternehmen sich auch nicht mehr homogen nach irgendwelchen Idealvorstellungen ausrichten. Das hat nicht mit Standorten zu tun, sondern mit der Mentalität der Gesellschaft."

Edzard Reuter fährt in seinen Erzählungen fort: „Das Zusammenbringen von (Unternehmens)kulturen, ist in der Tat entscheidend. Dabei haben wir immer gedacht: ‚Mein Gott, im Wesentlichen ist das Unternehmen Daimler-Benz ganz entscheidend durch die Technik der Produkte geprägt. Ingenieure und Ingenieurinnen von verschiedenen Unternehmen müssten doch zusammenpassen!'" Er schüttelt den Kopf und sagt: „Wir haben schnell gemerkt, dass das kein sogenannter ‚Selbstläufer' ist." Am folgenden Beispiel erklärt er, „die Ingenieure in der Automobilbranche bei Daimler-Benz waren es über Jahrzehnte gewohnt, an der Seite der Ingenieurkollegen von Bosch zusammen zu arbeiten. Als dann aber Kollegen von der AEG dazukamen, die auf verwandten Gebieten Know-how mit einbrachten und sie anwiesen: ‚Also passt mal auf Leute, wir sind doch jetzt in einem Unternehmen, also bitte setzt euch zusammen, um dieses Problem gemeinsam zu lösen', da haben zwar alle erst mal genickt, doch zu Hause gesagt: ,Wir machen den Trott so weiter, wie bisher. Die können uns viel erzählen.'" Das sei eine kulturelle Klippe gewesen, schildert Edzard Reuter, „die nicht von heute auf morgen überwunden werden konnte."

„In Bezug auf die Herausforderung der Diversifizierung in der Führung, die Sie angesprochen haben", fahre ich fort, „hat es an Vision oder ihrer Vermittlung an die Mitarbeiter gemangelt?" Er antwortet: „Also gemangelt hat es an der Vision per se nicht, denn wir haben ständig versucht, nicht nur intern im Unternehmen, sondern selbstverständlich auch in Hauptversammlungen diese nach vorne zu tragen." Die Vision, meint er, sei erklärt und vertreten gewesen und völlig einheitlich durch den gesamten Vorstand gegangen. Allerdings, fügt er hinzu, sei es ihnen nicht gelungen, klar zu kommunizieren, welches Ausmaß und welche Zeit die Realisierung der Vision benötige. „Damit die Menschen mitziehen können", erklärt er, „muss ihnen klar und deutlich gesagt werden, was die Vorstellung ist und wohin der Weg führen soll. Dazwischen muss die Führungskraft mit langem Atem dicke Bretter bohren. Das ist in der Tat auch meine ganz persönliche Erfahrung aus der Zeit bei Daimler-Benz."

Wir kommen noch einmal auf die Entstehung seines persönlichen Führungsstils zu sprechen. „In Ihren verschiedenen Büchern schreiben Sie viel über die Menschen, mit denen Sie zusammengekommen sind. Zunächst waren es natürlich Ihr Vater und Ihre Mutter, aber später auch Persönlichkeiten wie Hanns Martin Schleyer oder Helmut Kohl. Sie sind in Ihrer Familie auch mit vielen SPD-Spitzenpolitikern zusammengekommen. Können Sie sagen, wer Sie in Ihren verschiedenen Phasen des Lebens geprägt hat oder Ihnen vielleicht auch ein Vorbild gewesen ist?" Edzard Reuter muss lachen und sagt: „Das bin ich schon oft gefragt worden." Er fügt hinzu: „Allerdings muss ich sagen, habe ich versucht, nicht Menschen, sondern ihre Wertvorstellungen als Vorbild zu nehmen für das, was ich für das Zusammenleben mit Menschen für wichtig halte. Ich bewundere beispielsweise Nelson Mandela, aber ich stehe nicht vor dem Spiegel und frage mich: ,Was würde er an meiner Stelle tun?' Es sind unglaubliche Menschen, aber ich messe mich keineswegs an ihnen." Reuter fährt fort: „Im politischen Bereich zählt natürlich auch Helmut Schmidt dazu, mit dem ich oft zusammen war. In völlig anderer Form Willy Brandt und nochmals in völlig anderer Form Helmut Kohl. Für mich sind das einzelne Personen, die mir wichtig waren und von denen ich ganz sicher durch Beobachtung und zu Zuhören gelernt habe."

„Man kann also Ihrer Meinung nach gute Führung erlernen?", schließe ich im Gespräch daraus. „Aber natürlich kann man das lernen. Ich betone: Man muss es lernen!" Edzard Reuter fährt fort: „Man kann Führung und das Instrumentarium für Führung vielleicht in der Ausbildung vorgeführt bekommen, aber es mit Inhalt zu füllen, das geht nur in der praktischen Tätigkeit." Die Führung, so Edzard Reuter, reife mit Erfahrung und wird keineswegs durch das Aufschlagen von Büchern erfolgreich. „Davon bin ich fest überzeugt", sagt er und erklärt: „Für die Führung sind beispielsweise auch die psychologische Menschenkenntnis und die Einschätzung des gesellschaftlichen Umfeldes wichtig. Diese Perspektiven können nur durch die Tat gelernt und umgesetzt werden."

Anschließend frage ich: „Warum läuft Ihrer Meinung nach Führung so oft schief?" Das Erbgut des Menschen, erklärt er, sei der Überlebensinstinkt und dazu gehören menschliche Eigenschaften, wie beispielsweise der Neid oder die Gier. Führung liefe oft schief, fährt er fort, weil Menschen in ihrer Persönlichkeit von diesen Dynamiken getrieben seien und manchmal zu Egoismus neigten. Das habe uns sehr wahrscheinlich in bestimmten Zeiten der Evolution einen Vorteil verschafft, sagt er, doch in der heutigen Führung sei dies ein wesentlicher Grund des Misserfolges. „Natürlich gibt es eigene Interessen sowohl auf Seiten der Führungskraft, als auch der Mitarbeiter. Es ist wichtig, sich in der Mitte zu treffen. Entscheidend ist, dass insgesamt ein Klima der Offenheit herrscht. Das ist die erste Voraussetzung, die effektives Diskutieren, vor allem die kontroverse Diskussion, ermöglicht." Daraufhin betont Reuter: „Meinungen müssen offen auf den Tisch gelegt werden. Das wird als Vorteil für alle empfunden." Die Atmosphäre und das Verständnis, dass die offene Auseinandersetzung in der Führung gewollt sei, meint er, sei wesentlich für ihren Erfolg. „Der Ozean der Möglichkeiten, Fehler zu machen, ist unbegrenzt", fährt er fort: „Deshalb ist man als Führungskraft gut darin beraten, Entscheidungen intern offen zu besprechen. Das ist meine feste Überzeugung."

7.11 Jürgen Fitschen – ehemaliger Vorsitzender des Vorstands der Deutschen Bank

» Eine Maxime muss sein, mit jedem Kollegen respektvoll umzugehen.

> Jürgen Fitschen war zur Zeit des Gesprächs Chef der wichtigsten deutschen Bank. Wir sprachen vor allem über die beiden wichtigen Führungsstile, nämlich den aufgabenbezogenen und den mitarbeiterbezogenen Führungsstil und wann welcher dieser Stile besonders wichtig sein könnte. Dabei sprachen wir auch über kulturelle Unterschiede.

7.11.1 Biografie in Kürze

Jürgen Fitschen wurde am 01.09.1948 in Harsefeld in der Nähe von Hamburg geboren und machte 1966 in Stade das Abitur. Nach seiner Ausbildung zum Groß- und Außenhandelskaufmann studierte er in Hamburg Wirtschaftswissenschaften. Seit 1975 arbeitete er für die Citibank und ab 1986 für die Deutsche Bank, bei der die Region Asien leitete. Viele Jahre war er Mitglied im Vorstand der Deutsche Bank AG und übernahm 2012 gemeinsam mit Anshu Jain den Vorstandsvorsitz. Nach fast 30 Jahren, 14 davon im Vorstand, beendete Jürgen Fitschen 2016 seine Tätigkeiten bei der Deutschen Bank AG.

7.11.2 Interview

Das Gespräch fand in einem Konferenzraum im zweithöchsten Stock in einem der beiden Deutsche-Bank-Türme in Frankfurt statt. Während meine Studierenden und ich auf Herrn Fitschen warteten, bauten wir unsere Kameras auf. Dann erschien zunächst der Kommunikationschef der Bank. Diesem fiel ganz kurz vor Beginn des Interviews noch auf, dass die Hauptkamera so positioniert war, dass über Fitschens Kopf permanent das Logo der UBS auf dem benachbarten Hochhaus zu sehen gewesen wäre – glücklicherweise konnten wir dies schnell korrigieren.

Jürgen Fitschen zu sprechen, war erst nach vielen Anfragen möglich gewesen. Umso schöner war es, dass er sich sehr auf das Gespräch einlassen konnte und dabei auch persönlich wurde. Er erzählte von seiner Kindheit auf einem kleinen Dorf in Norddeutschland, wo es außer ein paar Bauernhöfen und einem Gemischtwarenladen nichts gab, an dem er Führung hätte beobachten können. Er sprach auch von seinem Vater, von dem er einiges übernommen habe, wie zum Beispiel den Fleiß.

Besonders interessant, und darauf möchte ich hier etwas näher eingehen, waren seine Antworten auf meine Frage, was gute Führung ausmache. In der Forschung hat man sich dazu lange Zeit, angefangen mit Beginn des letzten

Jahrhunderts, angesehen, welche Eigenschaften Führungskräfte hatten, die sie von Nichtführungskräften unterschieden. Dabei wurden körperliche Eigenschaften, wie Stimmlage oder Größe, Faktoren wie Intelligenz oder Persönlichkeitszüge genannt. Diese Forschung führte dann aber immer mehr in eine Sackgasse, weil immer mehr Eigenschaften gefunden wurden und am Schluss gar kein einheitliches Bild mehr gezeichnet werden konnte. Ab etwa 1940 haben sich Wissenschaftlerteams an zwei amerikanischen Universitäten daher dafür interessiert, was denn gute Führungskräfte eigentlich tun und weniger wie sie sind. Diese als Ohio- und Michigan-Studien bekannt gewordene Forschung unterteilt Führung in zwei Kategorien: Die aufgabenorientierte und die personenorientierte Führung.

Was das ist, lässt sich sehr schön an Fitschens Antwort ablesen. Er sagt: „Für mich persönlich sind das zwei Themenbereiche, die ich nebeneinander stellen würde. Erstens das, was man an Kenntnissen und vielleicht auch an Erfahrung vermitteln kann, um anderen zu erklären wo man hinwill. Und zweitens den Mitarbeitern die Unterstützung zukommen zu lassen, so dass sie dieses Ziel erfolgreich verfolgen können."

Damit beschreibt er die aufgabenorientierte Führung. Hier richtet sich die Aufmerksamkeit der Führungskraft auf die Aufgabe. Man hat Sachkenntnis und Erfahrung, die einem hilft, Ziele zu formulieren. Diese setzt man den Mitarbeitern, zeigt ihnen den Weg um das Ziel zu erreichen und unterstützt sie dabei.

Fitschen sagt weiter: „Davon zu unterscheiden ist etwas anderes, das ebenfalls in die gleiche Richtung geht, aber doch anders aufgenommen wird. Dies ist – und da sprechen wir darüber, ob die Führungskraft sympathisch wahrgenommen wird – dass man Mut macht. Und nicht, weil man Wissen vermittelt, sondern durch die Art und Weise, wie man mit diesen Kollegen umgeht. Eine Maxime muss sein, mit jedem Kollegen, egal auf welcher Hierarchieebene er sich befindet, respektvoll umzugehen. Dazu gehört auch, dass man offen ist, dass man zuhört und dadurch auch die Wichtigkeit des anderen unterstreicht."

Dies ist die personenorientierte Führung. Ganz unabhängig von der Aufgabe und den Zielen steht hierbei der Mitarbeiter im Vordergrund, die Führungskraft muss respektvoll mit ihm umgehen, ihm zuhören und ihn damit auch wertschätzen. Beide Führungsstile sind effektiv. Für Fitschen sind diese beiden Arten zu führen zwei Seiten einer Medaille. Er sagt: „Es sind diese beiden Bereiche. Einmal inhaltlich: Kommt da etwas, was fachlich relevant ist? Was mir hilft beim Nachdenken, wie ist schneller voranzukommen? Und das andere: Die Art und Weise. Bin ich motiviert durch diesen Umgang? Gehe ich gerne hin? Und wenn man etwas mit Freude macht, dann macht man es auch besser. Das Eine ist der Stil und das Andere der Inhalt.

Und idealerweise kommt beides zusammen, dann wird es besonders gut." Eine gute Führungskraft sei also Fitschen zufolge Beides – sowohl aufgaben- als auch personenorientiert. Die Forschung hat allerdings gezeigt, dass viele Führungskräfte dies nicht unbedingt können. Manche kümmern sich eher erfolgreich um die Aufgaben und Ziele, andere erzielen Erfolge, weil sie auf die Bedürfnisse ihrer Mitarbeiter eingehen können und ihren Respekt haben.

Die Forschung hat außerdem gezeigt, dass nicht jeder Stil gleichermaßen in jeder Situation effektiv ist. Dies haben die sogenannten Kontingenztheorien postuliert und auch bestätigen können. Eine mögliche „Kontingenz", also Situationsabhängigkeit, ergibt sich zum Beispiel durch kulturelle Unterschiede. Hierzu sagt Fitschen, dass der respektvolle Umgang mit den Mitarbeitern „ein Universalprinzip ist. Es gilt in jeder Lebenslage, überall auf der Welt. Ich habe nie die Erfahrung gemacht, dass jemand sich motiviert fühlt, wenn er nicht mit Respekt behandelt wird."

Dies sei aber für ihn nicht immer so. Er sagt: „Und dann gibt es Dinge, die in verschiedenen Regionen anders aufgenommen werden. In manchen Ländern ist es beispielsweise völlig daneben, wenn Sie laut werden. Das ist auch eine Art des mangelnden Respekts, den Sie da zum Ausdruck bringen und gleichzeitig, in den Kulturen, in denen das sehr wichtig ist, zwingen Sie einen anderen dazu, sich zu schämen und das ist fatal."

Wie wichtig kulturelle Einflüsse sind, hat die GLOBE-Leadership-Studie gezeigt, in der mehr als 100 Wissenschaftler aus über 60 Ländern zwischen 1990 und 2000 über 18.000 Führungskräfte aus dem mittleren Management befragt haben. Die Ergebnisse zeigen, dass zum Beispiel in Frankreich die Aufgabenorientierung als besonders wichtig angesehen wird, während es in Brasilien eher die Mitarbeiterorientierung ist und in China erwartet man von guten Führungskräften wiederum beides, also klare Strukturen und gleichzeitig ein Beachten der Mitarbeiterbedürfnisse.

Für Deutschland hat dazu übrigens mein Kollege Felix Brodbeck von der LMU München die GLOBE-Ergebnisse so zusammengefasst „Leadership made in Germany: Low on compassion, high on performance." Das bedeutet, dass Führungskräfte in Deutschland zumindest in der Vergangenheit sehr erfolgreich waren, weil sie Leistung und Ziele (also die Aufgabenorientierung) in den Vordergrund stellten („tough on the issue"), gleichzeitig aber wenig mitarbeiterorientiert führten („tough on the person"). Während dies in den traditionellen strukturierten Industrien der vergangenen Jahrzehnte gut funktionierte, warnen Brodbeck und Kollegen allerdings davor, diesen Stil beizubehalten. Sie schlagen für moderne, serviceorientierte und teambasierte Unternehmen einen „Tough on the issue – soft on the person"-Stil als erfolgversprechender vor – ganz im Sinne Jürgen Fitschens.

7.12 Sabine Schmittroth – Bereichsvorstand Commerzbank AG

> **»**Wir Frauen sollten insgesamt mutiger werden.

In diesem Gespräch zeigt Sabine Schmittroth auf, wie sie sich im Unternehmen als Mentorin einsetzt, um junge Frauen auf Führungspositionen vorzubereiten. Dabei stellt sie offen da, dass Führen keine Sache des Könnens, sondern des Wollens ist. Sie erläutert darüber hinaus, welch wichtigen Impuls sie als Führungskraft durch firmeninterne und externe Kommunikationsrunden für die Teamentwicklung und Potenzialentfaltung setzt.

7.12.1 Biografie in Kürze

Sabine Schmittroth wurde 1965 in Bochum geboren, machte dort eine Ausbildung zur Bankkauffrau bei der Dresdner Bank und ist seit 1986 für die Dresdner Bank und nach der Fusion für die Commerzbank tätig. Sie war in verschiedenen Fachbereichen tätig, unter anderem war sie Ausbilderin und Trainerin, Personalbetreuerin, Leiterin der Wertpapierberatung in Frankfurt und Sprecherin der Geschäftsführung der Commerz Direktservice GmbH. Sie war Zentralbereichsleiterin für das Vertriebsmanagement und ist aktuell Bereichsvorstand für das Privatkundengeschäft. Damit gehört sie dem oberen Führungskreis der Commerzbank an. Sie ist seit 2011 Aufsichtsratsvorsitzende der Commerz Direktservice GmbH und seit 2012 Mitglied im Aufsichtsrat der Comdirect AG.

7.12.2 Interview

„Sehr geehrte Frau Schmittroth, haben Sie ganz herzlichen Dank, dass Sie uns unterstützen wollen. Sie haben ganz viel Erfahrung in verschiedenen Führungsfunktionen gemacht, wie beispielsweise bei der Dresdner Bank und der Commerzbank. Die Frage, die ich Ihnen als Erstes stellen möchte, ist: ‚Sind Sie der Meinung, dass wir Führung brauchen?'" Sabine Schmittroth beginnt das Gespräch mit einem Lächeln: „Ja, ich glaube, wir brauchen Führung immer dort, wo es gilt, Normen und Werte, die in der Unternehmenskultur vorgegeben sind, einzuhalten. Ich bin der festen Überzeugung, dass, wenn Führung nicht von außen organisiert wird, sie durch die Kultur des Unternehmens von sich heraus entsteht. Insofern, bezogen auf meinen beruflichen Kontext, kann ich mir ein Unternehmen ohne Führung gar nicht vorstellen." Wichtig sei es, fährt sie fort, sich die Frage zu stellen: „Welchen Wertebeitrag liefert Führung für die Mitarbeiter und das Unternehmen?" Spannend findet Sabine Schmittroth dabei den Unterschied zwischen dem Führungsbegriff und der Struktur im Unternehmen, wie beispielsweise der Hierarchie. Auf die anschließende Frage, ob sie selber Führung brauche, antwortet sie: „Ja, natürlich brauche ich sie", und fügt hinzu: „Es gibt allerdings Menschen, die sagen, dass ich nicht leicht zu führen bin, weil ich relativ viele Ansprüche aus meiner eigenen Führungswelt habe. Aber selbst ich als Führungskraft habe es gerne, wenn ich jemanden habe, der auf der einen Seite eine sichere Basis für mein Tun gibt und auf der anderen Seite die richtigen Forderungen an mich stellt, damit ich an meine Leistungsgrenzen komme und diese auch überspringen kann."

„Sie sind Mitglied im Präsidial- und im Risiko- und Prüfungsausschuss des Aufsichtsrats bei der Comdirekt AG", fahre ich fort: „Das heißt, ein kleines Gremium von sechs Personen ist in zwei Bereichen unterteilt. Ist das die übliche Struktur eines Aufsichtsrats oder ist das etwas Besonderes bei der Comdirekt AG?" Sabine Schmittroth erklärt: „Also, das finden Sie vor allem in größeren Unternehmen. Je größer die Gesellschaft, umso höher die Anforderung an die Governance-Struktur des Aufsichtsrats. Es gibt viele gesetzliche Vorschriften für das Gründen eines Aufsichtsrats. Wir folgen letztendlich den gesetzlichen Richtlinien." Was die verschiedenen Unterteilungen beträfe, fügt sie hinzu: „Inhaltlich ist es so, dass Kollegen unterschiedliche Kernkompetenzen haben. Innerhalb des Aufsichtsrats konstituiert sich deshalb diese Arbeitsteilung. Gemäß seinen Kernkompetenzen kann jeder in seinem fachlichen Bereich Input zu bestimmten Themen noch intensiver bringen, sodass gerade bei einem Prüfungsausschuss die gesamte Risikosituation der AG tiefer betrachtet werden kann." Wichtig ist für Frau Schmittroth, dass nicht nur ihre Kollegen im Aufsichtsrat, sondern auch Mitarbeiter des gesamten Unternehmens, die Möglichkeit erhalten, ihre Stärken am Arbeitsplatz einzubringen. Am Beispiel der Aufsichtsratsstruktur bei der Comdirekt AG erklärt sie, wie das Unternehmen Potenziale aufbaut, in dem die Arbeitsfunktion der Kompetenz des jeweiligen Mitglieds angepasst sei.

Im Hinblick auf ihre mehrfachen Führungsfunktionen interessiert mich als Nächstes, wie Sabine Schmittroth diese verschiedenen Funktionen im Alltag bewältigt. „Ich denke, dass gute Selbstführung der springende Punkt ist", antwortet sie und fährt fort: „Aufsichtsratstermine kommen genauso wenig überraschend wie Weihnachten oder Ostern. Man weiß, wann sie sind. Insofern ist das eine Frage des Vorausplanens: ‚Wie viel Zeit muss ich mir in der Woche nehmen und wie viel von meinem Wochenende persönlich einräumen?'" Sich Zeit für sorgfältige Planung zu nehmen, ist für Frau Schmittroth eine wichtige Aufgabe einer Führungskraft im Aufsichtsrat, die so nicht auf dem Papier stehe. „Dieses Amt ist sehr ernst zu nehmen, denn dort werden wichtige Entscheidungen getroffen. Es ist also auch eine Frage von Verantwortung und wie ich mir als Führungskraft Zeit dafür nehme." Die Selbstführung, vermerkt sie, trage im Endeffekt dazu bei, dass Aufsichtsratssitzungen effektiv genutzt werden könnten. „Für den Austausch sowie die Rück- und Vorabsprachen ist die Vorbereitung entscheidend. Dann sind wir meist in zwei Stunden mit der Aufsichtsratssitzung fertig. Es kommt natürlich auf die Komplexität der Fragestellungen an. Wir würden auch den ganzen Tag für ein Thema investieren, wenn es besonders herausfordernd ist."

Im Gespräch komme ich nun auf die persönliche Führung von Sabine Schmittroth zurück. „Wie führen Sie persönlich, wenn Sie morgens ins Büro kommen?" Jeden Morgen, so erzählt sie, denke sie kurz über ihre eigene Stimmung nach: Wie bin ich drauf und wie wird dieser Tag? Was kommt auf mich zu? „Ich habe in der Vergangenheit nämlich erlebt, dass das durchaus relevant ist. Es macht einen Unterschied, ob ich strahle und alle fröhlich begrüße oder ob ich, was ich nie tue, stillschweigend in mein Büro gehe und die Tür hinter mir schließe." Sie fährt fort: „Es ist wichtig, sich darüber bewusst zu sein, dass man durch seine eigene Laune und Präsenz die Stimmung am Arbeitsplatz beeinflusst. Ich bin grundsätzlich ein fröhlicher Mensch und somit fällt mir es leicht, diese Fröhlichkeit auch mit meinen Mitarbeitern zu teilen." Die gemeinsamen wöchentlichen Meetings beginnt Sabine Schmittroth deshalb mit einem persönlichen Kontakt: „Meine Mitarbeiterinnen und Mitarbeiter sind über viele Stockwerke verteilt, sodass ich es tatsächlich nicht schaffe, morgens jeden zu begrüßen. Stattdessen versuche ich mir im Laufe des Tages Zeit zu nehmen, an den Arbeitsplätzen herum zu gehen, damit ich beim Wertschätzen ihrer Arbeit näher dran bin."

Die Gestaltung einer gesunden Unternehmenskultur, wie sie Sabine Schmittroth durch ihren Ansatz der Mitarbeiterführung ansteuert, ist eine ihrer herausforderndsten Führungsaufgaben. Die intensive und regelmäßige Kommunikation mit ihren Mitarbeitern ermöglicht ihr somit, die Kernbotschaften in das Team hineinzutragen. Wichtig ist auch, so Keller und Price (2011), dass die Führungskraft ihr persönliches Erlebnis und ihre Ziele für die Entwicklung der Unternehmenskultur mit den Mitarbeitern teilt. Die Anerkennung der Führungskraft für ihre Mitarbeiter wird durch das ehrliche Interesse an ihren Meinungen und ihrer Teilnahme des

Gesprächs sichtbar und fördert eine starke Teamorientierung unter den Mitarbeitern (Felfe und van Dick, 2016). Aus diesem Grund versucht Sabine Schmittroth in ihrer persönlichen Führung individuelle Beziehungen zu ihren Mitarbeitern aufzubauen. „Um ein Team gut führen zu können, muss man auch ein wertvolles Verhältnis zum einzelnen Mitarbeiter aufbauen, um seine Potenziale gut einschätzen und ihm individuelles Feedback geben zu können."

Das Team spielt für Frau Schmittroth in ihrer Führungsaufgabe eine entscheidende Rolle. „Ich glaube fest an die Kraft des Teams und schaue, dass ich es als Führungskraft immer wieder schaffe, Veranstaltungen zu organisieren, wo meine Mitarbeiter sich im Team erleben, sich gegenseitig unterstützen und voneinander lernen." Diese Events, so erzählt sie, seien inhaltlich eine Mischung aus Weiterkommen, Feedback und Arbeitsinteraktion, aber vor allem, „etwas Gemeinsames, wo wir Spaß haben". Sie habe beispielsweise mit ihren Kollegen einen künstlerischen Event erlebt. „Wir haben zusammen gemalt, um etwas anderes zu tun und unserer Kreativität freien Lauf zu lassen." Sabine Schmittroth schmunzelt: „Es ist für eine Bank vielleicht nicht ganz üblich, sich mit einem Künstler zu treffen. Aber wir haben daraus Ableitungen für unsere tägliche Arbeit getroffen: ‚Wie haben wir etwas zusammen erlebt? Wie haben wir uns gegenseitig unterstützt? Was ist auf dem Papier gelandet? Haben wir etwas zusammen kreieren können? Was war daran leicht und was war schwer?'" Die Eindrücke, die sie beim Malen gewonnen habe, haben sich gut in ihren Arbeitsalltag integrieren lassen, erklärt sie. Ebenso lege sie Wert auf wöchentliche Meetings, die ein wichtiger Teil ihres Alltags als Führungskraft seien. In gemeinsamen Runden würden die Zahlen der Woche besprochen, Briefings aus wichtigen Sitzungen gegeben und relevante Aufträge diskutiert. „Ich versuche das alle zwei Tage zu organisieren. Dann endet man vor dem Wochenende mit einer sogenannten Freitagsrunde, wo wir eine Art Vernetzung schaffen, indem wir alle einladen, von ihrer Woche zu erzählen; auf was sie stolz sind und wo sie eventuell Herausforderungen erlebt haben. Dann wird beispielsweise erzählt, was diese Woche Bemerkenswertes passiert ist, damit sich alle mitfreuen können. Das schafft letztendlich ein Teamgefühl für die ganze nächste Woche. Darüber hinaus treffen wir uns in monatlichen Abteilungssitzungen, die nicht nur fachlich geprägt sind, sondern durchaus Führungsaspekte und das gemeinsame Erleben am Arbeitsplatz innehaben. Das lässt ein starkes Zusammengehörigkeitsgefühl entstehen." Diese regelmäßigen Meetings, so erzählt sie, gäben ihr die Möglichkeit bei relativ großen Führungsspannen die Menschen häufig zu sehen und Erfolge oder auftretende Probleme in ihrer Arbeit rechtzeitig zu erkennen. Frau Schmittroth beschreibt damit sehr gut einen neuen, identitätsbasierten Führungsansatz, der in der aktuellen Wissenschaft als effektiv beschrieben wird (Haslam, Reicher und Platow, 2010, siehe für eine kurze deutsche Zusammenfassung: van Dick, 2015). Wenn die Führungskraft die Identität des Teams aktiv gestaltet und dem Team Möglichkeiten gibt, sich als Team zu erleben, sind die Mitarbeiter zufriedener und leisten mehr. In einer ganz aktuellen Studie konnten wir zeigen, dass dieses Identitätsmanagement in 20 Ländern auf allen sechs Kontinenten als gute Führung angesehen wird (van Dick et al., im Druck).

In meiner nächsten Frage komme ich mit Sabine Schmittroth auf ihre Entwicklung in der Führung zu sprechen. „Sie sind Mitglied in zwei verschiedenen Aufsichtsräten, bei einem sogar Vorsitzende des Aufsichtsrats. Wie sind Sie in diese Führungsaufgabe gewachsen – gab es beispielsweise Trainings und Ausbildungen für Aufsichtsräte?" Sabine Schmittroth antwortet: „Sowohl als auch. Ich wurde für meine Rolle als Aufsichtsratsvorsitzende qualifiziert. Ich habe die Chance erhalten, externe Seminare zu machen und habe jede Menge Ratgeber sowohl innerhalb des Konzerns, die selbst ein Mandat bekleidet haben, als auch externe Kollegen. Natürlich gehört auch das Team innerhalb des Aufsichtsrats dazu." Als Mitglied des Aufsichtsrats erlebe sie die Bedeutung einer vertrauensvollen und konstruktiven Debatte. „In einem Aufsichtsratsteam ist das Thema Vertrauen sehr relevant, damit man Kritik vertraut äußern kann und sie dann auch im wohlverstandenen Sinne adressiert und verwendet wird. Es geht ja hier darum, dass das Aufsichtsratsteam einen gemeinsamen Blick erarbeitet und zu einem geschlossenen Rat des Gremiums kommt."

„Sind Sie also der Meinung, dass jeder Führung lernen kann?" Sabine Schmittroth nickt zustimmend: „Ich glaube, eine Anlage gibt es sicherlich, die früh feststellbar ist. Allerdings denke ich, dass die wesentliche Frage nicht ist, ‚kann ich es lernen', sondern, ‚habe ich Lust, Verantwortung zu übernehmen?'" So erzählt sie: „Ich habe mich beispielsweise, ohne groß darüber nachzudenken, immer zur Wahl der Klassensprecherin gemeldet. Das bin ich danach auch geworden, bis hin zur stellvertretenden Schulsprecherin. Also ich habe immer Freude daran gehabt, Verantwortung für Gruppen zu übernehmen." Diese Leidenschaft hat sie über die Bank professionalisiert. „Ich hatte damals die Chance, eine Trainer- und Ausbilderausbildung in der Bank zu absolvieren. Das ist eine kommunikationspsychologische Ausbildung, die sehr intensiv war. Dort habe ich eine Menge über Gruppendynamik gelernt." Dieses Wissen habe sie in den Jahrzehnten danach vertieft, indem sie Zusatzausbildungen absolvierte, die der Grundstein für ihre Vorbereitung als Führungskraft waren. „Damals war ich noch keine Führungskraft. Mit dieser Ansammlung von Wissen habe ich gemerkt, dass es mir immer schwerer fiel, Führungskräfte zu akzeptieren, bei denen ich mir gedacht habe: Das könnte man auch anders machen. Insofern habe ich danach gestrebt, selbst Führungskraft werden zu können, um all das, was ich an Theorie in meinem Rucksack mitführte, auch wirklich selbst machen zu können." Sie fährt fort: „Und diese Möglichkeit habe ich dann von der Bank bekommen. Meine Führung fing bei der Gruppenleitung an und hatte dann Schritt für Schritt mehr Verantwortung inne. Wenn man mich also fragt, ob ich Führung gelernt habe, würde ich das klar bejahen." Sie habe größere Projekte meist in einem Zeitraum von drei Jahren implementiert und ihren Erfolg in der Führung analysiert. „Somit war es nicht die superschnelle Karriere", erklärt sie, „sondern es war meine ganz persönliche Art zu führen, nämlich mit der Vision, ‚Nachhaltigkeit im Unternehmen zu schaffen.'" Dieser Step-by-step-Weg der Karriere habe sie dadurch optimal auf künftige Führungspositionen vorbereitet, die mehr Verantwortung als Fachkraft und als Persönlichkeit gefordert haben.

„Sie haben Zusatzausbildungen gemacht, zum Beispiel an der European Business School oder am International Institute for Management Development. Sind das Standardprogramme, durch die die Geschäftsführer oder Abteilungsleiter, die Sie selbst führen, auch gegangen sind?" Zusatzausbildungen, erfahre ich, seien leider nicht als Standardprogramm eingeführt worden. „Ich habe das mit meinem privaten Geld bezahlt. Das ist eine persönliche Entscheidung gewesen, in meine Kompetenzen auf dem Gebiet der Führung zu investieren. Es hat weder Zeit noch Geld vom Arbeitgeber gefordert, aber war mir so wichtig, dass ich das nicht von dem Votum eines Vorgesetzten abhängig machen wollte." Andererseits, erklärt sie, gäbe es auch spezielle Förderungsprogramme, die vom Unternehmen organisiert seien. „Man kann als Mitarbeiter auf seinem Entwicklungsweg Bildung in Anspruch nehmen. Wir haben ein großes Angebot, je nach Führungsebenen und Funktionen. Natürlich stellt das Unternehmen auch das zeitliche Investment und die finanzielle Unterstützung bereit." Sie fährt fort: „Allerdings ist das kein Standard im Unternehmen, es ist keine Verpflichtung und bleibt am Ende des Tages die Entscheidung des Einzelnen. Da sind wir, denke ich, wieder bei dem Thema Lust an der Führung."

Daraufhin frage ich: „Als Führungskraft würde man sich vielleicht oft aufteilen und an verschiedenen Orten gleichzeitig sein wollen. Wie bekommt man denn die Zeit freigeschaufelt, für solche Weiterbildungskurse?" Sabine Schmittroth antwortet: „Ich vertrete die Auffassung, dass es unbestritten wichtig ist, sich Zeit für die Bildung zu nehmen. Ich spüre durchaus den Druck und die Verantwortung bei meinen Mitarbeitern, die Dinge fertig zu

7 Wirtschaft 233

bekommen und lieferfähig zu sein. Das geht mir genauso. Ihnen sage ich dann immer wieder: ‚Geh dort hin, du wirst danach besser, schneller und effektiver arbeiten können.'" Für sie sei die Bildung ein wichtiges Investment in die Zeit und die Förderung der eigenen Fähigkeiten. „Ich nenne oft die Geschichte des Waldarbeiters, der mühsam die Bäume mit einer stumpfen Säge versucht zu fällen. Wenn er gefragt wird, warum er das macht, antwortet er: ‚Ich habe keine Zeit, die Säge zu schärfen.' Das ist für mich eine Geschichte, mit der ich meinen Mitarbeitern die Bedeutung von diesen bildungsfördernden Seminaren und Kursen erkläre. Ich sage dann immer: ‚Investiert 3–5 Tage in eure eigene Weiterbildung, danach werdet ihr an die alten Aufgaben mit neuem Elan und Können herangehen.'" Mit einem Lächeln fügt sie hinzu: „Also ich glaube, wo ein Wille ist, findet sich auch die Zeit, um die Säge zu schärfen."

„Ich glaube, Führung geht auch oft schief, wenn Führungskräfte nicht genügend Zeit und Freude in ihre eigene Entwicklung stecken", fährt sie fort. „Als Führungskraft muss man sich fragen, ob man dem eigenen Anspruch gerecht wird. Viele verdrängen Weiterbildungskurse, weil andere Aufgaben ihnen im Genick sitzen. Man hört immer wieder die Aussage: ‚Ich habe nicht genug Zeit, weil… ' Das sind immer dieselben Erklärungs-und Entschuldigungsmuster." Diese Verhaltensmuster, erklärt sie, hätten in erster Linie mit den Prioritäten des Einzelnen zu tun. „Wenig Zeit hat jeder. Wie man die Prioritäten setzt, das macht den Unterschied." In ihrer Führung versucht Sabine Schmittroth deshalb mit gutem Beispiel voranzugehen und sich für die Weiterbildung regelmäßig Zeit zu nehmen. „Ich hoffe, dass meine Mitarbeiter ein gutes Vorbild haben und somit eine Kettenreaktion entstehen kann."

Zusätzlich zu den Weiterbildungskursen, erzählt sie: „Ich habe auch tolle Chefs gehabt, die mich in meiner Führungsfunktion gefördert haben. Man braucht Menschen, die an einen glauben und die eigene Fähigkeit und Freude, an dem was man tut, sehen." Diese Personen seien wichtig, meint sie, weil sie sogenannte ‚Brücken' bei Herausforderungen bauen. „Ich hatte Förderer, die mir in meiner Laufbahn Schritte bei schwierigen Situationen überbrückten. Insofern sind die verantwortungsvollen Bereiche, die ich jetzt führe, nicht zufällig entstanden. Man braucht ein Netzwerk von Menschen, die einen unterstützen."

Sabine Schmittroth habe auch außerhalb ihres beruflichen Kontexts Führung erlebt. „Ich denke immer mal wieder an einen Bergführer zurück, der mich und andere in einer Wandergruppe geführt hat. Von diesem Erlebnis kann ich viel auf meine tägliche Arbeit übertragen. Das war jemand, der mich sehr fasziniert hat, indem er die Leidenschaft für die Natur und die Berge ausgestrahlt hat. Diese Leidenschaft finde ich sehr wichtig am Arbeitsplatz. Das muss man unter den Mitarbeitern wecken, so wie es der Bergführer bei unserer Wandergruppe geschafft hat. Er kannte die Fähigkeit des Einzelnen und hat dafür gesorgt, dass alle notwendigen Ausrüstungsgegenstände bereit lagen. Er hatte einen klaren Plan vor Augen, wo es hingehen sollte, aber in der Anstrengung nicht vergessen, auf die Vögel zu hören und das zu sehen, was in seinem Umfeld geschah." Sie fährt fort: „Das sind für mich bescheidene Menschen, die aber alles an Führung in sich vereinen und die es schaffen, eine Gruppe auf einen Berg zu führen, die wahrscheinlich noch Jahrzehnte danach an diesen Moment und dieses Erlebnis denkt." Diese Botschaften in ihrer eigenen Führung zu vermitteln, meint sie, könne sie nur durch Erlebnisse, wie beispielsweise in gemeinsamen Events. „Es nützt nichts, wenn man das in einem Lehrbuch liest oder es einem erzählt wird. Die Mitarbeiter müssen das selbst erleben."

Zum Schluss bin ich gespannt, was Sabine Schmittroth mir über ihre Rolle als Frau im Unternehmen erzählen kann. „Sie sind eine der wenigen Frauen, die es im Banking zu einer so hohen Führungsposition geschafft haben. Wie stehen Sie zum Thema Frauen in der Führung? Denken Sie, dass Frauen und Männer unterschiedlich führen?" Sie antwortet: „Uns Frauen wird häufig zugeschrieben, dass uns gerade die emotionale Intelligenz leichter fällt als den männlichen Kollegen. Ich würde das nicht in so eine Schwarz-Weiß-Kategorie legen. Ich habe sehr viele männliche Kollegen, die ich genauso in ihrer emotionalen Intelligenz schätze." Allerdings seien Frauen in Führungsspitzenpositionen noch viel zu wenig vertreten, erklärt sie, weshalb Sie sich persönlich um den Frauennachwuchs in ihrem Unternehmen kümmere. „Ich schaue auf die jungen Damen, die nachwachsen und erlebe immer wieder, dass diese sich vorsichtig herantasten, nach dem Motto: ‚Kann ich das? Kann ich dem gerecht werden?'" Die jungen, männlichen Nachwuchskräfte beschreibt sie als selbstbewusster. Sabine Schmittroth sieht in ihrer weiblichen Führungsfunktion im Unternehmen die zusätzliche Aufgabe, junge Frauen zu ermutigen, „damit sie ihren Weg, so wie ich meinen gegangen bin, Schritt für Schritt gehen können und lernen, sich und ihren Fähigkeiten mehr zuzutrauen." Vor allem kümmert sich Frau Schmittroth um das Netzwerk von Frauen, die Lust darauf haben, in der Zukunft zu führen. „Ich schaue insbesondere darauf, Frauen auf Gespräche vorzubereiten. Ich versuche als Mentorin im Unternehmen unterwegs zu sein und schaue, wo es mir möglich ist, meinen Einfluss als Frau wirklich geltend zu machen." Frauen in die Führung zu verhelfen, sagt sie, sei keine Sache des Könnens, sondern des Wollens. „Es ist eine Frage, welche Ziele im Unternehmen wichtig sind. Wenn man sich gemeinsam für das Ziel ‚Frauen im Unternehmen' einsetzt, kann man eine Menge schaffen."

7.13 Stephan Reimelt – CEO, General Electric Power Conversion

»Führung ist eine Werkzeugkiste!

> Das „Full range model" der Führung reicht vom Nichtstun bis hin zur Entwicklung und Kommunikation von Visionen – Stephan Reimelt vergleicht dieses Modell mit einem Werkzeugkasten, den die Führungskraft zur Verfügung hat. Welches Werkzeug sie dann benutzt, hängt von den Umständen ab – wissenschaftlich bezeichnet als Kontingenztheorien. Reimelt beschreibt außerdem die wichtige Rolle von Werten für Unternehmen und spricht über Kulturunterschiede zwischen Deutschland und den USA.

7.13.1 Biografie in Kürze

Stephan Reimelt, geboren 1967, ist CEO des Geschäftsbereichs General Electric (GE) Power Conversion. Seit 2016 arbeitet er in Paris am Hauptsitz des Unternehmens und ist Präsident von GE in Deutschland und Österreich. Als CEO und Präsident von GE Europe führte er 2015 die Geschäfte von GE in Europa. 2011 war er außerdem für das Energieportfolio von GE in Deutschland zuständig und leitete die Reorganisation der Geschäftsbereiche Energy Management, Power & Water und Oil & Gas. Stephan Reimelt studierte Wirtschaftsingenieurwesen an der Technischen Universität in Berlin, wo er später auch promovierte und seit 2001 unterrichtet. GE wurde 1980 von Thomas Alva Edison gegründet und ist heutzutage, mit über 300.000 Mitarbeitern, weltweit einer der größten Technologiekonzerne. 1896 gehörte GE zu einem der zwölf Unternehmen, die den damals eingeführten Dow-Jones-Index bildeten und es ist das einzige Unternehmen, das sich bis heute dort gehalten hat. In Deutschland ist GE an über 50 Standorten vertreten und beschäftigt über 7.000 Mitarbeiter.

7.13.2 Interview

Ich lernte Stephan Reimelt auf einer Veranstaltung kennen und schnell war er zu einem Gespräch bereit. Die Atmosphäre während des Interviews im höchsten Stock des GE-Gebäudes mit Blick auf die Frankfurter Skyline war sehr entspannt und er nahm sich viel Zeit für uns.

Auf meine Frage, ob er selbst in der Führungsetage noch Führung bräuchte, kam ein klares „Ja" und er meinte, Führung sei auf allen Ebenen eines Unternehmens wichtig. Gerade auch auf den höheren Etagen sei Führung anhand von Visionen und Zielen wichtig und diese würde dann an die Mitarbeiter weitergegeben und so nach unten durch das ganze Unternehmen kaskadieren. Ihm stehe als Mitglied der Führungsspitze jederzeit die Tür zu Jeff Immelt (seit 2001 CEO von GE und Nachfolger des legendären Jack Welch) offen. Er würde ihn auch immer auf seinen Europareisen begleiten und käme dabei häufig in den Genuss mit ihm zusammen zu sein.

Zu guter Führung gehört nach Reimelt immer auch eine Verankerung in Werten und in der Firmenkultur dazu, aber auch, dass sie Einfluss nehme und dieser auch messbar sein müsse. Es ist interessant, dass er Werte als allerersten Faktor für gute Führung nennt. Wertebasierte Führung wird wissenschaftlich seit einigen Jahren diskutiert als „value-based leadership". Dazu gehören authentische Führung, ethische Führung und zum Teil auch transformationale Führung. Im engeren Sinne von wertebasierter Führung, sagt der niederländische Psychologe Daan van Knippenberg, dass es die wichtigste Aufgabe von Führungskräften sei, den Mitarbeitern klar zu machen, für welche Werte das Unternehmen stehen würde und dass man dadurch die Menschen am besten motivieren könne. Reimelt kommt darauf auch später noch einmal zurück, indem er sagt, dass Führung bei GE nicht nur bedeutet, jährlich eine Milliarde Dollar für die Weiterbildung der Mitarbeiter zu investieren, sondern dass es vor allem in dem Vorleben der Werte bestünde, die man in allen Gängen sehen könne. Er sagt: „Wir sind gerade in einem Umbruch der GE-Werte und das ist eine sehr gute Möglichkeit, den Mitarbeitern zu erklären, wofür wir stehen, was wir weiter haben wollen und wie wir miteinander umgehen."

Gegen Ende des Gesprächs kommt er noch einmal auf das Thema zurück und sagt: „Das werden Sie hier an vielen Wänden und nicht nur an den Wänden sehen, wir leben danach und beurteilen unsere Mitarbeiter auch anhand dieser Werte. Wir sind der Meinung: Durch die Werte vermeiden wir auch Skandale, Schiffbruch, Fehlverhalten. Es braucht auch ein bisschen, bis die Mitarbeiter sich damit identifizieren. Das ist einer der großen Erfolgsfaktoren von General Electric, dass wir gigantische Summen in die Mitarbeiterweiterbildung und -ausbildung investieren, um sie eben sensibel zu machen für viele dieser Werte."

Ich fragte ihn dann, was er von Jack Welchs Prinzip halte, bei dem die Zielerreichung bei allen genau gemessen wurde und in jedem Jahr die 10% der Mitarbeiter mit der geringsten Zielerreichung entlassen wurden. Er antwortete darauf: „Natürlich, gute Führung ist kein Kuschelkurs, sondern gute Führung ist ausgerichtet an den Zielen, die das Unternehmen und die Shareholder und die Kunden definieren und das Erreichen dieser Ziele ist relativ einfach messbar, zum Beispiel durch Kundenzufriedenheit, Auftragseingang oder Profitabilität des Unternehmens. Aber das Entscheidende dabei ist, dass es sich immer verändert. Wir haben heute ganz andere Anforderungen als vor 15 Jahren unter Jack Welch. Viele dieser Werkzeuge und viele dieser Prozesse haben sich nicht verändert. Das Wesentliche, was wir beim Thema Mitarbeiterführung tun ist, dass wir darauf bestehen, dass jeder Mitarbeiter einen Anspruch hat, zweimal im Jahr mit seinem Vorgesetzten ein Führungsgespräch, ein Mitarbeitergespräch zu führen …. Dieses sehr rigide Thema, dass die Underperformer aussortiert werden, das sehen wir heute anders. Ich glaube, da sind wir heute entspannter. Wenn jemand seine Leistung nicht bringt, ist er vielleicht am falschen Platz, in der falschen Firma, mit der falschen Aufgabenstellung betraut. Aber am Ende des Tages wollen wir sicherstellen, dass der Mitarbeiter sich wohlfühlt und seine Leistung bringen kann und da spielen viele Sachen eine Rolle, ganz besonders, dass Mitarbeiter auch klar definierte Ziele haben."

Werte spielen also bei GE eine ganz zentrale Rolle in der Mitarbeiterführung. Sie werden dabei nicht nur als Lippenbekenntnisse in Hochglanzbroschüren erwähnt, sondern auch ganz praktisch. In den vergangenen Jahren wurden in diesem Zusammenhang wissenschaftlich vor allem die authentische und die ethische Führung untersucht. Authentische Führungskräfte wissen erstens selbst gut über ihre Stärken und Schwächen, sie haben moralische Werthaltungen verinnerlicht und sind in Interaktionen mit ihren Mitarbeitern transparent und ehrlich. Studien haben gezeigt, dass eine solche Führung positive Auswirkungen auf die Bindung der Mitarbeiter an ihr Unternehmen, auf ihre Zufriedenheit und ihre Leistung hat. Auf der Ebene des Topmanagements hängt authentische Führung auch mit harten Kennzahlen des Unternehmenserfolgs zusammen. In ähnlicher Weise wird seit einiger Zeit auch ethische Führung diskutiert. Auch diese setzt sich zusammen aus einem Führungsstil, in dem moralisch korrekte Werthaltungen zentral sind und diese den Mitarbeitern vorgelebt werden, sodass diese erkennen, was ethisch korrekt ist – und was nicht!

Auf die Frage, wie er selbst führen würde, sagte Reimelt: „Das müssen Sie sich so vorstellen wie eine große Werkzeugkiste. Wenn Sie die aufmachen, haben Sie unterschiedliche Werkzeuge und sehr situativ müssen Sie lernen, diese Werkzeuge einzusetzen. Dabei gibt es den großen Hammer und dabei gibt es den ganz kleinen, feinen Schraubenzieher. Sie müssen heute als Führungskraft in der Lage sein, diesen ganzen Werkzeugkasten bedienen zu können, denn es gibt nicht einen Führungsstil, es gibt nicht ein Werkzeug, sondern es gibt eine Fülle, die der Situation entsprechend angepasst eingesetzt werden muss."

Hier gibt Reimelt eine sehr schöne Metapher für das sogenannte „full range model of leadership", also das „Komplettpaket der Führung", und gleichzeitig für die praktische Bedeutsamkeit der wissenschaftlich als Kontinggenztheorien bezeichneten situationalen Angemessenheit von Führung. Das „full range model of leadership" ordnet mögliche Verhaltensweisen von Führung auf zwei Dimensionen an. Diese Dimensionen sind einmal aktiv-passiv, zum anderen ineffektiv-effektiv. Passiv und ineffektiv ist die Laissez-Faire-Führung, bei der die Führungskräfte eigentlich gar nichts tun, sondern die Mitarbeiter allein (machen) lassen. Etwas aktiver, aber immer noch weitgehend ineffektiv ist das „management by objection". Hier greift die Führungskraft nur ein, wenn es zu Problemen kommt. An der Grenze zwischen aktiv und passiv und ineffektiv-effektiv steht die transaktionale Führung. Hier gibt die Führungskraft die Ziele vor, gibt Rückmeldung zum Stand der Zielerreichung und belohnt gutes und bestraft schlechtes Verhalten. Dieses Regelverhalten von Führungskräften wird manchmal auch als Management bezeichnet, es ist der tägliche „Job" der Führungskraft und ist oft ausreichend und effektiv. Wenn es aber Krisen gibt, zum Beispiel weil sich gesetzliche Bedingungen oder die Mitarbeiter oder der Wettbewerb ändern, braucht es etwas mehr. Die höchste Stufe des Modells ist daher die transformationale Führung. Hier gehen die Führungskräfte auf die individuellen Bedürfnisse der Mitarbeiter ein und sie motivieren, indem sie inspirieren und Visionen für die Organisation verkörpern.

Reimelt beschreibt diese unterschiedlichen Stile mit seiner Werkzeugkiste ganz schön. Es reicht aber nicht, die Werkzeuge zu haben, sondern man muss auch wissen, wann welches Werkzeug das Beste ist. Dies wird wissenschaftlich mit Kontingenz beschrieben. Eine wichtige Kontingenztheorie ist die von Fred Fiedler. Hiernach ist zum Beispiel ein mitarbeiterorientierter Führungsstil immer dann gut, wenn die Aufgabenklarheit, die Positionsmacht und die Beziehungen zwischen Mitarbeitern und Führungskraft in Kombination weder besonders stark noch besonders schwach ausgeprägt sind. Ist dies der Fall, ist ein aufgabenorientierter Führungsstil erfolgreicher.

Schließlich interessierte mich im Gespräch noch, ob Stephan Reimelt bei GE eine andere Kultur wahrnehmen würde, als bei deutschen Unternehmen. Bei GE würde man sich überall duzen und das GE nicht nur in dieser Hinsicht ein sehr amerikanisches Unternehmen sei. Er sagt: „Die Values, die GE von uns einfordert, sind sicher andere, als sie in einem klassischen deutschen Unternehmen gelten würden. Das erste Jahr war für mich wirklich sehr anstrengend, ich musste mich auf diese Kultur auch einlassen. Das hat viel mit Reflexion zu tun: Geht das hier? Funktioniert das? Sind die Werkzeuge, die sie in der Werkzeugkiste finden die richtigen? Sie fangen an, eine ganze Menge auszuprobieren und stellen fest: ,Hey, der Hammer ist nicht immer das richtige Tool … '. Auch die Ansprache, die wir gewohnt sind, ist anders. … In den Unternehmen, in denen ich vorher gearbeitet habe, da sind wir uns auch mal an die Gurgel gegangen, aber man hat sich dann abends beim Bier trinken doch wieder zusammengerauft und hat gesagt, ,Hey, es ging um die Sache'. Das ist in amerikanischen Konzernen sehr anders. Das Biertrinken fällt weg, aber auch das „An-die-Gurgel-gehen". Auch die Geschwindigkeit ist eine deutlich andere. Das Warten, es kann doch vielleicht besser werden, diese Einstellung gibt es bei uns nicht. Wenn es ein Problem gibt, wird das Problem adressiert und das Problem wird gelöst, bevor es dich richtig trifft. Wir reagieren, wenn da hinten die Wolke kommt und wenn die Wolke über uns ist, haben wir restrukturiert. Das habe ich in vielen Unternehmen, in denen ich vorher gearbeitet habe, vermisst."

Die Ergebnisse der GLOBE-Leadership-Studie, in der 18.000 Personen aus über 60 Ländern befragt wurden, unterstützt diese Sichtweise. Deutschland gehört danach (mit Österreich, der Schweiz und den Niederlanden) in das Cluster „Germanic Europe", GE als US-amerikanisches Unternehmen in das Anglo-Cluster (dieses besteht aus den Ländern Australien, Kanada, England, Irland, Neuseeland, Südafrika und den USA). Einer der Unterschiede zwischen den Clustern ist die sogenannte humane Orientierung, die im Anglo-Cluster sehr viel höher ausgeprägt ist als im Germanic-Cluster. Diese Orientierung beschreibt, wie sehr Individuen wertgeschätzt werden, ermuntert werden, sich anderen gegenüber fair und hilfsbereit zu verhalten und es toleriert wird, dass Fehler begangen werden.

8

Wissenschaft

Inhaltsverzeichnis

8.1 Frederick P. Morgeson – Professor für Management an der
Michigan State University, USA.. 241

8.2 Michael West – Professor für Arbeits- und Organisationspsychologie
an der Lancaster University, England... 247

8.3 Alice Eagly – Professor für Arbeits- und Organisationspsychologie
an der Northwestern University, USA.. 253

8.4 Roy Baumeister – Professor für Sozialpsychologie an der
University of Queensland, USA.. 257

8.1 Frederick P. Morgeson – Professor für Management an der Michigan State University, USA

» Es ist wichtig, sich als Führungskraft bewusst zu sein, dass die Gesellschaft dem Unternehmen das Recht gibt, zu handeln und zu wirtschaften – wenn Unternehmen sich nicht an ethische Vereinbarungen halten, wird dieses Vertrauen verletzt.

© Springer-Verlag GmbH Deutschland, ein Teil von Springer Nature 2019
R. van Dick, L. Fink, *Führungsstile: Prominenten und Persönlichkeiten über die Schulter geschaut*,
https://doi.org/10.1007/978-3-662-53321-5_8

In diesem Gespräch zeigt Frederick Morgeson auf, dass Manager und Führungskräfte täglich eine Vielzahl von Erfahrungen machen, sich aber oft nicht die Zeit nehmen, daraus Konsequenzen für ihr Verhalten zu ziehen. Deshalb rät er angehenden Führungskräften zu regelmäßiger Selbstreflexion über eigene Werte und eigenes Verhalten. In den persönlichen Werten sieht er die Ressource für den individuellen Erfolg in der Führung.

8.1.1 Biografie in Kürze

Frederick Morgeson ist Professor für Management am ELI Broad College of Business an der Michigan State University, USA. Er promovierte in Industrial and Organisational Psychology an der Purdue University, USA. Frederick Morgeson ist als Lehrkraft und Wissenschaftler in den Bereichen Human Ressource Management und Organisationspsychologie tätig. Sein Forschungsinteresse liegt bei den Themen Führung, Rahmenbedingungen des Arbeitsplatzes, der Effektivität und den Konsequenzen bestimmter Strategien in der Personalauswahl. Morgeson ist Herausgeber des Journals „Personnel Psychology". 2015 erhielt er den Distinguished Scientific Award der American Psychological Association für seine Forschung in der angewandten Psychologie. Er arbeitete als Manager für ein Aufnahmestudio in Detroit und war des Weiteren in einer Reihe von Consulting-Projekten involviert, in denen er für verschiedene Organisationen in den Bereichen Jobanalyse, Arbeitsdesign, Personalauswahl, Führungsentwicklung, Entlohnung und organisatorische Bewertung tätig war.

8.1.2 Interview

„Sehr geehrter Herr Prof. Morgeson, Sie haben viel zum Thema Führung geforscht. Heute wollen wir wissen, was Ihre ganz persönlichen Erfahrungen mit Führung sind. Zu Beginn unseres Gesprächs würde ich Sie deshalb gerne fragen, wie wichtig Sie Führung erlebt haben – brauchen wir überhaupt Führung?" Frederick Morgeson antwortet: „Wissen Sie, es gab einen früheren Zeitpunkt in meiner beruflichen Karriere, da hätte ich Ihnen geantwortet: ‚Nein, Führung ist nicht unbedingt immer notwendig.' Aber ich habe meine Meinung dazu längst geändert." Er fährt fort: „Durch meine eigene Forschung ist mir bewusst geworden, dass Führung eng in Verbindung mit einer Reihe verschiedener Variablen steht. Dazu gehören das Wohlbefinden des Arbeitsnehmers und seine Leistung am Arbeitsplatz. Allerdings war es

8 Wissenschaft 243

meine persönliche Erfahrung mit Führung, die mir diese Beziehung wirklich zu verstehen gegeben hat." Zu seinen Erfahrungen gehört, wie man als Führungskraft ein gesundes Arbeitsklima schafft. „Das Klima kann einen Arbeitsplatz erfolgreich, genauso aber auch unproduktiv machen", erzählt er und fährt fort: „Wir haben dieses Phänomen im U.S. Militär untersucht und daraus gefolgert, wie Führungskräfte ein positives Klima schaffen können, damit Soldaten ein Gefühl der Verbundenheit und Sicherheit erleben. Spannend ist, dass es im U.S. Militär tatsächlich einen Zusammenhang zwischen dem Arbeitsklima und Unfallraten gibt." Er habe damals mit Kollegen eine Gruppe von Soldaten der Transporteinheit untersucht, die dafür zuständig waren, Fahrzeuge und weitere Ausrüstung in den Irak zu transportieren. „Bei diesen Soldaten haben wir festgestellt, dass, wenn eine vertrauensvolle Beziehung mit der Führungskraft besteht und ein positives Klima vor Ort herrschten, das Mitarbeiterverhalten in Bezug auf Sicherheit und Effektivität in der Gruppe am stärksten ausgeprägt war."

„Ebenfalls habe ich erlebt", erzählt Frederick Morgeson, „dass sich die meisten Führungskräfte weder nach oben noch nach unten bewegen, sondern auf der Hierarchiestufe ihres Gleichen festsitzen und sich nicht bewegen. Gute Führung macht für mich aus, dass die Führungskraft ihre Vision einsetzt, um Veränderung im Unternehmen zu ermöglichen." Eine wesentliche Aufgabe erfolgreicher Führung sieht Frederick Morgeson darin, die Innovation innerhalb des Unternehmens zu unterstützen, um die Nachhaltigkeit am Arbeitsplatz sicherzustellen. „Ich habe gelernt, eine gute Führungskraft an ihrem Verhalten zu messen. Um eine Menschenmenge anzuführen und sie in eine bestimmte Richtung leiten zu können, muss die Führungskraft über eine hohe soziale Kompetenz verfügen. Führungskräfte, die erfolgreich sein wollen, sollten vor allem einfühlsam im Hinblick auf die Bedürfnisse ihrer Mitarbeiter sein." Morgeson sieht es als wichtig für die Führungskraft, dass sie sich nicht nur mit den Bedürfnissen ihrer Mitarbeiter auskenne, sondern den Umgang damit auch in ihr Führungsverhalten integriere. „Alle Mitarbeiter sind unterschiedlich und hegen vielfältige Bedürfnisse", fügt er nachdrücklich hinzu. „Dadurch wird gute Führung zu einer echten Herausforderung." Trotzdem, erklärt er, fielen die Rahmenbedingungen für gute Führung von Unternehmen zu Unternehmen unterschiedlich aus. „Bei einer Gruppe von Mitarbeitern, die überwiegend autonom arbeitet, definiere ich gute Führung ein wenig anders. Gute Führung heißt dann, Mitarbeiter mit den Ressourcen auszustatten, die sie für den Erfolg in ihrer Arbeit benötigen." Generell, so Frederick Morgeson, sollten Führungskräfte dafür sorgen, dass die Kommunikation ihrer eigenen Mitarbeitergruppen nicht durch unerwartete Ereignisse im Unternehmen unterbrochen werde. Außerdem sei wichtig, dass die Führungskraft stets auf der Suche nach Gelegenheiten sei, die persönlichen Interessen ihrer Mitarbeiter, wie beispielsweise die Weiterbildung bezüglich ihrer beruflichen Karriere, zu fördern. Diese Unterstützung vertiefe das Vertrauensverhältnis zwischen der Führungskraft und ihren Mitarbeitern, meint er und schaffe Loyalität und Zufriedenheit.

„Sind Sie der Meinung, dass jeder ein derartig vorbildliches Verhalten in der Führung lernen kann, oder ist es möglicherweise angeboren?", frage ich Frederick Morgeson als Nächstes. Dieser antwortet: „Beides ist der Fall, denke ich. Es gibt Studien, die deuten daraufhin, dass circa 30% einer erfolgreichen Führung angeboren sind. Das ergibt 70% Anteil an Führung, der möglicherweise erlernt werden kann." Letztendlich, erklärt Morgeson, sei Führung nichts weiter als „Einfluss zu nehmen", in dem Sie gezielte Verhaltensmuster je nach Erfordernis der Situation zeigen. Die Organisationpsychologen Stentz, Clark und Matkin (2012) vertiefen diesen Ansatz in ihrer Definition von Führung als einem sozial-gestalteten Prozess der Einflussnahme. Auch die Organisationspsychologen Yukl und Michel (2006) betonen, dass es Aufgabe einer Führungskraft ist, kollektiv auf ihre Mitarbeiter zu wirken und die gemeinsame Erreichung von Zielen zu steuern (Yukl und Chavez, 2002).

„Erfolgreiches Führungsverhalten kann man am besten an Vorbildern lernen", erzählt Frederick Morgeson und fährt fort: „Ich habe oft erlebt, dass Führungskräfte sowohl von ehemaligen, als auch von aktuellen Führungspersonen in der Gesellschaft, Politik oder Wirtschaft lernen und ihrem Verhalten nacheifern." Allerdings, fährt er fort, sei auch das theoretische Wissen von Führung wichtig. „Mit dem kommt man schließlich nicht auf die Welt, man muss es sich erlernen." Für Morgeson spielen drei wesentliche Faktoren eine wichtige Rolle, um sich auf die Führungsaufgabe vorzubereiten: „Erstens ist Wissen wichtig, zweitens die Erfahrung, die man macht, und drittens, dass man aus diesen Erfahrungen auch lernt und Feedback in zukünftig konstruktives Verhalten umwandelt."

„Das hört sich unkompliziert an", fahre ich fort: „Warum geht Führung dennoch oft schief?" Daraufhin erklärt Frederick Morgeson: „Naja, ich bin der Meinung, dass man gute Führung lernen kann, aber ich würde nicht sagen, dass dies einfach ist." Die Führungsentwicklung sei vor allem eine Herausforderung, meint er, denn sie erfordere, dass man sich mit sich selbst auseinandersetzt. „Es fällt nicht allen leicht, sich Zeit zum Reflektieren zu nehmen und Lehren aus eigenen Erfahrungen zu ziehen. Was wir von heutigen Managern und Führungskräften wissen ist, dass sie täglich etliche Erfahrungen machen, aber sich in der Regel nicht die Zeit nehmen, auch etwas aus ihnen zu machen." Gespannt frage ich ihn, ob Führungskräfte im Alleingang sich durch Selbstreflektion weiterentwickeln könnten oder ob nicht auch ein professioneller Coach gefragt sei. „Sicherlich gibt es Naturtalente, die keine vorstrukturierte Anweisung für ihre Führungsentwicklung brauchen, aber das ist nicht die Regel. Die meisten sind mit einem Coach oder Weiterbildungskursen gut beraten." Für die Führungsentwicklung, erklärt Morgeson, sei vor allen Dingen das soziale Lernen wichtig, das mit einem Coach oder in einer Lerngruppe gefördert würde. „Führung im sozialen Umfeld zu lernen, bedeutet, dass man aufmerksam ist, Feedback annimmt aber auch das Verhalten anderer beobachtet und daraus seine Rückschlüsse zieht. Führung geht schließlich nicht nur um die Führungskraft, sondern auch um die Mitarbeiter, ihre Beziehungen untereinander und zum Vorgesetzten, den Inhalt der Arbeit, das Klima am Arbeitsplatz und vieles mehr. Wenn man Führung lernen will, gibt es sicherlich eine Vielzahl an Kursen, die man belegen kann. Allerdings denke ich, wenn man es zu einer erfolgreichen Führungskraft bringen will, dann gibt es nur eine Regel: Üben! Man muss sich immer und immer wieder in die Praxis stürzen, denn im jeweiligen sozialen Umfeld findet Führungsentwicklung und Umsetzung statt." Dieser Denkansatz wird in der Sozial- und Organisationspsychologie in mehreren Richtungen vertreten, darunter fällt auch die Forschung über den Zusammenhang zwischen ethischer Führung, Arbeitsklima und sozialen Lernerfahrungen. Brown, Treviño und Harrison (2005) weisen beispielsweise darauf hin, dass Führungskräfte durch ihr Verhalten ihren Mitarbeitern eine Vorlage für ethisches Verhalten bieten können. Ebenso beeinflusst das soziale Umfeld der Führungskräfte die Ausprägung bestimmter Verhaltensmuster in ihrem Führungsstil (Riggio, Chaleff und Lipman-Blumen, 2008).

Zum Thema Erfahrung in der Führung fährt Frederick Morgeson fort: „Ich habe den Erfahrungsprozess in verschiedenen Bereichen untersucht. Es hat sich herausgestellt, dass 10 Jahre Berufserfahrung nötig sind, um in einem Bereich Experte zu werden. Ich denke, das ist bei Führung ebenso der Fall." Er weist darauf hin, dass die persönliche Entwicklung der Führungskraft besonders gefördert wird, wenn Lernerfahrungen und Reflexion mit einer Person geteilt werden, die in ihrer Entwicklung bereits fortgeschrittener ist. „Wenn man Führung lernen will, sollte man sich jemanden als Mentor suchen, der besser führt, als man es zurzeit selber tut." Zu seinen eigenen Vorbildern in der Führung zählt Frederick Morgeson zuallererst seine Eltern. „Von ihnen habe ich gelernt, ein starkes Arbeitsethos in der Führung zu beweisen. Ich wuchs in einem Familienunternehmen auf. Dort war es so, dass wenn man nicht arbeitete, verdiente man auch kein Geld. Es war also für mich üblich, sieben Tage die Woche zu arbeiten." Einen weiteren Aspekt, den Morgeson in dieser Zeit gelernt habe, war mit Selbstvertrauen zu handeln. „Man muss als Führungskraft an sich glauben. Nur so können das auch später andere."

In Situationen, in denen keine klaren Fakten und Beweise vorhanden seien, erklärt er, sei das eine Herausforderung gewesen. „Jeder muss in seinem Leben manchmal Risiken eingehen, wo man sich auf die eigenen Fähigkeiten verlassen muss. In der Führung muss man das dann auch kommunizieren." Teil seines Selbstvertrauens, erzählt er, sei durch die unternehmerische Einstellung der Familie entstanden. „Das Unternehmertum unserer Familie hat mir eine eigenständige Stimme gegeben. Auf diese Stimme habe ich als Führungskraft gebaut. In ihr steckt Selbstständigkeit und Integrität." An der Michigan State University rät er heute seinen MBA Schülern: „Findet heraus, was euren Führungsstil einzigartig macht. Ich frage sie: ‚Was ist eure Geschichte in der Führung, an welchen Erfahrungen seid ihr gewachsen?' Sie müssen lernen, diese Antwort klar zu formulieren und zu artikulieren, um später in der Arbeitswelt ein Unternehmen zu finden, das zu ihnen passt."

Daraufhin kommen wir auf die Nachhaltigkeit in der Führung für die Arbeitswelt zu sprechen. „Nach Führung wird am meisten in Krisensituationen verlangt und dort ist sie auch ausschlaggebend – Führung wird dort gebraucht, wo es Veränderungen gibt", so Morgeson. „Es gibt eine Statistik von den Fortune-100-Firmen, die zeigt, dass nur ca. 30 von diesen 100 Firmen 20 Jahre lang überlebten und auf der Liste der weltgrößten Firmen blieben. Das heißt also, dass es 70 Firmen nicht geschafft haben. Da fragt man sich natürlich: ‚Warum ist das so?' Viele sehen die Antwort darin, dass sich die Führung in erfolgreichen Unternehmen nicht gerne verändern lässt. Damit ist auch das Unternehmen gemeint: Veränderungen einzuleiten, fällt bei Erfolg schwer – man will am liebsten genau so weiter machen, wie zuvor." So erklärt er, tappen viele große Unternehmen in eine Falle, von der sich die meisten nicht mehr befreien könnten. „Das gesellschaftliche Umfeld und der Markt sind dynamisch; sie schreien regelrecht nach Veränderung! Wenn sich Unternehmen dem also nicht fügen, werden sie sozusagen Opfer ihres eigenen Erfolgs." Aus diesem Grund, schlussfolgert er, müsse die Führungskraft Praktiken der Selbstreflexion in ihren täglichen Alltag aufnehmen. „Es gibt keinen „besten Führungsstil", man muss den eigenen immer wieder hinterfragen." Frederick Morgeson vergleicht die Notwendigkeit, auf verschiedene Verhaltensweisen zurück zu greifen, mit einer Werkzeugkiste: „Manchmal braucht man den Hammer, manchmal braucht man den Schraubenschlüssel. Es ist eine Sache, sie anwenden zu können, eine andere zu wissen, wann man sie anwenden soll."

Zum Schluss frage ich ihn: „Welche Rolle spielen Werte Ihrer Meinung nach in der Führung?" Morgeson antwortet: „Eine Sache, die ich immer und immer wieder anderen rate, ist, Führung an ihren Werten aufzuziehen, denn diese sind ihre ganz persönliche Ressource für den Erfolg." Werte, erklärt er, entwickelten sich über eine lange Zeitspanne und würden Phasen persönlicher

Entwicklung im Leben beinhalten. Für Frederick Morgeson sind das die Werte Integrität und Ethik, die seinem Verhalten einen Leitfaden geben. „Es ist wichtig, sich als Führungskraft bewusst zu sein, dass die Gesellschaft den Unternehmen letztendlich das Recht gibt zu handeln und zu wirtschaften – wenn Unternehmen sich an ethische Vereinbarungen nicht halten, wird dieses Vertrauen verletzt." Das Unternehmen und die Führungskräfte tragen in ihren Entscheidungen gesellschaftliche Verantwortung, die sie bestenfalls durch das Einhalten von eigenen Werten einbringen könnten. „Werte sind meiner Meinung nach das Elixier für Nachhaltigkeit in der Gesellschaft: Damit Unternehmen überleben, müssen sie einen Weg finden, sich der Gesellschaft und nicht nur dem Markt anzupassen."

8.2 Michael West – Professor für Arbeits- und Organisationspsychologie an der Lancaster University, England

》Meistens waren es Menschen, die mit Demut, Güte und Nächstenliebe führten, die mich begeistert haben.

In diesem Gespräch hält uns Michael West die verschiedenen Facetten von der Mitarbeiter- bis hin zur Unternehmensführung vor Augen. Eindrucksvoll schildert er, dass nur die Unternehmen langfristig Erfolg haben werden, denen es gelingt, Werte im Unternehmen zu vertreten, die auch in der Gesellschaft für die Menschen wichtig sind. Das sieht er als Vertrauensprozess und zentrale Aufgabe der Führung. Gefordert werden Führungskräfte vor allem dann, wenn sie entschlossen kommunizieren sollen, welche Verhaltensweisen nicht zum Unternehmen passen.

8.2.1 Biografie in Kürze

Michael A. West, geboren am 03.06.1951 in Wales, arbeitete zeitweise im walisischen Kohlebergbau unter Tage und studierte an der University of Wales, wo er 1977 auch seinen PhD absolvierte. Zum Professor wurde er an der Sheffield University, England ernannt und zog 1998 nach Birmingham,

8.2.2 Interview

Zu Beginn unseres Gesprächs stelle ich Michael West die etwas provokante Frage, mit der ich alle meine Interviews eröffne: „Für wie wichtig halten Sie Führung? Brauchen wir überhaupt Führung?" Michael West antwortet mit einer interessanten Geschichte: „Ich bin der Meinung, dass wir Führung unbedingt brauchen. Allerdings sollte unsere Definition von Führung mehr durchdacht sein. Lassen Sie uns die Zeit 150.000 Jahre zurückdrehen. Um in der Savanne zu überleben, musste man Antilopen jagen, um seine Leute ernähren zu können. Eine Antilope zu fangen, ist keine leichte Aufgabe, sie benötigt eine ausgeprägte Geschicklichkeit. Wenn man das Tier während der Jagd aus den Augen verliert, braucht man einen neuen Fokus, man muss spontan umdenken können. All das erfordert Führung und so ist es noch heute: Man braucht jemanden, der die Koordinierung und Kommunikation in einer Gruppe übernimmt und für ein klares Rollenverständnis sorgt." Michael West fährt fort: „Wie an diesem Beispiel gezeigt, ist Führung in komplexen Situationen und Aufgaben unumgänglich." „Was wir am Phänomen Führung oft missverstehen", erklärt er, „ist, dass wir es ausschließend mit heldenhaften und charismatischen Personen assoziieren. Jeder einzelne in der Gesellschaft oder im Unternehmen sollte teilweise für Führung verantwortlich sein. Wir müssen alle Führung zu verschiedenen Zeitpunkten beweisen. Betrachten wir beispielsweise den ‚Zuschauereffekt‘, auf den die Sozialpsychologen Darley und Latané 1968 hingewiesen haben." Michael West bezieht sich dabei auf eine Serie von wissenschaftlichen Experimenten, die aufzeigen, dass Menschen weniger wahrscheinlich anderen Menschen, die in Not sind helfen, wenn noch andere Personen in dieser Situation anwesend sind. „Wenn man nicht alleine, sondern in einer Menschenmenge ist, übernimmt man weniger Verantwortung. Ich denke, daraus können wir lernen, dass Führung von jedem von uns irgendwann gebraucht wird, um den ersten Schritt zu tun. Jeder sollte seiner Verantwortung in der Gesellschaft bewusst sein, um in schwierigen und ungewissen Zeiten führen zu können."

„Wenn also jeder von uns führen kann, wie würden Sie erfolgreiche Führung bezeichnen?", frage ich im Anschluss. „Für mich gehört zu erfolgreicher Führung, dass man eine klare Vision in sich trägt, welche Veränderung und welchen Beitrag man in die Welt hinein bringen möchte; sei es in die Gesellschaft oder in das Unternehmen. Führungskräfte sind effektiv, wenn sie positiv, optimistisch und selbstbewusst ihre Vision verfolgen. Wenn sie es nicht sind, wird ihnen auch nicht gefolgt." Des Weiteren verrät mir Michael West, dass sich der Erfolg in der Führung besonders in den zwischenmenschlichen Beziehungen der Führungskraft zu ihren Mitarbeitern begründe. „Es sind diejenigen Führungskräfte, die einen positiven Umgang mit ihren Mitarbeitern pflegen, kooperativ mit ihnen umgehen und ihnen Feedback auf ihre Leistung geben, damit sie daran selbst wachsen können. Für mich heißt Führung, dass man im Team arbeitet." Eindringlich betont er: „Wenn ich als Führungskraft Erfolg habe, muss ich mir bewusst sein, dass dieser Erfolg durch die Leistung jeder meiner einzelnen Mitarbeiter entstanden ist. Führung bedeutet, Teil eines Teams zu sein." Immer wichtiger werde es, erklärt er, dass Führungskräfte in ihrer Arbeit mit Menschen Grenzen verschiedener Disziplinen überschreiten würden. „Zum Führungserfolg gehört, dass man mit Mitarbeitern aus verschiedenen Nationen, mit unterschiedlichen Kulturen, Ideologien und Religionen zusammenarbeitet. Deshalb definiere ich gute Führung selbst an sozialer Kompetenz; das sind Menschen, die von Grund auf gütig sind und ihre Aufgaben mit einem Interesse an ihren Mitmenschen vollbringen." Bei der Führung, so meint Michael West, höre es schließlich nicht auf, denn Führung sei das Kernstück einer Gemeinschaft. „Mit guter Führung erhalten wir langfristig Güte und Vertrauen in unserer Gesellschaft."

„Gibt es bestimmte Persönlichkeiten, die Sie selbst zum Thema Führung inspiriert haben?", lautet meine nächste Frage. Michael West antwortet zustimmend: „Mich haben Führungspersonen in der Gesellschaft inspiriert, die ich selbst nie getroffen habe. Darunter zähle ich Aung San Suu Kyi in Myanmar, die eine leise Art hat, Leute auf der ganzen Welt zu inspirieren." Aung San Suu Kyi ist eine birmanische Diplomatin und Politikerin. Sie ist Friedensnobelpreisträgerin und leitet die Nationale Liga für Demokratie. „Auch den Dalai Lama zähle ich zu den Personen, die mich in der Führung inspiriert haben. Ebenso gewann dieser nicht durch eine dominante, laute Stimme das Herz der Leute, sondern durch seine Weisheit und Güte. Von ihm können wir wahrhaftig viel lernen." „Nelson Mandela", erzählt er, „zeigte beachtliche Führung, als er aus dem Gefängnis auf Robben Island entlassen wurde. Damals erwartete man einen blutigen Bürgerkrieg. Der Afrikanische Nationalkongress war bereit, von Nelson Mandela gegen das Apartheid-Regime angeführt zu werden. Doch er handelte entgegengesetzt und setzte sich für seine Leute ein, indem er für eine neue Demokratie verhandelte. Meistens waren es die Menschen, die mit Demut, Güte und Nächstenliebe führten, die mich als Führungskraft begeistert haben."

Als wir auf seine persönliche Führung zu sprechen kommen, frage ich: „Sie haben sich von diesen Persönlichkeiten im Laufe ihres Lebens und Berufs inspirieren lassen. Wie zeigt sich das in Ihrer eigenen Führung?" West erklärt: „Meine Rolle als Direktor und Dean an der Aston Business School gibt mir die Gelegenheit, diese Erkenntnisse und Eindrücke umzusetzen. Dazu habe ich versucht, die Ergebnisse aus meiner jahrelangen Forschung in der Psychologie über effektive Führung und gesunde Führungskultur einzubringen." Er schmunzelt und fährt fort: „Ich bin sehr privilegiert – ich hatte von Anfang an sozusagen ein Labor in einer Organisation mit circa 200 Leuten und einem Umsatz von 15 Millionen britischen Pfund, wo ich aus unmittelbarer Nähe Führung erleben konnte." In der eigenen Führung ist für Michael West wichtig, die Vision auf allen Ebenen der Organisation klar zu kommunizieren. „Jede Abteilung, jedes Team und jeder Mitarbeiter sollte eine eindeutige Vorstellung von den Zielen haben." „Außerdem", fährt er fort, „mir ist es wichtig, dass sich jeder in seinem Beitrag respektiert fühlt. Ich versuche, ein Arbeitsklima zu schaffen, in dem meine Mitarbeiter Wertschätzung erleben und bei neuen Vorschlägen und Ideen unterstützt werden." Allerdings sei es nicht nur wichtig, sich vorbildliches Verhalten in der Führung zu Herzen zu nehmen, sondern auch bewusst darüber zu sein, welches Verhalten zu Misserfolg und Unruhe führen könne. „Es gibt bestimmte Verhaltensmuster, die in der Führung wichtigen Werten und Normen einer Organisation entgegenwirken. Wenn schädliches Verhalten im Unternehmen toleriert wird, schwächt es die Kultur – sie wird regelrecht unterminiert. Darin liegt ein Dilemma, das ich in vielen Unternehmen erkannt habe: Sie machen den Fehler, sich nur mit den ‚guten' Prinzipien der Führung zu befassen, anstatt auch den schädlichen Ausprägungen Aufmerksamkeit zu schenken. Ein Unternehmen sollte entschlossen kommunizieren, welches Verhalten nicht zu ihrer Arbeitskultur passt." Diese Aussage stimmt überein mit der Forschung von van Quaquebeke und Kollegen (2014) überein, wonach es für Führungskräfte und Unternehmen nicht nur wichtig ist zu kommunizieren, wohin sie wollen und wofür sie stehen, sondern auch zu sagen, wofür sie gerade nicht stehen und in welche Richtung sie keinesfalls wollen.

"Denken Sie, dass man gutes Führungsverhalten lernen kann? Kann im Prinzip jeder zu einer guten Führungskraft werden?", frage ich anschließend. "Ich glaube daran, dass man es lernen kann", sagt Michael West und fügt hinzu: "An mir selbst beobachte ich, dass sich meine Führung Schritt für Schritt verbessert hat." In der Regel, meint er, sei das Zuhören der Schlüssel für die eigene Führungsentwicklung. "Als Führungskraft muss man die Welt nicht neu erfinden, sondern in erster Linie zuhören: Was will das Unternehmen und was wollen die Leute erreichen? Es ist Aufgabe der Führungskraft herauszufinden, was sich in den Köpfen ihrer Mitarbeiter abspielt und darauf einzuwirken, dem Großen und Ganzen eine Richtung zu geben. Wichtig ist dabei auch, sich die persönlichen Werte der jeweiligen Mitarbeiter zu Herzen zu nehmen und dadurch eine positive Beziehung aufzubauen." Aus eigener Erfahrung erzählt Michael West von seiner früheren Arbeit im Kohlebergwerk: "Jeder spricht davon als eine gefährliche und fürchterliche Arbeit, aber für mich war das ein Arbeitsklima, wo man aufeinander gegenseitig Acht gegeben hat, die Dinge mit Humor gesehen hat und gute Beziehungen zueinander hatte. Es sind die Leute und die Beziehungen zu ihnen, die ein gutes Arbeitsklima schaffen, selbst an einem so düsteren Ort wie einem Kohlebergwerk."

Warum Führung so oft schief geht, liegt für Michael West häufig daran, dass Prinzipen guter Führung, wie sie in etlichen Führungsentwicklungskursen gelehrt werden, nicht in die Realität umgesetzt würden. "Es ist für uns Wissenschaftler und Organisationspsychologen eine Herausforderung zu untersuchen, warum das in vielen Unternehmen der Fall ist: Warum kommt das viele Wissen, über das wir heute verfügen, nicht zum Einsatz? Mir scheint, dass viele Unternehmen sich noch nicht von den früheren Zeiten des ‚Command and Control' trennen wollen. Es ist wichtig, von dieser Arbeitseinstellung abzurücken, denn sie bietet dem Unternehmen in Zukunft keinen nachhaltigen wirtschaftlichen Erfolg und keine Mitarbeiterzufriedenheit." Des Weiteren fährt er fort: "Diese Arbeitskultur geht auch oft mit dem Denkansatz einher, dass Führung Männersache ist – es geht dabei um Stärke, Macht und Einfluss. Die menschliche Gesellschaft hat es geschafft, eine Balance zwischen Mann und Frau herzustellen. Viele Unternehmen haben das noch nicht geschafft, dort ist die Frau noch immer in ihrer stereotypischen Rolle der Fürsorge und des Zuhörens gefangen. Stattdessen dominieren Männer im Unternehmen. Das beurteile ich langfristig als ungesund." Außerdem gibt West zu bedenken: "Ein weiterer Grund, warum Führung so oft nicht funktioniert, liegt darin, dass sich viele Manager mit den ‚weichen' Aspekten der Führung, also eine Beziehung mit Mitarbeitern aufzubauen, Empathie zu zeigen und sozial kompetente Gespräche zu führen, schwer tun." Diese "weichen" Aspekte, erklärt er, werden oft als die schwierigsten Aufgaben von Führungskräften erlebt. „Es fällt ihnen beispielsweise viel einfacher mit Accounts umzugehen und E-Mails zu verschicken, als sich ihren Mitarbeitern gegenüber zu setzen, ihnen zu zuhören, wenn sie Probleme äußern oder Vorschläge bringen. Weil es ihnen schwerer fällt, schieben sie diese Aufgaben in der Führung immer wieder auf die Seite und das, obwohl es in einem Unternehmen in erste Linie um Menschen geht."

Im Hinblick auf das gesamte Unternehmen fährt Michael West fort: „Ich sehe ein großes Dilemma darin, dass Unternehmen stets versuchen, alles zu standardisieren. Sie folgen der Ideologie, dass alle Mitarbeiter im Unternehmen homogenisiert werden sollten, damit zum Beispiel möglichst keine Fehler passieren. Das ist nicht der Weg zum Erfolg! Homogenisierung ist eine Barriere, die den Menschen vermittelt, dass sie nicht anders sein dürfen und Dinge nicht anders machen sollen." An der Oberfläche, so erzählt er, scheine das logisch, denn es schaffe eine Verbundenheit im Unternehmen. Schaut man jedoch unter die Oberfläche, so seien gravierende Folgen zu erkennen. „Es führt zu einer Unterdrückung persönlicher Initiativen. Viele Mitarbeiter sitzen mit dem Gedanken fest, dass sie in ihrem eigenen Unternehmen keinen Einfluss nehmen können. In einer Welt, in der Unternehmen sich fortlaufend entwickeln müssen, ist diese Einstellung unter Mitarbeitern verheerend."

Die Sozial- und Organisationspsychologen van Knippenberg, Haslam und Platow (2007) bestätigen diesen Denkansatz der Homogenität, in dem sie in einer Studie zeigen, dass Verbundenheit auch in Gruppen mit viel Diversität entstehen kann, wenn Diversität als gemeinsamer Wert der Gruppe identifiziert wird. Nicht nur Verbundenheit, sondern auch erhöhte Leistung wurde bei diversen, im Vergleich mit homogenen Gruppen, gemessen (Cummings, 2004). Dabei wurde der erweiterte Informations- und Erfahrungsaustausch diverser Gruppen als potenzieller Grund für ihre erhöhte Leistung und Konkurrenzfähigkeit ausgewiesen (Ilgen, Hollenbeck, Johnson und Jundt, 2005; Homan et al., 2008).

Zum Schluss erklärt mir Michael West sein Fazit zum Thema Werte. „Ich bin zu dem Entschluss gekommen, dass die Arbeit im Unternehmen eigentlich nur eine andere Form der Arbeit in einer Gemeinschaft, wie zum Beispiel einem Dorf ist. In der Regel ist das eine Ansammlung von Menschen, die harmonieren, weil sie nach gemeinsamen Werten leben. Wenn wir Unternehmen schaffen, die nicht die grundlegenden Werte vertreten, die in der Gesellschaft für die Menschen wichtig geworden sind, dann werden diese langfristig keinen Erfolg haben, weil sie das Vertrauen zu ihren Leuten nicht aufbauen können. Wir brauchen Unternehmen, in denen Führungskräfte diese Werte zum

Leben erwecken. Beispielsweise brauchen wir Mut, Ausdauer, Integrität, Güte und Besonnenheit. Wenn sich Mitarbeiter nicht gegenseitig unterstützen, fair, respektvoll und achtsam miteinander umgehen, können Unternehmen auch nicht zu Höchstleistungen auflaufen." Mahnend fährt er fort: „Ich denke also nicht, dass wir in diesem 21. Jahrhundert der Digitalisierung Erfolg haben werden, wenn wir Unternehmen rein technologisch und intellektuell abstrakt gestalten. Diese Unternehmen sind nicht gesund für den Menschen. Wir sind ja schließlich keine Roboter, also ist das auch nicht unsere Art und Weise, in der Arbeit effektiv zu sein."

8.3 Alice Eagly – Professor für Arbeits- und Organisationspsychologie an der Northwestern University, USA

» Der Übergang vom Wissenschaftler zur Führungskraft verlangt ein erweitertes Rollenverständnis, das im Alleingang nur schwer zu erreichen ist.

In diesem Gespräch erklärt Alice Eagly die multifunktionalen Aufgaben der Führungskraft. Sie sieht die wichtigsten Führungsaufgaben darin, mehrere Prozesse und komplexe Aufgaben gleichzeitig zu koordinieren, sowie Strukturen und Personen im Unternehmen zusammenzuführen. In ihrem persönlichen Führungsstil legt sie Wert darauf, nicht danach zu fragen, wie die Dinge nicht funktionieren, sondern wie man es gemeinsam schaffen kann.

8.3.1 Biografie in Kürze

Alice Eagly, geboren 1938, ist Professorin für Arbeits- und Organisationspsychologie an der Northwestern University, USA, wo sie Chair of Arts and Sciences ist. Ihren PhD absolvierte sie 1965 an der University of Michigan, USA und sie hatte Gastprofessuren inne an der Amherst University, Harvard University, Purdue University, Amsterdam University und der Universität Tübingen. In der Forschung interessiert sich Alice Eagly besonders für die Veränderung und Struktur von Werten und Einstellungen sowie für soziales und geschlechtsspezifisches Verhalten. Alice Eagly erhielt mehrfach

8.3.2 Interview

„Die erste Frage, die ich Ihnen, Frau Eagly, gerne stellen möchte, ist: Brauchen wir Führung? Wie wichtig ist sie Ihrer Meinung nach?" Alice Eagly antwortet mir sehr zügig: „Wir brauchen Führung in unseren Unternehmen, weil es dort komplexe Aufgaben zu meistern gibt. Die Koordination komplexer Aufgaben ist nur eine von vielen Aufgaben im Unternehmen – aber ein Minimum, was wir von Führung erwarten sollten. In jedem Unternehmen kommen Menschen aus verschiedenen Abteilungen zusammen. Design, Buchhaltung, Operatives – das sind nur drei Bereiche von ganz vielen. Ohne Führung wäre man verloren." Sie fordert mich auf: „Nehmen wir zum Beispiel eine Universität, die ihren Studenten eine Vielfalt von Kursen anbietet. Diese können ohne Struktur nicht stattfinden, die erstmal konzeptionell entwickelt und festgelegt werden muss. Universitäten müssen es schaffen, diese Struktur in ihrem Alltag auszugestalten, sodass der Unterricht ordnungsgemäß gehalten werden kann. Jetzt kommen Führungskräfte ins Spiel; wir brauchen sie für die Koordination und Motivation."

Daraufhin frage ich: „Führung ist also von großer Bedeutung in Unternehmen verschiedener Branchen, gleichgültig ob in der Automobilindustrie oder der Wissenschaft. Wie würden Sie gute Führung für sich definieren?" Sie antwortet: „Halten wir uns das Endprodukt vor Augen: Gute Führung erfüllt ihre Aufgabe. In einem Unternehmen heißt das, dass alle Prozesse reibungslos ablaufen und das Unternehmen zufriedenstellende Ergebnisse erzielt. Gute Führung erzeugt eine gute, ganzheitliche Leistung. In Universitäten bedeutet gute Führung, möglichst viele Studenten mit hoher Qualität und sehr gutem Abschluss auszubilden, sodass sie ein erfolgreiches Leben führen können." Für Alice Eagly heißt gute Führung, mit beiden Beinen im Unternehmen zu stehen und Prozesse im Gesamten zu übersehen. Führungskräfte, so erzählt sie, sollten daher fähig sein, mehrere Prozesse und Aufgaben gleichzeitig zu koordinieren und Strukturen und Menschen im Unternehmen zusammenzuführen. „Führungskräfte sind sozusagen multifunktional; mit mehrfachen Aufgaben konfrontiert."

8 Wissenschaft   255

„Sind Sie der Meinung, dass Führung erlernbar ist, oder ist sie angeboren?", frage ich als Nächstes. „Sowohl als auch. Ich denke, ein bestimmter Teil guter Führung liegt bereits in den Genen, ein anderer mag durch Training entwickelt werden können. Allerdings fällt die Ausprägung bestimmter Führungseigenschaften von Person zu Person unterschiedlich aus. Manche sind extrovertiert veranlagt und haben die Kommunikation im Blut, anderen liegen die Koordination und die Planung von Details. Jeder startet in die Führungsaufgabe mit einer unterschiedlichen Grundlage und seinen ganz persönlichen Eigenschaften. Dennoch können alle von Weiterbildung profitieren." Obwohl in vielen Unternehmen solche Kurse zur Weiterbildung deutliche Verbesserungen hervorrufen können, erklärt Alice Eagly, sei es doch das Lernen am Vorbild, von dem Führungskräfte am meisten profitieren. „Leute lernen Techniken und Strategien zur erfolgreichen Führung in Kursen, dennoch hat diese Zeit im Training einen Anfang und ein Ende. Im Alltag lernen Führungskräfte dagegen oft von Vorbildern, wie sie sich in konkreten Situationen am besten verhalten und vorgehen sollen. Dieses Lernen ist nicht auf eine Stunde, einen Tag oder ein Wochenende begrenzt, sondern findet andauernd statt."

Im Folgenden kommen wir auf Personen zu sprechen, die Alice Eagly ein Vorbild in ihrer eigenen Führung waren. „Als Frau war ich immer daran interessiert, wie andere Frauen führten. Als ich noch an der Purdue University tätig war, traf ich eine bemerkenswerte Frau, die damals Leiterin unserer Psychologie-Abteilung war. Ihr Name war Betty Cappoldi; sie besaß Humor und eine umwerfend positive Ausstrahlung. Immer wenn ich mich von ihr beraten ließ, erlebte ich, dass sie eine besonders effektive Art hatte, Probleme zu lösen. Sie zeigte stets eine positive Einstellung zu ihrer Arbeit in der Abteilung. Bezogen auf abteilungsinterne Herausforderungen, beschäftigte sie sich nicht mit der Frage: ‚Wieso können wir es nicht? sondern immer damit: ‚Wie schaffen wir es?' Das war erfrischend! Das habe ich bei meiner eigenen Führung später auch versucht."

Dieses Verhalten, an dem sich Alice Eagly für ihre eigene Führung ein Beispiel genommen hat, unterstreicht die Prinzipien der positiven Psychologie. Hier werden unter anderem die Bedeutung positiver Emotionen, wie beispielsweise der Optimismus, bei der Beeinflussung von Gesundheit und persönlicher Entwicklung berücksichtigt (Seligman, 1998, 2002). In der Organisationspsychologie nimmt Luthans (2002) Bezug auf die Erkenntnisse der positiven Psychologie, in dem er Unternehmen zu proaktiven Strategien rät, die Mitarbeiter dazu anregen, ihre Stärken öfter einzusetzen und für ein positives Arbeitsklima zu sorgen. Er spricht von einem sogenannten „positiven Kapital", das Unternehmen für verbesserte Leistung und Mitarbeitergesundheit bilden können (Luthans, Luthans und Luthans, 2004). In einer weiteren Studie mit 60 Teams im Management US-amerikanischer Unternehmen zeigte Losada (1999), dass, wenn eine positive Sprache im zwischenmenschlichen Umgang in Teams praktiziert wurde, diese gegenüber anderen Teams auf drei Ebenen erfolgreicher waren: Sie waren leistungsfähiger, erzeugten eine höhere Kundenzufriedenheit und wurden von ihren Mitarbeitern, Kollegen und Vorgesetzten als besonders effektiv erlebt.

„In meiner persönlichen Führung versuche ich stets positiv zu sein und ich schaue nach vorne", fährt Alice Eagly fort: „Ich möchte auch mehr aus unserer Psychologieabteilung herausholen. Zuvor war die Abteilung „undermanaged" [zu wenig strukturiert] – es fehlten beispielsweise Dokumente, die Regeln und Vorschriften unseres Graduiertenprogramms beschrieben haben. Ich habe mich darum gekümmert, dass diese Prozesse in der Abteilung reibungsloser abliefen und habe dadurch für deutlich mehr Transparenz gesorgt. Wenn eine gewisse Transparenz herrscht, ist es zudem viel einfacher für mich, Ressourcen aufzuteilen und sie zu koordinieren." In ihrer eigenen Führung habe sie sich vor allem für einen fairen Umgang in ihrer Abteilung eingesetzt, erzählt sie. „Ich glaube daran, dass man in Problemsituationen immer eine gemeinsame Lösung anstreben sollte. Wenn zum Beispiel Wissenschaftler in meiner Abteilung wegen einer finanziellen Unterstützung bezüglich ihrer Reisekosten und Forschungsprojekten zu mir kommen, dann wird das gemeinsam besprochen. Es sollte in der Abteilung abgeklärt werden, welche Personen welche Leistungen in Anspruch nehmen können. So kamen wir zu dem Schluss, dass man die jüngeren Mitglieder vorziehen sollte, denn die anderen haben bereits mehr Erfahrung darin, wie sie ihre Projekte selbst finanziell absichern. Darin sahen wir eine faire Lösung."

Auf meine nächste Frage, warum Führung so oft schief ginge, antwortet Alice Eagly: „Wir haben viele Amateure in der Führung, die ihren Aufgaben noch nicht gewachsen sind. An Universitäten ist das oft der Fall, denn dort wird man zum Professor ausgebildet, nicht aber zur Führungskraft. Als Professor machen sie ihre Sache gut, aber sobald sie in eine Führungsrolle kommen und beispielsweise zum Direktor der Abteilung ernannt werden, sind sie überfordert." „In der Psychologie", erzählt sie, „arbeitet man oft im Team, während Literaturwissenschaftler mehr auf die individuelle Arbeit angewiesen sind." In beiden Fällen warnt sie davor, dass der Übergang vom Wissenschaftler zur Führungskraft ein erweitertes Rollenverständnis benötige, das im Alleingang nur schwer zu erreichen sei. „Personen, die erstmals eine Führungsrolle übernommen haben, neigen oft dazu, den Anschluss an ihre eigenen Leute und ihre bisherige Arbeitskultur zu verlieren. Manche tendieren dazu, sich weniger fair zu verhalten, den eigenen Kollegen weniger zuzuhören und im Extremfall gewinnen Macht und Korruption an Einfluss. Eine gute Führung lässt das nicht zu, trotzdem passiert es immer wieder in unserer Gesellschaft."

Die Frage nach Werten in der Führung und in unserer Gesellschaft, stelle ich Frau Eagly als Nächstes. Sie antwortet: „Werte machen den feinen Unterschied. Die meisten Leute haben weitgefasste Ziele in Bezug auf die Gesellschaft, in der sie leben wollen. Es ist nicht nur Aufgabe einer Führungskraft, sondern auch jedes Einzelnen, sich seiner eigenen Werte bewusst zu sein und nach ihnen zu leben." So erzählt Alice Eagly, dass Unternehmen ihre ethischen Ziele nur dann erreichen könnten, wenn sowohl das obere Management, als auch die Mitarbeiter in der Produktion diese Werte leben würden. „Ein großer Teil unternehmerischen Erfolgs liegt in der Hand des einzelnen Mitarbeiters. Werte und ethische Vorschriften bringen ihr Unternehmen nicht zum Erfolg, wenn sie nur auf dem Papier stehen. Sie müssen von Mitarbeitern auf allen Ebenen akzeptiert und vertreten werden. Führung ist wichtig, um diese Werte von Zeit zu Zeit vorzuleben und die ethischen Ziele und Erwartungen des Unternehmens im täglichen Handeln, in Ritualen und Symbolen zu konkretisieren."

8.4 Roy Baumeister – Professor für Sozialpsychologie an der University of Queensland, USA

»Zur Leistung befähigen, aber nicht führen.

Roy Baumeister spricht in diesem Gespräch davon, wie er von seinen akademischen Lehrmeistern beeinflusst wurde und wie er seinerseits mit seinen Doktoranden umgeht. Dabei geht es viel um Empowerment, also wie er die Doktoranden ermutigt und befähigt, selbst Verantwortung zu übernehmen und etwas Eigenes zu entwickeln. Anhand von Baumeisters Aussagen zur Führung von Universitäten sieht man den Unterschied zwischen Management und Führung. Baumeister spricht über den „great man approach" der Führung, über Identitätsmanagement und über die wichtige Wirkung von (positivem) Feedback. Schließlich sprachen wir über Skandale in der Wissenschaft und die sich daraus ergebender Wichtigkeit von ethischer Führung.

8.4.1 Biografie in Kürze

Roy Baumeister, geboren am 16.05.1953, ist seit 2016 Professor für Sozialpsychologie an der University of Queensland, Australien. Zu seinen Forschungsschwerpunkten gehören folgende Themen: Selbstkontrolle, soziale Zugehörigkeit und sozialer Ausschluss, Aggression, Sexualität und Motivation. Davor war er 2002 bis 2016 Professor für Sozialpsychologie an der Florida State University, USA. In den USA studierte Roy Baumeister an der University of Princeton und an der Duke University, in Deutschland ein Jahr lang an der Universität Heidelberg. 2015 wurde Roy Baumeister in die American Academy of Arts and Sciences aufgenommen. Außerdem ist er Fellow der Association for Psychological Science, der Society for Personality and Social Psychology und der American Psychological Association (APA). Er ist Autor von mehr als 30 Büchern, darunter sein letztes Buch, „Willpower" (*deutsch*: Die Macht der Disziplin); diese sind vielfach übersetzte Bestseller. Seine wissenschaftlichen Arbeiten wurden über 100.000 Mal zitiert. 2014 wurde Roy Baumeister mit dem Forschungspreis der Alexander-von-Humboldt-Stiftung, einem der höchsten Wissenschaftspreise in Deutschland, ausgezeichnet. In diesem Zusammenhang war er zwischen 2015 und 2018 mehrfach zu Forschungsaufenthalten in Deutschland.

8.4.2 Interview

Für sich selbst und für die Rolle eines Professors im Allgemeinen lehnt Baumeister das Konzept der Führung im engeren Sinne ab. Für ihn ist der Beruf des Professors eine rein individuelle Angelegenheit, bei dem er selbst keine Führung braucht. Ich fragte ihn aber, ob er nicht zu seiner Doktorandenzeit jemanden gehabt hätte (nämlich seinen in der Psychologie berühmten Doktorvater Edward E. Jones), der ihn geführt hätte. Er gab dies zu, beschränkte es aber auf den Anfang seiner Promotion.

Er sagt: „Vielleicht hat mein Doktorvater ganz am Anfang ein Projekt für mich entworfen und gesagt ‚Hier, arbeite das ab.‘ Aber ganz schnell ließ er mich meine eigenen Ideen entwickeln. Er kommentierte und machte Vorschläge und half mir meine Arbeit zu verbessern, aufzuschreiben und schließlich zu publizieren. Aber er war keine Führungskraft im Sinne einer Führungskraft in der Politik oder in Unternehmen, der Entscheidungen für die Gruppe trifft und Anweisungen erteilt."

Ich persönlich denke, dass es sehr wohl zur Rolle von Professoren gehört, zu führen – aber vielleicht ist die Art der Führung in der Wissenschaft eine andere als in anderen Lebensbereichen. Was Baumeister offensichtlich selbst erlebt hat – und so führt er auch seine eigenen Doktoranden, ist eine Form des Führens, die man wissenschaftlich als Empowerment bezeichnet. Auf Deutsch bezeichnet es so viel wie „Ermächtigung", das englische Wort hat sich aber mittlerweile auch im allgemeinen Sprachgebrauch eingebürgert. Empowernde Führungskräfte haben Vertrauen in ihre Mitarbeiter und sie geben ihnen Handlungsspielräume, um eigene Entscheidungen zu treffen. Die Führungskraft agiert dabei als Unterstützer und Ratgeber. In der Regel führt Empowerment zu mehr Mitarbeiterzufriedenheit, mehr Leistung und Innovation und zu geringerer Fluktuation. Es müssen aber zwei Bedingungen gegeben sein, damit empowernde Führung auch die genannten positiven Effekte erzielt: Zum einen muss in der Organisation eine Vertrauenskultur herrschen. Es nützt nichts, wenn ein Abteilungsleiter seinen Mitarbeitern Freiraum gibt, die aber weder die Personalabteilung noch die Führungskräfte auf höheren Ebenen mittragen. Zum anderen müssen die Mitarbeiter aber auch über die Fähigkeiten verfügen, diese Spielräume auch nutzen zu können. Dies ist in der Regel dort der Fall, wo Mitarbeiter ihre Kernaufgaben erledigen – zum Beispiel die Ingenieurin bei technischen Entwicklungsaufgaben. Soll aber die Ingenieurin nun auch noch autonom das Budget verantworten, könnte es zu Problemen kommen.

Ich fragte Roy weiter, was denn gute Führung in Universitäten auszeichnen würde. Er meinte, er habe Präsidenten erlebt, die nur darauf bedacht waren, die Kosten zu deckeln und Geld zu sparen. Andere hätten dagegen versucht, die Universität positiv zu entwickeln, sodass sich Individuen entfalten könnten. Er selbst habe stets versucht, exzellente Forschung zu machen und die besten Präsidenten hätten genau dies unterstützt und eine Kultur in der Universität geschaffen, in der dieses Streben nach Exzellenz möglich sei.

Damit gibt Baumeister ein prägnantes Beispiel für die Unterscheidung zwischen Management und Führung. Manager kontrollieren die Zielerreichung, geben Rückmeldung und anschließend Belohnung oder Bestrafung – sie tragen dazu bei, dass „Dinge richtig gemacht werden". Führung – also das, was im englischen mit Leadership bezeichnet wird – sorgt dafür, dass „die richtigen Dinge getan werden". Das heißt, Führung ist verantwortlich dafür, dass eine Organisation eine Vision hat, aus der sich die richtigen, großen Ziele ableiten lassen. Manager kümmern sich also um Detailplanung, das Organisieren und Überwachen von Arbeitsabläufen und sie schaffen Struktur und Konsistenz. Führung dagegen schafft Veränderung und kümmert sich um das „Große und Ganze".

Beides ist natürlich notwendig für jede Organisation und manchmal sind gute Führungskräfte auch gute Manager und umgekehrt – dies muss aber nicht immer der Fall sein. Dabei stellt sich die Frage, ob gute Führung etwas ist, was angeboren ist oder gelernt werden kann. In der Forschung dachte man lange Zeit, dass Führung etwas angeborenes, in der Person liegendes „etwas" sei und man hat viele Studien durchgeführt und physische und psychologische Eigenschaften untersucht und dabei Führungskräfte mit Menschen ohne Führung verglichen. Dabei wurde eine Unzahl von Faktoren ermittelt, die im Durchschnitt mit Führung zusammenhängen – aber bei denen es auch viele Ausnahmen gibt. Ein solcher Faktor ist zum Beispiel die Körperlänge und im Durchschnitt sind Führungskräfte eher etwas größer. Bei amerikanischen Präsidentenwahlkämpfen gewann in mehr als zwei Drittel der Fälle der größere Kandidat. Aber manchmal gewannen eben auch die etwas kleineren Bewerber und berühmte Ausnahmen recht kleingewachsener Staatsmänner sind ebenfalls bekannt – von Napoleon bis zu Sarkozy. Für Persönlichkeitsvariablen ergaben Untersuchungen Dutzende von Faktoren, die mal eine Rolle spielten, mal aber auch nicht. Was man heute ziemlich sicher sagen kann ist, dass von den großen Persönlichkeitsfaktoren (den sogenannten „Big 5") Extraversion, Gewissenhaftigkeit und die Offenheit für Erfahrungen bei Führungskräften überzufällig zu finden sind. Diese Persönlichkeitseigenschaften sind zu einem großen Teil angeboren, aber sie können sich auch im Laufe des Lebens durch einschneidende Erlebnisse oder viel Training ändern.

Roy Baumeister meint ebenfalls, dass beides eine Rolle spielt, dass manche Führungskräfte besser seien als andere und dass ein Teil davon angeboren sein könne, ein Teil aber auch gelernt würde. Er sagt in Bezug auf die Studie der amerikanischen Präsidentschaftskandidaten: „Also, wir können sagen, dass es gut ist, etwas größer zu sein [weil man dann Wahlen gewinnt], aber ich glaube nicht, dass das hilft, eine bessere Führungskraft zu sein und zum Beispiel bessere Entscheidungen zu treffen." Das gilt genauso für Faktoren wie Selbstbewusstsein oder Optimismus. Baumeister fasst damit die Erkenntnisse aus der Forschung vor allem der ersten Hälfte des letzten Jahrhunderts, den sogenannten „Great Man Approach" (Frauen waren damals noch nicht auf dem Radar der Führungsforschung), ganz gut zusammen: „Ja, es gibt einige Faktoren, die Führungskräfte von Nichtführungskräften unterscheiden. Aber zu *guten* Führungskräften werden diese Menschen damit noch lange nicht."

In der psychologischen Führungsforschung hat man sich in den letzten zehn Jahren auch angesehen, welche Rolle Gruppen im Führungsprozess spielen. Führungskräfte sind ja immer auch Teil der Gruppe, die sie leiten: Abteilungsleiter sind Teil der Abteilung und CEOs Teil des Unternehmens, das sie führen. Die Forschung hat nun gezeigt, dass Führungskräfte dann erfolgreicher sind und ihre Mitarbeiter besser motivieren können, wenn sie für die jeweilige Gruppe prototypisch sind. Ein erfolgreicher Politiker der Partei Die Linken sollte im politischen Spektrum mit seinen Ansichten auch links stehen, ein CSU-Politiker sollte in seinen Ansichten, seinem Werdegang und seinen Werten sehr viel weiter rechts stehen. Das gilt auch für Unternehmen: Die Leiterin einer Forschungs- und Entwicklungsabteilung wird ihre Mitarbeiter leichter motivieren können, wenn sie selbst einen forschungs- oder ingenieurwissenschaftlichen Hintergrund hat. Zu erfolgreicher Führung gehört aber auch noch mehr als Prototypikalität. Nach dem Ansatz des Identitätsmanagements sollen Führungskräfte ihren Gruppen immer wieder vermitteln, was sie ausmacht, was sie von anderen unterscheidet und wofür sie stehen. Dazu gehört auch, dass man die Gruppe nach außen verteidigt und dass man Aktivitäten und Strukturen schafft (zum Beispiel Meetings, Retreats, Feiern), bei denen sich eine starke Gruppenidentität entwickeln kann (van Dick et al., in press).

Baumeister lehnt dies wiederum für sich selbst und seinen Kontext ab. Er sagt: „Ich denke über Führung als jemanden, der verantwortlich für eine Gruppe ist und in dieser Rolle habe ich mich nie gesehen. Ich habe eine Reihe von Doktoranden, aber ich sehe jeden als einzelne Person mit der ich eine individuelle Beziehung habe." Auch auf meine Nachfrage, ob er nicht versuche, seine Gruppe von Doktoranden durch Aktivitäten zusammenzubringen, bei der jeder erfahren würde, was die anderen gerade täten, sagt er, dass er die verschiedenen Forschungsstränge an denen jeder arbeite, lieber auseinanderhalten würde. Baumeister scheint also eine Führungsperson zu sein — und diese ist er in seiner formalen Rolle nun einmal und vermutlich auch in den Augen seiner Doktoranden — die weniger auf die Gruppe an sich Wert legt, um ihr eine Vision und Identität zu geben. Er arbeitet dafür stark mit Rückmeldung auf individueller Basis und sagt: „Es ist wichtig, sowohl positives wie negatives Feedback zu geben. Ich kann wohl an einer Hand abzählen, wie oft ich positives Feedback von meinem Doktorvater bekommen habe. Später habe ich mit Menschen gearbeitet, die mir mehr positives Feedback gegeben haben und ich merkte, dass ich viel schneller lernen konnte, wenn mir positive Dinge gesagt wurden."

Das ist ganz im Sinne der positiven Psychologie, die in vielen Studien herausgefunden hat, dass positives Feedback und Lob Menschen zufriedener machen, aber auch zum Lernen und zu Verbesserung viel mehr ermuntern als Kritik. Dabei darf man natürlich das Negative nicht ausblenden. Führungskräfte müssen Fehler natürlich ansprechen. Aber das Verhältnis muss stimmen und in der Regel kritisieren wir viel mehr, als dass wir loben. In einer Gallup-Umfrage mit über 1.300 deutschen Beschäftigten sagten nur 25%, dass sie für gute Arbeit auch Lob von ihrer Führungskraft bekommen würden. Es scheint also der schwäbische Spruch „Nicht geschimpft, ist genug gelobt!" in der Praxis zu stimmen — dabei wäre es umgekehrt sehr viel besser!

Baumeister sagt zum Beispiel ganz konkret, dass er bei Rückmeldung über einen Aufsatz eines Doktoranden sagt: „Dieser Absatz ist nicht so gut, aber dieser Absatz ist gut. Dann sehen die Studenten, was sie richtig und was sie falsch gemacht haben. Wenn ich immer nur ‚nein, nein, nein' sage, macht das mutlos – selbst wenn die Kritik berechtigt ist."

Schließlich soll noch ein Punkt angesprochen werden, der leider auch in der Wissenschaft immer wichtiger wird, und zwar die ethische Führung. Auch in der Wissenschaft hat es in den letzten Jahren immer wieder Skandale gegeben von Plagiaten und Täuschungen bei Veröffentlichungen bis hin zur Datenfälschung. Ethische Führung heißt zum Beispiel, dass man als Führungskraft klare Werte hat, diese auch äußert und sein Verhalten nach ihnen ausrichtet.

Baumeister findet es wichtig, dass man als Führungskraft solche Skandale auch anspricht, um die Doktoranden dafür zu sensibilisieren. Wenn jemand Daten fälsche, sei das ja nicht nur ein Problem für die jeweilige Person, sondern auch für alle anderen, mit denen man gemeinsam an Publikationen arbeite. Wenn es herauskommt, zerstöre man nicht nur seine eigene Karriere, sondern auch die vieler anderer Menschen. Er meint: „Es ist sehr wichtig, Menschen auf die Konsequenzen von unethischem Verhalten hinzuweisen, um einzusehen wie falsch so etwas ist. Es ist letztlich Verrat an dem fast schon heiligen Vertrauen, das wir als Wissenschaftler genießen."

Anhang

Anmerkungen zu den Interviews

Tarek Al-Wazir

Das vollständige Interview finden Sie unter: http://www.clbo-frankfurt.org/videos/tarek-al-wazir-im-gesprach-mit-rolf-van-dick/

Das Interview führte ich in Offenbach am 23.08.2012. Es wurde transkribiert von Katharina Stock, die Videoaufnahmen gefilmt und geschnitten von Fabian Holz und Stella May Lochner.

Roy Baumeister

Das vollständige Interview finden Sie unter: http://www.clbo-frankfurt.org/videos/roy-baumeister-interviewed-by-rolf-van-dick-clbo/

Das Interview führte ich mit Roy Baumeister am 25.06.2015 in der Goethe Universität in Frankfurt. Es wurde transkribiert von Tina Hamilton, die zugehörigen Videoaufnahmen gefilmt von Moritz Sirowatka.

Eine leicht veränderte Fassung dieses Textes erschien am 03.01.2017 online in „Die Personalwirtschaft" unter: https://www.personalwirtschaft.de/fuehrung/artikel/zur_fuehrung_befaehigen_aber_nicht_fuehren.html

Norbert Blüm

Das vollständige Interview finden Sie unter: http://www.clbo-frankfurt.org/videos/norbert-bluem/

Das Interview führte ich mit Norbert Blüm am 06.06.2011 in seinem Haus in Bonn. Es wurde transkribiert von Eva Leoni Brust, die zugehörigen Videoaufnahmen gefilmt von Miriam Krüger und Alexander Kirchner.

© Springer-Verlag GmbH Deutschland, ein Teil von Springer Nature 2019
R. van Dick, L. Fink, *Führungsstile: Prominenten und Persönlichkeiten über die Schulter geschaut*,
https://doi.org/10.1007/978-3-662-53321-5

Anhang

Daniel Cohn-Bendit

Das vollständige Interview finden Sie unter: http://www.clbo-frankfurt.org/en/videos/daniel-cohn-bendit-im-gesprach-mit-rolf-van-dick/

Das Interview führte ich am 03.09.2012 in Frankfurt. Es wurde transkribiert von Katharina Stock, die zugehörigen Videoaufnahmen gefilmt und geschnitten von Katharina Thümer und Sophie Karpf.

Rolf-Ernst Breuer

Das vollständige Interview finden Sie unter: http://www.clbo-frankfurt.org/videos/rolf-ernst-breuer/

Das Interview führte ich am 13.09.2011 in Frankfurt. Es wurde transkribiert von Alexander Kirchner, die zugehörigen Videoaufnahmen gefilmt und geschnitten von Alexander Kirchner und Miriam Krüger.

Patrick D. Cowden

Das vollständige Interview finden Sie unter: http://www.clbo-frankfurt.org/en/videos/patrick-d-cowden/

Das Interview führte ich am 27.10.2011 in Frankfurt. Es wurde transkribiert von Eva Leoni Brust, die zugehörigen Videoaufnahmen gefilmt und geschnitten von Alexander Kirchner.

Alice Eagly

Das vollständige Interview finden Sie unter: http://www.clbo-frankfurt.org/en/videos/alice-eagly-interviewed-by-rolf-van-dick/

Das Interview führte ich am 13.12.2011 in Frankfurt. Es wurde transkribiert von Lia Meißner, die zugehörige Videoaufnahme gefilmt von Sophie Karpf und Wiebke Herrmann, geschnitten von Alexander Kirchner.

Gabriele Eick

Das vollständige Interview finden Sie unter: http://www.clbo-frankfurt.org/videos/gabriele-eick-im-gesprach-mit-rolf-van-dick/

Das Interview führte ich am 11.6.2012 in Frankfurt. Es wurde transkribiert von Fanny Zang, die zugehörige Videoaufnahme gefilmt von Fabian Holz und Anna Lisa Aydin.

Johannes zu Eltz

Das vollständige Interview finden Sie unter: http://www.clbo-frankfurt.org/videos/johannes-zu-eltz-im-gesprach-mit-rolf-van-dick/

Das Interview führte ich in Frankfurt im Haus am Dom am 14.05.2012. Es wurde transkribiert von Kelly Schaunsland, die zugehörigen Videoaufnahmen wurden gefilmt und geschnitten von Eva Brust, Katharina Thümer und Kaja ter Horst.

Jürgen Fitschen

Das vollständige Interview finden Sie unter: http://www.clbo-frankfurt.org/videos/juergen-fitschen-im-gespraech-mit-rolf-van-dick/

Das Interview führte ich am 19.11.2013 in Frankfurt in der Vorstandsetage der Deutschen Bank. Es wurde transkribiert von Stella May Lochner, Masterstudierende, die zugehörigen Videoaufnahmen wurden gefilmt von Frank Drzensky und Stephan Braun und geschnitten von Moritz Sirowatka.

Eine leicht veränderte Fassung dieses Textes erschien am 19.05.2016 online in „Die Personalwirtschaft" unter: http://www.personalwirtschaft.de/fuehrung/artikel/das_eine_ist_der_stil_das_andere_der_inhalt.html

Dario Fo

Das vollständige Interview finden Sie unter: http://www.clbo-frankfurt.org/videos/dario-fo-im-gesprach-mit-rolf-van-dick/

Das Gespräch führte ich am 05.06.2013 anlässlich eines Besuches von Dario Fo an der Goethe Universität in Frankfurt. Es wurde transkribiert von Esma Kes, die zugehörigen Videoaufnahmen gefilmt und geschnitten von Katharina Thümer.

Holger Geschwindner

Das vollständige Interview finden Sie unter: http://www.clbo-frankfurt.org/en/videos/holger-geschwindner-im-gesprach-mit-rolf-van-dick/

Das Interview führte ich am 08.05.2013 in Frankfurt. Es wurde transkribiert von Katharina Müller, die zugehörigen Videoaufnahmen gefilmt und geschnitten von Saskia Theune.

Günter Grass

Das vollständige Interview finden Sie unter: https://www.youtube.com/watch?v=vD10wCstlPg

Das Gespräch fand statt im Haus von Günter Grass in Behlendorf am 02.04.2011. Es wurde transkribiert von Alexander Kirchner, die Videoaufnahmen gefilmt und geschnitten von Vanessa Ullrich und Tayfun Terzi.

Michael Groß

Das vollständige Interview finden Sie unter: http://www.clbo-frankfurt.org/videos/michael-gros-im-gesprach-mit-rolf-van-dick/

266 Anhang

Das Gespräch führten wir an der Goethe Universität in Frankfurt am 13.11.2012. Es wurde transkribiert von Stella May Lochner, die zugehörigen Videoaufnahmen gefilmt und geschnitten von Marina Cherniak und Sophie Karpf.

Jürgen Heraeus

Das vollständige Interview finden Sie unter: http://www.clbo-frankfurt.org/videos/jurgen-heraeus-im-gesprach-mit-rolf-van-dick/

Das Interview führte ich am 06.09.2012 in Hanau. Es wurde transkribiert von Katharina Stock, die zugehörige Videoaufnahmen gefilmt und geschnitten von Marina Cherniak und Sophie Karpf.

Roman Herzog

Das vollständige Interview finden Sie unter: http://www.clbo-frankfurt.org/videos/roman-herzog-spricht-mit-rolf-van-dick-2-teil/

Das Interview führte ich mit Roman Herzof auf der Götzenburg in Jagsthausen am 03.05.2012. Es wurde transkribiert von Dunja Balouch, die zugehörigen Videoaufnahmen gefilmt und geschnitten von Anna Lisa Aydin, Sarah Herrmann und Frank Drzensky.

Ottmar Hörl

Das vollständige Interview finden Sie unter: http://www.clbo-frankfurt.org/videos/ottmar-hoerl-im-gespraech-mit-rolf-van-dick/

Das Interview führte ich in Frankfurt am 04.06.2014 als Ottmar Hörl an der Goethe Universität in Frankfurt eine Ausstellung vorbereitete. Es wurde transkribiert von Katharina Nitsche, die zugehörigen Videoaufnahmen gefilmt von Sophie Karpf und geschnitten von Moritz Sirowatka.

Hilmar Hoffmann

Das vollständige Interview finden Sie unter: http://www.clbo-frankfurt.org/videos/rolf-van-dick-im-gesprach-mit-hilmar-hoffmann/

Das Interview führte ich mit Hilmar Hoffmann in seinem Haus in Frankfurt am 09.07.2012. Es wurde gefilmt von Anna Lisa Ewers und Johannes Ullrich, transkribiert von Sophie Karpf, und die Videoaufnahmen geschnitten von Katharina Thümer.

Max Hollein

Das vollständige Interview finden Sie unter: http://www.clbo-frankfurt.org/en/videos/max-hollein-im-gesprach-mit-rolf-van-dick/

Das Interview führte ich am 12.03.2012. Es wurde transkribiert von Dunja Balouch, die zugehörigen Videoaufnahmen gefilmt von Eva Brust und Felix Schopmann.

Kai Klose

Das vollständige Interview finden Sie unter: http://www.clbo-frankfurt.org/videos/kai-klose-im-gesprach-mit-rolf-van-dick/

Das Interview führte ich in Frankfurt am 31.07.2012. Es wurde transkribiert von Katharina Stock, die Videoaufnahmen gefilmt und geschnitten von Marina Cherniak und Kaja ter Horst.

Hilmar Kopper

Das vollständige Interview finden Sie unter: http://www.clbo-frankfurt.org/en/videos/hilmar-kopper-im-gesprach-mit-rolf-van-dick/

Das Interview führte ich am 15.12.2011 in Frankfurt. Es wurde transkribiert von Dunja Balouch, die zugehörigen Videoaufnahmen gefilmt von Sarah Hermann und Miriam Krüger und geschnitten von Alexander Kirchner.

Salomon Korn

Das vollständige Interview finden Sie unter: http://www.clbo-frankfurt.org/videos/salomon-korn-im-gesprach-mit-rolf-van-dick/

Das Gespräch führten wir in Frankfurt in der Jüdischen Gemeinde am 02.08.2012. Es wurde transkribiert von Katharina Stock, die zugehörigen Videoaufnahmen gefilmt und geschnitten von Fabian Holz, Marina Cherniak und Kaja ter Horst.

Dalai Lama

Die Rede des Dalai Lama und die anschließende Diskussion finden Sie unter: http://www.clbo-frankfurt.org/videos/speach-of-the-dalai-lama/ – (das Gespräch mit mir beginnt bei etwa Minute 38)

Der Vortrag und das anschließende Gespräch mit mir fand an der Goethe Universität in Frankfurt am 22.08.2011 statt. Das Gespräch wurde transkribiert von Eva Leoni Brust, die zugehörigen Videoaufnahmen gefilmt und geschnitten von Vanessa Ullrich und Alexander Kirchner, Miriam Krüger und Eva Leoni Brust.

Eine leicht veränderte Fassung dieses Textes erschien am 28.06.2016 online in „Die Personalwirtschaft" unter: https://www.personalwirtschaft.de/fuehrung/artikel/das_wunderbare_in_einem_jeden.html

Heather Landon

Das vollständige Interview finden Sie unter: http://www.clbo-frankfurt.org/en/videos/heather-landon-interviewed-by-rolf-van-dick/

Das Interview führte ich am 30.06.2014 in Frankfurt. Es wurde transkribiert von Valia Pernidaki, die zugehörige Videoaufnahmen gefilmt von Moritz Sirowatka und Katharina Nitsche.

Andreas Leonhardt

Das vollständige Interview finden Sie unter: http://www.clbo-frankfurt.org/en/videos/andreas-leonhardt-im-gesprach-mit-rolf-van-dick/

Das Interview führte ich am 25.06.2012 in Frankfurt. Es wurde transkribiert von Pauline Roehn,, die zugehörige Videoaufnahmen gefilmt von Fabian Holz und Katharina Thümer.

Bernd Loebe

Das vollständige Interview finden Sie unter: http://www.clbo-frankfurt.org/videos/bernd-loebe-im-gesprach-mit-rolf-van-dick/

Das Interview führte ich in der Oper Frankfurt am 11.02.2013. Es wurde transkribiert von Sophie Karpf, die zugehörigen Videoaufnahmen gefilmt und geschnitten von Sophie Karpf und Katharina Thümer.

Ulrike Lunacek

Das vollständige Interview finden Sie unter: http://www.clbo-frankfurt.org/videos/ulrike-lunacek-im-gespraech-mit-rolf-van-dick-clbo/

Das Interview führte ich in der S-Bahn von Frankfurt nach Bad Homburg am 30.04.2015. Es wurde transkribiert von Clara Zwettler, die zugehörige Videoaufnahmen gefilmt von Katharina Thümer.

Frederick P. Morgeson

Das vollständige Interview finden Sie unter: http://www.clbo-frankfurt.org/en/videos/fred-morgeson/

Das Interview führte ich am 01.06.2011 in Frankfurt. Es wurde transkribiert von Eva Leoni Brust, die zugehörigen Videoaufnahmen gefilmt und geschnitten von Vanessa Ullrich, Alexander Kirchner und Miriam Krüger.

Wolfgang Niedecken

Das vollständige Interview finden Sie unter: http://www.clbo-frankfurt.org/videos/wolfgang-niedecken/

Das Interview führte ich am 30.08.2011 im Büro von Wolfgang Niedecken in Köln. Es wurde transkribiert von Marina Cherniak, die zugehörigen Videoaufnahmen gefilmt und geschnitten von Eva Leoni Brust und Johannes Ullrich.

Andrés Orozco-Estrada

Das vollständige Interview finden Sie unter: http://www.clbo-frankfurt.org/en/videos/andres-orozco-estrada-im-gespraech-mit-rolf-van-dick/

Das Interview führte ich am 09.12.2014 in Frankfurt. Es wurde transkribiert von Katharina Thümer, die zugehörige Videoaufnahmen gefilmt von Moritz Sirowatka und Katharina Thümer.

Anhang   269

Bruder Paulus

Das vollständige Interview finden Sie unter: http://www.clbo-frankfurt.org/videos/bruder-paulus-im-gesprach-mit-rolf-van-dick/

Das Interview führte ich in Frankfurt im Kapuzinerkloster am 03.12.2012. Es wurde transkribiert von Stella May Lochner, die zugehörige Videoaufnahme wurde gefilmt von Saskia Theune, Sarah Hermann und Miriam Krüger, und geschnitten von Katharina Thümer.

Birgit Prinz

Das vollständige Interview finden Sie unter: http://www.clbo-frankfurt.org/videos/birgit-prinz/

Das Gespräch führten wir an der Goethe Universität in Frankfurt am 25.03.2011. Es wurde transkribiert von Wiebke Herrmann, die zugehörigen Videoaufnahmen gefilmt und geschnitten von Vanessa Ullrich und Tayfun Terzi.

Stephan Reimelt

Das vollständige Interview finden Sie unter: http://www.clbo-frankfurt.org/videos/stephan-reimelt-im-gespraech-mit-rolf-van-dick-clbo/

Das Interview führte ich mit Stephan Reimelt im GE-Gebäude in Frankfurt am 28.05.2015. Es wurde transkribiert von Katharina Nitsche, die zugehörigen Videoaufnahmen wurden gefilmt von Katharina Thümer.

Eine leicht veränderte Fassung dieses Textes erschien am 02.12.2016 online in „Die Personalwirtschaft" unter: https://www.personalwirtschaft.de/fuehrung/artikel/fuehrungstools_wie_in_einer_grossen_werkzeugkiste.html

Edzard Reuter

Das vollständige Interview finden Sie unter: http://www.clbo-frankfurt.org/en/videos/edzard-reutert-im-gespraech-mit-rolf-van-dick/

Das Interview führte ich am 16.09.2013 in Stuttgart. Es wurde transkribiert von Katharina Müller, die zugehörigen Videoaufnahmen gefilmt von Miriam Krüger und Frank Drzensky und geschnitten von Sophie Karpf.

Boris Rhein

Das vollständige Interview finden Sie unter: http://www.clbo-frankfurt.org/videos/boris-rhein-im-gespraech-mit-rolf-van-dick-clbo/

Das Interview führte ich am 27.11.2015 in Wiesbaden. Es wurde transkribiert von Kyra Neuwirth, die zugehörige Videoaufnahme gefilmt von Moritz Sirowatka.

Jan Rinnert

Das vollständige Interview finden Sie unter: http://www.clbo-frankfurt.org/en/videos/jan-rinnert-im-gesprach-mit-rolf-van-dick/

Das Interview führte ich am 23.08.2011 in Frankfurt. Es wurde transkribiert von Marina Cherniak, die zugehörige Videoaufnahmen gefilmt und geschnitten von Alexander Kirchner und Eva Leoni Brust.

Petra Roth
Das Interview finden Sie unter: http://www.clbo-frankfurt.org/videos/petra-roth/
Das Interview führte ich in Frankfurt am 28.06.2011. Es wurde transkribiert von Jana Schneider, die Videoaufnahmen gefilmt und geschnitten von Vanessa Ullrich und Alexander Kirchner.

Sylvia Schenk
Das vollständige Interview finden Sie unter: http://www.clbo-frankfurt.org/en/videos/sylvia-schenk-im-gesprach-mit-rolf-van-dick/
Das Interview führte ich am 14.02.2013 in Frankfurt. Es wurde transkribiert von Katharina Müller, die zugehörige Videoaufnahme gefilmt und geschnitten von Tanja Baumeister und Katharina Thümer.

Sabine Schmittroth
Das vollständige Interview finden Sie unter: http://www.clbo-frankfurt.org/videos/sabine-schmittroth-im-gespraech-mit-rolf-van-dick/
Das Interview führte ich am 06.03.2014 in Frankfurt. Es wurde transkribiert von Saskia Seel, die zugehörige Videoaufnahmen gefilmt von Moritz Sirowatka und Miriam Summ.

Wolfgang Schneiderhan
Das vollständige Interview finden Sie unter: http://www.clbo-frankfurt.org/videos/wolfgang-schneiderhan-im-gesprach-mit-rolf-van-dick/
Das Interview führte ich am 10.09.2012 in Bad Soden. Es wurde transkribiert von Katharina Stock, die zugehörige Videoaufnahmen gefilmt und geschnitten von Fabian Holz und Frank Drzensky.

Albert Speer
Das vollständige Interview finden Sie unter: http://www.clbo-frankfurt.org/en/videos/albert-speer/.
Das Interview führte ich am 22.06.2011 in Frankfurt. Es wurde transkribiert von Eva Leoni Brust, die zugehörige Videoaufnahmen gefilmt und geschnitten von Alexander Kirchner, und Johannes Ullrich.

Sahra Wagenknecht
Das vollständige Interview finden Sie unter: http://www.clbo-frankfurt.org/videos/sahra-wagenknecht-im-gesprach-mit-rolf-van-dick/

Das Interview wurde in Frankfurt am 17.12.2012 geführt und transkribiert von Stella May Lochner, die zugehörigen Videoaufnahmen wurden gefilmt und geschnitten von Stella May Lochner und Katharina Thümer.

Eine leicht veränderte Fassung dieses Textes erschien am 28.06.2016 online in „Die Personalwirtschaft" unter: http://www.personalwirtschaft.de/fuehrung/artikel/ohne_erpressung_ohne_druck_sondern_mit_den_besseren_argumenten.html

Götz W. Werner
Das vollständige Interview finden Sie unter: http://www.clbo-frankfurt.org/videos/gotz-w-werner-im-gesprach-mit-rolf-van-dick/

Das Interview führte ich am 23.10.2012 in Frankfurt. Es wurde transkribiert von Janine Becker, die zugehörige Videoaufnahmen gefilmt und geschnitten von Kaja ter Horst und Frank Drzensky.

Michael A. West
Das vollständige Interview finden Sie unter: http://www.clbo-frankfurt.org/videos/michael-west/

Das Interview führte ich am 24.06.2011 in Frankfurt. Es wurde transkribiert von Denis Day, die zugehörigen Videoaufnahmen gefilmt und geschnitten von den Vanessa Ullrich und Alexander Kirchner.

Ullrich Wickert
Das vollständige Interview finden Sie unter: http://www.clbo-frankfurt.org/videos/ulrich-wickert-im-gesprach-mit-rolf-van-dick/

Das Interview wurde am 13.10.2011 in Frankfurt auf der Buchmesse geführt. Es wurde gefilmt und geschnitten von Miriam Krüger und transkribiert von Eva Leoni Brust.

Asfa-Wossen-Asserate
Das vollständige Interview finden Sie unter: http://www.clbo-frankfurt.org/videos/asfa-wossen-asserate-im-gespraech-mit-rolf-van-dick-clbo/

Das Interview führte ich am 11.02.2016 in Frankfurt. Es wurde transkribiert von Clara Zwettler, die zugehörige Videoaufnahmen gefilmt von Fabian Holz und Kyra Neuwirth.

Literaturempfehlungen

Akerlof, G. A., Kranton, R. E. (2008). Identity, supervision, and work groups. American Economic Review, 98(2), 212–17.

Alimo-Metcalfe, B. (1995). An investigation of female and male constructs of leadership and empowerment. Women in Management Review, 10(2), 3–8.

Anderson, N., Schalk, R. (1998). The psychological contract in retrospect and prospect. Journal of Organizational Behavior, 19(1), 637–647.

Andrews, F. M., Withey, S. B. (1974). Developing measures of perceived life quality: Results from several national surveys. Social Indicators Research, 1(1), 1–26.

Antons, K. (2013). Gruppenprozesse verstehen: Gruppendynamische Forschung und Praxis. Wiesbaden, Deutschland: Springer-Verlag.

Argyris, C. (1960). Understanding organizational behavior. Oxford, England: Dorsey.

Avolio, B. J., Gardner, W. L. (2005). Authentic leadership development: Getting to the root of positive forms of leadership. Leadership Quarterly, 16, 315–338.

Azanza, G., Moriano, J. A., Melero, F. (2013). Authentic leadership and organizational culture as drivers of employees' job satisfaction. Journal of Work and Organizational Psychology, 29, 45–50.

Bandura, A. (1986). Fearful expectations and avoidant actions as coeffects of perceived self-inefficacy. American Psychologist, 41(12), 1389–1391.

Bandura, A. Ross, D., Ross, S. A. (1961). Transmission of aggression through the imitation of aggressive models. Journal of Abnormal and Social Psychology, 63, 575–582.

Bandura, A., Walters, R. H. (1977). Social learning theory (Vol. 1). Englewood Cliffs, NJ: Prentice-hall.

Bänke, A.-K., Schuster, C., van Dick, R. (2018). Change Leadership: Warum es sich auszahlt. OrganisationsEntwicklung 3/2018, 98–100.

Bass, B. M. (1990). From transactional to transformational leadership: good, better, best. Organizational Dynamics, 3, 26–40.

© Springer-Verlag GmbH Deutschland, ein Teil von Springer Nature 2019
R. van Dick, L. Fink, *Führungsstile: Prominenten und Persönlichkeiten über die Schulter geschaut*,
https://doi.org/10.1007/978-3-662-53321-5

274 Literaturempfehlungen

Bjugstad, K., Thach, E. C., Thompson, K. J., Morris, A. (2006). A fresh look at followership: A model for matching followership and leadership styles. Journal of Behavioral and Applied Management, 7(3), 304.

Braun, S., Hernandez Bark, A., Kirchner, A., Stegmann, S., & Van Dick, R. (2015). Emails From the Boss—Curse or Blessing? Relations Between Communication Channels, Leader Evaluation, and Employees' Attitudes. International Journal of Business Communication, DOI: 2329488415597516.

Brodbeck, F. C., Frese, M., Javidan, M. (2002). Leadership made in Germany: Low on compassion, high on performance. Academy of Management Executive, 16, 16–29.

Brodbeck, F.C. (2016). Internationale Führung. Das GLOBE-Brevier in der Praxis. Berlin, Heidelberg: Springer.

Brown, M. E., Treviño, L. K., Harrison, D. A. (2005). Ethical leadership: A social learning perspective for construct development and testing. Organizational Behavior and Human Decision Processes, 97(2), 117–134.

Chen, C. C., Van Velsor, E. (1996). New directions for research and practice in diversity leadership. The Leadership Quarterly, 7(2), 285–302.

Chhokar, J. S., Brodbeck, F. C., House, R. J. (Eds.). (2007). Culture and leadership across the world: The GLOBE book of in-depth studies of 25 societies. Mawah, NY: Lawrence Erlbaum.

Clases, C., Ryser, T., Jeive, M. (2008). Prozessvertrauen – 'Missing-Link' zwischen interpersonalem Vertrauen und Systemvertrauen. Wirtschaftspsychologie, 10(1), 20–26.

Conger, J. A., Kanungo, R. N. (1998). Charismatic leadership in organizations. Thousand Oaks, CA: Sage Publications.

Conger, J. A., Kanungo, R. N. (1988). Training charismatic leadership: A risky and critical task. In: J.A. Conger & R.N. Kanungo (Eds.), Charismatic leadership: The elusive factor in organizational effectiveness (309-323). San Francisco, CA: Jossey Bass.

Cropanzano, R., Howes, J. C., Grandey, A. A., Toth, P. (1997). The relationship of organizational politics and support to work behaviors, attitudes, and stress. Journal of Organizational behavior, 18(2), 159–180.

Cummings, J. N. (2004). Work groups, structural diversity, and knowledge sharing in a global organization. Management Science, 50(3), 352–364.

Deci, E. L., Ryan, R. M. (1975). Intrinsic motivation. New York, NY: Plenum Publishing Co.

Deci, E. L., Ryan, R. M. (1993). Die Selbstbestimmungstheorie der Motivation und ihre Bedeutung für die Pädagogik. Zeitschrift für Pädagogik, 39(2), 223–238.

Denning, S. (2012). The springboard: How storytelling ignites action in knowledge-era organizations. New York, NY: Routledge Taylor & Francis Group.

Dewey, J. (1900). Psychology and social practice. Psychological Review, 7(2), 105.

Dewey, J. (1926). Experience and nature. Chicago, IL: Open Court.

Dewey, J. Dewey, E. (1915). Schools of To-morrow. New York, NY: New Dutton & Co.

Literaturempfehlungen 275

Dirks, K. T., Ferrin, D. L. (2001). The role of trust in organizational settings. Organization Science, 12(4), 450–467.

Dirks, K. T., Ferrin, D. L. (2002). Trust in leadership: Meta-analytic findings and implications for research and practice. Journal of Applied Psychology, 87(4), 611.

Doppler, K., Lauterburg, C. (2008). Change management: Den Unternehmenswandel gestalten. Frankfurt, Deutschland: Campus Verlag GmbH.

Dorfman, P., Javidan, M., Hanges, P., Dastmalchian, A., House, R. (2012). GLOBE: A twenty year journey into the intriguing world of culture and leadership. Journal of World Business, 47(4), 504–518.

Dr. Wieselhuber und Partner (1997). Handbuch lernende Organisation–Unternehmens- und Mitarbeiterpotenziale erfolgreich erschließen. Wiesbaden, Deutschland: Gabler-Verlag.

Eagly, A. H., Johannesen-Schmidt, M. C., Van Engen, M. L. (2003). Transformational, transactional, and laissez-faire leadership styles: a meta-analysis comparing women and men. Psychological Bulletin, 129, 569–591.

Eberspächer, H. (1983). Probleme des Coaching als praktisch-psychologische Tätigkeit im Sport, in: Janssen, J.P./Hahn, E. (Hrsg.), Aktivierung, Motivation, Handlung und Coaching im Sport. Schriftenreihe des Bundesinstituts für Sportwissenschaft, Bd. 52. Schorndorf, Deutschland: Karl Hofmann Verlag.

Ellemers, N., Gilder, D., D., Haslam, S. A. (2004). Motivating individuals and groups at work: A social identity perspective on leadership and group performance. Academy of Management Review, 29(3), 459–478.

Elprana, G., Stiehl, S., Gatzka, M., Felfe, J. (2012). Gender differences in motivation to lead in Germany. In Quaiser-Pohl. C & Endepohls-Ulpe, M. (Eds.) Women's choices in Europe. Influence of Gender on Education, Occupational Career and family development (pp. 135-150). Münster, Germany: Waxmann.

Felfe, J. (2009). Mitarbeiterführung: Praxis der Personalpsychologie. Göttingen, Deutschland: Hogrefe Verlag.

Felfe, J., van Dick, R. (2016). (Hrsg.) Handbuch Mitarbeiterführung: Wirtschafts-psychologisches Praxiswissen für Fach- und Führungskräfte. Berlin, Heidelberg: Springer.

Fiedler, F. E. (1967). A theory of leadership effectiveness. New York, NY: McGraw-Hill.

Fischer-Epe, M. (2017). Coaching: miteinander Ziele erreichen. Rowohlt Verlag GmbH.

Franken, S. (2010). Verhaltensorientierte Führung: Handeln, Lernen und Diversity in Unternehmen. Berlin, Deutschland: Gabler Verlag.

Fredrickson, B. L., Losada, M. F. (2005). Positive affect and the complex dynamics of human flourishing. American Psychologist, 60(7), 678.

French, J., Raven, B. (1959). The bases of social power. In D. Cartwright (Ed.), Studies in Social Power (pp. 150–167). Ann Arbor, MI: Institute for Social Research.

Frey, D., Faulmüller, N. S., Winkler, M., Wendt, M. (2002). Verhaltensregeln als Voraussetzung zur Realisierung moralisch-ethischer Werte in Firmen. German Journal of Human Resource Management, 16(2), 135–155.

276 Literaturempfehlungen

Friedrich, C. J. (1960). Politische Autorität und Demokratie. Zeitschrift für Politik, 7(1), 1–12.

Gebert, D., Von Rosenstiel, L. (2002). Organisationspsychologie: Person und Organisation. München, Deutschland: Kohlhammer.

Geißler, H., Geißler-Gruber, B. (2002). Anerkennungsgespräche—ein Instrument gesundheitsförderlicher Führung. Gruppe. Interaktion. Organisation. Zeitschrift für Angewandte Organisationspsychologie (GIO), 33(4), 403–418.

Geißler, H., Bökenheide, T., Geißler-Gruber, B., Schlünkes, H., Rinninsland, G. (2004). Der anerkennende Erfahrungsaustausch: Das neue Instrument für die Führung. Frankfurt, Deutschland: Campus Verlag GmbH.

Goleman, D. (1995). Emotional intelligence. New York, NY: Bantam Books.

Goleman, D. (2013). Leadership: The power of emotional intelligence. Northampton, MA: More Than Sound LLC.

Goleman, D., Boyatzis, R. E., McKee, A. (2001). Primal leadership: The hidden driver of great performance. Harvard Business Review, 79(11), 42–51.

Goleman, D., Boyatzis, R. E., McKee, A. (2013). Primal leadership: Unleashing the power of emotional intelligence. Boston, MA: Harvard Business Press.

Gong, Y., Huang, J. C., Farh, J. L. (2009). Employee learning orientation, transformational leadership, and employee creativity: The mediating role of employee creative self-efficacy. Academy of Management Journal, 52, 765–778.

Graen, G. B., Uhl-Bien, M. (1995). Relationship-based approach to leadership: Development of leader-member exchange (LMX) theory of leadership over 25 years: Applying a multi-level multi-domain perspective. The Leadership Quarterly, 6, 219–247.

Graham, J. L. (1983). Brazilian, Japanese, and American business negotiations. Journal of International Business Studies, 14(1), 47–61.

Greenleaf, R. K. (1977). Servant leadership: A journey into the nature of legitimate power and greatness. New York, NY: Paulist Press.

Grint, K. (2005). Leadership: Limits and possibilities. New York, NY: Palgrave Macmillan.

Hackman, J. R., Oldham, G. R. (1980). Work redesign. Reading, England: Addison-Wesley.

Hamel, G. (April 2009). Mission: Management 2.0. Harvard Business Manager, S. 86-95.

Hansen, T.L. Jr. (1987). Management's impact on first line supervisor effectiveness. SAM Advanced Management Journal, 52, 41–45.

Harteis, C., Bauer, J., Heid, H. (2006). Der Umgang mit Fehlern als Merkmal betrieblicher Fehlerkultur und Voraussetzung für Professional Learning. Schweizerische Zeitschrift für Bildungswissenschaften, 28(1), 111.

Haslam, S. A. (2004). Psychology in organizations. Thousand Oakes, CA: Sage.

Haslam, S. A., Reicher, S. D., Platow, M. J. (2010). The new psychology of leadership: Identity, influence and power. New York, NY: Psychology Press.

Haslam, S. A., Reicher, S. D., & Platow, M. J. (2011). The new psychology of leadership: Identity, influence and power. London & New York: Psychology Press.

Herger, M. (2017). Das Silicon Valley Mindset. Kulmbach, Deutschland: Plassen Verlag.

Hernandez Bark, A., Escartin, J., & Van Dick, R. (2014). Gender and leadership in Spain: A systematic review of some key aspects. Sex Roles, 70, 522–537.

Hersey, P., Blanchard, K. H., Natemeyer, W. E. (1979). Situational leadership, perception, and the impact of power. Group & Organization Studies, 4(4), 418–428.

Hinterhuber, H. H., Pircher-Friedrich, A. M., Reinhardt, R., Schnorrenberg, L. (2007) Servant Leadership: Prinzipien dienender Unternehmensführung. Berlin, Deutschland: Erich Schmidt Verlag GmbH & Co KG.

Hofstede, G. (1980). Motivation, leadership, and organization: Do American theories apply abroad? Organizational Dynamics, 9(1), 42–63.

Hofstede, G. (1984). Cultural dimensions in management and planning. Asia Pacific Journal of Management, 1(2), 81–99.

Hogg, M. A., van Knippenberg, D. (2003). Social identity and leadership processes in groups. In M. P. Zanna (Ed.), Advances in Experimental Social Psychology (Vol. 35., pp. 1–52). New York: Academic Press.

Hogg, M. A., van Knippenberg, D., Rast, D. E., III (2012). The social identity theory of leadership: Theoretical origins, research findings, and conceptual developments. European Review of Social Psychology, 23, 258–304.

Hollander, E. P. (2013). Organizational leadership and followership. Social Psychology at Work (Psychology Revivals): Essays in Honour of Michael Argyle. London, England: Taylor & Francis Group.

Hollstein, B., Straus, F. (2006). Qualitative Netzwerkanalyse: Konzepte, Methoden, Anwendungen. Wiesbaden, Deutschland: VS Verlag für Sozialwissenschaften.

Holm-Hadulla, R. M. (2000). Kreativität. Berlin, Deutschland: Springer-Verlag.

Homan, A. C., Van Knippenberg, D., Van Kleef, G. A., De Dreu, C. K. (2007). Bridging faultlines by valuing diversity: Diversity beliefs, information elaboration, and performance in diverse work groups. Journal of Applied Psychology, 92(5), 1189.

Hopkins, W. E., Hopkins, S. A. (1999). Diversity leadership: A mandate for the 21st century workforce. Journal of Leadership Studies, 5(3), 129–140.

House, R. J., Mitchell, T. R. (1975). Path-goal theory of leadership. Seattle, WA: University of Washington.

House, R.J., Hanges, P.J., Javidan, M., Dorfman, P.W., Gupta, V. (eds.). (2004). Culture, Leadership, and Organizations: The GLOBE Study of 62 Societies. Thousand Oaks, CA: Sage Publications.

Howell, J. M., Frost, P. J. (1989). A laboratory study of charismatic leadership. Organizational Behavior and Human Decision Processes, 43, 243–269.

Huang, X., Iun, J., Liu, A., Gong, Y. (2010). Does participative leadership enhance work performance by inducing empowerment or trust? The differential effects on managerial and non-managerial subordinates. Journal of Organizational Behavior, 31(1), 122–143.

Ilgen, D. R., Hollenbeck, J. R., Johnson, M., Jundt, D. 2005. Teams in organizations: From I-P-O Models to IMOI models. In S. T. Fiske, A. E. Kazdin, & D. L. Schacter (Eds.), Annual Review of Psychology, 56, 517–543. Palo Alto, CA: Annual Reviews.

Janis, I. (1972). Victims of Groupthink: A psychological study of foreign-policy decisions and fiascoes. Boston, MA: Houghton Mifflin.

Judge, T. A., Piccolo, R. F. (2004). Transformational and transactional leadership: A meta-analytic test of their relative validity. Journal of Applied Psychology, 89, 755–768.

Judge, T. A., Bono, J. E., Ilies, R., Gerhardt, M. W. (2002). Personality and leadership: a qualitative and quantitative review. Journal of Applied Psychology, 87, 765–780.

Judge, T. A., Piccolo, R. F., Ilies, R. (2004). The forgotten ones? The validity of consideration and initiating structure in leadership research. Journal of Applied Psychology, 89, 36–51.

Katz, D., Kahn, R. L. (1952). Some recent findings in human-relations research in industry. In: Swanson, E., Newcomb, T., Hartley, E. (Hg.): Readings in social psychology (pp. 650-665). New York, NY: Holt.

Keller, S., Price, C. (2011). Beyond performance: How great organizations build ultimate competitive advantage. New York, NY: John Wiley & Sons.

Kelley, R. E. (1992). The power of followership: How to create leaders people want to follow, and followers who lead themselves. New York, NY: Broadway Business.

Kerschreiter, R., Van Dick, R. (2017). Führung in Gruppen: Der soziale Identitätsansatz der Führung [The social identity approach to leadership]. In D. Frey & H.W. Bierhoff (Eds.), Enzyklopädie der Psychologie (Sozialpsychologie 3, S. 718–743). Göttingen: Hogrefe.

Kolb, D. A. (1984). Experiential learning: Experience as the source of learning and development (Vol. 1). Englewood Cliffs, NJ: Prentice-Hall.

Kossbiel, H. (1995). Anerkennung und Kritik als Führungsinstrumente. In Alfred Kieser (Hg.), Handwörterbuch der Führung (S 22-33). Stuttgart, Deutschland: Schäffer-Poeschel.

Kruse, P. (1997). Selbstorganisationskonzepte in der Unternehmensführung. Wissenschaftstheorie Wissenschaft und Philosophie, 43, 307–325.

Kuhl, J. (1983). Emotion, cognition, and motivation: The functional significance of emotions in perception, memory, problem-solving, and overt action. Sprache & Kognition, 2(4), 228–253.

Landsberg, M. (2000). The tools of leadership: Vision, inspiration, momentum. London, England: HarperCollins.

Lauer, T. (2010). Change management: Grundlagen und Erfolgsfaktoren. Berlin, Deutschland: Springer.

Lee, C. M., Miller, W. F., Hancock, M. G., Rowen, H. S. (2000). The silicon valley edge: A habit for innovation and entrepreneurship. Stanford, CA: Stanford University Press.

Lemke, T. (1997). Eine Kritik der politischen Vernunft – Foucaults Analyse der modernen Gouvernmentalität. Berlin, Deutschland: Argument.

Lemke, T. (2001). The birth of bio-politics: Michel Foucault's lecture at the Collège de France on neo-liberal governmentality. Economy and Society, 30(2), 190–207.

Lepper, M. R., Greene, D., Nisbett, R. E. (1973). Undermining children's intrinsic interest with extrinsic reward: A test of the" overjustification" hypothesis. Journal of Personality and Social Psychology, 28, 129–134.

Lewin, K. (1947). Frontiers in group dynamics: Concept, method and reality in social science; social equilibria and social change. Human Relations, 1(1), 5–41.

Luthans, F. (2002). The need for and meaning of positive organizational behavior. Journal of Organizational Behavior, 23(6), 695–706.

Luthans, F., Luthans, K. W., Luthans, B. C. (2004). Positive psychological capital: Beyond human and social capital. Business Horizons, 47, 45–50.

Manz, C. C. (1992). Self-leadership… the heart of empowerment. The Journal for Quality and Participation, 15(4), 80.

Martin, R., Guillaume, Y., Thomas, G., Lee, A., Epitropaki, O. (2016). Leader–Member exchange (LMX) and performance: A Meta-Analytic review. Personnel Psychology, 69, 67–121.

McClelland, D. C. (1975). Power: The inner experience. Oxford, England: Irvington.

McCrae, R. R., Costa, P. T., Jr. (1996). Toward a new generation of personality theories: Theoretical contexts for the five-factor model. In J. S. Wiggins (Ed.), The five-factor model of personality: Theoretical perspectives (pp. 51-87). New York, NY: Guilford.

McGregor, D. (1960). The Human Side of Enterprise. New York, NY: McGraw-Hill.

McGregor, D. (1967) The Professional Manager. New York, NY: McGraw-Hill.

Meek, V. L. (1988). Organizational culture: Origins and weaknesses. Organization Studies, 9(4), 453–473.

Müller, G. F. (2003). Selbstführung. Strategien zur Erhöhung innerer Transparenz und äußerer Wirksamkeit für mehr berufliche Selbstverwirklichung, in: G. F. Müller (Hrsg.). Selbstverwirklichung im Arbeitsleben, Lengerich, S. 171–202.

Müller, G. F. (2005). Führung durch Selbstführung. Gruppe. Interaktion. Organisation. Zeitschrift für Angewandte Organisationspsychologie (GIO), 36(3), 325–334.

Mumford, M. D., Zaccaro, S. J., Harding, F. D., Jacobs, T. O., Fleishman, E. A. (2000). Leadership skills for a changing world: Solving complex social problems. The Leadership Quarterly, 11(1), 11–35.

Mumford, T. V., Campion, M. A., Morgeson, F. P. (2007). The leadership skills strataplex: Leadership skill requirements across organizational levels. The Leadership Quarterly, 18(2), 154–166.

Murnighan, J.K. (2012). Do nothing. How to stop overmanaging and become a great leader. New York, NY: Penguin.

Neck, C. P., Manz, C. C. (1996). Thought self-leadership: The impact of mental strategies training on employee cognition, behavior, and affect. Journal of Organizational Behavior, 17(5), 445–467.

280 Literaturempfehlungen

Neher, W.W. (1997). Organizational Communication – Challenges of Change, Diversity, and Continuity. Boston, MA: Allyn and Bacon.

Neubauer, W., Rosemann, B. (2006). Führung, Macht und Vertrauen in Organisationen. W. Stuttgart, Deutschland: Kohlhammer Verlag.

Neuberger, O. (2002). Führen und Führen lassen. Ansätze, Ergebnisse und Kritik der Führungsforschung. Stuttgart, Deutschland: Lucius & Lucius.

Neuberger, O. (2004). Das Mitarbeitergespräch. Praktische Grundlagen für erfolgreiche Führungsarbeit. Leonberg, Deutschland: Rosenberger.

Noll, B. (2002). Wirtschafts- und Unternehmensethik in der Marktwirtschaft. Stuttgart, Germany: W. Kohlhammer.

Nonaka, I., Toyama, R., Konno, N. (2005). SECI, ba and leadership: A unified model of dynamic knowledge creation. Knowledge Management: Critical Perspectives on Business and Management, 2(317), 16–29.

Northouse, P. G. (2013). Leadership: Theory and Practice, (6th ed). London, England: Sage Publications, Inc.

Osborn, R., Hunt, J. G., Jauch, L. R. (1980). Organization theory: An integrated approach. New York, NY: John Wiley & Sons.

Osten, M. (2006). Die Kunst, Fehler zu machen. Frankfurt, Deutschland: Suhrkamp.

Peters, L. H., Hartke, D. D., Pohlmann, J. T. (1985). Fiedler's Contingency Theory of Leadership: An application of the meta-analysis procedures of Schmidt and Hunter. Psychological Bulletin, 97, 274–285.

Petry, T. (2016). Digital Leadership: Erfolgreiches Führen in Zeiten der Digital Economy. München, Deutschland: Haufe-Lexware.

Pielstick, C. D. (2000). Formal vs. informal leading: A comparative analysis. Journal of Leadership Studies, 7(3), 99–114.

Posner, B. Z., Kouzes, J. M. (1993). Psychometric properties of the leadership practices inventory-updated. Educational and Psychological Measurement, 53(1), 191–199.

Prohaska, S. (2015). Mit Fragen führen. SW Sozialwirtschaft, 25(2), 28–29.

Prussia, G. E., Anderson, J. S., Manz, C. C. (1998). Self-leadership and performance outcomes: The mediating influence of self-efficacy. Journal of Organizational Behavior, 19(5), 523–538.

Pundt, A., Venz, L. (2016). Emotional intelligent führen: Emotionen im Führungsprozess erkennen, verstehen und steuern. In Felfe, J. & Van Dick, R. (Eds.). Handbuch Mitarbeiterführung: Wirtschafspsychologisches Praxiswissen für Fach-und Führungskräfte (S. 317–328). Heidelberg, Deutschland: Springer-Verlag.

Rauen, C. (2003). Unterschiede zwischen Coaching und Psychotherapie. Organisationsberatung, Supervision, Coaching, 10(3), 289–292.

Regnet, E. (2007). Konflikt und Kooperation: Konflikthandhabung in Führungs- und Teamsituationen. Göttingen, Deutschland: Hogrefe Verlag.

Richter, A., West, M.A., Van Dick, R., Dawson, J.F. (2006). Boundary spanners' identification, intergroup contact and effective intergroup relations. Academy of Management Journal, 49, 1252–1269.

Literaturempfehlungen 281

Rifkin, J. (2004). Das Ende der Arbeit und ihre Zukunft: Neue Konzepte für das 21. Jahrhundert. New York, NY: Campus Verlag.

Riggio, R. E., Reichard, R. J. (2008). The emotional and social intelligences of effective leadership: An emotional and social skill approach. Journal of Managerial Psychology, 23(2), 169–185.

Riggio, R. E., Chaleff, I., & Lipman-Blumen, J. (2008). The art of followership: How great followers create great leaders and organizations. San Francisco, CA: John Wiley & Sons.

Robinson, K. (2013). Finding your element: How to discover your talents and passions and transform your life. New York, NY: Penguin Group.

Rogers, E. M., Agarwala-Rogers, R. (1976). Communication in organizations. New York, NY: Free Press.

Rosenstiel, L. v. (1992). Grundlagen der Organisationspsychologie. Stuttgart, Deutschland: Schäffer-Pöschel.

Rousseau, D. (1995). Psychological contracts in organizations: Understanding written and unwritten agreements. London, England: Sage Publications.

Rousseau, D. M., Sitkin, S. B., Burt, R. S., Camerer, C. (1998). Not so different after all: A cross-discipline view of trust. Academy of Management Review, 23(3), 393–404.

Salovey, P., Mayer, J. D. (1990). Emotional intelligence. Imagination, Cognition and Personality, 9(3), 185–211.

Salzwedel, M., Tödter, U. (2013). Authentisch führen: Soziale Kompetenz als Führungskraft mit dem Business-Enneageamm. Freiburg, Deutschland: Haufe Gruppe.

Sandberg, S. (2013). Lean in: Women, work, and the will to lead. New York, NY: Random House.

Sartre, J. P. (1987). Existentialism and Human Emotions. New York, NY: Kensington Publishing Corp.

Schein, E. H. (2010). Organizational culture and leadership. San Francisco, CA: John Wiley & Sons.

Schmidt, A. M. (2013). Führung. Teilhabe. Verantwortung. München, Deutschland: GRIN Verlag.

Schneider, W., Bös, K., Rieder, H. (1993). Leistungsprognose bei jugendlichen Spitzensportlern. In J. Beckmann, H. Strang & E. Hahn (Eds.), Aufmerksamkeit und Energetisierung (pp. 277-299). Göttingen, Deutschland: Hogrefe.

Schriesheim, C. A., Tepper, B. J., Tetrault, L. A. (1994). Least preferred co-worker score, situational control, and leadership effectiveness: A meta-analysis of contingency model performance predictions. Journal of Applied Psychology, 79, 561–573.

Schrör, T. (2016). Führungskompetenz durch achtsame Selbstwahrnehmung und Selbstführung: Eine Anleitung für die Praxis. Bamberg, Deutschland: Springer-Verlag.

Schuh, S.C., Zhang, X-a., Tian, P., Morgeson, F., Van Dick, R. (2018). Are you really doing good things in your boss's eyes? Interactive effects of subordinate innovative behavior and leader-member-exchange on supervisor ratings of job performance. Human Resource Management, 57, 397–409.

Seligman, M. (1998). Learned optimism. New York, NY: Pocket Books.

Seligman, M. (2002). Authentic happiness. New York, NY: Free Press.

Sinek, S. (2009). Start with why: How great leaders inspire everyone to take action. New York, NY: Portfolio.

Spears, L. C. (2010). Character and servant leadership: Ten characteristics of effective, caring leaders. The Journal of Virtues & Leadership, 1(1), 25–30.

Spector, P. E. (1986). Perceived control by employees: A meta-analysis of studies concerning autonomy and participation at work. Human Relations, 39(11), 1005–1016.

Sprenger, M. (1999). Learning and memory: The brain in action. Alexandria, VA: ASCD.

Sprenger, R. K. (2006). Vertrauen: wichtiger als Strategie! Leadership—Best Practices und Trends. Wiesbaden, Deutschland: Gabler.

Steffens, N. K., Peters, K., Haslam, S. A., van Dick, R. (2017). Dying for charisma: Leaders' inspirational appeal increases post-mortem. The Leadership Quarterly, 28(4), 530–542.

Steiger, T., Lippmann, E. (2013). Handbuch Angewandte Psychologie für Führungskräfte. Berlin, Deutschland: Springer.

Stentz, J. E., Clark, V. L. P., Matkin, G. S. (2012). Applying mixed methods to leadership research: A review of current practices. The Leadership Quarterly, 23(6), 1173–1183.

Taylor, C. (1992). The ethics of authenticity. Boston, MA: Harvard University Press.

Tuckey, M. R., Bakker, A. B., Dollard, M. F. (2012). Empowering leaders optimize working conditions for engagement: A multilevel study. Journal of Occupational Health Psychology, 17, 15–27.

Uhl-Bien, M. (2006). Relational leadership theory: Exploring the social processes of leadership and organizing. The Leadership Quarterly, 17(6), 654–676.

Ullrich, J., Christ, O., Van Dick, R. (2009). Substitutes for procedural fairness: Prototypical leaders are endorsed whether they are fair or not. Journal of Applied Psychology, 94, 235–244.

Ullrich, J., Wieseke, J., Dick, R. V. (2005). Continuity and change in mergers and acquisitions: A social identity case study of a German industrial merger. Journal of Management Studies, 42(8), 1549–1569.

Van Dick, R. (2015). Stress lass nach!: Wie Gruppen unser Stresserleben beeinflussen. Heidelberg, Deutschland: Springer-Verlag.

Van Dick, R. (2017). Identifikation und Commitment fördern. Göttingen, Deutschland: Hogrefe.

Van Dick, R., Christ, O., Stellmacher, J., Wagner, U., Ahlswede, O., Grubba, C., Hauptmeier, M., Höhfeld, C., Moltzen, K., Tissington, P.A. (2004). Should I stay or should I go? Explaining turnover intentions with organizational identification and job satisfaction. British Journal of Management, 15, 351–360.

Van Dick, R., Lemoine, J.E., Steffens, N.K., Kerschreiter, R., Akfirat, S.A., Avanzi, L., Dumont, K., Epitropaki, O., Fransen, K., Giessner, S., Gonzáles, R., Kark, R., Lipponen, J., Markovits, Y., Monzani, L., Orosz, G., Pandey, D., Roland-Lévy, C., Schuh, S.C., Sekiguchi, T., Song, L.J., Stouten, J., Tatachari, S., Valdenegro, D., van Bunderen, L., Vörös, V., Wong, S.I., Zhang, X-a., Haslam, S.A. (in press). Identity leadership going global: Validation of the Identity Leadership Inventory across 20 countries. Journal of Occupational and Organizational Psychology. https://doi.org/10.1111/joop.12223.

Van Knippenberg, D., Haslam, S. A., Platow, M. J. (2007). Unity through diversity: Value-in-diversity beliefs, work group diversity, and group identification. Group Dynamics: Theory, Research, and Practice, 11(3), 207.

Van Knippenberg, D., Van Dick, R., Tavares, S. (2007). Social identity and social exchange: Identification, support, and withdrawal from the job. Journal of Applied Social Psychology, 37(3), 457–477.

Van Quaquebeke, N. Felps, W. (2018). Respectful inquiry: A motivational account of leading through asking questions and listening, Academy of Management Review, 43, 5–27.

Van Quaquebeke, N., Graf, M.M., Kerschreiter, R., Schuh, S.C., Van Dick, R. (2014). Ideal- and counter-ideal values as two distinct forces: Exploring a gap in organizational value research. International Journal of Management Reviews, 16, 211–225.

Van Quaquebeke, N., Kerschreiter, R., Buxton, A.E., Van Dick, R. (2010). Two lighthouses to navigate - Effects of ideal and counter-ideal values on follower identification and satisfaction. Journal of Business Ethics, 93, 293–305.

Vygotsky, L. S. (1978). Mind in society: The development of higher psychological processes. Cambridge, MA: Harvard University Press.

Walsh, G., Hass, B. H., Kilian, T. (2011) Web 2.0: Neue Perspektiven für Marketing und Medien. Berlin, Deutschland: Springer.

Walumbwa, F. O., Wang, P., Wang, H., Schaubroeck, J., Avolio, B. J. (2010). Psychological processes linking authentic leadership to follower behaviors. The Leadership Quarterly, 21, 901–914.

Walumbwa, F., Avolio, B., Gardner, W., Wernsing, T., Peterson, S. (2008). Authentic Leadership: Development and validation of a theory-based measure. Journal of Management, 34, 89–126.

Wang, G., Oh, I. S., Courtright, S. H., Colbert, A. E. (2011). Transformational leadership and performance across criteria and levels: A meta-analytic review of 25 years of research. Group & Organization Management, 36, 223–270.

Wegge, J. (2004). Führung von Arbeitsgruppen. Göttingen, Deutschland: Hogrefe.

Weick, K. E. (1993). The collapse of sensemaking in organizations: The Mann Gulch disaster. Administrative Science Quarterly, 38(4), 628–652.

Weick, K. E., Sutcliffe, K. M., Obstfeld, D. (2005). Organizing and the process of sensemaking. Organization Science, 16(4), 409–421.

284 Literaturempfehlungen

Westerman, G., Tannou, M., Bonnet, D., Ferraris, P., McAfee, A. (2012). The Digital Advantage: How digital leaders outperform their peers in every industry. MIT Sloan Management and Capgemini Consulting, MA, 2–23.

Wildemann, H. (2009). Dezentralisierung von Kompetenz und Verantwortung. Handbuch Unternehmensorganisation, in: Handbuch Unternehmensorganisation, Bullinger, H., J., Bullinger, D. Spath, H. J. Warnecke, E. Westkämper (hrsg). Berlin, Deutschland: Springer.

Willmott, H. (1993). Strength is ignorance; slavery is freedom: managing culture in modern organizations. Journal of Management Studies, 30(4), 515–552.

Wunderer, R. (2009). Führung und Zusammenarbeit: eine unternehmerische Führungslehre (Vol. 8, p. 644). München, Deutschland: Luchterhand.

Yukl, G., Chavez, C. (2002). Influence tactics and leader effectiveness. In Neider, L. & Schriesheim, C. (Eds.). Leadership: Research in management (pp. 139-165). Charlotte, NC: Information Age Publishing.

Yukl, G., Michel, J. W. (2006). Proactive influence tactics and leader member exchange. In Neider, L. & Schriesheim, C. (Eds.). Power and influence in organizations (pp. 87–103). Greenwich, CT: Information Age Publishing.

Zaccaro, S.J. (2002. Organizational leadership and social intelligence. In: R. Riggio (Ed.), Multiple intelligences and leadership. Washington, DC: Lawrence Erlbaum. Mahwah, NJ: LEA Publishers.

Zamin Abbas, R., Raza, A., Ashraf, M., Yazdani, N., Malik, M., Ahmad, Z. (2011). The Existential face of organization: A literature review. European Journal of Economics, Finance and Administrative Sciences, 32(1), 1450–2275.

Ihr Bonus als Käufer dieses Buches

Als Käufer dieses Buches können Sie kostenlos das eBook zum Buch nutzen.
Sie können es dauerhaft in Ihrem persönlichen, digitalen Bücherregal
auf **springer.com** speichern oder auf Ihren PC/Tablet/eReader downloaden.

Gehen Sie bitte wie folgt vor:

1. Gehen Sie zu **springer.com/shop** und suchen Sie das vorliegende Buch
   (am schnellsten über die Eingabe der eISBN).
2. Legen Sie es in den Warenkorb und klicken Sie dann auf: **zum Einkaufswagen/
   zur Kasse.**
3. Geben Sie den untenstehenden Coupon ein. In der Bestellübersicht wird
   damit das eBook mit 0 Euro ausgewiesen, ist also kostenlos für Sie.
4. Gehen Sie weiter **zur Kasse** und schließen den Vorgang ab.
5. Sie können das eBook nun downloaden und auf einem Gerät Ihrer Wahl lesen.
   Das eBook bleibt dauerhaft in Ihrem digitalen Bücherregal gespeichert.

EBOOK INSIDE

eISBN
Ihr persönlicher Coupon

978-3-662-53321-5
5Jg5cAfA5mW9zKY

Sollte der Coupon fehlen oder nicht funktionieren, senden Sie uns bitte
eine E-Mail mit dem Betreff: **eBook inside** an **customerservice@
springer.com.**